Management-Reihe Corporate Social Responsibility

Reihenherausgeber
René Schmidpeter
Dr. Jürgen Meyer Stiftungsprofessur für Internationale Wirtschaftsethik und CSR
Cologne Business School (CBS) Köln, Deutschland

Weitere Bände in dieser Reihe
http://www.springer.com/series/11764

Torsten Weber
(Hrsg.)

CSR und Produktmanagement

Langfristige Wettbewerbsvorteile
durch nachhaltige Produkte

Herausgeber
Torsten Weber
Cologne Business School
Köln
Deutschland

ISSN 2197-4322   ISSN 2197-4330 (electronic)
Management-Reihe Corporate Social Responsibility
ISBN 978-3-662-45572-2   ISBN 978-3-662-45573-9 (eBook)
DOI 10.1007/978-3-662-45573-9

Die Deutsche Nationalbibliothek verzeichnet diese Publikation in der Deutschen Nationalbibliografie; detaillierte bibliografische Daten sind im Internet über http://dnb.d-nb.de abrufbar.

Springer Gabler
© Springer-Verlag Berlin Heidelberg 2015
Das Werk einschließlich aller seiner Teile ist urheberrechtlich geschützt. Jede Verwertung, die nicht ausdrücklich vom Urheberrechtsgesetz zugelassen ist, bedarf der vorherigen Zustimmung des Verlags. Das gilt insbesondere für Vervielfältigungen, Bearbeitungen, Übersetzungen, Mikroverfilmungen und die Einspeicherung und Verarbeitung in elektronischen Systemen.
Die Wiedergabe von Gebrauchsnamen, Handelsnamen, Warenbezeichnungen usw. in diesem Werk berechtigt auch ohne besondere Kennzeichnung nicht zu der Annahme, dass solche Namen im Sinne der Warenzeichen- und Markenschutz-Gesetzgebung als frei zu betrachten wären und daher von jedermann benutzt werden dürften. Der Verlag, die Autoren und die Herausgeber gehen davon aus, dass die Angaben und Informationen in diesem Werk zum Zeitpunkt der Veröffentlichung vollständig und korrekt sind. Weder der Verlag noch die Autoren oder die Herausgeber übernehmen, ausdrücklich oder implizit, Gewähr für den Inhalt des Werkes, etwaige Fehler oder Äußerungen.

Lektoratskontakt und Coverfoto: Michael Bursik

Gedruckt auf säurefreiem und chlorfrei gebleichtem Papier

Springer-Verlag Berlin Heidelberg ist Teil der Fachverlagsgruppe Springer Science+Business Media (www.springer.com)

Vorwort des Reihenherausgebers: Produktmanagement als Basis nachhaltiger Wertschöpfung

Oft wird CSR nicht mit dem Produkt, sondern mit altruistischen Sozialprojekten von Unternehmen gleichgesetzt. Diese Sichtweise ändert sich gegenwärtig grundlegend, und das Kerngeschäft bzw. die Produkte eines Unternehmens geraten in den Mittelpunkt der gesellschaftlichen Diskussion. Denn für Unternehmen ist der Hebel, über ihre jeweiligen Produkte einen positiven Impact auf die Gesellschaft auszuüben, am größten und damit auch betriebswirtschaftlich naheliegend. Die gegenwärtigen Herausforderungen im Bereich Mobilität, Ernährung, Energie erfordern die Entwicklung und Vermarktung ganz neuer nachhaltiger Produkte und Services. Diese innovativen Produkte zu entwickeln, in den Markt einzuführen und mit einem entsprechenden Image auszustatten ist gegenwärtig die größte Herausforderung für unsere Wirtschaft im globalen Wettbewerb.

Es geht dabei nicht mehr um rein ethische Fragen, sondern darum wie wirtschaftlicher Erfolg und Nachhaltigkeit positiv im Rahmen des Produktmanagements miteinander verknüpft werden können. Es stellt sich nicht die Frage, wie man die Gewinne sozial verwendet, sondern wie man produziert und im Kerngeschäft wirtschaftet. Anderes ausgedrückt, geht es um die Frage: welchen positiven Mehrwert die eigenen Produkte für die Gesellschaft generieren, und wie diese mit minimalen negativen Impact hergestellt werden können. Das Produktmanagement von der Entwicklung bis zur Rücknahme steht dabei vor ganz neuen Herausforderungen und ist somit eine wichtige Basis für einen strategischen chancenorientierten CSR-Ansatz.

Die Verknüpfung von Wirtschaftlichkeit und Nachhaltigkeit erfordert insbesondere Produkt- und Prozessinnovationen, zum Beispiel im Bereich „Neue Mobilitätsformen", neue Produkte für „Menschen mit besonderen Bedürfnissen" bzw. im effizienteren Umgang mit knappen Ressourcen bei der Produktion der Zukunft. Insbesondere Industrieunternehmen in Deutschland, Österreich und Schweiz haben hier gute Startvoraussetzungen, indem sie die hohen Umwelt- und Sozialstandards für sich als Wettbewerbsvorteil nutzen und so durch motivierte und kreative Mitarbeiter an den Lösungen für morgen arbeiten. Insbesondere als ressourcenarmes Land sind wir mehr denn je darauf angewiesen, diejenigen Produkte zu entwickeln und zu vermarkten, welche ressourceneffizientes und sozialverträgliches Wirtschaften und Leben erlauben.

Die dafür nötigen Überlegungen und Praxisbeispiele werden in der vorliegenden Publikation ausführlich beschrieben. Alle LeserInnen sind damit herzlich eingeladen, die in der Reihe dargelegten Gedanken aufzugreifen und für die eigenen beruflichen Herausforderungen zu nutzen sowie mit den Herausgebern, Autoren und Unterstützern dieser Reihe intensiv zu diskutieren. Ich möchte mich last but not least sehr herzlich bei meinem Kollegen und Herausgeber dieser Publikation Herrn Prof. Dr. Torsten Weber für sein großes Engagement, bei Michael Bursik und Janina Tschech vom Springer Gabler Verlag für die gute Zusammenarbeit sowie bei allen Unterstützern der Reihe recht herzlich bedanken und wünsche Ihnen, werter Leser bzw. Leserin, nun eine interessante Lektüre.

Prof. Dr. René Schmidpeter

Inhaltsverzeichnis

Mitarbeiterverzeichnis

Andreas Fries Köln, Deutschland

Andreas Weber Schwäbisch Gmünd, Deutschland

Bernd Draser Baar, Deutschland

Christof E. Ehrhart Bonn, Deutschland

Christoph Willers Köln, Deutschland

Daniela Wallikewitz Köln, Deutschland

Davide Brocchi Köln, Deutschland

David Schymczyk Köln, Deutschland

Dinah Spitzley Friedrichshafen, Deutschland

Frank Schönrock Kronberg im Taunus, Deutschland

Gerald Oerkermann Köln, Deutschland

Gerrit Heidemann Frankfurt am Main, Deutschland

Josephine Wills Brussels, Belgium

Klaus G. Grunert Aarhus C, Denmark

Mara Brinkmann Münster, Deutschland

Mario Mirkovic Wuppertal, Deutschland

Martin Hofmann Tianjin, China

Nico Briskorn Wolfsburg, Deutschland,

Simone Fuhs Baar, Deutschland

Sophie Hieke Brussels, Belgium

Torsten Weber Köln, Deutschland,

Das Spannungsfeld von CSR und Produktmanagement

Torsten Weber

1 Hinführung zum Thema

Eine steigende Anzahl von Substitutionsgütern in gesättigten Konsumgütermärkten sorgt seit einigen Jahren dafür, dass Differenzierungsmaßnahmen sowie kreative, einzigartige Produktpositionierungsüberlegungen gerade für produzierende Unternehmen unerlässlich sind (Brønn und Vrioni 2001, S. 207). Dabei spielt zunehmend soziales und ökologisches (nachhaltiges) Engagement eines Unternehmens eine wichtige Rolle bei der konkreten Kaufentscheidung des Konsumenten bzw. Verbrauchers. Darüber hinaus werden gesellschaftliche Verpflichtungen sowie der Druck von Regierungs- und Nichtregierungsorganisation zur Berücksichtigung nachhaltiger Kriterien in den Wertschöpfungsketten der Unternehmen immer größer. Nicht zuletzt diese Herausforderungen machen Corporate Social Responsibility (CSR) in Verbindung mit nachhaltig-assoziierten Produkten, als physischen Ergebnissen der angesprochenen Wertschöpfungsketten, zu einem wichtigen Planungs- und Umsetzungsaspekt von Unternehmen.

Ähnlich wie für die generelle Unternehmenstätigkeit ist das spezielle Produktmanagement im Zusammenhang mit CSR ein entscheidender Erfolgsfaktor. Produkte verantwortungsvoll vor dem Hintergrund eines professionellen CSR-Ansatzes zu planen und zu gestalten, erfordert in erster Linie, eine integrierte und ganzheitliche Betrachtung des kompletten Produktlebenszyklus. Um Glaubwürdigkeit im Bereich CSR zu erreichen, ist zudem ein durchdachtes und entsprechend ausgelegtes Produktmanagement eine essentielle und erfolgversprechende Grundvoraussetzung. Ein umweltpolitisch und gesellschaftsverantwortlich orientiertes Produktmanagement versucht die Produkte dabei sowohl hin-

T. Weber (✉)
Cologne Business School, Hardefuststraße 1, 50677 Köln, Deutschland
E-Mail: t.weber@cbs.de

© Springer-Verlag Berlin Heidelberg 2015
T. Weber (Hrsg.), *CSR und Produktmanagement,* Management-Reihe Corporate
Social Responsibility, DOI 10.1007/978-3-662-45573-9_1

-sichtlich ihres Lebenslaufs als auch hinsichtlich ihrer Eigenschaften entsprechend vorab an definierten Kriterien auszurichten (Hopfenbeck und Jasch 1995, S. 37).

Im Folgenden soll zunächst ein Überblick über das Begriffsverständnis und die Kernbereiche des Produktmanagements gegeben werden. Nach einer Annäherung an das Themenfeld des CSR werden im Anschluss beide Konstrukte zusammengebracht und vor dem Hintergrund einer unternehmerischen Integration betrachtet.

2   Produktmanagement als zentrales Element unternehmerischer Aktivitäten

2.1   Der Produktbegriff

Produktmanagement als Prozess gilt als Planung, Steuerung und Kontrolle eines Produkts von seiner Entstehung bis hin zum Ausscheiden aus dem Markt mit dem Ziel das bestmögliche Ergebnis zu erzielen. Um die Aufgabenbereiche des Produktmanagements eindeutig definieren zu können, ist zunächst eine Klärung des Produktbegriffes notwendig. Ein Produkt stellt aus Konsumentensicht ein Mittel zur Bedürfnisbefriedigung und somit zur Nutzengewinnung dar. Die Reichweite des Produktbegriffs umfasst dabei im praktischen Verständnis drei Ebenen. Der substanzielle Produktbegriff beschreibt das physische Produkt mit seinen Kerneigenschaften, die der Befriedigung funktionaler Konsumentenbedürfnisse dienen und definiert somit materielle Güter als Produkte. Der erweiterte Produktbegriff dehnt diese Definition um immaterielle Leistungen aus. In diesem Zusammenhang kann ein Produkt sowohl eine reine Dienstleistung, als auch ein materielles Gut in Verbindung mit zusätzlichen immateriellen Leistungen sein. Auch dieser Produktbegriff sieht die Befriedigung funktionaler Kundenbedürfnisse im Vordergrund. Das generische Produktverständnis hingegen sieht die Aufgabe eines Produktes auch in der Befriedigung darüberhinausgehender Bedürfnisse, die beispielsweise von sozialer oder emotionaler Art sein können (Homburg und Krohmer 2003, S. 459 ff.).

Grundsätzlich beeinflussen diverse Faktoren den Erfolg eines Produktes auf den Märkten (vgl. Abb. 1). Dabei sind beispielsweise neben der Qualität und dem Preis auch die Sozial- und Umweltverträglichkeit des Produktes als essentielle Faktoren im Zusammenhang mit der Bewertung durch den Verbraucher oder weitere Stakeholder zu nennen.

Auf dem Produktbegriff sowie den Erfolgsfaktoren aufbauend wird ein Produkt in verschiedene Komponenten untergliedert. Der Produktkern garantiert die Funktionalität eines Produktes und steht für die essentiellen Eigenschaften. Ein im Produktkern nachhaltiges Produkt stellt beispielsweise ein PKW der Marke Tesla dar, welcher mit Elektrostrom funktioniert. Auf dem Produktkern aufbauend besitzt ein Produkt Zusatzeigenschaften. Produkte der Marke Haribo erzielen in bestimmten Verkaufszeiträumen bei ihrem Abverkauf eine Spende für Organisationen wie „Herz für Kinder" und erfüllen damit neben ihrer

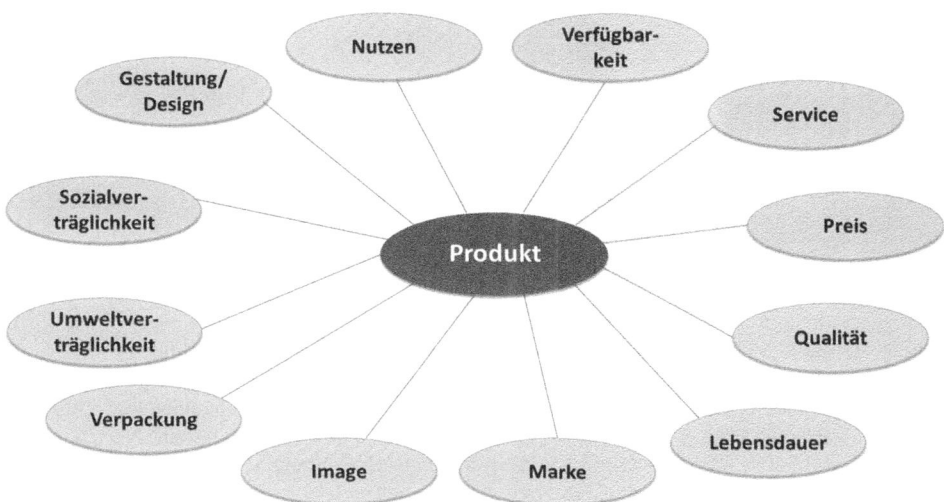

Abb. 1 Markterfolg beeinflussende Faktoren (in Anlehnung an Trommsdorff 2011, S. 14)

Kernleistung („Gummibärchen" als Süßigkeit) die Zusatzleistung sozial-nachhaltig(er) zu sein. Die dritte Produktkomponente ist die Produktverpackung und deren Gestaltung. Hierzu gehört beispielsweise die ökologische Verträglichkeit des Verpackungsmaterials. So bestehen Flaschen der Marke Volvic zu 45 % aus abbaubaren Rohstoffen (Volvic 2014).

Aufbauend auf den materiellen Komponenten schließen sich die Basis- und Zusatzdienstleistungen an. Eine Basisdienstleistung ist beispielsweise die Gewährung einer Garantie, wie sie die Marke Tesla für acht Jahre auf die Batterien seiner Elektroautos anbietet. Eine Zusatzdienstleistung dürfte beispielsweise das Angebot eines Restaurants sein, übergebliebene Mahlzeiten in wiederverwendbaren Boxen zum Mitnehmen einzupacken. So wird sowohl im Lebensmittel- als auch im Verpackungsbereich Abfall reduziert.

Über diese feststehenden Produktkomponenten hinaus kann ein sozial-ökologisches Produkt vor dem Hintergrund von CSR auch als äußerste Ebene des Produktbegriffs verstanden werden, welches sämtliche vorangegangenen Stufen umschließt, da für den langfristigen Erfolg eines nachhaltigen Produktmanagements eine Integration innerhalb des gesamten Produktes und somit auf allen Ebenen stattfinden muss. Gemäß dieser Interpretation durchdringen sozial-ökologische Attribute alle vorab beschriebenen Ebenen des Produktbegriffs. Dabei nutzen Unternehmen oftmals Marken, Labels und weitere Tools auf Produkten, um den Verbrauchern die integrierte Nachhaltigkeit zu kommunizieren. In der Praxis lassen sich mittlerweile zahlreiche Produkte und Marken finden, bei denen nachhaltige Aspekte und CSR-relevante Inhalte eng mit den originären Produktkomponenten und -leistungen verknüpft wurden (vgl. Abb. 2).

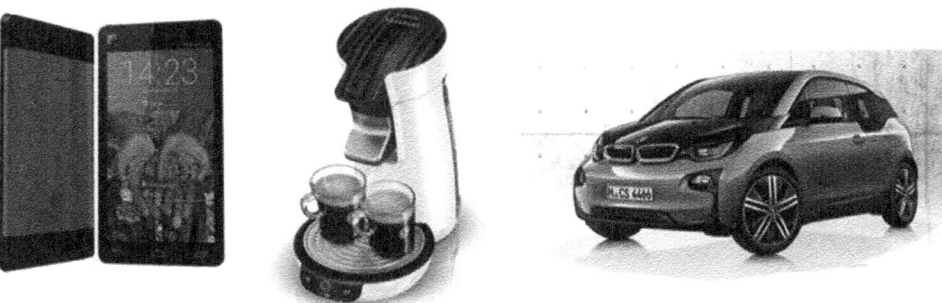

Abb. 2 Beispiele Verknüpfung CSR und Produkte. (Der Hersteller des abgebildeten Fairphone arbeitet u. a. mit lokalen und internationalen Vereinen zusammen, um faire Bedingungen für die Arbeiter zu garantieren. Die Kaffeemaschine Philips Senseo Viva Eco erreicht einen Recyclinggrad von 50 %. Der graue Deckel ist zum Beispiel aus alten CDs und DVDs hergestellt. Nach Aussage von BMW wird bei dem PKW BMWi3 vom Design bis zur Herstellung, von der Nutzungsdauer bis hin zur Entsorgung jedes Detail auf Nachhaltigkeit hin ausgerichtet (www.fairphone.com; www. green.wiwo.de; www.bmw.com).)

2.2   Die Entscheidungsfelder des Produktmanagements

Entscheidungs- bzw. Hauptaufgabenfelder des Produktmanagements sind u. a. das Innovationsmanagement, das Management bereits in den Markt eingeführter Produkte sowie das Markenmanagement. Diese Entscheidungsbereiche lassen sich in Relation zum Produktlebenszyklus setzen. Das Innovationsmanagement bezieht sich auf die Phase der Produktentwicklung, sowie dem dieser Phase vorangehenden Prozess der Ideengewinnung. Zu den Aufgaben gehören dementsprechend, neben der Ideengewinnung- und der Ideenkonkretisierung, die Definition des Produktkonzepts mit Festlegung der Produktstrategie, der Produktgestaltung und der Positionierung des Produktes am Markt, sowie die Konzeptbewertung und -selektion und die abschließende Markteinführung neuer Produkte. Dabei zählt hierzu neben der Gestaltung des Produktes im materiellen Sinne auch die Gestaltung der durch das Unternehmen geleisteten Dienstleistungen, wie beispielswiese Service-, Kundendienst- oder Reparaturleistungen. Das Management bereits am Markt etablierter Produkte spielt sich im Zeitraum zwischen der Produkteinführung und der Produktelimination ab. Das Markenmanagement kann sich auf alle Phasen des Produktlebenszyklus beziehen, da dieses sowohl die Festlegung und Positionierung neuer Marken, als auch die Ausweitung oder den Transfer bereits etablierter Marken umfasst (Homburg und Krohmer 2003, S. 451).

3   Corporate Social Responsibility

Wie bereits einleitend skizziert wird aufgrund des aktuell vorherrschenden Wertekonstrukts in der Gesellschaft sozial-ökologisches Engagement von Unternehmen für die Kaufentscheidungen von Konsumenten immer entscheidender. Nachdem in den 1980er Jahren vorwiegend hedonistische Werte die Gesellschaft prägten und die vielfältigen Möglichkeiten des Konsums im Mittelpunkt standen, wandelte sich diese Einstellung innerhalb der letzten Jahre. Nicht mehr nur das Konsumgut an sich und sein Nutzen, sondern auch seine Herkunft und Produktion stehen im Mittelpunkt der Kaufentscheidung. Den Verbrauchern wird es zunehmend wichtig, nachhaltig und moralisch zu konsumieren (Bühler 2009, S. 46). Die Aufwertung des Themas seitens der Unternehmen ergibt sich zudem aus dem Kontext der Informationsgesellschaft, in welcher die Unternehmen unter ständiger Beobachtung stehen. Dies sind Aspekte, die das CSR-Konstrukt begründen. Die unternehmerische Verantwortung im Sinne von CSR geht demnach über eine Steigerung des Unternehmensgewinns hinaus.

Begriffsbestimmung und Konzepte

Die Europäische Kommission definiert CSR als „the responsibility of enterprises for their impacts on society. Enterprises should have in place a process to integrate social, environmental, ethical human rights and consumer concerns into their business operations and core strategy in close collaboration with their stakeholders" (Europäische Kommission 2014). Auf Basis des gesellschaftlichen Leitbildes der Nachhaltigkeit[1] liegt der Umsetzung von CSR-Konzepten die Annahme zugrunde, „dass auch Unternehmen als gesellschaftliche Akteure eine tragende Rolle bei der Sicherung heutiger und zukünftiger Generationen übernehmen müssen" (Grünwald 2004, S. 5). Dabei beschreibt CSR ein langfristiges soziales oder ökologisches Engagement eines Unternehmens nach innen und/oder außen, welches auf eine nachhaltige Ausrichtung der Unternehmensführung, -kultur und -struktur abzielt. Als zentrale Bestandteile von CSR werden die Vereinigung des Engagements in inhaltlicher, zeitlicher und kommunikativer Hinsicht sowie die strukturell-prozessuale Implementierung in der Unternehmenstätigkeit verstanden (Meffert 2006, S. 11). Maßnahmen im Bereich des CSR dienen dazu, gesellschaftliche Belange in die ökonomische Verantwortung der Unternehmen einfließen zu lassen und sie in die Unternehmensführung zu integrieren (Garriga und Melè 2004, S. 57).

CSR konkretisiert aufbauend auf der Unternehmenskultur und den Zielsetzungen des Unternehmens dessen Rolle in der Gesellschaft und die damit einhergehende Verantwortung. So konnten bereits in den 30er und 40er Jahren des 20. Jahrhunderts erste wissenschaftliche Arbeiten bezüglich der gesellschaftlichen Verantwortung von Unternehmen beobachtet werden (vgl. Carroll 2006, S. 4). CARROLL gibt im Rahmen seiner Veröffentlichungen einen ausführlichen Überblick über die konzeptionelle Entwicklung von CSR (Carroll 1999 S. 270 ff., 2006 S. 5 ff). Dabei unterscheidet er drei verschiedene Ansätze in denen einzelne Forschungsschwerpunkte zum Ausdruck gebracht werden: Corporate Social Responsibility, Corporate Social Responsiveness und Corporate Social Performance

---

[1] Eine nachhaltige Entwicklung kann definiert werden, als „eine Entwicklung, die den Bedürfnissen der heutigen Generationen entspricht, ohne die Möglichkeiten künftiger Generationen zu gefährden, seine eigenen Bedürfnisse zu befriedigen und seinen Lebensstil zu wählen. Die Forderung diese Entwicklung dauerhaft zu gestalten, gilt für alle Länder und Menschen." (Wieser 2005, S. 43).

Abb. 3 CSR-Verständnis (Quelle: Ernst & Young, entnommen aus: Arbeitskreis Nachhaltige Unternehmensführung der Schmalenbach-Gesellschaft für Betriebswirtschaftslehre 2012, S. 41)

(Carroll 2006, S. 3 ff.). Corporate Social Responsibility kann in diesem Kontext als die normative Verankerung, Corporate Social Responsiveness als die strategische Implementierung und Corporate Social Performance als die operative Umsetzung im Unternehmen angesehen werden (Loew 2004, S. 23). Weiterhin manifestiert sich der CSR-Ansatz in der Bereitschaft des Unternehmens, über die gesetzlichen Mindestanforderungen bzw. Bestimmungen hinaus auch freiwillige Leistungen für die Gesellschaft zu erbringen. Diese freiwillige Verpflichtung verankern auch KOTLER und LEE in ihrer Definition von Corporate Social Responsibility, die jene als "commitment to improve community well-being through discretionary business practices and contributions of corporate resources" betrachten (Kotler und Lee 2005, S. 3).

Abbildung 3 zeigt den Zusammenhang verschiedener inhaltlich ähnlich ausgerichteter Konzepte, die sich mit dem Themenblock Nachhaltigkeit befassen. So kann der Begriff Corporate Responsibility als übergeordneter, allumfassender Begriff für Corporate Social Responsibility, Corporate Governance oder Corporate Citizenship betrachtet werden. Diese wiederum können, wie aus der Abbildung zu entnehmen ist, vor dem Hintergrund von Maßnahmen und Aktivitäten spezifiziert werden.

Chancen von CSR

Für sozial-ökologisch aktive Unternehmen existieren zahlreiche Chancen bei der konkreten Übernahme von Verantwortung bzw. deren Umsetzung in Unternehmen. In der Literatur wird meist die positive Imagewirkung hervorgehoben. Dabei kann oftmals von Transfereffekten auf Marken oder weitere Produkte im Sinne eines Imagetransfers ausgegangen werden. Durch diesen Einfluss auf die Einstellung der Konsumenten können Produktpräferenzen geprägt werden, die oftmals zu erhöhter Markentreue und größerer Wiederkaufsrate führen. Chancen dürften auch in der Steigerung des allgemeinen Unternehmenswertes, der Erhöhung des Bekanntheitsgrades und in einer allgemeinen Schaffung von Glaubwürdigkeit und Vertrauen liegen. Auch eine Markenbindung durch sozialökologische Werte oder Innovationen im Bereich Nachhaltigkeit sind zentrale Gründe für CSR-Aktivitäten.

CSR-Maßnahmen bieten außerdem die Möglichkeit direkte finanzielle Vorteile aufzubauen. So kann beispielsweise der Umstieg auf nachhaltige Energien nicht nur den Anspruch nachhaltigen Handelns erfüllen, sondern gleichzeitig zum Einsparen von Kosten für das Unternehmen führen. Auch der Einsatz nachhaltiger Technologien und sowie die Umsetzung von Verfahrensinnovationen in der Produktion können die Kosten in dem jeweiligen Bereich senken. Auf demselben Gebiet können Vorteile durch die Nutzung von Nebenprodukten erzielt werden. Einerseits ermöglicht dies eine geringe Abfallentstehung im Unternehmen und somit ein Senken der Umweltbelastung und der Kosten. Die Verwertung der Produkte kann darüber hinaus durch Verkauf zur Umsatzerzielung genutzt werden. Eine hohe Kundenzufriedenheit und eine gesteigerte Produktwertschätzung durch den Konsumenten erlauben außerdem eine Erhöhung des Preisniveaus für die Produkte, auch wenn dies bei vielen Verbrauchern nach wie vor auf Reaktanzen stößt. CSR-Maßnahmen können somit durch Kostensenkungs- und Einnahmeerhöhungseffekte einen weiteren direkten Einfluss auf den Umsatz einer Unternehmung haben (Saekel 2011, S. 45, 63).

Durch die klare Kommunikation der Unternehmenswerte wird eine eindeutige Marktposition geschaffen, die eine Abgrenzung von Wettbewerbern ermöglicht und außerdem zur Grundlage Kundengewinnung sowie der Bildung langfristiger Kundenbeziehungen, -loyalität und -vertrauen werden kann. Schafft es ein Unternehmen, seine CSR-Maßnahmen erfolgreich zu kommunizieren werden positive Attribute wie soziales Engagement, Umweltbewusstsein und Mitarbeiterfreundlichkeit auf das Unternehmen transferiert und in Zukunft bei der Wahrnehmung von Produkten der Marke assoziiert, sodass hier ein erheblicher Einfluss auf die Kaufentscheidung der Konsumenten genommen werden kann (Lecker 2010, S.37 f.). Auf diese Art und Weise hat das Unternehmen die Möglichkeit, mit seinen sozial-ökologischen Produkten einen Zusatznutzen für die Konsumenten zu generieren. Durch verbesserte funktionale Eigenschaften nachhaltiger Produkte kann der Gebrauchsnutzen erhöht werden. Durch die „Beruhigung" des eigenen Gewissens und gesellschaftliche Anerkennung aufgrund des Konsums umwelt- und sozialverträglicher Produkte werden außerdem Selbst- und Fremdachtungsnutzen erhöht (Bickel 2009, S. 48). Die Verknüpfung von sozial-ökologischen Attributen und Produkten kann unmittelbar den Absatz fördern, da hier zusätzliche Kaufanreize in Form eines „Feel Good"-Faktors gegeben werden.

Die positiven Effekte von CSR-Maßnahmen wirken nicht nur auf Konsumenten- sondern auch auf Lieferantenseite. Eine Umfrage unter 1.000 Führungskräften, die an Einkaufs- und Beschaffungsaktivitäten ihrer Unternehmen beteiligt sind, zeigte, dass die Ausdehnung nachhaltiger Handlungen auf die Lieferkette zu einer Steigerung der Leistung der Lieferanten führt. Die Vertrauensbasis zwischen beiden Parteien wurde gestärkt, die

Termintreue erhöht und auch Effektivität und Qualität der erbrachten Leistung der Lieferanten nahmen zu (Saekel 2011, S. 48).

Ein Nebeneffekt erfolgreicher CSR-Kommunikation besteht darin, dass Medien auf die Aktivitäten des Unternehmens aufmerksam werden. Authentische Themen bergen für die Berichterstattung einen hohen Nachrichtenwert und werden deswegen aufgefasst und in die Öffentlichkeit getragen. Gesellschaftlich engagierte Unternehmen besitzen somit das Potential mit Hilfe von Medien als Träger einer nachhaltigen Unternehmenskultur mit sozialen Werten wahrgenommen zu werden. (Lecker 2010, S. 35). Auch der Bekanntheitsgrad des Unternehmens lässt sich durch CSR-Maßnahmen steigern. Verknüpfungen mit externen NGOs und Partnern erweitern das Netzwerk des Unternehmens und führen dazu, dass sich eine positive Wahrnehmung entwickelt. Stakeholderspezifische Risiken wie Produktboykotte oder Negativberichterstattung werden somit häufiger vermieden, Kosten werden durch effiziente Ressourcenverwendung und sinkende Personal- und Strafzahlungen minimiert.

Risiken von CSR

Neben den exemplarisch aufgeführten Chancen bestehen jedoch auch zahlreiche Risiken, zum Beispiel nicht eingehaltene Versprechen, die Kommerzialisierung eines sozialen Zweckes, ein mangelnder Fit zwischen Marke bzw. Produkt und Engagement oder eine beim Verbraucher wahrgenommene Label-Flut. Eine besonders große Gefahr geht von dem Risiko des „Greenwashing" aus. Dies bezeichnet den Versuch von Unternehmen, durch Marketing- und Kommunikations-Maßnahmen ein „grünes Image" zu erlangen, ohne allerdings entsprechende Maßnahmen im Rahmen der Wertschöpfung zu implementieren. Auch können in der Öffentlichkeit soziale Aktionen grundsätzlich als Instrumentalisierung für erwerbswirtschaftliche Zwecke wahrgenommen werden (Kommerzialisierung eines wohltätigen Zwecks), was wiederum eine negative Imagewirkung mit sich bringen dürfte. Das Einsetzen moralischer Werte zur Erreichung wirtschaftlicher Ziele bei kommerziellen Kampagnen kann von den Rezipienten respektive Konsumenten als nicht vertretbare Verwendung ethischer Werte wahrgenommen und in vielen Fällen moralisch abgelehnt werden. Unternehmen, die ihre gesellschaftliche Verantwortung zur Imagegestaltung nutzen, setzen sich dabei der verstärkten öffentlichen Dauerbeobachtung aus. Das daraus resultierende gemeinwohlorientierte Image ist eine gewisse Selbstverpflichtung, welche auch zukünftig erfüllt werden muss.

Auch ein von Partnern übertragener Glaubwürdigkeitsverlust bei Kooperationen („Unicef-Spenden-Skandal"), unklare Kooperationspositionen oder der allgemeine inflationäre Trend im sozial-ökologischen Bereich können sich negativ auf die Meinung der Gesellschaftsmitglieder auswirken. Dies ist oftmals zu bestimmten Zeitpunkten und -räumen zu beobachten, in denen beispielsweise in der Vorweihnachtszeit von einer wahren „Kampagnenflut" gesprochen werden kann, was generell zu einer Abstumpfung der Öffentlichkeit führen dürfte. Darüber hinaus besteht die Gefahr der Markenverwechslung und -verwässerung. So dürfte bei vielen Marken, die zu häufig auf sozial-ökologische Attribute zurückgreifen, der Eindruck einer „Wohltätigkeitsmarke" entstehen. Es kommt zu sogenannten Überstrahlungseffekten der sozial-ökologischen Aktivität über das Produkt. Auch eine attribuierte Gewinnorientierung sowie eine zu aufdringliche oder unglaubwürdige Kommunikation kann negativ wahrgenommen werden. Werden zudem Handlungen des Unternehmens bekannt, die im Gegensatz zu den kommunizierten sozialen Werten stehen, ist der Verlust an Glaubwürdigkeit umso größer. Gefahren können auch in einer grundsätzlichen Bewertung sozialen Engagements innerhalb der hiesigen Gesellschaft bestehen. Nur weil eine bestimmte Aktivität in der Gesellschaft als moralisch richtig oder falsch gilt, heißt dies nicht, dass auch bei der Unterstützung von beispielsweise bedürftigen Menschen in anderen Ländern richtig gehandelt wurde. Als Reebok und Nike öffentlich angegriffen wurden, weil für die Herstellung von Fußbällen in Pakistan auf Kinderarbeit zurückgegriffen wurde, zogen sie sich aus der Region zurück. Die Konsequenz war, dass die Region verarmte. Es stellt sich demnach die Frage nach der moralischen Bewertbarkeit und den möglichen Kriterien unternehmerischer Sozialkampagnen, welche allerdings fallspezifisch beantwortet werden muss. Speziell auf die Verknüpfung eines Produktes mit einem sozial-ökologischen Attribut gerichtet, kann weiterhin ein fehlender Produkt- und Markenfit zu negativen Wirkungen führen. So erscheint es häufig für Konsumenten eindeutig, dass ausschließlich Ziele der Absatzsteigerung verfolgt werden und das Engagement nur Mittel zum Zweck ist (Till und Nowak 2000, S. 481).

4 Ausgewählte CSR-relevante Kernbereiche des Produktmanagements

Um eine Vereinigung des vor allem sozial-ökologischen Engagements auf inhaltlicher, zeitlicher und kommunikativer Ebene sowie eine strukturell-prozessuale Implementierung in die Unternehmenstätigkeit zu ermöglichen, ist eine tiefe Integration der CSR-Maßnahmen auf der Produktmanagementebene notwendig. Einerseits ermöglicht diese Verbindung die Erhöhung der Glaubwürdigkeit durch die Umsetzung sozial-ökologischer Versprechungen in Handlungen, wenn beispielsweise das Verpackungsmaterial umweltrelevant optimiert wird. Andererseits kann die Berücksichtigung sozial-ökologischer Eigenschaften auf der Produktebene die Basis für eine erfolgreiche CSR-Kommunikation sein und damit Grundlage für den unternehmerischen Nutzen von CSR. Eine Implementierung von CSR ist dabei auf allen Ebenen des Produktes und sowie tiefgehend in die Unternehmenskultur und -identität anzustreben.

Ein Beispiel für ein Unternehmen, welches CSR zum Teil der Unternehmenskultur gemacht hat und die dementsprechenden Maßnahmen als Basis seines Produktmanagements nutzt, ist der Konzern Procter & Gamble. Zu der Unternehmung zählen bekannte Marken wie Gillette, Wella und Blend-a-Med, deren Produkte von den wenigsten Konsumenten primär mit Attributen wie Nachhaltigkeit und Gemeinnützigkeit assoziiert werden dürften. Dabei ist der Konsumgüterkonzern Vorreiter im Bereich Recycling und auf dem Weg ein abfallfreies Unternehmen zu werden. 45 Produktionsstätten sind bereits diesbezüglich optimiert. Langfristiges Ziel des Unternehmens ist es, vollkommen ohne Müll auszukommen. Dieser Recyclinggrundsatz bedeutet einerseits extreme Umweltentlastungen, andererseits aber auch erhebliche Einsparungen für das Unternehmen. Der Konzern selbst bestätigt, dass er durch diese Recyclingpolitik jährlich Einsparungen von über 700 Millionen Euro realisieren kann. Bisher werden hierfür 99 % der Unternehmensabfälle wiederverwertet. Auf der Produktebene werden dafür vielfältige Maßnahmen getroffen. Die Verpackungen der Rasierermarke Gilette bestehen beispielsweise aus Zuckerrohr, Bambus und Schilf, was zu erheblichen Einsparungen von Plastik im Verpackungsbereich führt. Entstehen trotz dessen Plastikabfälle, werden diese beispielsweise als Sohlen für Sportschuhe wiederverwendet (Ehrenfried 2013).

Nicht nur dieses Praxisbeispiel zeigt: Produktmanagement und Sozial-/Umweltengagement können eng zusammenhängen und die Verknüpfung von CSR-Maßnahmen mit den Unternehmensprodukten dürfte häufig für den Erfolg des unternehmerischen Wirkens elementar sein. Die Integration von CSR auf der Produktebene sollte dabei in allen Kernbereichen des Produktmanagements stattfinden. Im Folgenden soll vertiefend auf ausgewählte CSR-relevante Kernbereiche des Produktmanagements eingegangen werden. Dabei bildet eine sorgfältige Zielgruppenanalyse nachhaltiger Produkte den ersten Schritt.

4.1 Zielgruppenanalyse nachhaltiger Produkte

Homburg/Krohmer konstatieren, dass zu Beginn der Produktplanung und -konzeptentwicklung eine konkrete Aussage und Analyse zu den angestrebten Zielgruppen des Produktes getroffen werden muss (Homburg und Krohmer 2003, S. 475). Im Mittelpunkt der Zielgruppenanalyse für speziell nachhaltig produzierte Produkte steht die Empfänglichkeit einzelner Zielgruppensegmente für die sozial-ökologische Thematik sowie ihre Relevanz. Analysen zeigen, dass eine wachsende Zielgruppe für nachhaltige Produktideen besteht, was oftmals zunächst sehr allgemein im Begriff LOHAS mündet.

Ein nutzenbringender und dezidierter Ansatz zur Bestimmung konkreterer Zielgruppen stellt sich im Sinus-Milieu-Ansatz dar (Sinus Institut 2014). Die sich veränderte Struktur der Sinus Milieus zeigt auch die zunehmende Relevanz von CSR als Zielgruppenfaktor. War im Jahr 2009 in der Erfassung der Milieus noch keine offensichtliche Bedeutung nachhaltiger Produktattribute für den Verbraucher erkennbar, ist im Folgejahr ein Milieu erfasst worden, welche diesen Aspekt in den Mittelpunkt seiner Konsumentscheidungen stellt. Das sozialökologische Milieu repräsentiert idealistische, konsumkritische und konsumbewusste Verbraucher, die ein stark ausgeprägtes ökologisches und soziales Gewissen besitzen und sich für Political Correctness und Diversity engagieren. Schon im ersten Jahr seiner Erfassung innerhalb der Sinus-Milieus macht dieser Gesellschaftsteil 7 % der deutschen Gesamtbevölkerung aus. Auch weitere Milieus werden durch die Übernahme gesellschaftlicher Verantwortung durch Unternehmen zunehmend in ihrem Konsum beeinflusst. Das Milieu der Performer, welches ebenfalls 7 % der Gesellschaft vertritt, stellt global-ökonomische Aspekte in den Mittelpunkt seiner Kaufentscheidungen. Die hohe Verantwortungsethik des konservativ-etablierten Milieus bezieht sich auch auf die

Verantwortung gegenüber Gesellschaft und Umwelt und beeinflusst somit dessen Produktwahl hingehend der Erfüllung dieser Aspekte durch die Unternehmen. Dieses Milieu repräsentiert 10 % der deutschen Bevölkerung. Damit steht mindestens bei knapp einem Viertel der Konsumenten der Wunsch nach Übernahme gesellschaftlicher Verantwortung durch Unternehmen im Mittelpunkt der Kaufentscheidungen, mit wachsender Tendenz. Neben diesen Kernmilieus ist die Bedeutung nachhaltigen Handelns für den Konsum jedoch auch in weiteren Milieus wiederzufinden. Zwar ist Nachhaltigkeit hier nicht Mittelpunkt des Konsumverhaltens, durch hohe Bildung und das Wissen um die Notwendigkeit nachhaltigen Handels finden CSR-Maßnahmen von Unternehmen jedoch trotzdem eine grundsätzliche Berücksichtigung bei der Produktauswahl. Das expeditive Milieu ist sich durch seine geographische Mobilität und Weltgewandtheit den Problemen in den Produktionsländern unserer heimischen Gebrauchs- und Verbrauchsgütern bewusst und wird in seinem Konsumverhalten dementsprechend beeinflusst. Das Streben nach Sicherheit des adaptiv-pragmatischen Milieus lässt sich auch auf den Wunsch nachhaltigen Wirtschaftens auslegen, da der bewusste Umgang mit der Umwelt und mit knappen Ressourcen Grundvoraussetzung für die zukünftige Sicherheit unserer Gesellschaft sind. Durch die generelle Bejahung der herrschenden gesellschaftlichen Ordnung durch die bürgerliche Mitte geht von diesem Milieu zwar keine Protestgefahr gegen nicht nachhaltig handelnde Unternehmen aus, es ist jedoch anzunehmen, dass für ein nach harmonischen Verhältnissen strebenden Gesellschaftsteil vor allem soziales Wirtschaften von Unternehmen von hohem Interesse ist und dementsprechend unterstützt wird. Ähnlich dem expeditiven Milieu ist sich auch die aufgeklärte Bildungselite, das liberal-intellektuelle Milieu, globaler und gesellschaftlicher Probleme und damit auch seiner eigenen Verantwortung im Rahmen dessen bewusst. Somit kann auch bei diesem Milieu davon ausgegangen werden, das Kauf- und Konsumentscheidungen durch die CSR-Kommunikation und das gesellschaftliche Bild von Unternehmen geprägt werden. Nachhaltiges und verantwortungsvolles Handeln von Unternehmen spielt somit für knapp ein Viertel der Bevölkerung eine entscheidende Rolle für das Treffen ihrer Kaufentscheidungen. Mehr als die Hälfte nimmt jedoch CSR-Maßnahmen bewusst wahr und bezieht diese damit in ihre Produktwahl ein. Die Integration sozial-ökologischer Aspekte kann somit zum entscheidenden Erfolgsfaktor für markt- und zielgruppenadäquate Produkte werden (Sinus Institut 2014).

4.2 Innovationsmanagement

Vor dem einleitenden Hintergrund liegt auf der Hand, dass der Klimawandel oder die demografische Entwicklung zahlreiche Unternehmen unter Druck setzen, ihre Geschäftsmodelle zu überdenken und neue Produkte und Dienstleistungen anzubieten. Mit der höheren Bedeutung nachhaltigen Wirtschaftens steigt somit auch die Anzahl der Innovationen, die diesen Nachhaltigkeitsaspekt erfüllen. Schon bei der Entwicklung von Neuprodukten wird dabei die Erfüllung der Öko-/Sozialverantwortung berücksichtigt. Bereits bei der Ideengewinnung kann darauf geachtet werden, die Findung von Produkt- oder Prozessneuerungen

in den Bereich der Nachhaltigkeit zu lenken und den Findungsprozess auf dem Grundge-
danken einer nachhaltigen Produktentwicklung aufzubauen. Innovationen, die einen deut-
lichen Beitrag zur Lösung von ökologischen oder sozialen Problemstellungen leisten, sind
daher für eine gesamtnachhaltige Entwicklung unerlässlich. Nachhaltigkeit gilt demnach
aktuell in vielen Unternehmen als Innovationstreiber. Im Detail diskutiert Altenburger in
seiner Veröffentlichung das Thema „CSR und Innovationsmanagement", weshalb an dieser Stelle auf dessen vertiefende Äußerungen verwiesen werden kann (Altenburger 2013).

4.3 Produktziele und -strategien

Im Rahmen einer langfristigen Produktplanung wird die Produktstrategie und -positio-
nierung konkretisiert. Für ein Produkt, welches als nachhaltig vermarktet werden soll,
empfiehlt es sich dabei allgemein, die Produktstrategie auf Leistungsführerschaftsaspekte
auszurichten. Ein Produkt, welches die Aspekte der Umwelt- und Gesellschaftsverant-
wortung wiederspiegelt und damit in Entwicklung, Produktion, Nutzung und Elimination
nachhaltig sein soll, kann nur dann glaubwürdig vermarktet werden, wenn dieser Leistung
ein adäquater Preis gegenübersteht, der ein allumfassendes CSR-Engagement des Unternehmens ermöglicht. Die strategischen Optionen zur Weiterentwicklung des Produkt- und
Markenprogramms einer Unternehmung ermöglichen dabei eine Erweiterung der Unter-
nehmensmarken und/oder der bestehenden Produktlinien. Um auch hier eine möglichst
glaubwürdige Wahrnehmung zu garantieren, bietet sich darüber hinaus die Einführung
einer neuen Marke und/oder einer neuen Produktlinie an. Dadurch ist es dem Unternehmen möglich den Faktor der Nachhaltigkeit in diesem Produktbereich in den Fokus aller
Produkt- und Marketingmaßnahmen zu setzen ohne die grundlegende Unternehmenspolitik zu beeinflussen. Die allgemeine Strategie einer Kostenführerschaft dagegen könnte die
Glaubwürdigkeit der sozial-ökologischen Produktattribute gefährden.

Der Gedanke des Unternehmens als Verantwortungsträger in der Gesellschaft sollte
bereits in das grundlegende Zielsystem eines Unternehmens integriert werden und sich auf
Ebene der Produktziele wiederspiegeln (zu einer ausführlichen Erläuterung des Produkt-
zielkonstruktes vgl. Koppelmann 2001, S. 255 ff.). Wie im Beispiel Procter & Gamble
aufgeführt, hat dieses Unternehmen das Basisziel definiert, ein vollständig abfallfreies
Unternehmen zu werden, welches sich sowohl als Funktionsbereichsziel in den verschiedenen Unternehmensabteilungen, als auch als Instrumentalziel auf der Produktebene wie-
derfindet. Hinsichtlich des Produktziels sollte sich ein Unternehmen entsprechend der
Produktstrategie platzieren und darauf achten, dass Produktziel und -image aufeinander
abgestimmt sind. Die Umsetzung eines billigen Massenproduktes mit Nachhaltigkeit als
Kerneigenschaft dürfte beispielsweise eher unglaubwürdig wirken. Hingegen kann für ein
intelligentes Spitzenprodukt, wie beispielsweise die Elektroautos der Marke Tesla, Nachhaltigkeit die wichtigste Produkteigenschaft sein.

4.4 Produktbeschaffung und -entwicklung

Die Phase der Produktbeschaffung und -entwicklung innerhalb des Lebenszyklus ist für die Umsetzung einer nachhaltigen Unternehmenspolitik von besonderer Bedeutung, da aufgrund hier getroffener Entscheidungen Festlegungen über die sozialen und umweltbezogenen Auswirkungen eines Produktes getroffen werden. Diese Bereiche können somit ein enormes Potential gerade für die Reduktion von negativen Umwelt- und Gesellschaftsauswirkungen bieten. Hier können verschiedene Einkaufs-/Herstellungswege und deren Wirkung analysiert und miteinander verglichen werden.

Um das Ziel der umwelt- und ressourcensparenden Herstellung erfüllen zu können, ist es beispielsweise möglich, bereits während der Konzeption von Produkten die für sie benötigten Ressourcen- und Energieeinsätze zu optimieren. Gleichzeitig sollte auf den Einsatz schadstoffarmer Materialien und regenerativer Rohstoffe gesetzt werden. Aufbauend auf den in dieser Phase des Lebenszyklus geschaffenen Grundlagen ergeben sich die Umweltauswirkungen des Produktes bei Nutzung und Entsorgung. Durch die in der Entwicklungsphase getroffenen Entscheidungen werden Aspekte wie die Langlebigkeit eines Produktes, sowie seine Qualität und Sicherheit determiniert. Der Verzicht auf Einwegprodukte und die Verwendung hochwertiger und reparaturfähiger Materialen trägt dabei nicht nur zur Umweltschonung, sondern auch zur Erhöhung der Kundenzufriedenheit bei. Bezogen auf die Produktentsorgung nehmen die während des Entwicklungsprozess getroffenen Entscheidungen Einfluss darauf, ob ein Produkt beispielsweise nach der Verwendung wiederverwertet oder in seine ursprünglichen Bestandteile zerlegt werden kann, um so das Recycling von Waren zu fördern und den Fluss der Produktteile in die Entsorgungskette zu verhindern. Durch chemische, biologische, thermische oder natürliche Zersetzungsprozesse können somit aus zu entsorgenden Produkten Energien gewonnen oder die Materialen in neue Formen transformiert werden (Bickel 2009, S. 53 ff.). Neben dem Recycling gewinnt hierbei auch das Upcycling immer weiter an Bedeutung. Dabei werden Abfälle oder nutzlose Stoffe nicht nur wiederverwendet, sondern in neu- und höherwertige Produkte umgewandelt. Ein Beispiel hierfür ist das Upcycle House von „Lendager Arkitekter". Das dänische Architekturunternehmen hat ein Haus gefertigt, welches lediglich aus recycelten und wiederverwendeten Materialien besteht. Die Grundstruktur des Hauses besteht aus alten Schiffscontainern, die Wände sind mit Hilfe von alten Zeitungen isoliert worden und die Fassade besteht aus ehemaligen Bierflaschen. Dadurch reduziert das Haus im Vergleich zum gewöhnlichen Hausbau den Kohlendioxidausstoß um rund 86 % (Keßler 2014). Das Recycling wird in den kommenden Jahren an Möglichkeiten gewinnen, deren Ebenen bereits während der Produktbeschaffung und -entwicklung determiniert werden müssen. Zu weiteren Aspekten insbesondere der Beschaffung von Produkten im Zusammenhang mit CSR vgl. Fröhlich (2015).

4.5   Produkt- und Verpackungsgestaltung

Die Produktgestaltung umfasst alle Maßnahmen zur Beeinflussung der äußeren Erschei-
nungsform eines Erzeugnisses in Hinblick auf Material, Qualität, Form oder Farbe. Zielsetzung ist dabei, die Anziehungskraft von Produkten im Rahmen der Wahl der Produktge-
staltungsmittel zu erhöhen und somit dadurch auch zusätzliche Nachfrage zu generieren.
    Die Mittel der Produktgestaltung gliedern sich in elementare und komplexe Gestal-
tungsmittel. Zu den originären Mittel der elementaren Gestaltungsmittel zählt jene Bestimmung von Stoff bzw. Material, Form und Farbe. Die derivativen Mittel der elementaren
Gestaltungsmittel umfassen die Produktzeichen sowie die Gestaltung seiner Oberfläche.
Die komplexen Gestaltungsmittel umfassen zum einen die prinzipielle Mittelkombination
mit den Funktions- und dem Konstruktionsprinzipien, sowie die konkrete Mittelkombination, welche sich auf die Wahl der Produktteile bezieht (vgl. Koppelmann 2001). In Abb. 4
werden die einzelnen für die Produktgestaltung zur Verfügung stehenden Gestaltungsmittel isoliert voneinander abgebildet, um sich einen Überblick zu verschaffen, welches
Gestaltungsmittel welche Produktleistung, auch im Hinblick auf soziale oder ökologische
Aspekte, erbringen kann.
    Vor dem Hintergrund der Integration von CSR in das Produkmanagement erfolgt bei-
spielsweise die Stoff- und Materialwahl mit dem Ziel, Entscheidungen zu treffen, welche
sowohl ökologische als auch soziale Anforderungen erfüllen und Leistungen realisieren.
Hinsichtlich der ökologischen Anforderungen bedeutet dies, dass der Stoff sowohl recy-
clingfähig als auch nicht umweltbelastend sein könnte. Dies bedeutet beispielsweise eine
geringe Belastung der Umwelt bei der Produktion, Nutzung und Entsorgung des Produk-

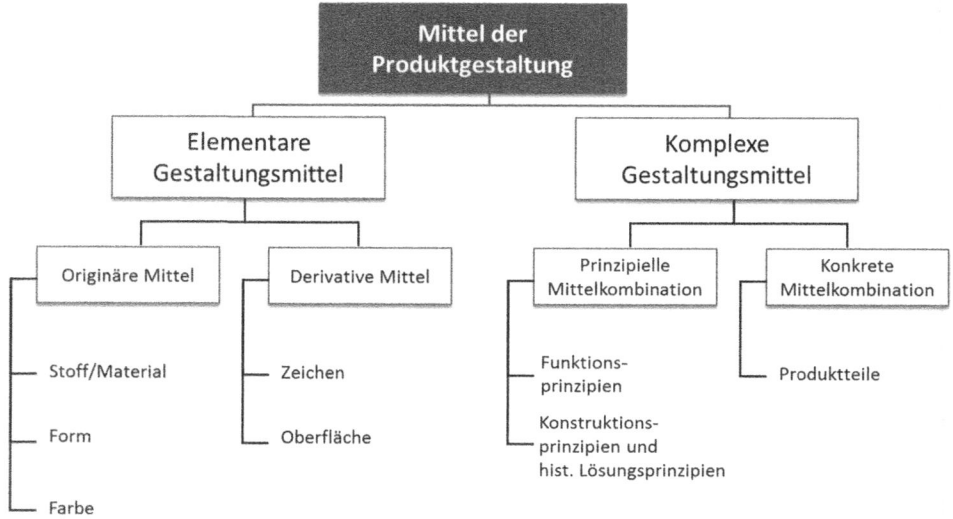

Abb. 4 Mittel der Produktgestaltung

tes. Auf sozialer Ebene kann die Auswahl von einzusetzenden Materialien beispielsweise unter dem Ausschluss von Zwangs-/Kinderarbeit oder Ausbeutung von Arbeitern erfolgen. Für Form- und Farbwahl bieten sich vor allem natürliche und dezente, die Verbundenheit zu Natur und Gesellschaft symbolisierende Entscheidungen an. Zeichen dienen dazu, etwas über das Produkt auszusagen und können sowohl optischer als auch akustischer Natur sein. Nachhaltige Inhalte können dabei mit Hilfe von Zeichen sichtbar integriert werden, um eine Wahrnehmbarkeit auf Seiten des Konsumenten zu garantieren. Der Schriftzug der Marke „hessnatur" ist beispielsweise so gewählt, dass er die Integration von Nachhaltigkeit in der Kultur des Unternehmens durch die Wahl der Schriftart und -farbe klar symbolisiert. Auch das Unternehmen Frosch kann durch den Einsatz des Tieres als Zeichen auf allen Produkten der Marke leicht mit Natürlichkeit assoziiert werden.

Mit Funktionsprinzipien werden die dynamischen Wirkmechanismen in Produkten beschrieben, die auf der Basis physikalischer oder chemischer Effekte Energieeinflüsse zielgerichtet umwandeln, übertragen oder speichern. Die Funktionstüchtigkeit eines Produktes sollte vor dem Hintergrund von CSR somit möglichst auf natürlichen statt chemischen Prozessen aufbauen. Dies kann beispielsweise den Einsatz eines Elektro-Motors anstelle eines Dieselmotors bedeuten. Mit Konstruktionsprinzipien werden die statischen Anordnungsbeziehungen von Teilen in einem Produkt verstanden. Ein Produktteil ist ein eigengefertigtes oder fremdbezogenes Element des Endproduktes, welches für die Gestaltung dieses Endproduktes als eine auf einer zeitlich vorgelagerten Stufe bereits konkretisierte Gestaltungsmittelkombination, eine Vorgabe darstellt. Im Rahmen des Zusammenwirkens von CSR und Produktmanagement sollte ein Unternehmen bei der Wahl der Produktteile dieselben Aspekte wie bei der Stoff- und Materialwahl beachten.

Bei der zunehmenden Anzahl homogener Produktangebote wird das mit oben beschriebenen Gestaltungsmitteln eng verbundene Design zunehmend zum entscheidenden Differenzierungs- und Profilierungsfaktor. Vor dem Hintergrund eines auf CSR ausgerichteten Produktmanagements muss das Produktdesign trotz der Erfüllung nachhaltiger Ansprüche weiterhin auch vom Verbraucher angenommen werden (Hopfenbeck und Jasch 1995, S. 30). Seine Gestaltungsparameter lassen sich in drei Dimensionen beschreiben: der praktischen (Gebrauchstauglichkeit, Nutzbarkeit, Anwendbarkeit), ästhetischen (subjektive Gefallen) und semantische Dimension (Ausdruckskraft). Für die Symbolisierung unternehmerischer Nachhaltigkeit bietet sich das Organic-Design als Designprägnanz an. Durch seine geschwungenen, runden, biomorphen Formen wird die Verbundenheit zur Natur dargestellt. Die Oberfläche ist in der Regel glatt, die Farben eher dezent gewählt. Hinsichtlich des Materials werden vor allem Kunststoffe eingesetzt, wobei es sich hier beispielsweise anbietet Composits aus organischen und polymeren Werkstoffen (Abb. 5) zu nutzen, wie dies zum Beispiel Volvic tut, um die Recyclingfähigkeit der Materialien zu ermöglichen, aber dennoch eine Gebrauchstauglichkeit (Stabilität) zu garantieren.

Ein weiterer wichtiger Aspekt der Gestaltung befasst sich mit der Wahl der Verpackung. Die Verpackung ist die gezielt angebrachte, lösbare Umhüllung eines Produktes. Verpackungen üben eine Vielzahl von Funktionen für die zu verpackenden Produkte aus.

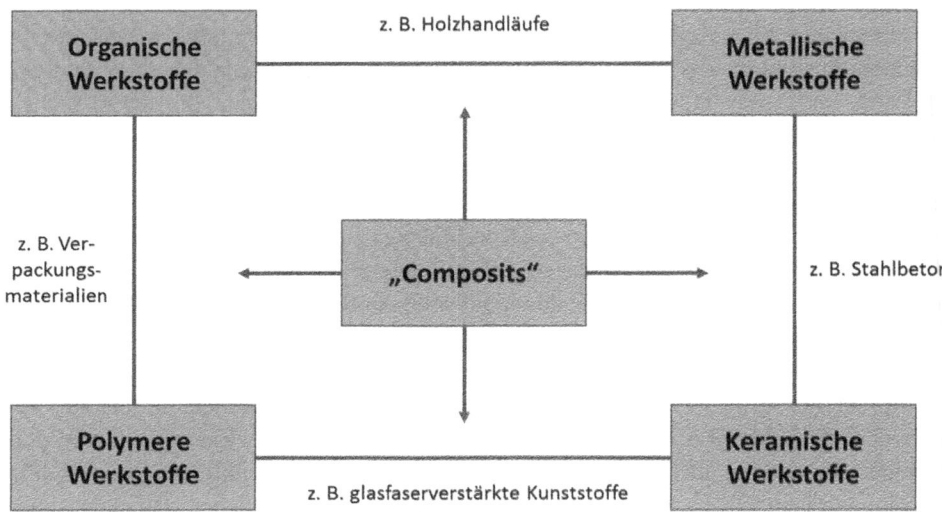

Abb. 5 Grundmaterialien und ihre Zusammenhänge

Zu den Funktionsarten von Verpackungen zählen die Produktions-, Verwendungs-, Logistik- und die Marketingfunktion. Im Rahmen der Produktionsfunktion ermöglicht die Wahl einer geeigneten Verpackung zum Beispiel die Produktion direkt in die Verpackung ohne Zwischenschaltung von Umschlagvorgängen. Die Verwendungsfunktion bezieht sich auf eine mehrmalige Wiederverwendung der Verpackung für denselben Zweck, was den Aufbau von Rückführungssystemen für solche Mehrwegverpackungen in Zusammenarbeit mit den Lieferanten oder Kunden voraussetzt. Weiterhin umfasst die Verwendungsfunktion u. a. eine möglichst umweltschonende Beseitigung der Verpackungen. Im Zuge der Logistikfunktion nehmen Verpackungen eine Schutz-, Lager-, Transport- und Informationsfunktion wahr. Verpackungen dienen der Marketingfunktion, wenn sie zum Beispiel als Image- und Werbeträger eingesetzt werden. Dies ist im Zusammenhang mit der Information über sozial-ökologische Aktivitäten oder Attribute häufig anzutreffen. Die Verpackung kann somit genutzt werden, um beispielsweise mit Hilfe von Qualitätssiegeln/-labeln wie dem Bio-Siegel oder dem Logo von Unicef (vgl. Abb. 6) die Bereitschaft zur Übernahme gesellschaftlicher Verantwortung durch das Unternehmen aufzuzeigen.[2]

Die Konkurrenz am Point of Sale hat aufgrund der Angebotsflut in den vergangenen Jahren stark zugenommen. Gleichzeitig schrumpft die Zeit der Konsumenten, Kaufentscheidungen zu treffen. Dadurch sind die Anforderungen an Verpackungen in den vergan-

---

[2] Auf dem Etikett wird informiert: „Frische, die hilft – Hilfe, die erfrischt! Danke, dass Sie mitgeholfen haben! Sie haben uns dabei unterstützt, dass wir gemeinsam mit Unicef 63 Brunnen bauen können. So werden in den nächsten 10 Jahren insgesamt 2,2 Mrd. Liter sauberes Trinkwasser für die Menschen in Äthiopien gefördert. Denn auch in diesem Jahr haben wir für jeden Liter Volvic Naturelle die Förderung von 10 Litern sauberem Trinkwasser gewährleistet. (…)".

Abb. 6 Beispiel Verpackungsgestaltung Volvic Mineralwasser (Foto Etikett Volvic Mineralwasser)

genen Jahren gestiegen. Präsentation und Information des Produktes durch die Verpackung haben an Bedeutung zugenommen und tragen wesentlich zur Bildung des Markenimages bei. Dementsprechend wichtig ist es, dass die Produktpackung im Wettbewerbsumfeld sofort „ins Auge der Zielgruppe springt", und die von ihr ausgehende Botschaft klar und schnell verständlich ist. Um dies zu erreichen, ist es wichtig am Regal schnellstmöglich Aufmerksamkeit zu generieren und einen funktionalen oder emotionalen Appell zu senden. Vor allem letztgenannter Aspekt kann durch den richtigen Einsatz von CSR in das Produktmanagement – zum Beispiel in Form von sozial-ökologischen Attributen – unterstützt werden.

Eine Besonderheit der Verpackungsgestaltung stellt das sogenannte Labeling, die Kennzeichnung eines Produktes mit einem Siegel, dar. Dieses auf der Verpackung sichtbar integrierte Wort- oder Bildzeichen garantiert dem Verbraucher einen Qualitätsstandard des Produktes bzw. Produktionsprozesses durch die Einhaltung mit dem Siegel einhergehender Standards. Diese Standards können sich sowohl auf individuelle, als auch auf kollektive Bedürfnisse beziehen. Somit können auch produktpolitische CSR-Maßnahmen mit Hilfe von Siegeln, die ökologische oder soziale Qualitätsstandards symbolisieren, kommuniziert werden. Labels unterstützen die Hauptattribute eines Produktes und dienen dem Verbraucher als Orientierungsanker. Grundsätzlich können sich Label auf firmenübergreifende Initiativen beziehen oder konkret von einzelnen Firmen „ins Leben gerufen" worden sein.

Bei der dem Label zugrundeliegenden Ausrichtung kann zwischen der Konzentration auf soziale und auf ökologische Standards differenziert werden. Bei der Erfüllung der sozialen Dimension symbolisiert das Label vor allem Aspekte wie eine faire Entlohnung der Produzenten, sowie den Verzicht auf Kinderarbeit. Besonders verbreitet sind in diesem Bereich die sogenannten Fair-Trade-Label, die dem Konsumenten garantieren, dass der durch seinen Kauf erzielte Erlös gerecht zwischen allen am Produktionsprozess Beteiligten aufgeteilt wird. Bei ökologisch geprägten Labels geht es vor allem um den Schutz der Umwelt, beispielsweise durch die strikte Einhaltung spezieller Produktions- oder der Schadstoffabbaustandards. Umwelt- und Sozialsiegel können die Kaufbereitschaft erhöhen, Umsatzgewinne ermöglichen und den Preisspielraum vergrößern.

Wichtigste Voraussetzung für den Erfolg eines Labels ist seine Glaubwürdigkeit. Um diese sowie die Authentizität zu realisieren, sollte der Prozess der Siegelerstellung und -vergabe überprüfbar, nachvollziehbar und transparent sein. Eine höhere Glaubwürdigkeit wird in der Regel außerdem durch ein unabhängiges Labeling erreicht. Das heißt, dass Unternehmen ein externes Label von neutralen, staatlichen oder Non-Profit Organisationen für ihre Produkte übernehmen (beispielsweise von der Organisation Rainforest Alliance). Neben der höheren Vertrauenswürdigkeit durch Unabhängigkeit bietet diese externe Integration oftmals den Vorteil verminderten Aufwands, da der Markenaufbau des Labels nicht selbst übernommen werden muss. Ein intern eigen kreiertes Label hat hingegen den Vorteil des höheren Differenzierungspotentials durch Einmaligkeit (beispielsweise das Pro Planet Label der REWE-Group). Herausforderung hierbei ist der Aufbau einer Vertrauensbasis auf Konsumentenseite, da diese vor allem durch Anwendungszeit und Bekanntheit gefördert wird, welche bei Etablierung eines neuen Labels zunächst geschaffen werden muss. In beiden Fällen ist es wichtig, dass die positive Beurteilung des Produktes und die Vergabekriterien des Labels transparent und nachvollziehbar für den Endverbraucher sind.

Die Wahl eines durch ein Siegel gekennzeichneten Produktes ermöglicht es dem Konsumenten, eine umweltfreundlichere oder sozialere Produktentscheidung zu treffen und dadurch selbst etwas für das Wohl der Gesellschaft und den Erhalt des allgemeinen Lebensraums beizutragen. Öko- und Sozial-Label können somit neben der Vermittlung von Informationen genutzt werden, um den Konsumenten auf emotionale Ebene zu erreichen.

4.6 Markenmanagement

Eine weitere Möglichkeit unternehmerisches sozial-ökologisches Engagement auf beispielsweise Produkten zu kommunizieren, stellt die Markenkomponente dar. Hier können die sozial-ökologischen Eigenschaften direkt eingebunden und deutlich aufgezeigt werden, wie es beispielsweise bei der Marke Frosch getan wird. Sowohl Farb- als auch Logo- und Namenswahl symbolisieren die Verbundenheit zur Natur. Die Wahl konkreter Zeichen und Farben auf dem Produkt bildet die Schnittstelle zum vorangegangenen Themenbereiche der Produktgestaltung.

Die Etablierung einer starken Marke erfüllt einerseits eine Vielzahl von Kundennutzen, die auf der anderen Seite Chancen für das der Marke zugehörige Unternehmen bieten. Aus Konsumentensicht bietet eine Marke Erleichterung bei der Auswahl und Entscheidung. Dies ergibt sich aus der Bekanntheit einer Marke, der mit ihr assoziierten Leistung und dem assoziierten Image. Gleichzeitig ergibt sich aus Leistung, Image und der mit der Marke erzielten Erfahrung das ihr zugeschriebene Vertrauen. Als Ausdruck von Persönlichkeit und sozialem Status erfüllen Marken außerdem auch eine Prestigefunktion. Darauf aufbauend wird Marken mittlerweile auch eine identitätsstiftende Wirkung zugeschrieben, indem sie als Symbol für bestimmte Werte und Lebensstile stehen. Der Aufbau einer solch nutzenerfüllenden Marke birgt für den Hersteller beispielsweise die Möglichkeit der eindeutigen Differenzierung von Konkurrenzprodukten, eine stärkere Chance der Kundenbindung, den Aufbau eines preispolitischen Spielraums und die Möglichkeit der unternehmerischen Wertsteigerung.

Für die Verknüpfung von sozialen und ökologischen Attributen mit einer Marke ist vor allem die Integration glaubwürdiger Markenwerte von großer Bedeutung. Markenwerte stehen symbolartig für die Ideale einer Marke. Hierbei geht es vor allem um die emotionale Komponente der Markenidentität und darum, die Wünsche und Ansprüche der relevanten Zielgruppe zu erfüllen. Wichtig für die Glaubwürdigkeit der Markenwerte ist die Integration der entsprechenden Leitsätze in die gesamte Unternehmenskultur, so dass die Ideale auch von Management und Mitarbeitern gelebt werden müssen. Daraus erst folgt, dass die jeweilige Zielgruppe die Markenwerte als Teil des Markenimages wahrnimmt und demensprechend überträgt. Dieses Phänomen ist gleichzusetzen mit der Wichtigkeit der Übereinstimmung von Markenidentität und Markenimage. Die Markenidentität steht für die Persönlichkeit einer Marke, ihre Werte, Vision, Leistung, Kompetenzen und Herkunft. Aus diesen Aspekten ergeben sich die Positionierung und die Authentizität einer Marke. Dem gegenüber steht das vom Konsumenten wahrgenommene Markenimage, welches sich aus dem symbolischen und funktionalen Nutzen einer Marke, der Markenmerkmale und der Markenbekanntheit ergibt (Meffert et al. 2005, S. 65 f.). Der Grad der Übereinstimmung beider Sichtweisen hat Auswirkungen auf die Glaubwürdigkeit der Marke und das ihr entgegengebrachte Vertrauen. Nur, wenn es einem Unternehmen gelingt, die CSR-Politik glaubhaft auf produktpolitischer Ebene zu integrieren und dementsprechend zu handeln, werden sich diese Bemühungen auch auf die Ebene des Markenimages übertragen. Esch und Brunner unterscheiden hinsichtlich der markenrelevanten CSR-Strategien drei unterschiedliche Ansätze. Während beispielsweise im Unternehmen The Body Shop CSR als tief integrierter Teil der Markenidentität gilt, nutzt das Unternehmen Würth CSR in Unabhängigkeit von der Markenidentität (Abb. 7).

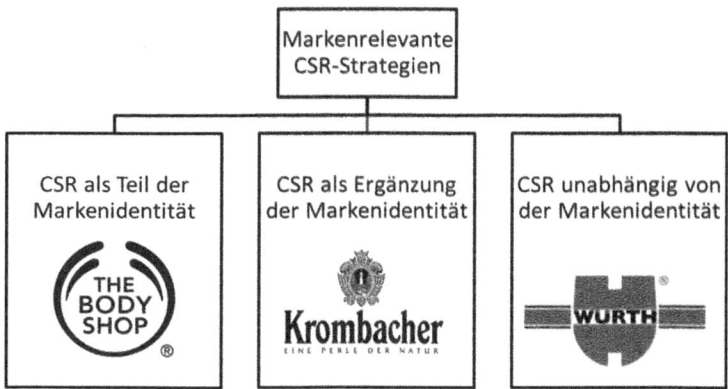

Abb. 7 Markenstrategieoptionen für CSR-Kommunikation. (Esch und Brunner 2009, S. 109)

5 Analysemethoden und Instrumente zur Bewertung der Nachhaltigkeit von Produkten

Zur Analyse der konkreten Wirkungsweise von Produkten auf Umwelt und Gesellschaft steht den Unternehmen eine Vielzahl von Methoden und Instrumenten zur Verfügung. Die meisten aktuell genutzten beziehen sich dabei vor allem auf ökologische Auswirkungen, wie zum Beispiel Emissionen oder Energiethemen, aber zunehmend auch auf soziale Herausforderungen.

Basis der Methoden und Instrumente zur Messung der Wirkung sind häufig gesetzliche oder freiwillige Initiativen, Leitlinien, Standards und Normen zur Nachhaltigkeit. Der UN Global Compact beispielsweise gilt als Netzwerk und Initiative der Vereinten Nationen (UN) und startete im Jahr 2000 in die operative Umsetzung. Es beinhaltet 10 Verhaltensprinzipien für Unternehmen in den Bereichen Menschenrechte, Arbeitsnormen, Korruptionsbekämpfung und Umweltschutz. Des Weiteren existiert die Business Social Compliance Initiative (BSCI), die das Ziel einer weltweiten Verbesserung von Arbeitsbedingungen in globalen Supply Chains verfolgt. Daneben gilt der Social Accountability (SA) 8000 als zertifizierbarer Standard für die sozial verantwortliche Unternehmensführung oder das Eco-Management and Audit Scheme (EMAS), das ähnlichen Anforderungen der ISO Norm 14001 entspricht und das Ziel einer kontinuierlichen Verbesserung der Umweltleistung hat. Relativ neu ist die ISO Norm 26000, ein Standard für die allgemeine gesellschaftliche Verantwortung von Organisationen.

Beim Einsatz der Bewertungsmethoden/-instrumente geht es allgemein darum, die Effekte der Produktherstellung, -verwendung und -entsorgung auf Umwelt und Gesellschaft zu untersuchen (Bickel 2009, S. 51). Einige dieser Ansätze werden im Folgenden exemplarisch dargestellt. Dies stellt jedoch nur einen kurzen Überblick dar, in der Praxis existiert eine Vielzahl von weiteren Mess- und Wirkungsmethoden/-instrumenten.

Produktökobilanzen

Ökobilanzen haben grundsätzlich das Ziel, Umweltauswirkungen von Produkten, Prozessen oder gesamten Unternehmen zu erfassen, zu bewerten und abzubilden. Die Produktökobilanz bezieht sich dementsprechend speziell auf die Umweltauswirkungen eines Unternehmensproduktes entlang seines Lebenszyklus (BMU 2007, S. 81). Diese Analyse soll der Aufdeckung von Optimierungsansätzen dienen und liefert somit einen Beitrag zur weiteren Produktentwicklung und Entscheidungsfindungsprozessen im Produktmanagement. Um dies zu ermöglichen, wird zunächst individuell der Begriff Ökobilanz und der entsprechende Untersuchungsrahmen definiert. Darauf aufbauend werden alle Stoff- und Energieströme, die während des Verlaufs des Produktlebenszyklus anfallen, erfasst und hinsichtlich ihrer Umweltauswirkungen beurteilt. Die Erstellung der Produktökobilanz schließt mit der Auswertung der erfassten Daten (Bickel 2009, S. 52). Mit der zunehmenden Bedeutung der Übernahme von Verantwortung durch Unternehmen hat sich auch der Bereich der Bilanzierung nachhaltiger Unternehmertätigkeit ausgeweitet. Neben Umweltaspekten rücken auch soziale Aktivitäten zunehmend in den Mittelpunkt. Der Produktökobilanz steht deswegen die Sozialbilanz gegenüber. Hierin werden die soziale Performance des Unternehmens und die Übernahme von Verantwortung, beispielsweise im Umgang mit den eigenen Mitarbeitern dokumentiert. Die Sozialbilanz findet jedoch bisher in Deutschland kaum Anwendung. Die Produktökobilanz gilt aufgrund ihrer Verankerung in der international gültigen Normenreihe ISO EN 130440– 14043 als eine der wichtigsten und anerkanntesten Methoden zur Beurteilung der Umweltauswirkungen eines Produktes.

Öko-Kompass

Der Öko-Kompass dient dem Vergleich verschiedener Produkte oder Prozesse hinsichtlich ihrer ökologischen Auswirkungen. Der Vergleich findet dabei auf sechs Ebenen statt: Potentielle Risiken für Gesundheit und Umwelt, die Schonung von Ressourcen, die Erweiterung der Dienstleistungen, Recycling, Energieintensität und die Materialintensität hinsichtlich des Einsatzes natürlicher Materialien werden einbezogen (BMU 2007, S. 125). Die daraus entstandenen Ergebnisse werden anschließend entsprechend ihrer Ausprägung mit Punktwerten ausgezeichnet. Ausgangspunkt eines jeden Vergleichs stellt ein vorab definiertes Basisprodukt dar. Dieses Produkt erhält auf jeder Ebene einen konkreten Punktwert. Die weiteren im Vergleich enthaltenen Produkte werden auf den einzelnen Ebenen vergleichend bewertet. Die Werte werden abschließend durch ein Öko-Kompass-Diagramm visualisiert. Der Öko-Kompass dient der Unternehmensführung somit zur Identifizierung von Optimierungspotentialen und als Entscheidungsgrundlage zur Auswahl innovativer, ökologischer Produkte. Neben den Umweltauswirkungen könnte das Instrument ebenso für den Vergleich sozialer Produktattribute eingesetzt werden. Durch die Aufnahme der potentiellen Risiken für die Gesundheit wird dieser Aspekt schon teilweise angesprochen, ist jedoch diesbezüglich ausbaufähig.

Produktlinienanalyse

Durch die Produktlinienanalyse werden ökologische, soziale und wirtschaftliche Effekte von Produkten während ihres gesamten Herstellungs- und Beseitigungsprozesses erhoben. Innerhalb des anschließenden Analyseprozesses werden die drei relevanten Dimensionen weiter spezifiziert und entsprechende Indikatoren entwickelt (BMU 2007, S. 126). In Bezug auf die einbezogenen ökologischen Aspekte erfolgt das Vorgehen der Produktlinienanalyse ähnlich der Produktökobilanz. Ebenso wie die anderen Instrumente dient auch die Produktlinienanalyse der Identifikation von Schwachstellen und Optimierungspotentialen, sowie als Entscheidungshilfe in der Produktpolitik, beispielsweise hinsichtlich des Produktentwicklungsprozesses.

Technikwirkungsanalyse

Die Technikwirkungsanalyse beruht auf dem Prinzip der Ganzheitlichkeit. Für die Untersuchung eines Produktes hinsichtlich seiner ökologischen Qualität wird der gesamte Produktlebenszyklus betrachtet und es erfolgt eine ganzheitliche Bewertung hinsichtlich der Bereiche Technik, Wirtschaft, Mensch und Ökologie. Die Durchführung der Technikwirkungsanalyse erfolgt dann sowohl unter Berücksichtigung ökonomischer als auch nichtökonomischer Aspekte. Die ökologische Qualität des Produktes wird bestimmt, in dem einzelne Teilqualitäten auf einer Skala von -5 bis +5 bewertet werden. Die Beurteilung erfolgt sowohl unter Beachtung der Input- als auch der Output-Faktoren eines Produktes. Dabei werden alle Phasen und Merkmale des Produktes einbezogen.

Stoffstrommanagement

Das Stoffstrommanagement ähnelt in seinem Aufbau der Produktökobilanz und zielt auf die zielorientierte, ganzheitliche und effiziente Beeinflussung von Stoffsystemen im Unternehmen ab. Management bedeutet in diesem Fall die zielgerichtete Lenkung, Führung, Organisation und Planung des Stoffstroms, in der Regel innerhalb eines Standortes. Standortunabhängige Umweltauswirkungen werden hingegen nicht erfasst. Dafür wird zunächst definiert, in welchem Zeitraum und mit welchem Ziel Stoffströme verändert werden sollen. Anschließend findet die Analyse und Bewertung der Stoffströme statt, um darauf aufbauend Entwicklungsstrategien zu definieren. Die abschließende Erfolgskontrolle dient der Überprüfung der Effizienz der beschlossenen Maßnahmen (Klemisch 2004, S. 44 ff.).

Das Prinzip des Stoffstrommanagements fokussiert sich auf die mit der Herstellung eines Produktes verbundenen Stoffflüsse. Dabei werden sowohl ökologische, als auch ökonomische und soziale Aspekte in die Analyse einbezogen. Das Konzept basiert auf den Annahmen, dass Wertschöpfungsketten zunehmend global aufgebaut sind und dementsprechend ihre Komplexität steigt. Gleiches gilt für die Produkte. Da Produkte, Produktion und Infrastruktur zudem miteinander verknüpft sind, sollten die Umweltauswirkungen laut des Stoffstromansatzes bereits zu Beginn des Produktlebenszyklus Berücksichtigung finden. Eine wirkliche Optimierung von Produktlinien kann deswegen nur durch eine ganzheitliche Kooperation von allen beteiligten Akteuren erreicht werden, was wiederum zu einer hohen Komplexität führt. Die unternehmensübergreifenden Zusammenschlüsse sind zudem notwendig, da das innerbetriebliche Optimierungspotential für eine nachhaltigere Wertschöpfung schnell an seine Grenzen stößt. Ein Praxisbeispiel für die gelungene Umsetzung des Stoffstrommanagements ist die Zusammenarbeit des Otto Versandes, dem Axel Springer Verlag und dem norwegischen Papierhersteller „Norske Skog". In der Kooperation der drei Unternehmen ist es gelungen, den Stofffluss zur Herstellung zweier Produkte, der Zeitschrift „Familie&Co" des Axel Springer Verlags und einem Katalog des Otto Versandes, vollständig transparent zu gestalten und die Herstellung somit bis zum ursprünglichen Wald zurückverfolgen zu können (Teitscheid 2002, S. 76 ff.).

MIPS-Analyse (Material-Input Pro Serviceeinheit)
Die MIPS-Analyse beruht auf der Annahme, dass alle umweltschädlichen Wirkungen ihre Ursache im Verbrauch aus der Erdoberfläche entnommener Materialien haben. Grund dafür seien, die zunehmende Menge abgebauter Rohstoffe, ihre Veränderung durch chemische, umweltschädliche Prozesse, die wachsende Anzahl vom Menschen belegter Flächen, sowie die steigende Müllmenge weltweit. Die Abkürzung MIPS steht für den Materialinput pro Serviceeinheit. Die bedeutet, dass in die Analyse die Summe aller aufgewendeten Rohmaterialen von der Entnahme bis zur Fertigstellung des Endproduktes einbezogen und auf die Kosten pro Serviceeinheit heruntergerechnet werden. Dies erleichtert den Vergleich verschiedener Produkte miteinander. Somit gibt die MIPS-Analyse ähnlich der anderen Bewertungsinstrumente Auskunft über die Umweltverträglichkeit eines Produktes, deckt somit Optimierungsmöglichkeiten auf und erleichtert darüber hinaus den Vergleich verschiedener Produkte (Klemisch 2004, S. 47 ff.).

6 Ausblick auf die folgenden Beiträge

Produkte sozial- und ökologisch verantwortungsvoll zu planen sowie zu gestalten, bedeutet vor allem, den Lebenszyklus vollständig und integriert zu betrachten und alle möglichen Hot-Spot-Risiken zu reduzieren. Doch die Absicht der Implementierung von ökologischen, sozialen, aber auch ökonomischen Strategien und Maßnahmen im Produktmanagement bringt für Unternehmen viele Herausforderungen und Fragestellungen mit sich. Diese Fragestellungen müssen in detaillierter Art und Weise vor dem Hintergrund einzelner Bereiche, wie zum Beispiel der Verpackung oder des Markenmanagements diskutiert und gelöst werden. Diese Absicht verfolgt das vorliegende Buch, indem ausgewählte CSR-Experten jene Problematik in den Kontext mit produktspezifischen Herausforderungen stellen. Diese und weitere Aspekte soll das vorliegende Buch beleuchten und und Themeninteressierten helfen, CSR und Nachhaltigkeit „für sich" zu entdecken, zu definieren und vor dem Hintergrund des Produktmanagements handhabbar zu machen. Studierenden und Wissenschaftlern soll es neue Einblicke in das breite Forschungsfeld der Nachhaltigkeit geben und anhand zahlreicher aufgeführter Beispiele eine „Brücke zur Praxis schlagen".

Literatur

Altenburger R (2013) CSR und Innovationsmanagement – Gesellschaftliche Verantwortung als Innovationstreiber und Wettbewerbsvorteil. Springer Gabler

Bickel IM (2009) Corporate Social Responsibility – Einflussfaktoren, Erfolgswirkungen und Einbezug in produktpolitische Entscheidungen. Aufl. 1. Diplomica

BMU (Bundesministerium für Umwelt, Naturschutz und Reaktorsicherheit) (2007) Nachhaltigkeitsmanagement in Unternehmen. http://www.econsense.de/sites/all/files/nachhaltigkeitsmanagement_unternehmen.pdf. Zugegriffen: 16. June 2014

Brønn PS, Vrioni A (2001) Corporate social responsibility and cause related marketing: an overview. Int j Advert 20(2).

Bühler B (2009) Corporate Social Responsibility aus Konsumentensicht. VDM Verlag

Carroll AB (1999) Corporate social responsibility: evolution of an definitional construct. Business Society 38:268–279

Carroll AB (2006) Corporate social responsibility: a historical perspective. In Epstein MJ, Hanson KO (Hrsg) Corporate social responsibility. The accountable corporation, vol. 3. London

Ehrenfried F (2013) Procter & Gamble: 4,6 Milliarden Kunden und kein Abfall. http://green.wiwo.de/procter-gamble-46-milliarden-kunden-und-kein-abfall/. Zugegriffen: 02. Aug 2014

Ernst & Young (2012) entnommen aus: Arbeitskreis Nachhaltige Unternehmensführung der Schmalenbach-Gesellschaft für Betriebswirtschaftslehre

Esch FR, Brunner CB (2009) Mehr als nur leere Worte? Markenartikel 12:100–102

Europäische Kommission (2014) http://ec.europa.eu/enterprise/policies/sustainable-business/corporate-social-responsibility/index_en.htm. Zugegriffen: 07. Aug 2014

Fröhlich E (2015) CSR und Einkauf, in Erstellung. Springer Gabler

Garriga E, Melè D (2004) Corporate social responsibility theories: mapping the Territory. J Bus Eth 53:51–71

Grünwald M (2004) Corporate Social Responsibility – Konsumenten als Treiber für mehr gesellschaftliche Verantwortungsübernahme in Unternehmen. In Freimann J (Hrsg) Akteure einer nachhaltigen Unternehmensentwicklung. München

Homburg C, Krohmer H (2003) Marketingmanagement. Strategie – Instrumente – Umsetzung – Unternehmensführung. Betriebswirtschaftlicher Verlag Dr. Th. Gabler

Hopfenbeck W, Jasch C (1995) Öko-Design. Verlag Moderne Industrie, Landsberg

Keßler S (2014) Recycling: in Dänemark steht ein Haus aus Müll. http://green.wiwo.de/wohnen-in-daenemark-steht-ein-ganzes-haus-aus-abfall/. Zugegriffen: 15. Sept 2014

Klemisch H (2004) Umweltmanagement und ökologische Produktpolitik. Hampp

Koppelmann U (2001) Produktmarketing. Entscheidungsgrundlagen für Produktmanager, 6. überarbeitete und erweiterte Auflage. Berlin

Kotler P, Lee N (2005) Corporate social responsibility. Doing the most good for your company and your cause. Hoboken

Lecker R (2010) Kommunikation und Verantwortung, 1st Aufl. Akademische Verlagsgemeinschaft München

Loew T et al. (2004) Bedeutung der internationalen CSR-Diskussion für Nachhaltigkeit und die sich daraus ergebenden Anforderungen an die Unternehmen mit Fokus Berichterstattung. Münster

Meffert H (2006) Gesellschaftliche Verantwortung als Führungsaufgabe – Das Projekt Corporate Social Responsibility in der Bertelsmann Stiftung, In Meffert H, Backhaus K, Becker J (Hrsg) Dokumentationspapier 191 der wissenschaftlichen Gesellschaft für Marketing und Unternehmensführung e. V. Münster

Meffert H, Burmann C, Koers M (2005) Markenmanagement – Identitätsorientierte Markenführung und praktische Umsetzung, 2nd Aufl. Gabler

Saekel K (2011) CSR als Instrument der strategischen Unternehmensführung. B + M Publishing

Sinus Institut (2014) In: http://www.sinus-institut.de/loesungen/sinus-milieus.html. Zugegriffen: 09. Juni 2014

Teitscheid P (2002) Nachhaltige Produkt- und Dienstleistungsstrategien in der Informationsgesellschaft. Erich Schmidt Verlag

Till BD, Nowak LI (2000) Toward effective use of cause-related marketing alliances. J Prod Brand Manag 9(7):472–484

Trommsdorff(2011)http://www.marketing.tu-berlin.de/fileadmin/fg44/download_gs/ss2011/20101118_ ABWL_03_-_Produktpolitik_Vorlesung_und_UEbung_final_public.pdf, S. 14 des Skriptes. Zugegriffen: 18. Juli 2014

Volvic (2014): http://www.volvic.de/engagement/unsere-erste-pet-flasche-auf-20-planzlicher-basis. php. Zugegriffen: 18. Sept 2014

Wieser C (2005) „Corporate Social Responsibility" – Ethik, Kosmetik oder Strategie?: Über die Relevanz der sozialen Verantwortung in der Strategischen Unternehmensführung. LIT

Bildquellen

www.bmw.com

www.fairphone.com

www.green.wiwo.de

Foto Etikett Volvic Mineralwasser. Zugegriffen: 02. Mai 2008

Prof. Dr. Torsten Weber ist Professor für Marketing and Sustainable Communication sowie Dekan für den Bereich General Management an der Cologne Business School in Köln. Während der Promotion an der Universität zu Köln zum Thema „Sozial-inhärente Produkte" arbeitete Torsten Weber als Wissenschaftlicher Mitarbeiter am Seminar für Beschaffung und Produktpolitik bei Prof. Dr. Koppelmann sowie am Seminar für Marketing und Markenmanagement bei Prof. Dr. Franziska Völckner. Im Anschluss war er mehrere Jahre als Unternehmensberater u. a. für die Firma Rölfs RP Management Consultants GmbH in Düsseldorf tätig und hat in diesem Zusammenhang bspw. im Bereich Umweltmanagement gearbeitet. In Forschung und Lehre beschäftigt Torsten Weber sich mit Produktmarketing, Cause-Related Marketing, Sustainability und Corporate Social Responsibility. Neben der Funktion als Vizepräsident der „Fördergesellschaft Produktmarketing e. V." ist er Speaker auf Seminar- und Konferenzveranstaltungen, insbes. zu den Themenfeldern Marketing- und Nachhaltigkeitsmanagement. Torsten Weber ist ein Gesicht der Nachhaltigkeit (http://www.gesichter-der-nachhaltigkeit.de/gesichter-der-nachhaltigkeit/wissenschaft).

Verantwortungsbewusstes Produktmanagement aus der Perspektive des Nachhaltigen Designs

Davide Brocchi, Bernd Draser und Simone Fuhs

1 Einführung

„Alle wesentlichen Entwicklungen in Bezug auf Nachhaltigkeit laufen in allen Gesellschaften auf dem Globus in die falsche Richtung", schreiben der Sozialpsychologe Harald Welzer und der ehemalige Vorstandssprecher der Metro AG Klaus Wiegandt in ihrem Sammelband „Perspektiven einer nachhaltigen Entwicklung" (Welzer/Wiegandt 2012, S. 7). Seit 1990 haben die weltweiten CO_2-Emissionen um mehr als 60 % zugenommen, und zwar trotz Kyoto-Protokoll. Die Biodiversität nimmt vielerorts genauso schnell ab wie die Rodung der Tropenwälder zu. In den letzten 60 Jahren hat sich die Siedlungs- und Verkehrsfläche in Deutschland mehr als verdoppelt und täglich wächst sie um 74 Hektar (BMUB 2013). Durch die Globalisierung hat der Westen nicht nur das eigene Wohlstandsmodell nach China oder Brasilien exportiert, sondern auch dessen ökologische und soziale Nebenwirkungen. Die Luft über Peking ist heute genauso grau wie jene über Manchester kurz nach der Industriellen Revolution im 19. Jahrhundert (vgl. Engels 1845) oder über dem Ruhrgebiet Anfang der 1970er Jahre. Obwohl der Westen einen Teil seiner schmutzigen Produktion in die Schwellenländer verlagert hat, ist in Europa immer noch fast jeder zweite Fluss so stark durch Chemie belastet, dass von einem Bad darin abgeraten werden muss (Malaj und von der Ohe et al. 2014).

Die Produktion von Gütern hat direkt oder indirekt enorme Auswirkungen auf die Umwelt, trotzdem findet Ökologie in der einschlägigen Fachliteratur zu Themen wie Produkt-

D. Brocchi (✉)
Nikolausstr. 147, 50937 Köln, Deutschland
E-Mail: davide.brocchi@cultura21.de

B. Draser · S. Fuhs
Hauptstr. 12, 56729 Baar, Deutschland

© Springer-Verlag Berlin Heidelberg 2015
T. Weber (Hrsg.), *CSR und Produktmanagement,* Management-Reihe Corporate
Social Responsibility, DOI 10.1007/978-3-662-45573-9_2

management oder Produktgestaltung kaum Berücksichtigung.[1] Während innerbetriebliche Prozesse penibel und durch eine breite Vielfalt von Fachbegriffen beschrieben werden, wird die Komplexität von ökologischen und sozialen Umweltfaktoren oft auf Input (Rohstoff, Energie) und Output (Nachfrage) reduziert. So beginnt das Grundmodell der Wertschöpfungskette von Michael Porter (1985) bei „Eingangslogistik" und endet bei „Kundenservice". Die Vergangenheit und Herkunft der Materialien (Downstream) und Zukunft und Verbleib der Materialien (Upstream) bleiben dabei außen vor.

Die Überbewertung des betriebswirtschaftlichen Systems ist komplementär zu einer Unterbewertung seiner ökologischen und gesellschaftlichen Umwelt. Diese abgebrochene Wahrnehmung birgt das Risiko von Selbsttäuschung und Fehleinschätzungen: Nicht drohende Rohstoffengpässe gefährden die Existenz von Unternehmen, sondern vor allem ihre Verdrängung. So oder so, Nachhaltigkeit wird ein „Ende der Produktionsweisen, wie wir sie kannten" bedeuten (vgl. Welzer und Leggewie 2010). Die entscheidende Frage ist heute, ob der Übergang in eine neue Ökonomie von einem kulturellen Wandel eingeleitet oder als Reaktion auf materielle Notwendigkeiten und Krisen erzwungen wird.

Nachhaltigkeit ist ein wesentlicher Aspekt von Corporate Social Responsibility und bedeutet einen Paradigmenwechsel im Produktmanagement. Nach einer kurzen Auseinandersetzung mit dem Nachhaltigkeitsbegriff wird in den nächsten Absätzen erläutert, wie eine nachhaltige Gestaltung möglich ist und unter welchen Bedingungen sie stattfinden kann.

2 Nachhaltigkeit

Nachhaltigkeit wird gelegentlich als Diskurs über die Zukunft verstanden. Entsprechend unwahrscheinlich ist es, dass sie als gegenwärtige Priorität verstanden wird, in einem Kontext, in denen Wettbewerbsfähigkeit, kurzfristige Profite oder unmittelbare Kundenbedürfnisse das wirtschaftliche Handeln bestimmen. Nachhaltigkeit ist aber kein Ausdruck einer langfristigen Prognose unter anderen oder gar von übertriebenen Zukunftsängsten. In diesem Begriff ist vielmehr hingegen eine bedeutende historische Lehre gespeichert: Unsere Zukunft ist genau dann gefährdet, wenn wir sie vergessen.

In seinem Buch „Die Entdeckung der Nachhaltigkeit" beschreibt der Historiker Ulrich Grober die erste große Energie- und Rohstoffkrise, die Europa an der Schwelle zwischen dem 17. und 18. Jahrhundert traf. Weil Holz der Hauptenergielieferant war und damit Schiffe, Häuser oder Möbel gebaut wurden, gefährdete die damalige Holzknappheit, die durch die Jahrhunderte lange Abholzung der Wälder entstanden war, die Existenz ganzer Staaten. Die steigenden Holzpreise trieben viele Betriebe in den Ruin. Als Montanrevier war auch Sachsen stark betroffen. Die Hochöfen verschlangen Unmengen an Holz, der in der Umgebung der Bergwerke nicht mehr zu finden war, da die Region inzwischen weitge-

---

[1] Ein Beispiel: Sönke Albers/Andreas Herrmann (Hrsg) 2002: Handbuch Produktmanagement. Wiesbaden: Gabler.

hend kahl geschlagen war. In dieser Situation beförderte August der Starke, Kurfürst von Sachsen, Hans Carl von Carlowitz zum Leiter des sächsischen Oberbergamts in Freiberg. Der erfahre Forstwirt sollte eine Strategie entwickeln, um die Versorgung des Bergbaus mit Holz dauerhaft zu garantieren (vgl. Grober 2010, S. 111). Im Jahr 1713 veröffentlichte Carlowitz ein Buch unter dem Titel „Sylvicultura oeconomica oder Anweisung zur wilden Baum-Zucht" und schuf darin eine Maxime, die weit über die Forstwirtschaft hinaus relevant werden sollte: jene der Nachhaltigkeit. Eine dauerhafte Nutzung der Waldbestände konnte nur erreicht werden, indem man nicht mehr Holz fällte, als nachwuchs.

Im Jahr 1952 wurde das Prinzip der Nachhaltigkeit zum ersten Mal auf die Gesamtwirtschaft übertragen. In den Grundsätzen der Interparlamentarischen Arbeitsgemeinschaft für naturgemäße Wirtschaftsweise heißt es: „Mit den sich erneuernden Hilfsquellen muss eine naturgemäße Wirtschaft betrieben werden, so dass sie nach dem Grundsatz der Nachhaltigkeit auch noch von den kommenden Generationen für die Deckung des Bedarfs der zahlenmäßig zunehmenden Menschheit herangezogen werden können" (Wey 1982, S. 157).

1972 veröffentlichte ein Forschungsteam von Massachusetts Institute of Technology (MIT), das von einem jungen Chemiker, Dennis Meadows, geleitet wurde, den ersten Bericht des Club of Rome: „Die Grenzen des Wachstums". Das Fazit der Studie war beunruhigend: „Wenn die gegenwärtige Zunahme der Weltbevölkerung, der Industrialisierung, der Umweltverschmutzung, der Nahrungsmittelproduktion und der Ausbeutung von natürlichen Rohstoffen unverändert anhält, werden die absoluten Wachstumsgrenzen auf der Erde im Laufe der nächsten hundert Jahre erreicht. Mit großer Wahrscheinlichkeit führt dies zu einem ziemlich raschen und nicht aufhaltbaren Absinken der Bevölkerungszahl und der industriellen Kapazität" (Meadows 1972, S. 17). Nach den Computersimulationen des MIT wäre die industrielle Produktion zuerst durch die Verknappung von nicht erneuerbaren Ressourcen wie Metallen und Erdöl gebremst worden. Der Bericht stieß auf große Kritik und wurde als Schwarzmalerei bezeichnet. Er wäre wahrscheinlich in Vergessenheit geraten, wenn sich ein Jahr später nicht die erste große Ölkrise ereignet hätte und die westlichen Länder zum ersten Mal Ölknappheit erlebten. Die Krise führte vor Augen, wie verletzlich die Industriegesellschaft durch ihre starke Abhängigkeit von endlichen Ressourcen ist.

So wie die Holzkrise zur „Entdeckung der Nachhaltigkeit" führte, so war es 300 Jahre später die Ölkrise, die den Beginn einer breiten gesellschaftlichen Nachhaltigkeitsdebatte einleitete. Viele Experten sind heute der Meinung, dass das weltweite Ölfördermaximum (Peak Oil) bereits überschritten sein könnte. Das Dezernat für Zukunftsanalyse der Bundeswehr (2010, S. 5) kommt in einer Metastudie zu dem Schluss, „dass der Peak Oil bereits um das Jahr 2010 zu verorten ist und sicherheitspolitische Auswirkungen je nach Entwicklung der hierbei global relevanten Faktoren mit einer Verzögerung von 15 bis 30

Jahren erwartet werden können". Deshalb fordert der Chefökonom der Internationalen Energieagentur (IEA), Fatih Birol, „das Öl zu verlassen, bevor es uns verlässt".[2]

Ursprünglich meint Nachhaltigkeit einen „pfleglichen Umgang" (vgl. Carlowitz 2013, S. 87) mit den Ressourcen auf einem begrenzten Planeten. Dabei wird das utilitaristische Naturbild der klassischen Wirtschaftstheorien und damit die Reduktion der Natur auf ein unerschöpfliches Rohstofflager infrage gestellt. Ab den 1980er Jahren ist jedoch die Senkenproblematik immer stärker in den Blick geraten: „Die natürliche Umwelt spielt für den Menschen nicht nur als Rohstofflager und Ressourcenquelle eine wesentliche Rolle, sondern auch als ,Deponie' (Senke) für Abfälle und Emissionen. Aufnahme- und Verarbeitungskapazitäten der Umweltmedien Boden, Luft und Wasser sowie der Ökosysteme für Abfälle und Schadstoffemissionen sind jedoch begrenzt" (Grundwald und Kopfmüller 2006, S. 18). Bereits die Meeresbiologin Rachel Carson hatte 1962 vor den dramatischen Konsequenzen einer breiten Verwendung von Pestiziden und Insektiziden gewarnt. Künstliche Stoffe, die der Natur unbekannt sind, können von dieser nicht abgebaut werden und akkumulieren sich im Laufe der Zeit vor allem an der Spitze der Nahrungspyramiden, dort wo der Mensch oft sitzt. Weil der Mensch ein Teil der Natur und die Natur ein Teil des Menschen ist, leidet er selbst unter den ökologischen Kosten der Industrialisierung. Ihr Buch „Silent Spring" stieß in den USA eine breite Umweltdebatte an, die zur Bildung der modernen Umweltbewegung führte.

Seit den 1990er Jahren ist der Klimawandel, der durch die weltweit wachsenden Treibhausemissionen verursacht wird, zur höchsten Priorität in der Nachhaltigkeitsdebatte aufgestiegen. Das Nationale Klimaschutzprogramm, das die deutsche Bundesregierung 2007 beschlossen hat, sieht eine Reduktion der CO_2-Emissionen um 40 % bis 2020 gegenüber 1990 vor. Die Wissenschaftsgemeinschaft fordert langfristig eine Reduktion um 80 bis 90 %, um den Klimawandel in seinen schlimmsten Auswirkungen noch abzuwenden: „Diese Zielsetzung ergab sich aus einer ökologischen und einer Gerechtigkeits-Komponente, wonach weltweit eine Halbierung der CO_2-Emissionen [...] bis zur Mitte des 21. Jahrhunderts notwendig erschien. Inzwischen ist eine Reduktion um mindestens 60 % erforderlich. Verteilt man diesen globalen Gesamtausstoß gleichmäßig auf dann rund neun bis zehn Milliarden Erdenbewohner, ergibt sich ein Umweltraum von etwa zwei Tonnen CO_2 pro Kopf. Im Vergleich zu den heutigen rund zehn Tonnen CO_2 pro Kopf in Deutschland lässt sich somit eine Reduktionserfordernis von mindestens 80 % ableiten" (Wuppertal Institut 2008, S. 136–139). Nach dem Brennstoffsektor (fossil), der für 80 % der Treibhausemissionen in Deutschland verantwortlich ist, sind die Industrieprozesse mit 8 % die bedeutendste Emissionsquelle (Umweltbundesamt 2014).

---

[2] Astrid Schneider: „Die Sirenen schrillen". Der Chefökonom der Internationalen Energieagentur (IEA) im Gespräch. In: Internationale Politik 4, April 2008, S. 34–45 (unter: https://zeitschrift-ip.dgap.org/de/ip-die-zeitschrift/archiv/jahrgang-2008/april/%C2%BBdie-sirenen-schrillen%C2%AB, abgerufen am 17.01.2015).

Als politischer Begriff hat sich Nachhaltigkeit mit dem Brundtland-Bericht von 1987 etabliert[3] und stellt den Versuch dar, das monodimensionale Entwicklungsmodell der Modernisierung zu überwinden. In den westlichen Ländern wird nämlich Wohlstand mit einem einzigen ökonomischen Indikator gemessen: dem Bruttoinlandsprodukt. Das Wirtschaftswachstum gilt als oberstes politisches Ziel, dem alles andere untergeordnet wird. Die Nachhaltigkeit versteht sich hingegen als multidimensionales Entwicklungsmodell. Relativ einflussreich ist in Deutschland das sogenannte Drei-Säulen-Modell der Nachhaltigkeit, das die Enquete-Kommission „Schutz des Menschen und der Umwelt" des Bundestags 1994 entwickelt hat. Dabei ist eine Entwicklung nachhaltig, wenn ökologische, ökonomische und soziale Belange gleichberechtigt berücksichtigt werden (Voss 1997, S. 23 f); das heißt, wenn auch Indikatoren wie Umweltkosten oder gerechte Verteilung von Reichtum einbezogen werden.

Für einige Autoren bedeutet schließlich Nachhaltigkeit eine Aufwertung der immateriellen Bedürfnisse (u.a. Zeit für Muße, persönliche Entfaltung, Zusammenhalt) im Vergleich zu den materiellen (u.a. Einkommen, Konsum). So stellt Nachhaltigkeit für den Philosophen Julian Nida-Rümelin (2001) „die Frage nach dem guten Leben". In seinem Buch „Wohlstand ohne Wachstum" schreibt Tim Jackson (2011, S. 55): „Spätestens seit Aristoteles ist […] klar, dass Menschen mehr als nur materielle Sicherheit brauchen, um zu gedeihen und ein gutes Leben zu führen. Wohlstand besitzt eine bedeutsame gesellschaftliche und psychologische Dimension. Zum guten Leben gehört auch die Fähigkeit, zu lieben und geliebt zu werden, die Achtung der andern in der Gruppe zu erfahren, sinnvolle Arbeit beizusteuern und in der Gemeinschaft Zugehörigkeit und Vertrauen zu empfinden. Ein wichtiges Element von Wohlstand ist also die Fähigkeit und die Freiheit, am gesellschaftlichen Leben teilzunehmen".

So wie Wachstum zu einer Verstopfung des Alltags und immer mehr Staus auf den Autobahnen führt, so kann eine Dematerialisierung der Produktion Entlastung bedeuten und Räume für das gute Leben öffnen.

---

[3] Aus dem Brundtland Bericht stammt die meistverbreitete Definition von nachhaltiger Entwicklung: „Dauerhafte Entwicklung ist Entwicklung, die die Bedürfnisse der Gegenwart befriedigt, ohne zu riskieren, dass künftige Generationen ihre eigenen Bedürfnisse nicht befriedigen können. Zwei Schlüsselbegriffe sind wichtig:

• Der Begriff von ‚Bedürfnisse', insbesondere der Grundbedürfnisse der Ärmsten der Welt, die die überwiegende Priorität haben sollten; und

• der Gedanke von ‚Beschränkungen', die der Stand der Technologie und sozialen Organisation auf die Fähigkeit der Umwelt ausübt, gegenwärtige und zukünftige Bedürfnisse zu befriedigen" (Hauff 1987, S.46).

3 Design

3.1 Begriffsbestimmung

Im „Handbuch Produktmanagement" von Albers und Herrmann (2002) kommt Design vor allem als Verpackungsdesign vor. Design ist aber deutlich mehr. Als Gestaltung von Alltagsobjekten fand diese Tätigkeit schon lange vor der Erfindung des Worts „Design" statt. „Der Mensch hat immer Werkzeuge oder Utensilien hergestellt: Sie ermöglichen die Lösung von praktischen und konkreten Problemen; im Laufe der Zeit haben sie sich in ihrer Form und Funktionalität gefestigt. Zugleich hat er auch Objekte angefertigt, denen zusätzliche Bedeutungen und Werte zugeschrieben wurden, wie zum Beispiel ein Kleidungsstück, ein Schmuckstück, ein heiliges Parament, eine Waffe in kriegerischen Zivilisationen – neben jenen besonderen Typen von Artefakten, die aus Schriften bestehen" (eigene Übersetzung von Bassi 2013, S. 53). Design umfasst also über die Gestaltung von Zweckmäßigem hinaus auch die Gestaltung von dessen symbolischer Dimension. Design kommt vom lateinischen Verb *designare*, das „die Repräsentation von Figuren mittels Linien" (von Bassi 2013, S. 14) oder auch „bestimmen" bedeutet (vgl. Holger van den Boom zitiert in Bürdek 2005, S. 13). Design ist aber ein englischer Begriff. Zum ersten Mal erschien im „Oxford Dictionary" und wurde als der „Plan von etwas, das realisiert werden soll", „ein erster zeichnerischer Entwurf für ein Kunstwerk" sowie „ein Objekt der angewandten Kunst, der für die Ausführung eines Werkes verbindlich sein soll" definiert (Bürdek 2005). Die offizielle Geschichte des Designs beginnt mit der Industriellen Revolution in Großbritannien. Noch „in der uns heute geläufigen Bedeutung bezeichnet Design ganz allgemein den Entwurf und die Planung von Industrieprodukten" (Hauffe 2008, S. 8).

Während in Zeiten Leonardo Da Vincis noch keine klare Trennung zwischen Handwerk, Kunst, Ingenieurwesen und Wissenschaft herrschte, entsteht das moderne Design durch die Separation und Spezialisierung dieser Aktivitäten. Der Handwerker entwarf und produzierte selbst ein Alltagsobjekt für einen Kunden, den er im Normalfall persönlich kannte. Jedes Produkt hatte eine individuelle Form und war ein Unikat. Der Designer konzipierte hingegen ein Produkt für die maschinelle Serienfertigung. Seine Form musste eine Vielzahl von Individuen gleichzeitig ansprechen, die folgerichtig nicht als Individuen verstanden werden konnten, sondern zum Verbraucher verdichtet wurden. Da Hersteller und Verbraucher in keinem persönlichen Kontakt zueinander standen, musste das Produkt leicht und selbsterklärend verwendbar sein. Der Kauf eines Produkts fand nicht auf Basis räumlicher und menschlicher Nähe statt, sondern das Vertrauen und der Absatzmarkt musste durch mediale Werbemaßnahmen erst künstlich erzeugt werden.

Mit dem Massenprodukt entsteht auch die Massengesellschaft. Mit dem Design verlieren nicht nur Produkte, sondern auch Menschen ihre Singularität. In einem gesellschaftlichen Kontext, der sich durch Wettbewerb und soziale Ungleichheit kennzeichnet, haben die oberen Schichten das Bedürfnis, sich von den unteren Schichten zu distinguieren (vgl. Hirsch 1991). Da der Status vor allem von den Dingen ausgedrückt wird, mit denen sich

Menschen umgeben oder die sie konsumieren (vgl. Bourdieu 1982), müssen Designer neben dem Massenprodukt auch das Exklusive entwerfen. Größere Autos sind zwar deutlich schwerer, teurer und verbrauchen mehr Kraftstoff, und trotzdem werden sie gekauft, weil sie ihren Besitzern Prestige und Repräsentativität verleihen - es entscheidet wieder die symbolische Dimension des Designs.

Wenn Massen- und Exklusivprodukte insgesamt für eine hohe Umweltbelastung verantwortlich sind, dann hat dies unweigerlich auch mit Design zu tun. Laut Europäischer Kommission (o.J.) entstehen 80 % der ökologischen Auswirkungen eines Produkts bereits in der Entwurfsphase. In der Tat transformiert Design Natur (in Form von Ressourcen und Energie) in funktionale und symbolische Dinge. Jede gestalterische Entscheidung ist damit auch ausnahmslos eine Entscheidung über natürliche Ressourcen. Aus diesem Grund ist die Frage eines Nachhaltigen Designs eine immer relevantere geworden. Doch wie kann man konkret Nachhaltiges Design definieren?

3.2 Nachhaltiges Design

Schon gegen Ende des 19. Jahrhunderts bildeten sich aus Kreisen des Bürgertums und durch fortschrittliche Fabrikanten Reformbewegungen, die die negativen Folgen der Industrialisierung bekämpfen wollten: „Das waren die schlechten Lebensbedingungen der Arbeiter, die wachsende Umweltverschmutzung und – in den Augen der Zeit – die mit unnützen Ornamenten überladenen und qualitativ schlechten Gebrauchs- und Einrichtungsgegenstände aus der Massenfabrikation" (Hauffe 2008, S. 28). An solchen Bewegungen orientierten sich auch ein Teil der Designer, wie zum Beispiel William Morris (1834–1896). Er sah „die Folgen der Industrialisierung – Umweltverschmutzung, entfremdete Arbeit, schlechte Massenware – als ‚teuflisches kapitalistisches Machwerk und Feind des Menschen' an [...]. Ästhetische und soziale Missstände hingen für ihn zusammen" (Hauffe 2008, S. 38). Für Morris war „die gegenwärtige Entwicklung der Zivilisation [im Begriff,] jegliche Schönheit des Lebens zu zerstören" (Morris 1983, S. 58). Um diese Gefahr abzuwenden, forderte er eine Reform der Kunstgewerbe: Nur eine Wiederzusammenführung von Kunst und Handwerk hätte die Herstellung von schönen Gebrauchsgegenständen wieder ermöglicht. Mit dem Kunstkritiker John Ruskin wurde Morris zum Vater der Arts-and Crafts-Bewegung, die ihrerseits zum Vorbild des Deutschen Werkbunds und des Bauhaus wurde. Die deutsche Reformbewegung kritisierte zwar die Auswüchse der Industrialisierung, lehnte diese aber nicht vollständig ab. So setzte sich das Bauhaus für eine Einheit von Kunst, Handwerk und Industrie ein und forderte vom Design „Standardprodukte, die als Typen in Serie hergestellt werden und die Grundbedürfnisse der Menschen befriedigen sollen" (Hauffe 2008, S. 78). Während in den 1920er Jahren Designer in den USA und in Europa Luxusliner oder luxuriöse Hotel-Suiten bauten und sich im Rahmen der *art déco* in Frankreich ein Einrichtungs- und Dekorationsstil entwickelte, der wirtschaftliche Macht und einen gehobenen Lebensstil demonstrierte, predigten die Bauhaus-Vertreter in Weimar und Dessau „Volksbedarf statt Luxusbedarf" (Hauffe 2008). Für

Walter Gropius (1883–1969) sollte ein Gebrauchsgegenstand deshalb vor allem „seinem Zweck vollendet dienen" und „praktisch, haltbar, billig und ‚schön' sein" (zitiert in Gronert 2013, S. 110). In der Nachkriegszeit ist die Hochschule für Gestaltung (HfG) in Ulm vermutlich die erste, „die sich […] vollständig auf den Themenkomplex konzentriert hat, welche nach heutigen Maßstäben zusammengenommen Nachhaltigkeit bedeuten" (Spitz 2013, S. 126). Ihre Gründer Inge Scholl (älteste Schwester der studentischen Widerstandkämpfer Sophie und Hans Scholl) und Otl Aichler betrachteten die HfG als „einen Beitrag zur Bildung einer demokratischen, freien, kritischen deutschen Nachkriegsgesellschaft. Ihr Ziel bestand darin, einen Ort für junge Menschen aus aller Welt zu etablieren, wo sie sich allseitig schulen konnten, um Disziplinen übergreifend als Gestalter zu arbeiten" (Spitz 2013). Wie beim Bauhaus wurde auch in der HfG Ulm Luxus gemieden. Die Gestaltung der Welt sollte sich auf Artefakte konzentrieren, die für 99 % [der Bevölkerung] relevant sind (Spitz 2013).

In Folge der Studentenproteste geriet die Massenkonsumgesellschaft, die im Zuge des Wirtschaftsbooms der 1950er auch in Deutschland Fuß gefasst hatte, ab Ende der 1960er Jahre immer stärker in die Kritik (u.a. Haug 1971). Die Rolle des Designs als „Handlager der Industrie" ebenso. In seinem Buch „Design für die reale Welt: Anleitung für eine humane Ökologie und sozialen Wandel" schrieb der in Wien geborene Designer Victor Papanek:

> Es gibt Berufe, die mehr Schaden anrichten als der des Industriedesigners, aber viele sind es nicht. Verlogener ist wahrscheinlich nur noch ein Beruf; Werbung zu machen, die Menschen davon überzeugen, dass sie Dinge kaufen müssen, die sie nicht brauchen, um Geld, das sie nicht haben, damit sie andere beeindrucken, denen das egal ist, – das ist vermutlich der schlimmste Beruf, den es heute gibt. Die industrielle Formgebung braut eine Mischung aus den billigen Idiotien zusammen, die von den Werbeleuchten verhökert werden, und landen damit gleich auf Rang 2. Durch kriminell unsichere Autos, durch die jedes Jahr fast eine Million Menschen auf der ganzen Welt umkommen oder verstümmelt werden, durch neue Arten von bleibendem Müll, der die Landschaft verschandelt, und Verfahren, die unsere Atemluft verschmutzen, sind die Designer zu einer gefährlichen Berufsgruppe geworden […] Wir dürfen unseren Planeten nicht länger mit schlecht gestalteten Objekten und Bauten verschandeln (Papanek 2009, S. 7f.).

Dem zerstörerischen Design setzte Papanek ein neues Design entgegen, das „versucht, alle Faktoren und Varianten in Betracht zu ziehen, die für einen Entscheidungsprozess notwendig sind. Integriertes und umfassendes Design ist vorausschauend: Es versucht, bestehende Daten und Trends zu bewerten und anhand von Szenarien die Zukunft, wie es gestaltet, ständig zu extrapolieren und zu interpolieren. Integriertes, umfassendes, antizipatives Design ist ein Akt des Planens und Gestaltens über disziplinäre Grenzen hinweg, ein Akt, der dauernd an ihren Schnittstellen ausgeführt wird" (Papanek 2009, S. 320).

Mit der ersten Ölkrise 1973 erreichte die Kunststoffwelle, die in den 1950ern begonnen hatte, gleichzeitig ihren Höhe- und Wendepunkt: „Später wurde das Material dann oft als

‚billig', geschmacklos und – mit wachsendem Umweltbewusstsein – als unökologisch empfunden" (Hauffe 2008, S. 137). 1974 versuchten Jochen Gros und die Gruppe „Desin", „die Möglichkeit von Recycling-Design und alternativer Wege in Entwurf, Produktion und Verkauf in die Praxis umzusetzen. Druckplatten wurden zu Lampenschirmen, Teekisten zu Schränken, Autoreifen zu einem Sofa" (Hauffe 2008, S. 141). Obwohl die radikalen Bewegungen des Anti-Designs in den 1970er Jahren viel Aufsehen erregten, konnten sie die Rückkehr zum Massenkonsum in den 1980ern Jahren und seine Globalisierung ab den 1990er Jahren nicht stoppen.

Trotzdem förderten die Angst vor dem Waldsterben oder der Unfall am Atomreaktor Tschernobyl eine Weiterentwicklung von Ansätzen des Ökodesigns. Erwähnenswert ist das Buch der Design-Publizistin Evelin Möller „Unternehmen pro Umwelt. Ansätze ganzheitlichen Denkens in Politik und Wirtschaft, Architektur, Produktentwicklung und Design" von 1989. Darin beschrieb die Autorin, wie eine nutzerorientierte Produktentwicklung mit sozialer und ökologischer Verantwortung in Einklang gebracht werden könne und neue Produktionsverfahren eine Änderung alter Konsumgewohnheiten ermöglichten. Das Buch war im Jahr 1994 eine der wesentlichen Inspirationen für die Gründung der ecosign Akademie in Köln, um angehenden Produkt- und Kommunikationsdesignern eine nachhaltige Bildung anzubieten.

Welche Relevanz Design für die Nachhaltigkeit hat, erklärt der Volkswirt Niko Paech so:

> Am Anfang jeder Produktion steht eine Designlösung. Unternehmerische Wertschöpfung kann somit als Prozess aufgefasst werden, der ein bestimmtes Produkt- oder Technikdesign materialisiert oder vervielfältigt. Das Design ist somit die Software, nach deren Plan Energie und Material in handhabbare Objekte umgewandelt werden. Insoweit die Materialität der Wertschöpfung [...] vorerst ein unhintergehbares Faktum bleibt, bildet das Design eine Schnittstelle: Insoweit hier Informationen in physische Sachverhalte übersetzt werden, ergibt sich daraus ein immenser Einfluss auf den Nachhaltigkeitseffekt jeglichen Produzierens. Demnach hängt vom Design ab, wie materialisiert die Wertschöpfung ist. Falsche Weichenstellungen im Design können im Nachhinein auch durch noch so optimierte Produktionsvorgänge nicht ausgeglichen werden.
>
> Neben dieser materiellen Gestaltungsfunktion kommt dem Design eine Vermittlerrolle zwischen den Angebots- und Nachfrageseiten der Märkte zu. Was nutzen ökologisch optimierte Formen, die an mangelnder Kompatibilität mit Alltagsroutinen, sozialen Praktiken, ästhetischer oder emotionaler Attraktivität scheitern? Da jedes Konsumobjekt – ganz gleich ob materiell oder digital – symbolischen und emotionalen Gehalt transportiert, ist sein Markterfolg von den kommunikativen Eigenschaften des Entwurfs abhängig (Paech 2013, S. 204).

In den letzten 20 Jahren wurde die Nachhaltigkeitsdebatte von drei strategischen Ausrichtungen zur Lösung von Umweltproblemen dominiert, die mit den Begriffen Effizienz, Konsistenz und Suffizienz umschrieben werden können. In den folgenden Abschnitten wird beschrieben, wie ein Nachhaltiges Produktdesign aus der Perspektive dieser Ansätze aussehen kann.

Effizienzstrategien Diese Ansätze orientieren sich an der Erkenntnis, dass der gegenwärtige globale Ressourcenverbrauch nicht zukunftsfähig ist und daher mindestens halbiert werden muss. Weil Industrieländer deutlich mehr Ressourcen verbrauchen, geht es hier um eine Reduktion von 90 %, das heißt um einen Faktor 10 (vgl. Schmidt-Bleek 1994). Die Verfechter der Effizienzstrategien gehen davon aus, dass es möglich sei, die Wirtschaftsleistung vom Umweltverbrauch zu entkoppeln, den Material- und Energieeinsatz pro Produkteinheit zu minimieren und das Input-Output-Verhältnis in der Produktionskette zu verbessern, wenn man die richtigen Technologien einsetzt. Die Konsumbedürfnisse des Menschen und das Wirtschaftswachstum werden nicht per se in Frage gestellt: Der wissenschaftliche und technische Fortschritt ist der Schlüssel, um den Produktionsprozess zu optimieren und umweltfreundlich zu gestalten. Auch die Marktmechanismen relativieren die Grenzen des Wachstums: So führt die Ölverknappung zu steigenden Ölpreisen, die spritsparende Technologien attraktiver machen und die Erforschung von Alternativen fördern. Die Effizienzrevolution, die Ulrich von Weizsäcker in seinem Buch „Faktor Vier. Doppelter Wohlstand – halbierter Naturverbrauch" 1995 beschrieb, ist eine große Chance für die Wirtschaft, denn eine Reduktion des Material- und Energieverbrauchs bedeutet gleichzeitig eine Reduktion der ökonomischen Kosten und eine Steigerung der Gewinne.

Zentrale Stellschrauben für die Dematerialisierung der Produktion und eine Erhöhung der Ressourcenproduktivität sind:

a. *Leichte und dauerhafte Produkte.* Fotokameras und Computer, die vor 20 Jahren noch schwer und unförmig waren, haben sich dank Miniaturisierung zu fast schwerelosen Geräten entwickelt und gleichzeitig ihre Leistung gesteigert. „Neue Materialien, Elektronik, zusammen mit Einfallsreichtum im Produktdesign, lassen das Verhältnis von Wert zu Gewicht weiter anwachsen" (Wuppertal Institut 2008, S. 219). Leichte Produkte verbrauchen weniger Strom. Langlebige Produkte minimieren den Ressourcenverbrauch im Vergleich zu Produkten, die schnell verschleißen.

b. *Effiziente Prozesse.* Dazu schreibt das Wuppertal Institut (2008, S. 219): „Die großen Potenziale für eine stoffsparende Wirtschaft eröffnen sich erst, wenn man nicht nur das Endprodukt sieht, sondern seinen gesamten Lebenszyklus von der Wiege bis zur Bahre betrachtet. Über 90 % aller Materialien und Energien, die zur Herstellung von Gebrauchsgütern mobilisiert werden, sind verbraucht, noch bevor das Produkt fertig ist – Abraum, Abwärme aus Kraftwerken, Bodenverlust im mechanisierten Landbau, Abfälle in der Verarbeitung von Holz oder Metallen, Getreide in der Tierproduktion, Wasser bei der Metallveredelung oder Transportaufwand in der Transportversorgung. Der Ressourcenaufwand für die Gesamtheit der Vorleistungen, die in einem Produkt Eingang finden, bezeichnet man als seinen ökologischen Rucksack. Je leichter die Rucksäcke, umso höher ist die Öko-Effizienz einer Ökonomie. Was die Produktionsprozesse innerhalb einer Fabrik betrifft, bieten sich zwei Stellschrauben an: ein bedeutsamer Ressourceneinsatz (‚low -input') auf der einen Seite und eine kluge Wiederverwertung von (unvermeidbarem) Abfall (‚zero emission') auf der anderen Seite".

c. *Kluge Dienste*. In der Regel bedeutet Produktion die Umwandlung von Rohstoffen in Gegenstände. Sie werden an einen Verbraucher verkauft und wechseln damit den Eigentümer. Der Produzent hat damit keinen Einfluss über die Art und Weise, wie sein Produkt genutzt oder entsorgt wird. Eine nachhaltige Alternative liegt in der Möglichkeit, dass das Unternehmen Eigentümer der Produkte bleibt und diese an Kunden nur ausgeliehen werden, natürlich gegen eine Gebühr. Viele Menschen besitzen heute ein eigenes Auto, das aber im Durchschnitt 23 Stunden pro Tag auf einem Parkplatz steht und nicht genutzt wird. Beim Car Sharing wird der individuelle Besitz eines Autos durch eine kollektive Nutzung ersetzt.

Die offene Flanke von Effizienzstrategien wird mit dem Begriff „Reboundeffekt" umschrieben. Er beschreibt das Phänomen, dass die Effizienzgewinne durch Mehrverbrauch überkompensiert werden, in der Regel deshalb, weil die effizienteren Produkte den Verbrauchern durch ökonomische oder moralische Vorteile das Gefühl vermitteln, mehr davon verbrauchen zu dürfen. Wenn zum Beispiel ein Auto deutlich weniger Treibstoff verbraucht, verführt das zum Mehrfahren, da es erstens als nicht so teuer und zweitens als nicht so verwerflich wahrgenommen wird (vgl. Draser 2014); in der Summe werden aber mehr Ressourcen verbraucht und mehr CO_2 emittiert. Gleichzeitig steigt aber auch die Gesamtzahl der Autos und der gefahrenen Kilometer weltweit. Deshalb ist es im Sinne der Nachhaltigkeit wichtig, zwischen einer relativen und einer absoluten Effizienzsteigerung zu unterschieden (Liedtke und Buhl 2013, S. 184).

Die zweite offene Flanke dieser Strategien liegt in dem Umstand, dass auch der Bau von effizienteren neuen Technologien Rohstoffe verbraucht, die nicht unbegrenzt verfügbar sind, und Auswirkungen auf die Umwelt hat. Auch die Produktion von Windrädern und Fotovoltaikanlagen unterliegen diesen Beschränkungen. Es scheint also wenig realistisch, dass über eine Milliarde Autos weltweit durch Elektroautos ersetzt werden können, wenn das Öl zu Ende geht.

Schließlich sind die komplexen Folgen von technologische Innovationen nur sehr bedingt vorhersagbar. Sämtliche ökologischen Probleme, die uns heute beschäftigen, begannen einmal als technische Innovation. Was uns heute als nachhaltig erscheint, kann sich morgen als verheerend erweisen. So wurde Biosprit in den 1990ern als zukunftsfähige Technologie eingestuft. Heute gehören Monokulturen von Energiepflanzen zu den größten Ursachen der Tropenwaldzerstörung.

In der Gesamtbetrachtung zeigt sich, dass Effizienzstrategien für sich genommen im Rahmen einer nachhaltigen Entwicklung zwar bedeutsam sind, aber stets der Verbindung mit anderen Strategien bedürfen, die sie komplementär ergänzen und vor allem an den offenen Flanken absichern (vgl. Liedtke und Buhl 2013).

Konsistenzstrategien Eigentlich ist die Natur, so lässt sich ein zentraler Gedanke von Konsistenzstrategien pointieren, das einzig wirklich nachhaltige Unternehmen: Warum nicht einfach von ihr lernen? Kein anderes Unternehmen kann nämlich so viel produzieren (die natürliche Biomasseproduktion beträgt etwa 170 Mrd. t jährlich [Johann Heinrich von Thünen-Institut o.J.]) und dabei Abfall und Schadstoffe komplett vermeiden.

Die natürliche Nachhaltigkeit basiert hauptsächlich auf vier Prinzipien:

a. die Verwendung von erneuerbaren und sauberen Energiequellen (vor allem Sonne). Nicht erneuerbare Energieträger wie Öl und Kohle sollten in der Wirtschaft durch erneuerbare ersetzt werden.
b. geschlossene Stoff- und Energiekreisläufe, wobei jeder Abfall gleichzeitig Nahrung ist.
c. der ausschließliche Einsatz von abbaubaren Produktionsstoffen. Öko-effiziente Materialien sollen chemische Stoffe in der Wirtschaft ersetzen, die nicht abgebaut werden und sich in der Umwelt deshalb akkumulieren.
d. die Biodiversität bzw. die Anpassung von jedem Produkt an einer spezifischen Nische.

In seinem Buch „Kollaps oder Kreislaufwirtschaft – Wachstum nach dem Vorbild der Natur" fasst Paul Hawken die Konsistenzstrategie so:

> In einer industriellen, die Natur verzehrenden Wirtschaft werden Unternehmen geschaffen, um Geld zu verdienen. In einem auf Erhaltung ausgerichteten Wirtschaftssystem hängen Wachstum und Erfolg dagegen von der Fähigkeit ab, sich hinsichtlich der Produktionsmethoden und des Vertriebs in natürliche Kreisläufe zu integrieren oder sie nachzubilden. Innerhalb dieses Wirtschaftssystems bestünde jedoch auch die Aussicht, dass die Erhaltung der Umwelt und das Geldverdienen in ein und denselben Prozess zusammenfallen [...] Wir bezeichnen uns selbst als Verbraucher, doch das Problem besteht darin, dass wir gar nicht verbrauchen. Jeder Amerikaner produziert Tag für Tag das Doppelte seines Eigengewichts an Hausabfällen, Sondermüll und Industrieschutt, eine weitere halbe Tonne pro Woche kommt noch hinzu, wenn man auch gasförmige Emissionen wie etwas Kohlendioxyd berücksichtigt. In einem ökologischen Wirtschaftsmodell dagegen besitzen alle Abfälle einen Wert für andere Produktionszweige, so dass alles entweder wiederverwertet oder recycelt wird. (Hawken 1993, S. 30 f.)

Vertreter einer sich exklusiv verstehenden Konsistenzstrategie wie Michael Braungart und William McDonough (2003) sehen eine intensive Zusammenarbeit der produzierenden Unternehmen als Voraussetzung für die Schließung der Stoff- und Energiekreisläufe. Für immer mehr Unternehmen kann es große Vorteile haben, Abfall zu vermeiden, weil sie damit Rohstoffengpässe vermeiden und Kosten für die Rohstoffzufuhr sparen. Sie könnten sich künftig als Rohstoffbank (oder Materialbank) aufstellen, die Rohstoffkredite in Form einer Produktausleihe vergeben. Die Kunden dürfen den Gebrauchsgegenstand gegen Gebühr verwenden, müssen ihn aber irgendwann an das Unternehmen zurückgeben. Weil das Unternehmen Eigentümer des Produkts ist, bleibt es auch Eigentümer des darin enthaltenen Rohstoffs, vermeidet seinen Verlust und kann ihn wieder verwenden. Wenn das Produkt verschleißt, kann der Kunde es beim Unternehmen austauschen. Für ein altes Handy kann der Kunde dann ein Update bzw. ein aktuelleres Modell bekommen. Der Kunde wird damit ans Unternehmen gebunden.

Die wichtigste Schwäche der Konsistenzstrategien liegt in der Tatsache, dass sich viele der heute existierenden Produkte nicht allein durch abbaubare Stoffe herstellen lassen. Selbst der Bau von Windkrafträdern verbraucht Stoffe und Energie, die nicht regenerativ sind. „Gegen eine Kreislaufführung als oberstes Prinzip spricht schon die Tatsache, dass […] etwa 70 % der derzeit vom Menschen verursachten Ströme fester Materialien technisch gar nicht im Kreis geführt werden können, weil ein Großteil davon niemals in den ‚Produktionskreislauf' eintritt, sondern einfach Abraum, Bodenaushub oder anderes ist, was bei der Gewinnung der Stoffe, die nachher genutzt werden, bewegt, aber nicht genutzt wird" (Schmidt-Bleek 2000, S. 58).

Auch die breite Verwendung von Biostoffen (z.B. Holz, Mais) anstelle von Kunststoffen ist nicht per se nachhaltig, denn sie kann Monokulturen auf Kosten der Biodiversität fördern. Darüber hinaus ist es ausgesprochen unrealistisch, das hochkomplexe System Natur, wie es sich im Laufe von vier Milliarden Jahren entwickelt hat, erstens industriell nachzubilden und sich zweitens nahtlos in es einzufügen, ohne es aus dem Gleichgewicht zu bringen.

Nichtsdestoweniger ist die Rezyklierung von Rohstoffen und das Arbeiten an möglichst konsistenten Wertschöpfungsprozessen eine wichtige Teilstrategie zu einer nachhaltigen Entwicklung, die einen beachtlichen Beitrag zur Reduktion der Ressourcenextraktion und der Emission unerwünschter Stoffe, die in Verbindung mit Effizienzstrategien ihre Wirkung entfalten kann.

Suffizienzstrategien Sowohl die Strategien der Effizienz als auch der Konsistenz haben einen wesentlich technisch-instrumentellen Charakter und neigen deshalb zu einer gewissen Objekt-Fixierung, selbst da noch, wo Dematerialisierung als Strategie im Mittelpunkt steht. Sie integrieren zudem die Grundidee eines ökologisch modifizierten, aber stetigen Wachstums. Aber die lebensweltliche und kulturelle Dimension von Ressourcenverbrauch und Emissionen spielen keine Rolle, obgleich hier die Wirksamkeit einer Strategie erst stattfindet.

Während Effizienz- und Konsistenzstrategien nicht die menschlichen Bedürfnisse an sich, sondern nur das *Wie* ihrer Befriedigung hinterfragen, gehen die Vertreter von Suffizienzstrategien von *überflüssigen* Bedürfnissen aus und setzen sich für eine Selbstbegrenzung ein. Die Frage laute: Wie viel ist genug? „Benötige ich diese Dienstleistung oder dieses Produkt überhaupt? Gewinne ich damit an Lebensqualität oder nicht? Beschwert mich das Produkt oder die Nutzung langfristig in Form von zusätzlichen Kosten für Pflege oder Miete oder schlicht als Ballast? Sind soziale Folgeinvestitionen wie steigender Bedarf an Zeit zu erwarten?

Wenn die Entscheidung fällt, dass die Dienstleistung für das eigene Wohlbefinden, die Lebensqualität notwendig ist, dann beginnt die gestalterische Aufgabe des *Wie*. Ein Neu-design oder Re-design des Vorhandenen kann stattfinden, allerdings unter der Prämisse der Nutzung eines begrenzten, aber innerhalb seiner Grenzen frei ausgestaltbaren Umweltraumes" (Liedtke und Buhl 2013, S. 187).

Der Fokus der Suffizienzstrategien liegt nicht auf nachhaltigen Produkten, sondern auf nachhaltigen Wohlstandsmodellen. Dazu gehört auch das Konzept der Postwachstumsökonomie des Volkswirts Niko Paech, die auf zwei Säulen basiert:

a. Die Suffizienz selbst, das heißt eine absolute Reduktion der Umweltbelastung durch „eine Entrümpelung und Entschleunigung konsumtiver Ansprüche" (Paech 2013, S. 207). Dieses Ziel kann durch die Produktion von langlebigen statt von kurzlebigen Produkten erreicht werden: „Gefragt sind daher Designlösungen, die sich durch eine dauerhaft attraktive Ästhetik dem Ex- und Hopp-Modus widersetzen; deren sinnlicher Zugang von bleibendem Charakter ist. Objekte, die beständig zu fesseln und emotional zu befriedigen vermögen, sind Sand im Getriebe eines ausufernden Konsumismus, der das bereits Geschaffene in immer kürzeren Zyklen entwertet und zu Entsorgungsfällen degradiert. Die Produktion von Zeitlosigkeit, mithin von Symbolen, verlangt weniger nach technischer als nach einer besonderen Form von künstlerischer Kreativität. Genau hier wird die ästhetische Gestaltung zu einem Instrument der Suffizienz: Weniger kann mehr sein, wenn die Konzentration auf das Wenige hinreichend sinnstiftend ist" (Paech 2013, S. 208). Dazu kommt die Aufwertung, Optimierung, Instandhaltung, Konversion, Renovation und der dauerhafte Erhalt vorhandener Gebrauchsgüter.
b. Die Subsistenz. Während in der Globalisierung die Fremdversorgung dominiert und der Austausch auf Geld basiert, setzt die Postwachstumsökonomie auf Selbstversorgung und Eigenproduktion. „Aus Konsumenten werden ‚Prosumenten'" (Paech 2013, S. 207), die einen Teil des Nahrungsmittel- und Energiebedarfs mit Eigenproduktion decken, zum Beispiel durch Urban Farming oder Sonnenkollektoren auf dem Dach. Während die langen Produktionsketten der Globalisierung anonym, abhängiger von billigem Öl (für den Transport) und instabiler sind, fördern die kurzen Transportwege einer regionalisierten Ökonomie ein enges Verhältnis zwischen Produzenten und Verbrauchern. Eine dezentralisierte Produktion orientiert sich an lokalen Bedürfnissen statt an globalen (Finanz)märkten. Auch die Gemeinschaftsnutzung dient der Subsistenz. Das Motto lautet hier „Teilen statt Besitzen". Wenn Bücher geteilt werden und nicht im privaten Regal verstauben, dann müssen weniger Bücher produziert und gekauft werden. Die materielle Produktion wird durch soziale Beziehungen ersetzt. Schließlich kann ein Teil der Produktion überflüssig gemacht werden, indem die Nutzungsdauer von Produkten verlängert wird. Dazu dient die Pflege, die Instandhaltung, die Reparatur von Produkten sowie der Second-Hand-Handel.

Diese Strategien „bewirken, dass eine Halbierung der Industrieproduktion und folglich der monetär entlohnten Erwerbsarbeit per se nicht den materieller Wohlstand halbiert: Wenn Konsumobjekte doppelt so lange und/oder doppelt so intensiv genutzt werden, reicht die Hälfte an industrieller Produktion, um dasselbe Quantum an Konsumfunktionen oder Services, die diesen Gütern innewohnen, zu extrahieren" (Paech 2013, S. 209). Weil die Menschen in einer Postwachstumsökonomie mehr selbst produzieren und teilen, benötigen sie weniger Geld und Erwerbsarbeit und haben mehr Zeit für Pflege und

Reparatur von Produkten oder für soziale Beziehungen. Für Unternehmen bedeutet eine solche Strategie die Entwicklung neuer Arbeitszeitmodelle, die eine Reduktion und Umverteilung der Arbeitszeit ermöglichen; eine lokale und regionale Beschaffung bzw. die Entflechtung und Verkürzung von Supply Chains; die Direkt- und Regionalvermarktung sowie die Entwicklung von Produkten, die langlebig und reparabler sind. In einer Postwachstumsökonomie können Unternehmer sich zu einem Instandhalter, Reparatur-Dienstleister, Renovierer, Umgestalter, Provider, Intermediär oder Designer umwandeln (vgl. Paech 2013, S. 210 f).

Selbst wenn die Suffizienzstrategien die ökologischen und sozialen Belange stärker in den Mittelpunkt setzen, stoßen sie auf starke Widerstände. Für viele Unternehmen bedeuten sie die Selbstauflösung, für breite Schichten der Verlust von Privilegien. Menschen, die durch unzählige Werbespots sozialisiert wurden, können nicht plötzlich zum Konsumverzicht aufgefordert werden. Auch in einer Politik, die Wachstum als höchste Priorität behandelt, kann Suffizienz nicht auf Sympathie stoßen. Nichtsdestoweniger sprechen wichtige Argumente für ein konsequentes Weiterverfolgen dieser Strategien: Erstens gibt es gerade in der westlichen Welt eine kulturgeschichtliche Tradition der Genügsamkeit und Selbstbeschränkung als Mittel der individuellen Freiheit, die von Sokrates, Platon und Aristoteles über die Epikureer und Stoiker bis hin in die christliche Ethik und die seit dem Ende des 20. Jahrhunderts wieder florierende Philosophie der Lebenskunst hinein reicht und auch in populären Ratgebern der Gegenwart prominent kommuniziert wird. Zweitens entsprechen Suffizienzstrategien Sehnsüchten (u.a. nach mehr Gemeinschaft und Solidarität), die als Reaktion zu einer immer stärkeren Anonymisierung, Individualisierung und Privatisierung der Gesellschaft entstanden sind. Und drittens sind Strategien der Suffizienz der lebensweltlich-kulturelle Humus, auf dem die technisch-instrumentellen Strategien von Effizienz und Konsistenz erst gedeihen können. Die lebensweltliche Implementierung ist die *conditio sine qua non* einer nachhaltigen Entwicklung und daher unumgänglich.

4 Ein kultureller Wandel

Effizienz, Konsistenz und Suffizienz sind keine Gegensätze: Die Nachhaltigkeitsziele lassen sich am besten durch einen strategischen Mix erreichen. Die Frage ist nun, warum der erwünschte Wandel in Richtung Nachhaltigkeit nicht stattfindet, obwohl sowohl Probleme wie Lösungsansätze seit Jahrzehnten bekannt sind, unzählige Studien dazu veröffentlicht und Konferenzen veranstaltet wurden.

Wenn die dominante Denkweise gleich bleibt, dann haben auch bewährte Lösungen keine Chance: Sie stoßen auf Desinteresse oder auf Widerstand. Nachhaltigkeit verkommt zur „Expertenlyrik" (Schenkel 2002, S. 33), zu einer PR-Strategie, zum *Greenwashing* oder zu einer Gewissensberuhigung bei Verbrauchern, die mit einem SUV-Wagen zum Biosupermarkt fahren. Der Wandel in Richtung Nachhaltigkeit setzt deshalb einen tief greifenden kulturellen Wandel in der Gesellschaft voraus. Neben der ökologischen, ökonomischen und sozialen Dimension bedürfen Nachhaltigkeitsstrategien eines verstärkten Bewusstseins für die Relevanz von Kultur (vgl. Brocchi 2010).

Sprache, Weltbilder und Werteinstellungen beeinflussen unsere Entscheidungen stark. Was wir als wichtig und unwichtig, nützlich und schädlich, schön und hässlich, richtig und falsch betrachten, hängt hauptsächlich von unseren kulturellen Einstellungen ab. Mehr als an moralischen Vorstellungen wird unser Handeln von einer „software of the mind" gesteuert, die bei jedem von uns durch die Eltern, die Hochschule oder die Massenmedien programmiert worden ist (vgl. Hofstede und Hofstede 2004). Umwelt- oder Finanzkrisen können deshalb als Symptome einer kulturellen Krise betrachtet werden, weil die Entscheidungen, die zu ihnen geführt haben, auf falschen Natur-, Gesellschafts-, Wirtschafts- und Menschenbildern basieren. In der westlichen Kultur, die globalisiert worden ist, dominieren zum Beispiel Separationen: zwischen Natur und Mensch, Markt und Gesellschaft, Gemeinschaft und Individuum oder Produktobjekt und Kontext. Eine Kultur der Nachhaltigkeit basiert hingegen auf einem Bewusstsein für Beziehungen und Zusammenhänge.

Während die Natur in den neoklassischen Wirtschaftsmodellen auf Rohstoff oder Senke reduziert wird, wird sie in der Ökologie als Haus (halt) oder gar als Mutter Erde (Pachamama) verstanden. Weil der Mensch und die Natur zusammengehören, ist eine ökologischere Gesellschaft gleichzeitig eine menschlichere.

Das westliche Denken geht immer noch davon aus, dass der Mensch durch Fortschritt seine Kontrolle über die Umwelt ständig steigern könne. Nicht nur die Ökologie, sondern auch die Psychologie lehrt uns aber, dass der Mensch kein allmächtiges, sondern ein sehr begrenztes und deshalb fehlerhaftes Wesen ist: Komplexität überfordert ihn; ständiges Wachstum erzeugt Burnout und Stress. Der Mensch – so Sigmund Freud – kann nicht einmal seine innere Umwelt (das Unbewusste) völlig beherrschen (vgl. Freud 1969). Nachhaltigkeit erfordert deshalb nicht nur eine Berücksichtigung der biophysischen Grenzen des Planeten, sondern auch der menschlichen.

Die Beschleunigung von Innovationszyklen von Produkten, die ständige Steigerung der Produktivität oder der Effizienz dienen nicht notwendig der Nachhaltigkeit, weil sie die menschlichen Grenzen nicht berücksichtigen. Ein Beispiel: Je kürzer die Zeit für Entscheidungen ist, desto wahrscheinlicher ist es, dass wichtige Faktoren übersehen und Fehler gemacht werden. Wenn neue Produkte schnell im Markt eingeführt werden, dann kann keine gründliche Erforschung der möglichen ökologischen, gesundheitlichen und sozialen Langzeitkonsequenzen stattfinden (Technikfolgenabschätzung). Vor diesem Hintergrund gleicht jede Markteinführung einem groß angelegten Experiment an Natur, Gesellschaft und Mensch: Erst wenn die Schäden offensichtlich sind und die Risiken nicht verneint werden können, wird ein Produkt verboten.[4]

---

[4] DDT war jahrzehntelang das weltweit meist verwendete Insektizid. Es wurde 1874 erfunden und erst in den 1970er Jahren in den meisten westlichen Ländern verboten, weil dieser Stoff von der Natur nicht abgebaut werden kann und sich im Laufe der Zeit auch im Gewebe des Menschen akkumuliert, da der Mensch am Ende von Nahrungsketten steht. DDT gilt inzwischen als krebserregend. Fluorchlorkohlenwasserstoffe (FCKW) wurden zum ersten Mal 1929 bei General Motors synthetisiert und dann zunehmend als Kältemittel in Kältemaschinen, als Treibgas für Sprühdosen oder als Treibmittel für Schaumstoffe verwendet. Schon in den Siebziger Jahren warnte man vor

Produkte können nur dann nachhaltig entwickelt werden, wenn ihr Entwurf aus einem Dialog zwischen verschiedenen Perspektiven und Disziplinen entsteht. Während eine Beschleunigung Entscheidungsprozesse hierarchisiert, erfordert ein solcher Dialog Entschleunigung. Insbesondere bedarf aber ein produktiver Dialog der Dialogfähigkeit und Dialogbereitschaft, woraus sich wiederum Folgerungen für betriebliche Strukturen und Abläufe sowie für die Kriterien der Personalauswahl ableiten lassen.

Schließlich erhöht die Globalisierung von Produkten und Technologien auch die Risiken, weil damit einerseits mögliche Fehler globalisiert werden, und weil andererseits eine Standardisierung lokale Bedingungen nicht berücksichtigt. So wie die Natur keine universalen Produkte für den Weltmarkt produzieren kann und diese lieber an lokalen ökologischen Nischen anpasst, so bedarf eine nachhaltige Produktion einer Vielfalt von lokalen Gestaltungskulturen anstelle einer „Monoculture of the Mind" (Shiva 1993; Brocchi 2013).

Kulturen der Nachhaltigkeit gehen Hand in Hand mit Bildung für Nachhaltigkeit (Brocchi 2007). Die Bildung an Universitäten oder die Werbebotschaften in den Massenmedien müssen sich ändern, um einen kulturellen Wandel bei Unternehmern, Designern oder Verbrauchern zu erzeugen.

5　Fazit: Produktmanagement und unternehmerische Verantwortung

Aus den vorangegangenen Überlegungen lassen sich vier Forderungen für ein nachhaltig verantwortliches Produktmanagement ableiten:

Forderung 1: Gebrauchsdauer und Reparierbarkeit. Das Grundanliegen eines Unternehmens ist es, möglichst viele Produkte abzusetzen. Eine kurze Gebrauchsdauer und eingeschränkte Reparierbarkeit sind diesem Zweck zuträglich, aber einem verantwortlichen Produktmanagement diametral entgegengesetzt. Robustheit und die möglichst lange Gebrauchsdauer eines Produkts reduzieren den Materialverbrauch pro Serviceeinheit erheblich und sind das erste Gebot eines nachhaltigen Produktmanagements. Die Möglichkeit des Reparierens im Falle eines Defekts (idealerweise durch den Kunden selbst) als Alternative zum vollständigen Ersatz ist damit aufs Engste verbunden. Bis vor wenigen Jahrzehnten waren das noch selbstverständliche Qualitäten von guten Produkten, entscheidend für den guten Ruf von Unternehmen und die Kaufentscheidung von Kunden. Die Forderung nach langer Gebrauchsdauer und einfacher Reparierbarkeit von Produkten ist also durchaus nicht realitätsfremd, sondern eine marktkonforme unternehmerische Strategie, die äußerst positive Auswirkungen auf das *Corporate Image* und die Möglichkeiten der *Corporate Communication* hat.

---

der Verwendung dieser Stoffe, doch dies wurde nicht ernst genommen. 1985 wurde die Zerstörung der Ozonschicht durch diese Stoffe nachgewiesen. Erst seit 2000 gelten FCKW als verboten. Sie sind schwer abbaubar und haben eine mittlere Verweildauer zwischen 44 und 180 Jahren. Wie viele Menschen an Hautkrebs durch diese Innovation am Ende sterben werden, wird nie genau berechnet werden können.

Forderung 2: Loslösung von der Objektfixierung. Eine weitere Grundfrage eines verantwortlichen Produktmanagements ist die Frage nach der Notwendigkeit eines Produkts, die sich wiederum in zwei Unterfragen gliedern lässt. Besteht erstens überhaupt eine Nachfrage, also ein Bedarf in der realen Lebenswelt von Menschen, oder muss eine Nachfrage erst künstlich über Werbung erzeugt werden? Wenn ein tatsächlicher Bedarf besteht, lässt sich zweitens fragen, ob der Bedarf durch ein Objekt-Produkt oder aber durch eine deutlich ressourcenschonendere Dienstleistung zu befriedigen ist. Ökonomisch gesprochen: Ist die Wertschöpfung an Ressourcenverbrauch gekettet? Oder lässt sie sich davon befreien? Die Berücksichtigung realer sozialer Praktiken im Gebrauch von Produkten ist dabei maßgeblich. Die Product-to-service-Frage hat das Potenzial, für ein Unternehmen neue Geschäftsmodelle zu erschließen, die Emissionen und den Verbrauch von Ressourcen erheblich reduzieren können. Wenn der Service in einem Sharing- oder Leasing-Modell für die Produkte des Unternehmens besteht, kommt die Forderung 1 in besonderem Maße zum Tragen.

Forderung 3: Komplexitätskompetenz und Multidisziplinarität. Unternehmerische Entscheidungen über das Management von Produkten verursachen in jedem Fall weitreichende und komplexe Wechselwirkungen im Rahmen einer Wertschöpfungskette, die sich aufgrund ihrer Komplexität besser mit dem Begriff des Wertschöpfungsgeflechts beschreiben lässt. Dieses Geflecht, will man es realistisch und verantwortlich betrachten, lässt sich nicht bei den Zulieferern von Energie, Rohstoffen oder Komponenten abschneiden. Unternehmerische Verantwortung beginnt bei der Extraktion von Rohstoffen und deren ökologischen, sozialen, politischen, wirtschaftlichen und mitunter sogar militärischen Folgen, die die Gewinnung mancher Rohstoffe verursachen. Transportwege und deren Sicherung, der Export von Emissionen in vorverarbeitende Länder, die dortigen Arbeitsbedingungen und politischen Umstände, aber auch die Art und Weise, wie ein Produkt auf dem Markt eingeführt und beworben wird, und wie es sich auf globalisierten Märkten auf die jeweiligen Kulturen auswirkt, das sind nur einige Aspekte, die in der verantwortlichen Evaluation der Wertschöpfung eines Produkts Berücksichtigung zu finden haben. Um das leisten zu können, muss ein verantwortliches Produktmanagement kompetent sein, die Komplexität einer solchen Evaluation mit ihren multidisziplinären Herausforderungen zu bewältigen. Das hat beträchtliche Auswirkungen auf interne Unternehmensstrukturen, insbesondere auf die Kommunikationswege und die Kommunikationskultur zwischen verschiedenen Disziplinen, die in das Produktmanagement eingebunden sind. Eine dialogische Unternehmensstruktur mit offenen Kommunikationswegen und permeablen Zuständigkeiten muss das ermöglichen. Insbesondere bedeutet es aber, dass Teams des Produktentwurfs und -managements multidisziplinär zusammengesetzt werden müssen, um die Komplexität der Fragestellungen überhaupt bewältigen zu können, ohne unter dem unmittelbaren Diktat des Marketings zu stehen.

Forderung 4: Konsequenzen für die Personalauswahl. Um die Forderungen 1 bis 3 in einem Unternehmen umsetzbar zu machen, müssen die Personalabteilungen einen anderen Typus von Mitarbeiter in die Unternehmen bringen, die eine entsprechende gedankliche Offenheit mitbringen. Auf allen Ebenen müssen zu den herkömmlichen Kriterien wie fachlicher Qualifikation und Erfahrung, Leistungsbereitschaft und Professionalität, Belastbarkeit und Loyalität einige Fähigkeiten dazukommen, die sich eher mit Bildung als mit Kompetenzen umschreiben lassen. Das sind insbesondere Weltwissen, Urteilskraft, Dialogfähigkeit und Komplexitätskompetenz. Alle vier Fähigkeiten wechselwirken miteinander und sind weder durch standardisierte Assessmentverfahren noch durch Hochschulzeugnisse einfach zu quantifizieren. Zu finden sind sie am ehesten dort, wo das instrumentelle Denken kaum eine Rolle spielt, die Ästhetik als zwecklose Zweckmäßigkeit und die Reflexion hingegen eine sehr große - also in den Geisteswissenschaften und den Künsten. Eine erst seit kurzem sich akademisierende Disziplin ist das Design, das Ästhetik, Reflexion, Kommunikation und pragmatisch technisches Denken sui generis miteinander verbindet. Den Designern wird künftig als vermittelnden Experten in verantwortlichen Produktmanagementprozessen eine bedeutsame Rolle zukommen.

Literatur

Albers S, Herrmann A (Hrsg) (2002) Handbuch Produktmanagement. Gabler, Wiesbaden

Bassi A (2013) Design. Progettare gli oggetti quotidiani. Il Mulino, Bologna

BMUB (Bundesministerium für Umwelt, Naturschutz, Bau und Reaktorsicherheit) (2013) Flächenverbrauch – Worum geht es? Berlin: BMUB. http://www.bmub.bund.de/themen/strategien-bilanzen-gesetze/nachhaltige-entwicklung/strategie-und-umsetzung/reduzierung-des-flaechenverbrauchs/. Zugegriffen: 17. Jan. 2015

Bourdieu P (1982) Die feinen Unterschiede. Kritik der gesellschaftlichen Urteilskraft. Suhrkamp, Frankfurt a. M

Braungart M, McDonough W (2003) Einfach intelligent produzieren. Cradle to Cradle: Die Natur zeigt, wie wir die Dinge besser machen können. Berliner Taschenbuch, Berlin

Brocchi D (2007) Die Umweltkrise – eine Krise der Kultur. In: Altner G, Leitschuh H et al. (Hrsg) Jahrbuch der Ökologie 2008. Verlag C.H. Beck, München, S 115–126

Brocchi D (2010) The cultural dimension of un/sustainability – delicate distinctions between societal survival and collapse. In: Bergmann S, Gerten D (eds.) Religion and dangerous environmental change, transdisciplinary perspectives on the ethics of climate and sustainability. LIT, Münster.

Brocchi D (2013) Das (nicht) Nachhaltige Design. In: Fuhs S, Brocchi D, Maxein M, Draser B (Hrsg) Die Geschichte des Nachhaltigen Designs. VAS- Verlag für akademische Schriften, Bad Homburg, S. 54–80

Bürdek BE (2005) Design. Geschichte, Theorie und Praxis der Produktgestaltung. DuMont, Köln

Carlowitz HC von (2013) Sylvicultura oeconomica oder Anweisung zur wilden Baum-Zucht. Reprint von Joachim Hamberger (Hrsg), München: oekom, S. 89–590

Carson R (1962) Silent Spring. Houghton Mifflin Harcourt, Boston

Dezernat für Zukunftsanalyse der Bundeswehr (Hrsg) (2010) Peak Oil. Sicherheitspolitische Implikationen knapper Ressourcen. Strausberg: Zentrum für Transformation der Bundeswehr – Dezernat für Zukunftsanalysen. http://www.peak-oil.com/wp-content/uploads/2011/01/bundeswehr_studie_peak_oil.pdf. Zugegriffen: 17. Jan. 2015

Draser B (2014) Kann ein Esel tragisch sein? In: factory. Magazin für nachhaltiges Wirtschaften. Rebound. No. 3/2014. http://www.factory-magazin.de/fileadmin/magazin/media/rebound/factory_3_2014_rebound_web.pdf Zugegriffen: 17.Jan.2015.

Engels F (1845) Die Lage der arbeitenden Klasse in England. Otto Wigand, Leipzig

Europäische Kommission (Hrsg) (o.J.): Ökodesign energiebetriebener Produkte. Brüssel: Europäische Kommission. http://ec.europa.eu/energy/efficiency/ecodesign/eco_design_de.htm. Zugegriffen: 17. Jan. 2015

Freud S (1969) Vorlesungen zur Einführung in die Psychoanalyse. S. Fischer, Frankfurt a. M

Grober U (2010) Die Entdeckung der Nachhaltigkeit. Kunstmann, München

Gronert S (2013) Bauhaus, Nachhaltigkeit und Biotechnik. In: Fuhs S, Brocchi D, Maxein M, Draser B (Hrsg) Die Geschichte des Nachhaltigen Designs. VAS- Verlag für akademische Schriften, Bad Homburg, S 108–114

Grundwald A, Kopfmüller J (2006) Nachhaltigkeit. Campus, Frankfurt a. M

Hauff V (1987) Unsere gemeinsame Zukunft. Der Brundtland-Bericht der Weltkommission für Umwelt und Entwicklung. Eggenkamp, Greven

Hauffe T (2008) Design: Ein Schnellkurs. DuMont, Köln

Haug WF (1971) Kritik der Warenästhetik. Suhrkamp, Frankfurt a. M

Hawken P (1993) Kollaps oder Kreislaufwirtschaft. Wachstum nach dem Vorbild der Natur. Siedler, Berlin

Hirsch F (1991) Die sozialen Grenzen des Wachstums. Rowohlt, Reinbek

Hofstede G, Hofstede GJ (2004) Cultures and organizations – software of the mind. Mcgraw-Hill Publ.Comp, New York

Jackson T (2011) Wohlstand ohne Wachstum. oekom, München

Johann Heinrich von Thünen-Institut (o.J.) Der Baum als Cellulosefabrik. Braunschweig: Johann Heinrich von Thünen-Institut. http://www.ti.bund.de/de/startseite/institute/hf/quergedacht/leistung-der-pflanzen.html. Zugegriffen: 14. Juli 2014

Liedtke C, Buhl J (2013) Das dematerialisierte Design. In: Fuhs S, Brocchi D, Maxein M, Draser B (Hrsg.) Die Geschichte des Nachhaltigen Designs. VAS- Verlag für akademische Schriften, Bad Homburg, S 178–193.

Malaj E, von der Ohe CP et al (2014) Organic chemicals jeopardize the health of freshwater ecosystems on the continental scale. Am 16. Juni 2014 in der Fachzeitschrift „Proceedings of the National Academy of Sciences". PNAS, Washington (Early Edition)

Meadows, D (1972): Die Grenzen des Wachstums. Stuttgart: dva.

Möller E (1989) Unternehmen pro Umwelt: Ansatze ganzheitlichen Denkens in Politik und Wirtschaft, Architektur, Produktentwicklung und Design. Lexika, München

Morris W (1983) Die Schönheit des Lebens (1880). Übersetzt von Hans Christian Kirsch. In: Morris W Wie Wir Leben Und Wie Wir Leben Könnten. Eugen Diederichs, Düsseldorf, S 57–102

Nida-Rümelin J (2001) Partizipation im Kulturbetrieb. In: Jerman T (Hrsg) ZukunftsFormen – Kultur und Agenda 21. Klartext, Essen

Paech N (2013) Das Postwachstumsdesign. In: Fuhs S, Brocchi D, Maxein M, Draser B (Hrsg.) Die Geschichte des Nachhaltigen Designs. VAS- Verlag für akademische Schriften, Bad Homburg, S 204–212.

Papanek V (2009) Design für die reale Welt. Anleitungen für eine humane Ökologie und sozialen Wandel (Hg. Von Florian Pmhösl u.a). Springer, Wien

Porter ME (1985) Competitive Advantage. Free, New York

Schenkel W (2002) Kultur, Kunst und Nachhaltigkeit? In: Kurt, H, Wagner B (Hrsg) Kultur – Kunst – Nachhaltigkeit. Essen: Klartext, S. 31–42.

Schmidt-Bleek F (1994) Wie viel Umwelt braucht der Mensch? Faktor 10 – das Maß für ökologisches Wirtschaften. DTV, München

Schmidt-Bleek F (2000) Das MIPS-Konzept. Weniger Naturverbrauch – mehr Lebensqualität durch Faktor 10. Droemer Knaur, München

Shiva V (1993) Monocultures of the Mind. Zed Books, London

Spitz R (2013) Zwischen den 1930er und den 1970er Jahren. In: Fuhs S, Brocchi D, Maxein M, Draser B (Hrsg) Die Geschichte des Nachhaltigen Designs.

VAS- Verlag für akademische Schriften, Bad Homburg, S. 122–131.

Umweltbundesamt (2014) Treibhausgas-Emissionen in Deutschland. Dessau: Umweltbundesamt. http://www.umweltbundesamt.de/daten/klimawandel/treibhausgas-emissionen-in-deutschland. Zugegriffen: 17. Jan. 2015

Voss G (1997) Das Leitbild der nachhaltigen Entwicklung – Darstellung und Kritik. Deutscher Instituts, Köln

Weizsäcker Ernst U. von, Lovins AB et al (1995) Faktor Vier. Doppelter Wohlstand – halbierter Naturverbrauch. Droemer Knaur, München

Welzer H, Leggewie C (2010) Das Ende der Welt, wie wir sie kannten. S. Fischer, Frankfurt a. M

Welzer H, Wiegandt K (Hrsg) (2012) Perspektiven einer nachhaltigen Entwicklung: Wie sieht die Welt im Jahr 2050 aus? Fischer Taschenbuch, Frankfurt a. M

Wey K-G (1982) Umweltpolitik in Deutschland: kurze Geschichte des Umweltschutzes in Deutschland seit 1900. Westdeutscher, Opladen

Wuppertal I (2008) Zukunftsfähiges Deutschland in einer globalisierten Welt. Herausgegeben von Bund für Umwelt und Naturschutz Deutschland, Brot für die Welt et al. Bundeszentrale für politische Bildung, Bonn

Davide Brocchi ist Dipl.-Sozialwissenschaftler, Publizist und lehrt an der ecosign/Akademie für Gestaltung, Köln, sowie an der Universität Lüneburg. Sein Schwerpunkt liegt in der kulturellen Dimension der Nachhaltigkeit und im Nachhaltigen Design. Er promoviert am Institut der Medien- und Kulturwissenschaft der Universität Düsseldorf. Neben Sozialwissenschaften studierte er Philosophie, unter anderem bei Prof. Umberto Eco an der Universität Bologna. Brocchi fördert den Wandel in Richtung Nachhaltigkeit durch Kulturprojekte und die Bildung von neuartigen Allianzen zwischen Akteuren aus Umwelt, Ökonomie, Soziales und Kultur. Unter anderem initiierte er das ›Festival der Kulturen für eine andere Welt‹ (2003, Düsseldorf) und den jährlich stattfindenden ›Tag des guten Lebens: Kölner Sonntag der Nachhaltigkeit‹ (ab 2013, Köln). (weitere Info: www. davidebrocchi.eu).

Bernd Draser Seit 2004 Lehr- und Prüfungsauftrag für Philosophie und Kulturwissenschaften, ecosign/Akademie für Gestaltung Köln. Seit 2009 Lehrauftrag für Ökodesign, Hochschule Bochum, Co-Organisator der Sustainable Summer School. 1993–1999 Studium der Philosophie und Germanistik in Bonn. 1998–2003 Dozent und Program Coordinator, internationale Study-Abroad-Programme in Bonn. Seit 2009 zahlreiche Vorträge und Aufsätze zur Kulturgeschichte der Nachhaltigkeit und zur Ästhetik des Designs. Schwerpunkte der Lehre: Klassische Texte der Philosophie, kultur- und religionswissenschaftliche, filmästhetische und literaturgeschichtliche Themen. An der ecosign ist er zudem verantwortlich für Qualitätssicherung.

Prof. Karin-Simone Fuhs wuchs in Kairo/Ägypten auf, studierte in Deutschland visuelle Kommunikation und gründete 1994 die ecosign/Akademie für Gestaltung in Köln (www.ecosign.net). Seitdem ist sie Direktorin dieser u. a. von der UNESCO-Dekade ausgezeichneten Bildungseinrichtung, hält Vorträge und ist gefragte Gesprächspartnerin bei Podiumsdiskussionen zu den Themen Nachhaltiges Design und Bildung für nachhaltige Entwicklung. Karin-Simone Fuhs ist Professorin für Nachhaltiges Design an der Alanus Hochschule für Kunst und Gesellschaft in Alfter und erhielt in den letzten Jahren zahlreiche Auszeichnungen – z. B.: den Utopia-Award in der Kategorie ›Vorbilder‹ (2011) oder den nawi-Award in der Kategorie ›Persönlichkeiten‹ (2013); Ihre Arbeitsschwerpunkte sind Nachhaltiges Design, nachhaltiger Konsum, Nachhaltigkeit in der Bildung und Unternehmensmanagement. Darüber hinaus ist sie Mitglied im Beirat für den Bundespreis Ecodesign, Mitgründerin und Beirätin des Verbandes der nachhaltigen Unternehmen ›dasselbe in grün e. V.‹, war Jurymitglied bei verschiedenen anderen Design-Awards (z. B. Red-Dot- und Jameson-Award) und engagiert sich seit vielen Jahren mit Patenschaften in nachhaltigen Projekten in Kathmandu und Afrika.

Integriertes Produktmanagement als Grundlage für „nachhaltige Produkte"

Christoph Willers

1 Einleitung

Denkt man an die Heroldsformel „Le roi est mort, vive le roi", mit der in Frankreich der Tod des alten Königs bekannt gegeben und gleichzeitig sein Nachfolger ausgerufen wurde, findet man unweigerlich Parallelen mit der aktuellen Nachhaltigkeitsdebatte. Auf der einen Seite die Omnipräsenz und Intensität des Themas „Nachhaltiges Wirtschaften", auf der anderen Seite der mitunter wahrgenommene Abnutzungsgrad der „Nachhaltigkeit". Ulrich (2008, S. 94, Hervorhebung im Original) beschreibt die gegenwärtige Situation folgendermaßen: „Wir leben in einer Zeit, in der die Strategen der ‚Öffentlichkeitsarbeit' Begriffe fast nach Belieben verwenden [...]. Wie die Farben in der Mode werden dann die Worthülsen ausgetauscht, etwa als Überschriften mehr oder weniger einschlägiger Abschnitte in Geschäftsberichten, in denen es irgendwie darum geht, was das Unternehmen mit oder neben seinem geschäftlichen Erfolgsstreben für die Gesellschaft an Gutem tut. War da vorletztes Jahr vielleicht von *Sustainability* und letztes Jahr von *Corporate Social Responsibility* (*CSR*) die Rede, so diesmal für mehr oder weniger dieselben Inhalte eben von *Corporate Citizenship* oder umgekehrt".

Bisweilen ist man in der Diskussion dabei gewillt zu behaupten, „Nachhaltigkeit ist tot, es lebe die Nachhaltigkeit." Zwar ist Nachhaltigkeit teilweise zum Modewort verkommen und wird als Erklärungsmuster für eine Vielzahl ökonomischer, ökologischer und sozialer Probleme genutzt, gleichzeitig beschreibt es im Kern aber auch ein generationenübergreifendes Handeln und weist damit ein hohes Maß an Kontinuität auf. So lässt sich die These aufstellen, dass bei den diskutierten Inhalten der Nachhaltigkeit durchaus eine große

C. Willers (✉)
CBS, Hardefuststraße 1, 50677 Köln, Deutschland
E-Mail: c.willers@cbs.de

© Springer-Verlag Berlin Heidelberg 2015   49
T. Weber (Hrsg.), *CSR und Produktmanagement,* Management-Reihe Corporate
Social Responsibility, DOI 10.1007/978-3-662-45573-9_3

Schnittmenge bei den verschiedenen Stakeholdern existiert und diese eigentlich gar nicht in Frage gestellt wird. Sie wird verstärkt zu einem Leitwert für die Gesellschaft werden und darum langfristig von Bedeutung bleiben (vgl. Bosshart 2011). Studien zeigen, dass das soziale und ökologische Nachhaltigkeitsmanagement eines Unternehmens mittlerweile eine wichtige Rolle bei der Kaufentscheidung des Konsumenten spielt (vgl. Webb und Mohr 1999, S. 230 f.). Für rund 80 % der Verbraucher sind soziale und ökologische Kriterien bei der Produktauswahl „sehr wichtig" oder „eher wichtig". Nachhaltigkeit ist zu einem Wettbewerbsfaktor geworden und rangiert als Entscheidungskriterium für einen Produktkauf hinter Qualität auf dem zweiten Rangplatz, noch vor dem Aspekt Preis (vgl. Unterbusch 2011, S. 211). Nachhaltigkeit dient somit auf Produkt- und Markenebene als Positionierungs- und Differenzierungsmerkmal. Für den Marketer bzw. den Produktverantwortlichen stellt sich daher die Frage, wie ein Nachhaltigkeitsmarketing ausgestaltet werden kann.

Marketing lässt sich als ein Prozess verstehen, der darauf ausgerichtet ist, Ansprüche durch Austauschprozesse zu befriedigen (vgl. Kotler und Bliemel 2001, S. 24). Meffert (2000, S. 8) fasst Marketing weiter, indem er besonders auf die unternehmensweite Funktion des Marketing Bezug nimmt: Marketing bedeutet „die Planung, Koordination und Kontrolle aller auf die aktuellen und potentiellen Märkte ausgerichteten Unternehmensaktivitäten. Durch eine dauerhafte Befriedigung der Kundenbedürfnisse sollen die Unternehmensziele verwirklicht werden." Hierbei werden zur Marktbeeinflussung verschiedene Marketing-Instrumente eingesetzt. In der Marketingliteratur wird gewöhnlich eine Vierteilung in die Bereiche Produkt-, Entgelt-, Distributions- und Kommunikationspolitik vorgenommen (vgl. Becker 2001, S. 487), der auch im Rahmen dieses Beitrages gefolgt wird. Anhand dieser begrifflichen Abgrenzungen können folgende Charakteristika der Marketingtätigkeit abgeleitet werden, die auch im Folgenden als Grundverständnis dienen sollen (Koppelmann 2001, S. 2 f.):

- „Marketing beschäftigt sich mit Kundenproblemen.
- Marketing beschäftigt sich mit Kundenproblemen, um damit besser eigene Ziele verwirklichen zu können.
- Der Marketingerfolg ist umso eher erzielbar, je mehr man von den Kundenansprüchen ausgeht."

Diese Akzente des Marketingverständnisses implizieren, dass sich die Marketingtätigkeit zuerst auf Prognose- und dann auf Lösungsaufgaben konzentrieren soll. Häufig wird dieser Grundsatz im Marketing jedoch nicht beachtet, indem die Präsentation einer Lösung den Ausgangspunkt des Handelns bestimmt, für welche im Nachhinein ein Problem gesucht wird. Auf diese Schwierigkeit trifft auch das Spannungsfeld „Produktmanagement" und „Nachhaltigkeit". Es ist anzunehmen, dass Nachhaltigkeit alleine kein Kaufargument darstellt und für den Konsumenten eine Übersetzung dieser Begrifflichkeit in für ihn bedeutsame Inhalte vollzogen werden muss. Außerdem ist die oftmals vollzogene Reduktion des Nachhaltigkeitsbegriffes auf den ökologischen Bereich zu kurz gegriffen, da sich der

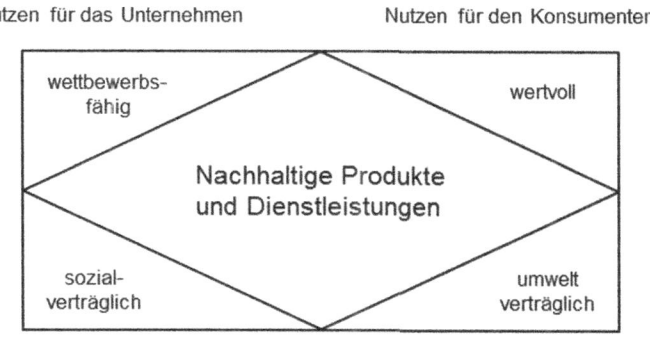

Abb. 1 Nachhaltige Produkte (und Dienstleistungen) im Spannungsfeld. (Quelle: Balderjahn 2003, S. 176)

Anspruch einer nachhaltigen Entwicklung im Verständnis der Triple-Bottom-Line ebenso an ökonomischen und sozialen Zielen orientieren soll. Innerhalb dieses Beitrags wird unter einem „nachhaltigen" Produkt die Konzentration auf eine sozial-ökologische Produktqualität verstanden. Diese „erstreckt sich auf alle Eigenschaften bzw. Merkmale eines Produkts und seines Herstellungsprozesses, die geeignet sind, Gefahren und Schäden für Menschen, soziale Gemeinschaften und für die natürliche Umwelt zu vermeiden bzw. zu reduzieren." (Balderjahn 2003, S. 178). Das Prinzip einer ökonomischen Nachhaltigkeit wird dabei als notwendige Bedingung für sozial-ökologische Nachhaltigkeitsaktivitäten auf Unternehmensseite gesehen. Nachhaltige Produkte (und Dienstleistungen) befinden sich somit im Spannungsfeld zwischen Wirtschafts-, Umwelt- und Sozialverträglichkeit (Abb. 1).

Im Folgenden wird eine nähere Beschreibung zentraler Aspekte des Produktmanagements im Kontext der Nachhaltigkeit vollzogen. Dabei erfolgt nach einer einleitenden Berücksichtigung zentraler Aspekte des Marktumfeldes eine nähere Betrachtung der Instrumentalebene (Produkt, Entgelt, Distribution, Kommunikation).

2 Marktanalyse

Die folgenden Ausführungen lenken den Blick auf den Markt selbst, auf dem ein Unternehmen „nachhaltige" Produkte vertreibt. Die weiteren Ausführungen greifen folgende Prozessstufen exemplarisch auf: Marktfeldbestimmung, Anspruchs- und Zielanalyse.

2.1 Marktfeldbestimmung

Im Rahmen der Marktfeldbestimmung müssen Entscheidungen hinsichtlich des Produkt-(Was?) und Käuferkreises (Wer?) sowie der Marktweite (Wo?) getroffen werden (vgl.

Koppelmann 2001, S. 119). Im Zusammenhang mit nachhaltig produzierten Waren ist zudem von besonderem Interesse, ob „das Suchfeld durch bereits früher getroffene Marketingentscheidungen *begrenzt* ist" (Koppelmann 2001, S. 120, Hervorhebung im Original). Hierzu zählt u. a., ob es in der Vergangenheit beispielsweise sozial-ökologisch kritisch wahrgenommene Unternehmenspositionierungen gegeben hat, die einem glaubwürdigen Nachhaltigkeitsengagement entgegenstehen, wie das Beispiel von Nestlé und dem Vorwurf der Verwendung von Palmöl aus nicht-nachhaltiger Produktion zeigt (vgl. Lebensmittel Zeitung 2010).

Folgt man bei der Bestimmung des Käuferkreises, sprich der Zielgruppe, den Überlegungen von Ansoff (1957, S. 113 f.) hinsichtlich verschiedener Marktstrategien, wird aus Unternehmenssicht ein Angebot nachhaltiger Produkte entweder eine Produktentwicklungsstrategie (neues Produkt/alter Markt) oder eine (konzentrische) Diversifikationsstrategie (neues Produkt/neuer Markt) verfolgen. Nachhaltige Produkte stellen ein neues Produktsegment dar, wobei der Schwerpunkt in der Ansprache neuer Kundengruppen liegen kann (Diversifikation). Betrachtet man dagegen die Möglichkeiten der gegenwärtigen Generation nachhaltig produzierter Waren und einen „nur" vorgenommenen Rohstoffaustausch bei existierenden Artikeln (z. B. konventionelle Baumwolle gegen Bio-Baumwolle nach den Richtlinien des ökologischen Landbaus), können die daraus resultierenden – ggf. gekennzeichneten – Produkte ebenso als neu wahrgenommen werden (Produktentwicklung). Damit der Fokus nicht nur auf einer umweltorientierten Dominanz bei der Zielgruppe liegt und diese damit von Beginn an in ihrem Umfang deutlich eingeschränkt würde, sollten Personen innerhalb verschiedener Zielgruppen angesprochen werden, die grundsätzlich für Nachhaltigkeitsargumente aufgeschlossen sind. Umwelt und Nachhaltigkeit sind in diesem Sinne eher als Meta-Ebene bei der Zielgruppendefinition zu verstehen.

2.2   Anspruchsanalyse

Im Rahmen der Anspruchsanalyse soll konkretisiert werden, welche Probleme bei der ausgewählten Zielgruppe bzw. den verschiedenen Einstellungstypen vorliegen, die zu lösen sind. Durch verhaltensprägende Faktoren, die das menschliche Handeln bestimmen, entstehen Ansprüche, die nach Koppelmann als „nahe an der Verhaltensoberfläche liegende gegenstandsgerichtete Wünsche" (Koppelmann 2001, S. 136) beschrieben werden können (Abb. 2).

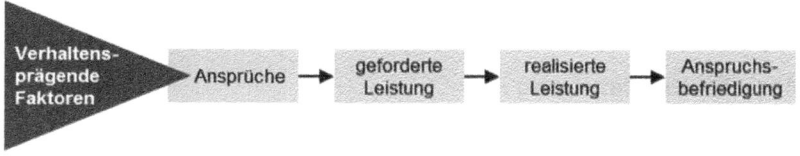

Abb. 2 Anspruchszusammenhang. (Quelle: Koppelmann 2001, S. 137)

Die besonders betroffenen Anspruchsakzentuierungen sind auf Sachebene die Umgebungsansprüche und der anmutungshafte Anspruch der Zeit. Bei den ersten geht es um die positive Einpassung des Produktes in die Umwelt (vgl. Koppelmann 2001, S. 147). Bei wahrgenommenen sozial-ökologischen Vorteilen kommt es diesbezüglich zur Anspruchsbefriedigung, bei befürchteten Nachteilen zu einer Verletzung dieses Anspruches. Beim Zeitaspekt kommt bei einer Forcierung der Nachhaltigkeit die Zukunftsorientierung zum Tragen, entweder in Form positiver oder negativer sozial-ökologischer Auswirkungen.

Neben den besonders relevanten Ansprüchen der Verwender existieren Händler-, Logistik- und Herstelleransprüche an das entsprechende Produkt (zur ausführlichen Darstellung, vgl. Koppelmann 2001, S. 182 ff.). Entsprechendes Wissen über die Vermarktungsansprüche kann dabei die notwendige Differenzierung erleichtern: „So kann sich ein Vermarktungskonzept ergeben, das sich durch andere Vermarktungsaktivitäten bezüglich Inhalt und Intensität von dem Konkurrenzangebot unterscheidet." (Koppelmann 2001, S. 171).

Bei den Verwendervermarktungsansprüchen nehmen im Nachhaltigkeitskontext v. a. die Erhältlichkeits-, Entgelt- und Informationsansprüche einen hohen Stellenwert ein. Besonders Ausprägungen der beiden Letztgenannten spielen im Zusammenhang nachhaltig produzierter Waren eine bedeutende Rolle. Dies zeigt sich einerseits in der positiven Korrelation zwischen Akzeptanz bzw. Kaufbereitschaft und sinkenden Preisen, andererseits in der vielfach geäußerten Erwartung seitens der Verbraucher, dass nachhaltig produzierte Waren teurer angeboten werden. Bei den Informationsansprüchen handelt es sich v. a. um den Aspekt des Informationsgehaltes, der sich u. a. in Forderungen nach einer Kennzeichnungspflicht und der damit postulierten Wahlfreiheit bzw. persönlichen Entscheidungsgewalt hinsichtlich des Konsums widerspiegelt.

Wie bereits eingangs darauf hingewiesen, ist eine vielfach auf Unternehmensseite zu beobachtende Fokussierung auf den Begriff der ökologischen Nachhaltigkeit kritisch zu sehen. Verbraucher treffen weder eindimensionale Kaufentscheidungen noch verhalten sie sich immer rational. Der „homo oeconomicus" auf der Basis der Haushaltstheorie ist wohl eher eine Fiktion. Die Annahmen der Haushaltstheorie, dass der Konsument nach dem Rationalprinzip handelt, eine Nutzenmaximierung aufgrund einer vorgegebenen Bedarfsstruktur anstrebt und über vollkommene Markttransparenz verfügt, ist auch im Nachhaltigkeitskontext wohl eher die Ausnahme (vgl. Strecker et al. 1996, S. 39). Vor dem Hintergrund der tendenziell kleinen Zielgruppe, deren Lebensstil eine Dominanz in der ökologischen Ausrichtung erfährt und der gleichzeitigen Zielsetzung größere Marktsegmente anzusprechen, wird erwartungsgemäß eine Vermarktung nachhaltiger Attribute v. a. als Zusatz- und nicht als Kernnutzen erfolgversprechend sein.

2.3 Zielanalyse

Ziele beschreiben „zukünftige Zustände der Realität, die der Entscheidungsträger durch aktives Handeln anzustreben oder zu vermeiden sucht" (Winter 1977, S. 100). An dieser

Stelle unternommene Zielüberlegungen haben restriktiven Charakter, da überprüft werden muss, inwieweit nachhaltige Aspekte im Produktionsprozess zum vorhandenen langfristigen Zielsystem des Unternehmens passen und ob Zieldissonanzen bestehen. Im Folgenden wird von einem dreistufigen Zielsystem ausgegangen: Basis-, Funktionsbereichs- und Instrumentalziele (vgl. Koppelmann 2001, S. 247 ff.; Meyer 1986, S. 57 ff.; Meffert 2000, S. 71 ff.). Auf dieser Basis erfolgt die anschließende strategische Maßnahmenplanung. Hierbei können Zielkonflikte auf derselben Ebene oder zwischen den Ebenen entstehen (vgl. Becker 2001, S. 114 ff.). Um diese zu vermeiden, muss sowohl eine Einebenen- als auch eine Mehrebenenkompatibilität gewährleistet werden (vgl. Koppelmann 2001, S. 263).

Es ist jedoch auch denkbar, dass bei der ersten Überprüfung die beschriebene Kompatibilität nicht erreicht werden kann, man aber gewillt ist, seine bestehenden Ziele an neue Gegebenheiten anzupassen. Zwar sollten Unternehmensziele eine längerfristige Gültigkeit besitzen, es lässt sich jedoch nicht immer absehen, ob einmal gewählte Ziele auch für die zukünftige Unternehmenssituation geeignet sind (vgl. Becker 2001, S. 127). Dass eine solche Vorgehensweise mit Risiken behaftet ist, zeigt das Beispiel von McDonald's. Das Fast-Food-Unternehmen begann im Jahr 2010 die Farbe Rot im deutschen Firmenauftritt durch Grün zu ersetzen, um u. a. den „Respekt vor der Umwelt" zu verdeutlichen (vgl. Hermes 2010, S. 40). Dies wurde in der Öffentlichkeit als Greenwashing wahrgenommen (vgl. Financial Times Deutschland 2009).

Produkte, bei denen „das ungewöhnlich Neue betont wird" (Koppelmann 2001, S. 260), entsprechen auf der Instrumentalzielebene dem Produktziel eines „Pionierproduktes". In der Praxis ist aktuell auf Funktionsbereichsebene die Konzentration auf den Austausch von Rohstoffen bei existierenden Produkten zu erkennen. Hier gestaltet sich für diesen Produkttyp eine klare Zuweisung zu einem Produktziel (zu verschiedenen Produktzielen und deren Erläuterung, vgl. Koppelmann 2001, S. 256 ff.) jedoch überaus schwierig. Zwar handelt es sich um Produkte mit neuen Gestaltungslösungen, gleichzeitig kann man aber bei einem Austausch von konventionellem mit ökologisch produziertem Zucker beispielsweise in einer Nuss-Nougat-Creme wohl kaum von einer Pionierleistung sprechen. Vielmehr wird ein bereits bestehendes Produkt (aus Anbietersicht) in leicht modifizierter Form angeboten. Dieses eher als Me-too-Verhalten zu beschreibende Vorgehen bezieht sich dabei nicht auf die Imitation eines Konkurrenzangebotes, sondern das eigene Produkt wird durch ein selbst geschaffenes Substitutionsangebot gewissermaßen imitiert. Inwiefern solche Gestaltungslösungen den seitens des Verbrauchers gesuchten Zusatznutzen erfüllen (s. Kap. 2.2) erscheint fraglich.

Die angestellten Zielüberlegungen stehen in enger Beziehung zum Aspekt der Corporate Identity (vgl. Koppelmann 2001, S. 276). Diese kann verstanden werden als „die strategisch geplante und operativ eingesetzte Selbstdarstellung und Verhaltensweise eines Unternehmens nach innen und außen auf Basis einer festgelegten Unternehmensphilosophie, einer langfristigen Unternehmenszielsetzung und eines definierten (Soll-)Images" (Birkigt et al. 1998, S. 18). Diesem Begriff lassen sich die Teilaspekte der Corporate Culture, Corporate Communication, des Corporate Design und Corporate Image subsumieren (vgl. Koppelmann 2001, S. 277). Die Corporate Culture erfasst „die Gesamtheit von

Normen, Wertvorstellungen und Denkhaltungen, die das Verhalten der Mitarbeiter (...)
und somit das Erscheinungsbild eines Unternehmens prägen" (Pümpin et al. 1985, S. 8).
In dem hier untersuchten Problemfeld spielt dieser Gesichtspunkt eine zentrale Rolle.
Es stellt sich die Frage, ob die in einem Unternehmen gelebte und verstandene Unternehmenskultur überhaupt für eine Vermarktung nachhaltig produzierter Waren geeignet
ist oder diese womöglich be- oder verhindert? Hierbei geht es somit nicht nur um Fragestellungen der grundsätzlichen Innovationsneigung eines Unternehmens, sondern ganz
speziell um den Umgang und die Positionierung in einem Spannungsfeld wie der Nachhaltigkeit.

3   Nachhaltiges Produktmanagement

Die Hauptaufgaben des Produktmanagements erstrecken sich v. a. auf die Produktbetreu-
ung und -führung, die Entwicklung von Konzeptionen und die allgemeine Koordination
der produktbezogenen Vermarktungsaktivitäten (vgl. Hüttel 1998, S. 116 ff.). Das Produktmarketing hat seine Herkunft im Profitmarketing und umfasst die beiden großen Bereiche des Konsumgüter- und des Industriegütermarketing (vgl. Koppelmann 2001, S. 3).
Die folgenden Ausführungen zum Problemfeld des Marketing nachhaltig produzierter
Waren fokussieren sich auf das Konsumgütermarketing.

3.1   Produktpolitik

Das Produktmarketing betrachtet unter den Marketinginstrumenten die Produktpolitik als
das wichtigste Element und reduziert durch diese Hierarchisierung die Anzahl der simultan
zu beachtenden Instrumentalinterdependenzen (vgl. Koppelmann 2001, S. 15; Kotler und
Bliemel 2001, S. 715). Die Betrachtung dieses zentralen Punktes muss im Rahmen einer
prozessualen Vorgehensweise daher vor einer entsprechenden Vermarktungsperspektive
erfolgt sein. Es ergibt sich somit: „Vermarktungsinstrumente = Marketinginstrumente./.
Produktpolitik" (Koppelmann 2001, S. 513). Aufgrund der gewählten Abstraktionsebene
sowie des hohen Maßes an technologischen Einfluss auf die Umsetzung der geforderten
Leistungen in evidente Leistungen, soll an dieser Stelle eine explizite Betrachtung der
Produktgestaltung nachhaltig produzierter Waren in Form des dahinter stehenden Mate-
rialisationsprozesses unterbleiben. Im Folgenden liegt der Fokus auf einzelnen Gestaltungsprinzipien sowie der Programmpolitik.

Nach Wiswede (1973, S. 131) versteht man „unter Wahrnehmung jenen komplexen
Vorgang, durch den das Individuum die verschiedensten Sinnesreize auswählt, organisiert
und im Rahmen eines bedeutungsgeladenen und zusammenhängenden Bildes von der
Welt interpretiert". Wahrnehmung stellt folglich keine einfache Abbildung der objektiven
Wirklichkeit dar, sondern muss vielmehr als ein Abgleich zwischen dem eigenen Emp-
finden und der Außenwelt verstanden werden (vgl. Fischer und Wiswede 2002, S. 168)
(Abb. 3).

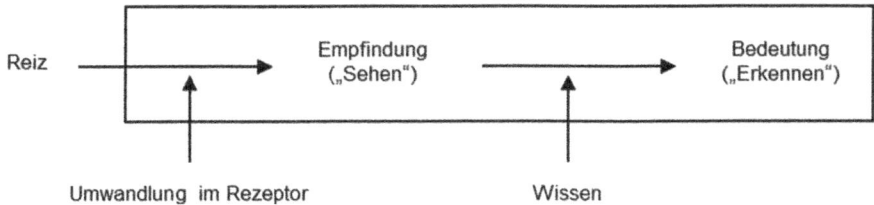

Abb. 3 Prozess der Wahrnehmung. (Quelle: Koppelmann 2001, S. 28)

Wahrnehmung kann daher als „durch Subjektivität, Selektivität und Aktivität gekennzeichnete Verknüpfung von ‚Empfindung' und ‚Bedeutung' psychischer Prozesse" (Koppelmann 2001, S. 29) beschrieben werden. Das „Erkennen" resultiert somit aus einer
wechselseitigen Beziehung zwischen Reiz und Gedächtnis. Dieses Wissen ist essenziell
für die Produktgestaltung und -vermarktung.

Die sog. Gestaltpsychologie hat in der intensiven Auseinandersetzung mit der visuellen
Wahrnehmung neben der Formulierung von Gestaltgesetzen verschiedene Grundphäno-
mene der Wahrnehmungsorganisation beschrieben (vgl. Metzger 1975, S. 25 ff.). In erster
Linie geht es hierbei um die Betrachtung des Wahrnehmungsinhaltes, welcher „das Ergebnis einer nach bestimmten Gesetzmäßigkeiten (Gestaltgesetze) ablaufenden Umorga-
nisation der Reizgrundlage" (Koppelmann 2001, S. 33) darstellt. Unabhängig vom jeweils
konkreten Inhalt treten bei diesem Ablauf drei Phänomene auf. Diese lassen sich in ihrer
Wirkung am untersuchten Themenfeld nachhaltig gestalteter Produkte darstellen:

Figur-Grund-Gliederung Fehlt bei der Gliederung des Wahrnehmungsfeldes eine klare
Zuweisung von Figur und Grund, führt dies beim Betrachter zu keinem eindeutigen und
daher unprägnanten Wahrnehmungserlebnis. Auch zu grundlegenden Fragestellungen
innerhalb der Diskussion um nachhaltige Produktionsweisen existieren unterschiedliche
Sichtweisen, wie z. B.: Was verstehen Verbraucher unter Nachhaltigkeit (Abb. 4)? Welche Begrifflichkeiten können synonym verwendet werden bzw. wo liegen Unterschiede
zwischen einzelnen Themenfeldern wie „Sustainability", „Nachhaltigkeit", „Corporate
Social Responsibility" oder „Corporate Citizenship"? Eine bislang mangelnde Figur-
Grund-Gliederung im Rahmen der Nachhaltigkeit ist u. a. auf die inflationäre und oftmals
inhaltsleere Verwendung des Begriffes „Nachhaltigkeit" in der öffentlichen Kommunikation zurückzuführen (vgl. Willers und Weber 2011, S. 22).

Figur-Binnen-Gliederung Mittels der Figur-Binnen-Gliederung wird die Zusammensetzung der Figur durch die Grenzlinie und das Innere der Figur verdeutlicht. Fehlt ein
klares Figur-Grund-Verhältnis oder eine stabile Figur-Binnen-Gliederung „so führt dies
zu einem unprägnanten Wahrnehmungserlebnis" (Koppelmann 2001, S. 34). Diese hier
skizzierte Unklarheit im Verhältnis von Grenzlinie und Innerem der Figuren ergibt sich im
übertragenen Sinne auch für den Konsumenten bei der Suche nach Antworten auf grundlegende Fragestellungen zur Nachhaltigkeit. Wenn jedoch bereits aus Unternehmenssicht

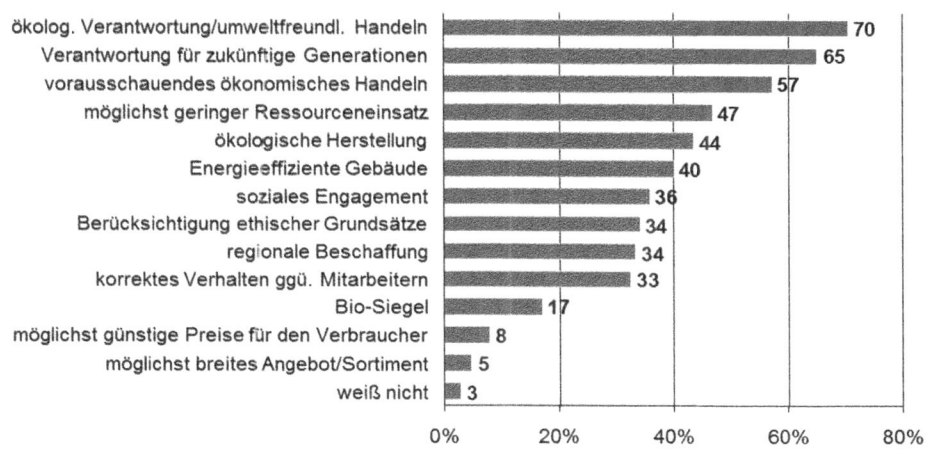

ökolog. Verantwortung/umweltfreundl. Handeln — 70
Verantwortung für zukünftige Generationen — 65
vorausschauendes ökonomisches Handeln — 57
möglichst geringer Ressourceneinsatz — 47
ökologische Herstellung — 44
Energieeffiziente Gebäude — 40
soziales Engagement — 36
Berücksichtigung ethischer Grundsätze — 34
regionale Beschaffung — 34
korrektes Verhalten ggü. Mitarbeitern — 33
Bio-Siegel — 17
möglichst günstige Preise für den Verbraucher — 8
möglichst breites Angebot/Sortiment — 5
weiß nicht — 3

0%   20%   40%   60%   80%

n = 615, Mehrfachnennungen möglich

Abb. 4 Verbraucherassoziationen mit dem Begriff „Nachhaltigkeit". (Quelle: IfH/IBH 2010)

das komplexe Feld der Nachhaltigkeitsdiskussion vielfältige Interpretationsspielräume erlaubt und bisweilen eine klare Zielsetzung vermissen lässt, ist die Verwirrung auf Verbraucherseite nicht verwunderlich. Als Resultat wird die Vielschichtigkeit des Themas, d. h. die Integration ökonomischer, ökologischer und sozialer Anliegen im Entscheidungsprozess und die Berücksichtigung einer begrenzten Tragfähigkeit natürlicher und sozialer Systeme, meist nicht in Gänze erfasst.

Prägnanzprinzip Sobald mehrere Gliederungsalternativen des Wahrnehmungsfeldes möglich sind, wird hiervon die prägnanteste Alternative gesehen. „Prägnanter bedeutet hierbei regelmäßiger, symmetrischer, geschlossener, einheitlicher, einfacher und ausgeglichener." (Koppelmann 2001, S. 35). Diese Prägnanz führt bei der Nachhaltigkeitsdiskussion oftmals dazu, dass man eine Reduktion subsumierter Inhalte auf ökologische Aspekte beobachten kann, so werden z. B. die Begriffe Nachhaltigkeit und biologischer Anbau gleichgesetzt, obschon ersterer inhaltlich weit über letzteren hinausgeht (vgl. Unterbusch 2011, S. 207). Fragt man nach den direkten Assoziationen treten die ökonomischen Parameter in der Nachhaltigkeitsdiskussion meist in den Hintergrund. Zwar rücken soziale Kriterien inzwischen stärker in den Fokus, aber gleichwohl zeigt sich die Dominanz der ökologischen Dimension.

Als Vorreiter im Lebensmittelhandel hinsichtlich Differenzierungsbemühungen bei Nachhaltigkeitsthemen kann die REWE Group angeführt werden. Als direkte Differenzierung am PoS dient die Einführung des Nachhaltigkeitssiegels PRO PLANET: „Das neue Label der REWE kennzeichnet Produkte, die die Umwelt und Gesellschaft während ihrer Herstellung, Verarbeitung oder Verwendung deutlich weniger belasten. Ziel ist es, den nachhaltigen Konsum zu fördern und Produkte mit nachhaltigem Mehrwert zu attraktiven

Preisen anzubieten. Durch den Kauf von PRO PLANET-Produkten können Sie mithelfen, einen Beitrag zum Wohl von Mensch und Umwelt zu leisten." (REWE 2014). Durch die Reduktion der Inhalte im Rahmen der Produkt-Kommunikation auf zentrale Aussagen wie „Artenvielfalt schützend" oder „Wassersparend angebaut" wird dem Prägnanzprinzip innerhalb des Wahrnehmungsprozesses Rechnung getragen. Gleichzeitig ruft aber die in den letzten Jahren drastisch gestiegene Anzahl an Umwelt-, Bio- und Gütesiegeln auf Verbraucherseite eher Überforderung hervor. Über 80 % der Konsumenten beurteilen die Anzahl an Nachhaltigkeitssiegeln im Handel als zu hoch (vgl. IfH und IBH 2010).

Insbesondere die aufgezeigte negative Ausgestaltung der Figur-Grund- und Figur-Binnen-Gliederung hinsichtlich Stabilität und Prägnanz innerhalb der Wahrnehmungsorganisation, gepaart mit einem noch relativ jungen Produktsortiment und teilweise noch begrenzter Verfügbarkeit nachhaltiger Produkte führen dazu, dass das Vorstellungs- und Produktbild eines nachhaltigen Produktes für den Konsumenten gegenwärtig noch höchst unprägnant ist (Abb. 5). Dies hat ein verwaschenes Produktbild zur Folge, da „im Faktoraufbau keine gute Harmonie erreicht werden konnte, so daß die Resultierende in ihrer Länge (=Intensität) nicht ausreicht, um eine genügend hohe Prägnanz des Profils zu gewährleisten" (Wiswede 1973, S. 143).

Dass sämtliche Teilbeschaffenheiten eines Produktes untereinander der Harmonie bedürfen, wird eindrucksvoll belegt, wenn es bei einem Produkt beispielsweise zu einer Verknüpfung mit einem „falschen" Namen oder wechselnden „nachhaltigen" Bezeichnungen kommt, die diese Harmonie gravierend stören. Dieses Phänomen der Irradiation (Halo-Effekt) führt zur Abstrahlung einer Teilqualität, hier die Namensgebung, auf das gesamte Vorstellungsbild und damit zur Detaildominanz eines peripheren Faktors (vgl. Wiswede 1973, S. 14).

Neben der grundsätzlichen Fragestellung, wie sich die nachhaltige Produktidee in das gesamte Angebot des Unternehmens integrieren lässt, interessiert zudem, ob es (bei einem angenommenen Rohstoffaustausch, veränderten Produktionsweisen oder Anpassungen in der Supply Chain) zukünftig einen einfachen oder dualen Produktauftritt geben soll. Bei

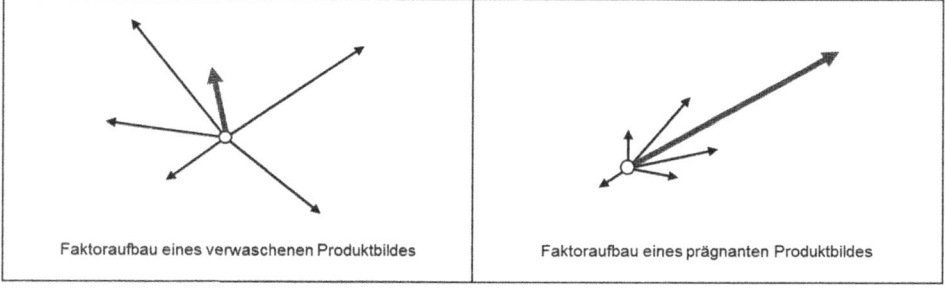

Abb. 5 Faktoraufbau eines verwaschenen und prägnanten Produktbildes. (Quelle: In Anlehnung an Wiswede 1973, S. 143)

einem dualen Angebot kommt es zu einem parallelen Angebot der bisherigen konventionellen und der neuen nachhaltig erzeugten Produktvariante.

Das duale Angebot würde einer Programmexpansion, das einfache Angebot einer Programmkontraktion entsprechen. Diese programmstrategischen Überlegungen sind in erster Linie von der ausgewählten Zielgruppe abhängig. Für einen Befürworter hat ein duales Angebot bei weitem nicht die Bedeutung wie für die bipolare Gruppe der Ablehner. Für diese besitzt eine wahrgenommene Wahlfreiheit einen besonderen Stellenwert. Nicht zuletzt können bei der Entscheidung für ein duales Angebot neben Potenzialbeschränkungen (z. B. in der Trennung der Warenströme) ökonomische Überlegungen maßgeblich sein. Ebenso besitzen Distributionskanäle – z. B. der Lebensmittelhandel und die beschränkten Regalplatzkapazitäten – als Filtergröße indirekten Einfluss auf die Programmstrategie. So kann insgesamt konstatiert werden, dass im Lebensmittelhandel das Thema Nachhaltigkeit bislang nur verzögert bzw. zurückhaltend Eingang in die Sortimentspolitik findet.

Zudem muss überprüft werden, ob ein duales Angebot für alle Produkte überhaupt umsetzbar bzw. sinnvoll wäre oder ob diesbezüglich Einschränkungen vorliegen. Handelt es sich beispielsweise bei einem potenziellen Rohstoffaustausch um einen hohen Anteil an den Gesamtrohstoffen (z. B. ökologisch produzierte Baumwolle in einem Kleidungsstück) und gleichzeitig um eine kleine Produktrange, so ist ein duales Angebot denkbar und kann durchaus zur Differenzierung genutzt werden. Bezieht sich die Substitution dagegen nur auf einen geringfügigen Anteil der gesamten Rohstoffe (z. B. ökologisch angebaute Vanille in einem Süßwarenprodukt) und handelt es sich zudem um eine große Produktrange (z. B. Ritter Sport mit über 20 Sorten), ist ein (komplett) duales Angebot nahezu unmöglich. Die Umsetzungsbarrieren sind z. B. durch Produktionsmöglichkeiten, Kommunikationsschwierigkeiten bis hin zu Regalplatzproblemen im Handel bedingt.

Wird bei einem dualen Angebot der Aspekt der Wahlfreiheit in der Kommunikation berücksichtigt, erfolgt bei Nicht-Akzeptanz der nachhaltig produzierten Variante möglicherweise eine Kannibalisierung durch eigene Produkte und nicht durch Konkurrenzprodukte. Neben den angesprochenen Listungsproblemen kann beim Konsumenten allerdings Skepsis auftreten, ob z. B. eine Warenstromtrennung seitens des Anbieters ordnungsgemäß erfüllt werden kann oder ob es nicht auch beim konventionellen Produkt zu Vermischungen kommt. Des Weiteren kann. Ein Anbieter mit einen einfachen Angebot sollte dieses Argument sicherlich nutzen. Ein dualer Anbieter muss in der Kommunikation dagegen die Balance halten, nicht ein Produktionsverfahren als das bessere hervorzuheben, sondern beide mit ihren Vorzügen aufzuzeigen, verbunden mit dem Ziel, die Wahlfreiheit für den Konsumenten zu sichern.

3.2 Entgeltpolitik

Wiswede (2000, S. 313) verweist darauf, dass die Nachteile des Einstellungskonzeptes darin bestehen, dass die Beziehung von Einstellung zu faktischem Verhalten durch ver-

schiedene Faktoren beeinflusst werden kann. Dies können z. B. Konsumnormen, Kauf-
situationen oder die persönliche Kaufkraft sein. Hinzu kommt, dass das Konzept nur zum
Tragen komme, wenn Individuen ein starkes Involvement in der Konsumhandlung zeigen.
Empirische Studien zeigen, „dass Einstellungen manchmal gute, manchmal schwache
und manchmal überhaupt untaugliche Prädiktoren für faktisches (Kauf-) Verhalten sind."
(Wiswede 2000, S. 314). Insbesondere Untersuchungen zur Zahlungsbereitschaft sind
vor diesem Hintergrund zu betrachten, „da es bei Befragungen in hypothetischen Situationen des Öfteren zu einer Übertreibung der angegebenen Zahlungsbereitschaft kommt,
die nicht der wahren Zahlungsbereitschaft entspricht." (Sterzing 2014, S. 16). Cowe und
Williams (2000, S. 5) bezeichnen dies als „30:3-Syndrom". Zwar findet sich bei 30 % der
Konsumenten eine positive Einstellung zum Kauf, dies führt jedoch nur zu einem Markt-
anteil von 3 %.

Unternehmen interpretieren Umfrageergebnisse vor dem Hintergrund des wahrgenommenen Megatrends Nachhaltigkeit oftmals dahingehend, dass Akzeptanz mit Kauf oder
im negativen Fall mit Nicht-Kauf gleichgesetzt wird. Eine Differenzierung zwischen einer
„sozialen Akzeptanz" und einer „Bereitschaft zum Kauf" wird hingegen vernachlässigt.
Eine solche Planungsaussage kann jedoch bei Nichteintreten die ökonomische Nachhaltigkeit eines Unternehmens erheblich beeinträchtigen. Zwar zeigen Untersuchungen ein
positives Einstellungsmuster hinsichtlich der Relevanz von Nachhaltigkeit aus Verbrau-
chersicht (vgl. Unterbusch 2011, S. 211), dennoch ist der Markt für nachhaltige Produkte
noch keineswegs angebotsgetrieben, d. h., wo nachhaltig produzierte Waren vorhanden
sind, werden sie nicht zwangsläufig auch gekauft (Einstellungs-Verhaltens-Bias).

Nachhaltigkeit sollte daher aus Anbietersicht nicht nur auf der Basis von potenziellen
Abverkaufsmengen und Umsatzentwicklungen gesehen bewertet werden. Vielmehr muss
eine ganzheitliche Betrachtung in den Mittelpunkt rücken. Hierbei erlangen als Teil des
Kostenbegriffs neben Güterpreisen, auch Transaktions- und Opportunitätskosten an Be-
deutung. Denn dem Kauf nachhaltig produzierter Waren stehen oftmals nicht nur höhere
Preise im Vergleich zu konventionellen Produkten entgegen, sondern für den potenziellen
Käufer entstehen zusätzliche Informations- und Wegekosten. Dies ist dann der Fall, wenn
z. B. geringes Wissen über die Art und Beschaffenheit solcher Angebote bestehen oder die
Erhältlichkeit für den Einzelnen eingeschränkt ist.

Diekmann und Preisendörfer (1998) postulieren in ihrer Low-Cost-Hypothese, dass
Umwelteinstellungen das Verhalten am meisten in Low-Cost-Situationen beeinflussen,
d. h. wenn notwendige Verhaltensweisen mit niedrigen Aufwand (=Mühe, Zeit, Kosten)
verknüpft sind. Es ergibt sich somit eine negative Korrelation zwischen den Kosten ökologischen Verhaltens und den Auswirkungen von Umweltbewusstsein auf das persönlichen Handeln: „Je geringer der Kostendruck in einer Situation, umso leichter fällt es den
Akteuren, ihre Umwelteinstellungen auch in ein entsprechendes Verhalten umzusetzen."
(Diekmann und Preisendörfer 1998, S. 439). So ist Recycling (Papier, Glas, Plastik) ein
Paradebeispiel für den Low-Cost-Bereich, der Verzicht auf das Auto (zum Einkauf oder
komplett) dagegen für den High-Cost-Bereich.

3.3 Distributionspolitik

Logistik und ihr verbundene Tätigkeiten nehmen durch Ressourcenverbrauch und Emissionen einen schädlichen Einfluss auf die Umwelt: „Ressourcen, die dabei verbraucht werden, sind Energie, Rohstoffe, Wasser, Luft und Fläche. Emissionen können als Schadstoffe, Treibhausgase, Abfall, Lärm und Verschandelung auftreten." (Deckert und Fröhlich 2014, S. 14). Vor diesem Hintergrund und nicht zuletzt aufgrund entstehender negativer externer Effekte, d. h. die Kosten des Ressourcenverbrauchs bzw. der Emissionsschäden werden oftmals von der Allgemeinheit und nicht von den Verursachern getragen, gewinnt auch der Nachhaltigkeitsaspekt in der Distribution zunehmend an Bedeutung. Unter nachhaltiger Distribution können „alle Entscheidungen der Versorgung nachgelagerter Vertriebsstufen und des Endverbrauchers mit den Leistungen des Unternehmens unter Beachtung der Nachhaltigkeit." (Balderjahn 2003, S. 194) verstanden werden. „Green Logistics" fokussiert dabei insbesondere „die Ausrichtung der Logistikfunktionen an den Zielen der ökologischen Nachhaltigkeit" (Deckert und Fröhlich 2014, S. 14) in Form von Ressourcenschonung (verbesserte Ressourceneffizienz) und Umweltverträglichkeit (verminderte Auswirkung von Emissionen).

Pfohl (2010) unternimmt eine Dreiteilung der Logistikfunktionen in Lagerung, Transport und Verpackung. Zentrale Stellschrauben zur Umsetzung von Green Logistics finden sich im Bereich des nachhaltigen Transportmanagements, des nachhaltigen Lagerhausmanagements sowie des nachhaltigen Verpackungsmanagements (Abb. 6), wobei eine „ganzheitliche Betrachtung der Logistik unter Berücksichtigung von Trade-Offs zwischen Lagerung, Transport und Verpackung" (Deckert und Fröhlich 2014, S. 14) anzustreben ist.

Im Transportmanagement liegt die Konzentration auf dem Energieverbrauch und den dadurch verursachten Emissionen. Als Maßnahmen eignen sich hier die Vermeidung von Transporten (z. B. mittels Digitalisierung und Fernübertragung von Produkten, Einsatz von 3D-Druckern), die Verminderung der Transportmenge sowie der Transportschädlichkeit (umweltfreundliche Transportmittel bzw. -ketten) (vgl. Deckert und Fröhlich 2014, S. 15). Bretzke und Barkawi (2012) führen als Hebel zur Verminderung der Transportanzahl eine Volumenbündelung (z. B. Milk Runs) oder eine Reduzierung von Leerfahrten und Erhöhung der Auslastung an. Zudem kann durch eine strategische Neuorganisation

Abb. 6 Green Logistics Framework. (Quelle: Deckert und Fröhlich 2014, S. 15)

des Supply Netzwerkes oder eine Verbesserung der operativen Routenplanung eine Verminderung der Routenlänge erzielt werden (vgl. Deckert und Fröhlich 2014, S. 15).

Innerhalb des nachhaltigen Lagerhausmanagements liegt der Fokus auf Energieeffizienz und Flächennutzung. Ziele wie umweltfreundliche Lagerung, umweltfreundliche Fördermittel und weniger Lagerfläche lassen sich durch Maßnahmen in den Bereichen „Elektrizität und Beleuchtung im Lager" (z. B. neue Beleuchtungstechnologien) und „Heiz- und Kühlsystem im Lager" (z. B. gute Dämmung, genaue Temperaturführung) erreichen (vgl. DHL 2010, S. 125 ff.).

Nachhaltiges Verpackungsmanagement konzentriert sich sowohl auf die Materialeffizienz bei der Verpackungsgestaltung als auch auf die Abfallentsorgung nach Gebrauch der Verpackung (vgl. Deckert und Fröhlich 2014, S. 16). Ziel einer nachhaltigkeitsorientierten Verpackungspolitik ist es, „ohne die klassischen Funktionen der Verpackung (z. B. Transportschutz) zu beeinträchtigen, Verpackungsmittel zu vermeiden bzw. zu reduzieren und nur solche Materialien zu verwenden, die recycelt bzw. umweltschonend entsorgt werden können. Dadurch können knappe Ressourcen geschont und Energie eingespart werden. Zudem ist es ein Beitrag zur Abfallvermeidung bzw. zur umweltschonenden Abfallbeseitigung." (Balderjahn 2003, S. 184 f.). In diesem Zusammenhang ist von Bedeutung, dass von der Logistik i.d. R. jedoch nur die Transport- und Umverpackungen beeinflusst werden können (vgl. Deckert und Fröhlich 2014, S. 16).

3.4 Kommunikationspolitik

Nach Balderjahn (2003, S. 187) umfasst eine nachhaltigkeitsorientierte Kommunikationspolitik „den Einsatz aller Kommunikationsinstrumente eines Unternehmens zur zielgruppenorientierten Darstellung der Anstrengungen und Erfolge nachhaltigen Wirtschaftens im Unternehmen." Dabei sind sowohl das grundsätzliche Kommunikationsproblem nachhaltig erzeugter Produkte als auch das noch geringe Angebot im Handel (s. Kap. 3.1) immer im Zusammenhang zu sehen: Mit einem entsprechenden Produkt kommuniziert es sich leichter und die Inhalte bewegen sich nicht auf einer abstrakten Ebene. Außerdem ist eine unterstützende Kommunikation für ein angebotenes Produkt unentbehrlich. Jauschowetz (1995, S. 117) formuliert es noch drastischer: „Produkteinführungen ohne adäquate Maßnahmen im Kommunikationsbereich sind programmierte Misserfolge."

Das Oberziel muss lauten, reaktante Verhaltensweisen mit daraus resultierendem Widerstand gegenüber nachhaltigen Produkten zu vermeiden oder wenigstens zu reduzieren. Hierzu sind mögliche Dissonanzen beim Konsumenten zu vermeiden. Gelingt dies, kann eine Akzeptanzsteigerung erzielt werden. Da es sich hierbei jedoch nicht nur um eine reine ex-post-Behandlung handelt, sondern proaktiv bereits möglichst vor dem Kauf dissonanten Elementen entgegengewirkt werden soll, ist vorausschauendes Planen unerlässlich. Hierzu gehört auch, das beim Konsumenten ausgelöste Schema bei der Auseinandersetzung mit nachhaltig produzierten Waren zu berücksichtigen, mit dem Ziel, dieses abzuschwächen bzw. mit neuen Inhalten zu füllen.

In diesem Zusammenhang ist einerseits essentiell, dass im informationsökonomischen Verständnis von Akerlof (1970) nachhaltig produzierte Waren „Vertrauensgüter" darstellen. Die nachhaltige Produktion entzieht sich für den Laien der sinnlichen Wahrnehmung. Das „Erkennen" ist für den Verbraucher derzeit nur im Rahmen einer entsprechenden Kennzeichnung oder mittels anderweitiger Kommunikationsmittel möglich. Andererseits stellt die „Anerkennung von Wissens- und Wahrnehmungsdifferenzen zwischen Laien und Experten (…) eine relevante Basis der Informationsvermittlung" (Hribal 1999, S. 203) dar. Es muss demzufolge zu einer Antizipation des Wissenstandes der anzusprechenden Zielgruppe und zu einer Simplifizierung der jeweiligen Darstellung kommen. Wiswede (1973, S. 172) bemerkt, dass das in der Werbung Dargestellte vereinfacht wiedergegeben werden müsse, damit das Individuum in der Lage ist, „einen festen, gestalthaften und prägnanten Eindruck zu gewinnen." Ein Beispiel für Vereinfachungen in der Nachhaltigkeitskommunikation stellt das in Kap. 3.1 skizzierte Beispiel des PRO PLANET-Siegels von REWE dar.

Im Rahmen der Kommunikationsgleichung (Abb. 7) treten zwei Unbekannte auf: einerseits die Beschaffenheit der Botschaft selbst und andererseits die Verbraucher bzw. die angestrebte Zielgruppe (vgl. Salcher 1978, S. 241 ff.). Die Fragestellung, die es bei der Maßnahmenempfehlung zu berücksichtigen gilt, lautet, wie eine Kommunikation beschaffen sein muss, um eine optimale Wirkung zu erzielen. Eine hohe kommunikative Wirkung liegt vor, wenn es gelingt, den Anteil der Interessierten zu erhöhen sowie den der Indifferenten und möglichst auch den der Ablehner zu reduzieren.

Je glaubwürdiger eine Informationsquelle ist bzw. wahrgenommen wird, desto eher wird der Kommunikant ihre Argumente akzeptieren (vgl. Hribal 1999, S. 203). Thommen (1990, S. 132) sieht Glaubwürdigkeit als zentrales Leitmotiv unternehmerischen Handelns an. Nur durch ein Höchstmaß an Transparenz kann eine notwendige Basis für Glaubwürdigkeit entstehen, die wiederum die Grundlage für Vertrauen darstellt („Vertrauensket-

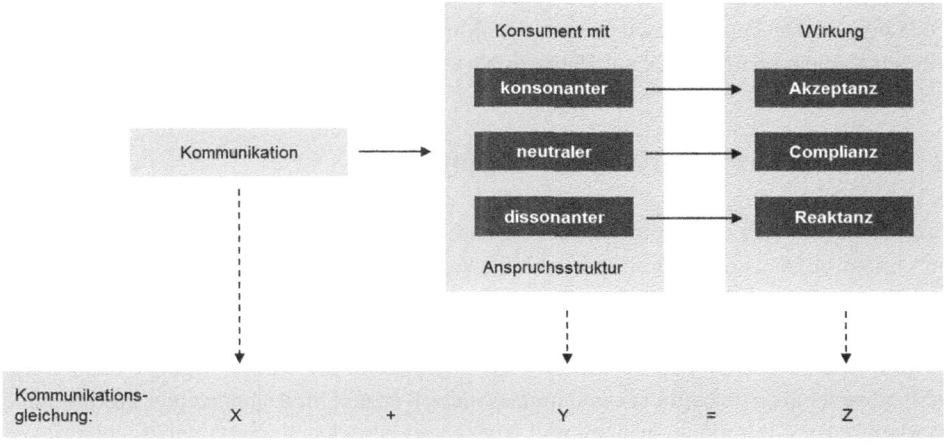

Abb. 7 Kommunikationsgleichung. (Quelle: In Anlehnung an Salcher 1978, S. 240)

te"): „Der Verbraucher entscheidet letztlich am PoS, welche Maßnahmen er als wirklich nachhaltig empfindet und welche in seiner Wahrnehmung nur Lippenbekenntnisse sind." (Willmann 2013, S. 35). So sind aufgrund fehlender Glaubwürdigkeit im Kontext der Nachhaltigkeit Vorwürfe des „Greenwashings" nicht selten die Folge. Hiermit werden PR-Methoden kritisiert, die Unternehmen in der Öffentlichkeit ein umweltfreundliches und verantwortungsvolles Image verleihen wollen, ganz im Sinne „Mehr Schein als Sein" (vgl. Stoll 2002; Laufer 2003). Bezog sich der Begriff ursprünglich auf eine suggerierte Umweltfreundlichkeit, findet dieser mittlerweile auch für suggerierte Unternehmensverantwortung Verwendung (vgl. Lin-Hi 2010).

Unternehmen müssen sich im Rahmen ihrer kommunikativen Maßnahmen bewusst werden, welche Stakeholder als „Treiber" des nachhaltigen Gedankens – und wiederum auch als Adressaten von Informationen – gelten. Grundsätzlich stellt die Gruppe der Verbraucher die wichtigste Anspruchsgruppe dar, schließlich entscheidet sie über das Maß der Nachfrage. Aufgrund ihrer öffentlichen und medialen Wirkung gelten darüber hinaus die Gruppen der Medien und NGOs (Non Governmental Organizations) als besonders bedeutsam. Nach einer eingangs erfolgten Stakeholderidentifizierung sollte im nächsten Schritt eine Analyse und Bewertung dieser erfolgen. Zentrales Ziel ist die Identifikation der Anliegen der Stakeholder gegenüber dem Unternehmen hinsichtlich des Themas Nachhaltigkeit (vgl. Böhi 1995, S. 89 ff.). In einem zweiten Schritt gilt es, die Machtposition der Stakeholder gegenüber dem Unternehmen zu definieren sowie die Risikopotenziale einzuschätzen, die von den Anspruchsgruppen ausgehen. Hierdurch kann als Basis für eine Kommunikationsstrategie eine Klassifizierung der Stakeholder erfolgen. Dabei kommen nicht nur neue Themenfelder hinzu und deren Relevanz für das eigene Produktsortiment und die Marke muss erkannt werden, auch die Kommunikationswege dieser, v. a. über Online-Kanäle, befinden sich in einem stetigen Wandel und sorgen für neue Herausforderungen. Diese Erfahrung musste auch Nestlé machen, nachdem Greenpeace dem Unternehmen vorwarf, durch die Produktion von palmölhaltigen Schokoriegeln zur Abholzung der indonesischen Regenwälder beizutragen (vgl. Lebensmittel Zeitung 2010). Die Organisation bediente sich dazu in der Kommunikation über die „Nestlé Killer" einer viralen Kampagne und nutze zur Verbreitung das Videoportal YouTube (vgl. o.V. 2010).

4   Konsequenzen entlang der Supply Chain

Esch et al. (2006, S. 106) sprechen davon, dass die Markenidentität als „Wurzel der Marke" interpretiert werden kann und daher Ausgangspunkt jeder markenpolitischen Überlegung sein sollte. Im Kern geht es dabei um die Frage: Wofür stehen die Markenverantwortlichen bzw. ihre Produkte und Dienstleistungen und wie ist deren Wahrnehmung beim Verbraucher ausgestaltet? Diese Sichtweise unterstreicht die Notwendigkeit, Nachhaltigkeit entweder als ganzheitliches und umfassendes Konzept im Rahmen einer Produkt- und Markenführung mit allen Chancen und Risiken zu berücksichtigen, oder Nachhaltigkeit als Teil der Produkt- und Markenstrategie unberücksichtigt zu lassen. Nachhaltigkeit ist nicht „nur" als neue moralische Instanz aufzufassen, sondern aufgrund eines geänderten Anspruchskonstruktes unserer Gesellschaft ist auch ein Wandel im Denken zu beobachten. Nachhaltigkeit ist in der Gegenwart angekommen und hat sich von einer ursprünglich „grünen Idee" zu einem klaren Managementthema entwickelt.

Gerade der Bereich Supply Chain Management steht dabei vor völlig neuen Herausforderungen und sucht nach Konzepten und Maßnahmen, „diese Sichtweise in der unternehmensexternen wie -internen Supply Chain zu leben und zu verankern." (Fröhlich 2011, S. 9). Verschiedene Studien kommen zu dem Schluss, dass beispielsweise die Umsetzung von CSR-Maßnahmen in der Supply Chain sowohl Beschaffungskosten senkt, als sich auch positiv für die Wertentwicklung eines Unternehmens auszahlt (vgl. Lee 2010). Darüber hinaus ergibt sich ein Zusammenhang zwischen einem ökonomisch sinnvollem Handeln jedes einzelnen Mitglieds der Supply Chain und dem für die Gesellschaft daraus insgesamt entstehenden Wertes (vgl. Linton et al. 2007, S. 1079).

Dabei wird die „Generierung von Win-Win-Situationen zwischen den unterschiedlichen Partnern in der Supply Chain (.) meist überschattet von dem hohen Investitionsvolumen, das für nachhaltiges Engagement von der Unternehmensführung bereitgestellt werden muss." (Fröhlich 2011, S. 12). Denn das Prinzip eines nachhaltigen und integrierten Produktmanagements „fordert von allen an der Wertkette des Produktlebenszyklus beteiligten Akteuren (Lieferanten, Hersteller, Handel) eine unternehmensübergreifende Übernahme der Verantwortung für die Gesundheits-, Sozial- und Umweltverträglichkeit von ihnen hergestellter und vermarkteter Produkte und Dienstleistungen." (Balderjahn 2003, S. 177). Schulz (2012, S. 274) spricht davon, dass die Zusammenarbeit entlang der Wertschöpfungskette im Bereich Nachhaltigkeit geradezu einen „Dominoeffekt im Bereich Lieferkettenmanagement" ausgelöst hat. Gleichwohl wird darauf hingewiesen, dass ein soziales, ökologisches und ökonomisches Engagement zu einem relativ großem Saldo führt (Carter und Rogers 2008, S. 371).

Bestehende Themen entlang der Wertschöpfungskette können dabei innerhalb eines integrierten Managementansatzes zu einem wertschöpfenden Ansatz genutzt werden. Ein entsprechendes Nachhaltigkeitsangebot als Differenzierungsmerkmal und damit als USP gegenüber anderen Herstellern wird nur dann erfolgreich sein, wenn der Wert „Nachhaltigkeit" in diesem Kontext in die Produktphilosophie und -strategie aufgenommen wird. Nach außen muss ein erkennbarer Mehrwert für die Kunden kommuniziert werden. Die Herausforderung für das (Produkt-)Management besteht darin, die Stakeholder von der Glaubwürdigkeit des sozial-ökologischen Engagements zu überzeugen. Die Zielsetzung ist dabei nicht nur die Erfüllung von Verbraucheransprüchen, sondern die langfristige Erreichung eines strategischen Geschäftswertbeitrags.

Literatur

Akerlof GA (1970) The market for „lemons": quality uncertainty and the market mechanism. Q J Econ 84(3):488–500

Ansoff I (1957) Strategies for diversification. Harv Bus Rev 35(5):113–124

Balderjahn I (2003) Nachhaltiges Marketing-Management: Möglichkeiten einer umwelt- und sozialverträglichen Unternehmenspolitik. Lucius & Lucius, Stuttgart

Becker J (2001) Marketing-Konzeption: Grundlagen des zielstrategischen und operativen Marketing-Managements, 7., überarb. u. erg. Aufl. Vahlen, München

Birkigt K, Stadler MM, Funck HJ (1998) Corporate identity: Grundlagen, Funktionen, Fallbeispiele, 9., völlig überarb. Aufl. Moderne Industrie, Landsberg

Böhi D (1995) Wettbewerbsvorteile durch die Berücksichtigung der strategisch relevanten gesellschaftlichen Anspruchsgruppen – Integration strategischer Managementansätze zur Erzielung überdurchschnittlicher Unternehmensrenten unter spezieller Berücksichtigung der gesellschaftlichen Umwelt der Unternehmen. Dissertation. Zürich

Bosshart D (2011, März 2) Diffuse Gefühle. Lebensm Ztg.

Bretzke W-R, Barkawi K (2012) Nachhaltige Logistik – Antworten auf eine globale Herausforderung. Springer, Berlin

Carter C, Rogers D (2008) A framework of sustainable supply chain management: moving toward new theory. Int J Phys Distrib Logist Manage 38(5):360–387

Cowe R, Williams S (2000) Who are the ethical consumers. Co-operative Bank. Manchester

Deckert C, Fröhlich E (2014) Green Logistics: Framework zur Steigerung der logistischen Nachhaltigkeit. Supply Chain Management, II/2014, S. 13–17

DHL (2010) Delivering Tomorrow – Zukunftstrend Nachhaltige Logistik. 1. Aufl Bonn

Diekmann A, Preisendörfer P (1998) Umweltbewußtsein und Umweltverhalten in Low- und High-Cost-Situationen. Eine empirische Überprüfung der Low-Cost-Hypothese. Z für Soziol 27(6):438–453

Esch F-R, Herrmann A, Sattler H (2006) Marketing. Eine managementorientierte Einführung. Vahlen, München

Financial Times Deutschland (2009) Klimasünder mit grüner Weste. http://www.ftd.de/unternehmen/:greenwashing-klimasuender-mit-gruener-weste/50041237.html. Zugegriffen: 3. Mai 2010

Fischer L, Wiswede G (2002) Grundlagen der Sozialpsychologie. 2., überarb. u. erw. Aufl. Oldenbourg Wissenschaftsverlag, München

Fröhlich E (2011) Nachhaltigkeit und Corporate Social Responsibility in der Supply Chain – Eine Einführung. In: Fröhlich E, Weber T, Willers C (Hrsg) Nachhaltigkeit in der unternehmerischen Supply Chain. Fördergesellschaft Produktmarketing, Köln, S 9–21

Hermes V (2010) Werttreiber Nachhaltigkeit. Absatzwirtsch Marken 34–40

Hribal L (1999) Public-Relations-Kultur und Risikokommunikation: Organisationskommunikation als Schadensbegrenzung. Forschungsfeld Kommunikation, Bd 19. Konstanz

Hüttel K (1998) Produktpolitik, 3., überarb. und erw. Aufl. NWB, Ludwigshafen

IfH Institut für Handelsforschung GmbH/IBH Retail Consultants GmbH (2010) Nachhaltigkeit im Handel. Köln

Jauschowetz D (1995) Marketing im Lebensmitteleinzelhandel: Industrie und Handel zwischen Kooperation und Konfrontation. Ueberreuter, Wien

Koppelmann U (2001) Produktmarketing: Entscheidungsgrundlagen für Produktmanager, 6., überarb. und erw. Aufl. Springer, Berlin

Kotler P, Bliemel F (2001) Marketing-Management: Analyse, Planung und Verwirklichung, 10., überarb. und akt. Aufl. Schäffer-Poeschel, Stuttgart

Laufer WS (2003) Social accountability and corporate greenwashing. J Bus Ethics 43(3):253–261

Lebensmittel Zeitung (2010) Nestlé Kontroverse um Palmöl. http://www.lebensmittelzeitung.net/news/markt/protected/Nestl_Kontroverse_um_Palmoel_79106.html. Zugegriffen: 24. März 2010

Lee H (2010) Don't tweak your supply chain – rethink it end to end. Harv Bus Rev 1–8

Lin-Hi N (2010) Greenwashing. http://wirtschaftslexikon.gabler.de/Archiv/9119/greenwas-hing-v1. html. Zugegriffen: 2. Mai 2010

Linton J, Klassen R, Jayaraman V (2007) Sustainable supply chains: an introduction. J Oper Manag 25:1075–1082

Meffert H (2000) Marketing. Grundlagen marktorientierter Unternehmensführung. Konzepte – Instrumente – Praxisbeispiele, 9. Aufl. Gabler, Wiesbaden

Metzger W (1975) Gesetze des Sehens. Dietmar Klotz, Frankfurt a. M.

Meyer C (1986) Beschaffungsziele, Bd 5 der Beiträge zum Beschaffungsmarketing. Dissertation. Fördergesellschaft Produktmarketing, Köln

o.V. (2010) Virale Schock-Attacke von Greenpeace gegen Nestle Kitkat. http://off-the-record. de/2010/03/17/virale-schock-attacke-von-greenpeace-gegen-nestle-kitkat. Zugegriffen: 18. März 2010

Pfohl H-C (2010) Logistiksysteme – Betriebswirtschaftliche Grundlagen. Springer, Berlin

Pümpin C, Kobi J-M, Wüthrich HA (1985) Unternehmenskultur: Basis strategischer Profilierung erfolgreicher Unternehmen. Schweizerische Volksbank, Bern

REWE (2014) PRO PLANET-Label. https://www.rewe.de/ nachhaltigkeit/gruene-produkte/pro-planet.html. Zugegriffen: 30. Juni 2014

Salcher EF (1978) Psychologische Marktforschung. de Gruyter, Berlin

Schulz O (2012) Nachhaltige ganzheitliche Wertschöpfungsketten. In: Schneider A, Schmidpeter R (Hrsg) Corporate Social Responsibility. Verantwortungsvolle Unternehmensführung in Theorie und Praxis. Springer, Berlin, S 271–284

Sterzing A (2014) Verteilungspräferenzen beim Kauf fair gehandelter Produkte – Eine empirische Untersuchung. Dissertation. Kaiserslautern

Stoll ML (2002) The ethics of marketing good corporate conduct. J Bus Ethics 41(1/2):121–129

Strecker O, Reichert J, Pottebaum P (1996) Marketing in der Agrar- und Ernährungswirtschaft: grundlagen, Strategien, Maßnahmen, 3., vollkommen neu bearb. Aufl. DLG, Frankfurt a. M.

Thommen J-P (1990) Glaubwürdigkeit als Grundlage des strategischen Managements. In: Rühli E, Krulis-Randa JS (Hrsg) Gesellschaftsbewusste Unternehmenspolitik – „Societal Strategy": Jubiläumsband zum Anlass des zwanzigjährigen Bestehens des IfbF. Haupt, Berlin, S 121–149

Ulrich P (2008) Corporate Citizenship oder: Das politische Moment guter Unternehmensführung in der Bürgergesellschaft. In: Backhaus-Maul H, Biedermann C, Nährlich S, Polterauer J (Hrsg) Corporate Citizenship in Deutschland – Bilanz und Perspektiven. VS Verlag für Sozialwissenschaften, Wiesbaden, S 94–100

Unterbusch B (2011) Nachhaltigkeit in der Markenführung: Implikationen für National Brand, Private Label und Retail Brand. In: Fröhlich E, Weber T, Willers C (Hrsg) Nachhaltigkeit in der unternehmerischen Supply Chain. Fördergesellschaft Produktmarketing, Köln, S 206–223

Webb DJ, Mohr LA (1999) A typology of consumer responses to cause-related marketing: from sceptics to socially concerned. J Public Policy Mark 17(2):226–238

Willers C, Weber T (2011) Issues der Nachhaltigkeit – Unternehmen der Milchwirtschaft in der öffentlichen Wahrnehmung. Dtsch Molk Ztg 23/2011, S. 32–34

Willmann B (2013) Boom des guten Gewissens. In: Kurtz A (Hrsg) Factbook Einzelhandel 2012: Daten, Fakten, Trends, Perspektiven, Wirtschaftsfaktor Einzelhandel. LPV Media, Neuwied, S 35–36

Winter K-H (1977) Zum Problem einer Bewertung von Produktionsumstellungen in sozio-technischen Fertigungssystemen. Dissertation. Peter Lang, Frankfurt a. M.

Wiswede G (1973) Motivation und Verbraucherverhalten. 2., neubearb. Aufl. UTB Reinhardt, München

Wiswede G (2000) Einführung in die Wirtschaftspsychologie, 3., überarb. u. erw. Aufl. Reinhardt, München

Prof. Dr. Christoph Willers ist Professor für Strategisches Management und Unternehmensentwicklung an der Cologne Business School (CBS). Nach dem Studium der Betriebswirtschaftslehre studierte er an der Universität zu Köln sowie der Aarhus School of Business und promovierte anschließend in Köln im Fachbereich Beschaffung und Produktpolitik. Er ist in der Praxis unter anderem als Unternehmensberater tätig. Sein inhaltlicher Schwerpunkt liegt im strategischen Management und der nachhaltigen Anpassung von Organisationen. Er hält regelmäßig Vorträge und publiziert insbesondere zu den Themenfeldern Agribusiness, Food und Retail.

Nachhaltige Gütesiegel und ihre Rolle im Verbraucherverhalten

Sophie Hieke, Klaus G. Grunert und Josephine Wills

Motivation, Verständnis und Anwendung von Fair Trade, Rainforest Alliance, Animal Welfare und Carbon Footprint Gütesiegeln in sechs Europäischen Ländern. Eine Verbraucherstudie zur Rolle von Gütesiegeln zur Nachhaltigkeit in der Lebensmittelwahl

1 Nachhaltigkeit

1.1 Nachhaltigkeit und Ernährung

Über die letzten Jahrzehnte hat eine Vielzahl privater und öffentlicher Initiativen damit begonnen, Informationen zur Nachhaltigkeit von Lebensmittelprodukten an Verbraucher zu kommunizieren. Heute finden sich verschiedenste nachhaltige Gütesiegel an den Regalen und auf Produktverpackungen. Zu den bekanntesten gehören *Fair Trade*, *Rainforest Alliance* (Erhalt der Artenvielfalt), *Animal Welfare* (artgerechte Haltung) und *Carbon Footprint* (CO_2 Fußabdruck). Die Datenbank www.ecolabelindex.com zählt inzwischen mehr als 432 Gütesiegel und Initiativen in 147 Ländern weltweit und eine Studie der Europäischen Kommission konnte allein in Europa 129 Gütesiegel zur Nachhaltigkeit identi-

S. Hieke (✉)
Tassel House, Paul-Emile JANSON 6, 1000 Brussels, Belgium
E-Mail: Sophie.Hieke@eufic.org

K. G. Grunert
Bartholins Allé 10, building 1326, room 225, 8000 Aarhus C, Denmark

J. Wills
EUFIC, Tassel House, Paul-Emile JANSON 6, 1000 Brussels, Belgium

© Springer-Verlag Berlin Heidelberg 2015   69
T. Weber (Hrsg.), *CSR und Produktmanagement*, Management-Reihe Corporate Social Responsibility, DOI 10.1007/978-3-662-45573-9_4

fizieren (Europäische Kommission 2012). Ziel dieser Bestrebungen ist die Schaffung von Transparenz in der Nahrungsmittelkette und die Angabe von Informationen, die Verbrauchern als Grundlage nachhaltiger Konsumentscheidungen dienen können.

Die Anzahl an Gütesiegeln zum Thema Nachhaltigkeit in der Ernährung mag zunächst daraufhin deuten, dass genügend Informationen dargeboten werden, um Verbrauchern sachkundige und fundierte Entscheidungen zu ermöglichen. Berichte und Studien zu einzelnen Initiativen verdeutlichen allerdings, dass ein solches Angebot an nachhaltigen Informationen nicht unbedingt auch zu entsprechenden Entscheidungen führt (Comas Marti und Seifert 2012; Grunert 2011; Horne 2009). Hinzu kommt, dass Nachhaltigkeit von Lebensmitteln nur ein Aspekt in der Produktwahl darstellt: Geschmack, Preis und Nähwert spielen eine große Rolle und führen eventuell dazu, dass Bestrebungen zu nachhaltigem Handeln nicht in gleichem Maße in eine nachhaltige Auswahl von Lebensmitteln umgesetzt werden.

Ziel der vorliegenden Studie ist es, dieses Spannungsfeld zu beleuchten und das Verbraucherverständnis und die Relevanz von Gütesiegeln in der Nahrungsmittelwahl in Europa zu untersuchen. Die Ergebnisse sollen dabei helfen, die Rolle des Themas Nachhaltigkeit unter Europäischen Verbrauchern besser zu verstehen.

Nachhaltigkeit ist ein mehrdimensionales Konzept und die Autoren folgen der Definition der Weltkommission zur Umweltentwicklung (WCED 1987), wonach es zwei Dimensionen gibt, eine zeitliche und eine soziale. Die Zeit-Achse bezieht sich auf Abwägungen zwischen dem Jetzt und der Zukunft, hauptsächlich bezogen auf Umweltaspekte, und die Gesellschafts-Achse hat Abwägungen zwischen dem Individuum (Verbraucher) selbst und anderen Lebewesen (Mensch und Tier) zur Grundlage, sprich Aspekte der Ethik. Nachfolgend wird in Bezug auf Nachhaltigkeit somit zwischen umweltbezogenen und ethischen Gütesiegeln unterschieden.

1.2   Nachhaltigkeit in der Forschung

Literatur zum Thema Nachhaltigkeit ist in Fülle vorhanden, allerdings sind die Forschungsergebnisse bei genauerer Durchsicht fragmentiert und schwer verallgemeinerbar. Ein Großteil der publizierten Studien beschäftigt sich mit Bio-Siegeln (z. B. Aertsens et al. 2009; Hughner et al. 2007; Janssen und Hamm 2012; McEachern und Warnaby 2008; Zakowska-Biemans 2011) und nur wenige Artikel haben weitergehende umweltbezogene oder ethische Aspekte zum Thema. In ähnlicher Weise konzentrieren sich Verbraucherstudien zumeist auf Einstellungen bezüglich einzelner Produktkategorien und/oder Gütesiegel und können deshalb nicht als Grundlage für eine Verallgemeinerung hinsichtlich anderer Konzepte dienen (z. B. Brecard et al. 2009; Dutra de Barcellos et al. 2011; Kimura et al. 2012).

Forschung zu Gütesiegeln ist hauptsächlich für *Fair Trade* und zu einem geringeren Teil für artgerechte Tierhaltung vorhanden. Diese Studien messen zumeist die Zahlungsbereitschaft und fragen nach Selbsteinschätzungen zur Kaufabsicht (z. B. Grankvist und Biel 2007; Johnston 2008). Die Ergebnisse zeigen, dass Verbraucher bereit sind, bis zu 10 % mehr für *Fair Trade* gehandelte Produkte zu zahlen (De Pelsmacker et al. 2005; Kimura et al. 2010; Napolitano et al. 2008; Zander und Hamm 2010). Dem gegenüber stehen allerdings Ergebnisse anderer Studien, die zeigen, dass ein höherer Preis einer der Hauptgründe dafür ist, nachhaltige Produkte nicht zu kaufen und zu verwenden (Grunert 2011; Röös und Tjärnemo 2011). Forschung zu Gütesiegeln für artgerechte Tierhaltung hat gezeigt, dass die zugrunde liegenden Qualitätsanforderungen und Maßstäbe, aber auch das Wissen um ebendiese bei Verbrauchern eine entscheidende Rolle spielen, wenn es um die Beeinflussung von Kaufentscheidungen geht (McEachern und Warnaby 2008). Folglich können Transparenz und die Angabe detaillierter Informationen zur Tierhaltung zu positiveren Verbraucherreaktionen führen, auch wenn der gemessene Netto-Einfluss auf Kaufentscheidungen relativ gering ausfällt (Hoogland et al. 2007). Eine französische Studie kam zu dem Ergebnis, dass die Angabe sogenannter *food miles* (Kilometer, die ein Produkt zurück legt um vom Ursprungsort zu dem Ort zu gelangen, an dem es gehandelt wird, folglich also der somit produzierte CO_2 Ausstoß, der für den Transport nötig war) kaum Einfluss auf das Kaufverhalten regionaler Bio-Konsumenten hatte, da regionale und lokale Produkte aus anderen Gründen gekauft wurden (Sirieix et al. 2008).

Zusammenfassend kann gesagt werden, dass der Wille zu nachhaltigem Handeln durchaus ein fester Bestandteil des Verbraucherverhaltens ist – allerdings gestaltet es sich schwierig, direkte Einflüsse auf Wahl und Konsum nachhaltiger Produkte nachzuweisen (Bray et al. 2011; Chatzidakis et al. 2007; de Boer et al. 2009; Dutra de Barcellos et al. 2011; Krystallis et al 2009). Dies mag zu einem Großteil an den vielfältigen Abwägungen liegen, die bei der Produktwahl vorgenommen werden. Verbraucher wollen zwar nachhaltig kaufen und konsumieren, aber die finale Produktwahl unterliegt dennoch zumeist anderen Kriterien (Horne 2009). Preis, Marke, Menge, Verfallsdatum und Nährwertinformationen konkurrieren mit nachhaltigen Gütesiegeln um die Aufmerksamkeit der Verbraucher und den Einfluss auf deren Kaufentscheidungen. In der Literatur findet sich bislang nur wenig Forschung zu eben diesen Abwägungen zwischen verschiedenen Produktinformationen, geschweige denn eine vergleichende Untersuchung der Relevanz von umweltbezogenen und ethischen Aspekten.

Relevanz und Verständnis von nachhaltigen Gütesiegeln gilt als Voraussetzung für den Gebrauch ebendieser Gütesiegel in Kauf- und Konsumentscheidungen. Hinzu kommen Abwägungen zwischen verschiedenen Arten von Produktinformation. Im Folgenden wird eine Erläuterung des Modells gegeben, dass dieser Studie zugrunde liegt und die Beziehungen zwischen Verständnis, Relevanz und Gebrauch von Gütesiegeln zur Nachhaltigkeit in der Produktwahl erklären soll.

1.3   Nachhaltigkeit als Faktor menschlichen Verhaltens

Menschliches Verhalten wird in der Regel von drei Hauptfaktoren beeinflusst: Motivation, Fähigkeit und Gelegenheit (Ursprünge sind in der Psychologie zu finden: z. B. Lewin 1951). Anwendungen dieses Gedankenganges finden sich beispielsweise in der Werbeforschung (siehe MacInnis et al. 1991), die sich mit der Bedeutung von Exponierung und somit Wahrnehmung von Werbung (Gelegenheit), der Fähigkeit des Individuums, die Informationen zu verarbeiten und der Motivation, sich aktiv damit auseinander zu setzen, beschäftigt. Ähnliche Ansätze finden sich in der Literatur zur Ermunterung umweltfreundliche(re)n Verhaltens durch entsprechende Kommunikationsmittel (Ölander und Thøgersen 1995) sowie zum sozialen Marketing im Allgemeinen (Rothschild 1999).

Gütesiegel zur Nachhaltigkeit geben Verbrauchern die Möglichkeit, Umwelt- und Ethikaspekte mit in ihre Kaufentscheidungen einzubeziehen. Ohne entsprechende Kennzeichnung ist ein auf Nachhaltigkeit basierter Konsum zwar möglich (beispielsweise durch den Kauf lokal und regional produzierter Ware), wird aber aufgrund einer fehlenden oder unvollständigen Informationsbasis schwieriger, weil er auf Rückschlüssen auf andere Produktmerkmale (beispielsweise die Herkunft der Ware) beruht. Dennoch bedeutet die Angabe nachhaltigkeitsbezogener Informationen nicht unbedingt, dass Verbraucher diese auch in ihre Entscheidungen mitaufnehmen werden. Letzteres hängt von der Motivation des Einzelnen ab: je motivierter jemand ist, desto eher ist er/sie gewillt, sich aktiv mit Gütesiegeln auseinander zu setzen, deren Bedeutung zu verstehen, und diese Informationen bei der Produktwahl zu berücksichtigen. Werden entsprechende Gütesiegel also nicht verstanden, bzw. ist ihre Bedeutung nicht klar, dann fehlen die Voraussetzungen für die Fähigkeit, diese Informationen adäquat zu verwenden. Selbst motivierte Verbraucher können solche Gütesiegel dann nicht nutzen.

Ein Großteil der Literatur behandelt die drei Determinanten Motivation, Fähigkeit und Gelegenheit als additiv und unabhängig. In der vorliegenden Untersuchung wird jedoch postuliert, dass Motivation und Verständnis in Bezug zueinander stehen. Je motivierter jemand ist, desto mehr/besser versteht er/sie die dargebotenen Information: die gesteigerte Motivation führt dazu, sich aktiv mit Gütesiegeln auseinander zu setzen und zu versuchen, deren Bedeutung zu verstehen. Andererseits kann Verständnis auch die Beziehung zwischen Motivation und Gebrauch moderieren, da ein besseres Verständnis eines Sachverhalts (sowohl des generellen Konzepts Nachhaltigkeit als auch der Bedeutung verschiedener Gütesiegel) den Einfluss von Motivation auf Handeln verstärken kann. Das beschriebene Modell ist in Abb. 1 dargestellt. Verständnis hat jedoch nicht nur einen Einfluss auf Motivation und deren Beziehung zum finalen Verhalten. Verständnis kann auch direkt auf Verhalten einwirken, indem selbst weniger motivierte Individuen nachhaltige Gütesiegel in ihre Entscheidungen miteinbeziehen, da sie ein hohes Verständnis der Sachlage (Bedeutung von Nachhaltigkeit sowie einzelner Gütesiegel) besitzen.

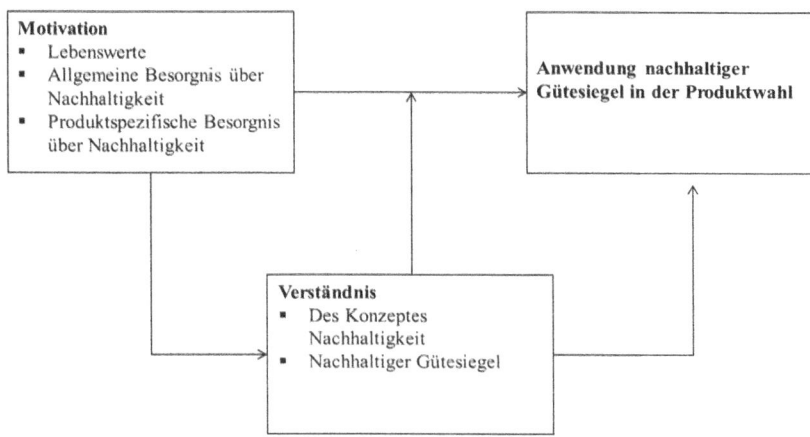

Abb. 1 Theoretisches Modell

2 Theoretisches Modell

Die vorliegende Studie wurde in sieben Europäischen Ländern (Großbritannien, Frankreich, Deutschland, Spanien, Schweden und Polen) durchgeführt. Die ausgewählten Länder führen eine geographische und kulturelle Spannweite mit sich und weisen auch Unterschiede in der Verbreitung nachhaltiger Gütesiegel auf.

Vier Gütesiegel zur Nachhaltigkeit wurden ausgewählt, davon zwei mit Fokus auf Umweltaspekten (*Rainforest Alliance*, CO_2 *Fußabdruck*) und zwei mit Fokus auf ethischen Richtlinien (*Fair Trade*, *Animal Welfare*). Obwohl alle vier Gütesiegel international im Einsatz sind, werden erhebliche Unterschiede im Bekanntheitsgrad und Verständnis erwartet. Zusätzlich wird das Europäische Umweltzeichen untersucht (eine Übersicht ist in Abb. 2, 3).

Abb. 2 In der Studie verwendete Gütesiegel

Abb. 3 Europäisches Umweltzeichen

EU Umweltzeichen

Sechs Produktkategorien (Schokolade, Kaffee, Eiscreme, Müsli, Fertiggerichte und Erfrischungsgetränke) wurden ausgewählt, um Relevanz und Einfluss von Gütesiegeln zur Nachhaltigkeit auf die Produktwahl zu messen.

2.1 Methode

Operationalisierung

Die Studie wurde nach dem Modell in Abb. 1 strukturiert: Motivation, Verständnis von Gütesiegeln und Nutzung der Informationen in der Produktwahl.

Motivation wurde auf drei Niveaus gemessen. Auf dem abstraktesten Niveau wurden Lebenswerte anhand des *Schwartz Portrait Values Questionnaire* (Schwartz et al. 2001) abgefragt. Hierbei handelt es sich um eine projektive Technik zur Abfrage der individuellen Ausprägung der zehn Werte-Dimensionen nach Schwartz (Schwartz 1992). Der Probanden wurden Beschreibungen hypothetischer Personen vorgelegt und sie wurden gebeten, jedes Statement auf einer Skala von 1 = „ist mir überhaupt nicht ähnlich" bis 6 = „ist mir sehr ähnlich" zu bewerten. Die Antworten zu den insgesamt 22 Porträts wurden zu zehn Werten entsprechend den zehn Werte-Dimensionen aggregiert (Schwartz et al. 2001). Des Weiteren wurde die allgemeine Motivation bezüglich Nachhaltigkeit und Ernährung abgefragt, indem die Probanden mit 14 Aspekten von Nachhaltigkeit konfrontiert wurden, die sie anhand ihrer persönlichen Besorgnis auf einer Skala von 1=„beunruhigt mich nur wenig" bis 7=„beunruhigt mich extrem" beurteilen mussten. Diese Skala wurde ausgewählt, um eine optimale Ausnutzung der oberen Skalenwerte zu gewährleisten. Die 14 Aspekte sind in Tab. 2 dargestellt und beinhalten sowohl umweltbezogene als auch ethische Elemente des Konzeptes Nachhaltigkeit. Zusätzlich wurden die Teilnehmer gebeten, für jedes der sechs Produkte die drei wichtigsten Besorgnisaspekte auszuwählen.

Verständnis wurde auf zwei Niveaus gemessen. Das generelle Verständnis des Konzeptes Nachhaltigkeit wurde anhand einer offenen Frage abgefragt („In Ihren eigenen Worten, was denken Sie, bedeutet Nachhaltigkeit?"), gefolgt von einer Liste von Aspekten, aus denen die Probanden diejenigen auswählen sollten, die etwas mit Nachhaltigkeit zu tun haben. Daran anschließend wurden Bekanntheitsgrad und Verständnis der vier ausgewählten Gütesiegel abgefragt („Was denken Sie, bedeutet dieses Gütesiegel?"). Hierzu wurden vier Antwortkategorien vorgegeben sowie eine „Ich weiß es nicht" Option. Eine Übersicht findet sich in Tab. 4. Die falschen Antwortkategorien wurden so formuliert, dass sie auf der einen Seite eindeutig falsch waren und gleichzeitig nicht offensichtlich auf die richtige Antwort hinwiesen.

Gebrauch der Gütesiegel in der Produktwahl wurde auf zwei verschiedene Weisen gemessen. Zuerst wurden die Teilnehmer gebeten auf einer Skala von 1=„Niemals" bis 7 „Immer" für eine Liste von 16 verschiedenen Informationen, die häufig beim Lebensmittelkauf erhältlich sind, anzugeben, wie sehr sie diese bei ihrer Kaufentscheidung miteinbeziehen. Eine Liste aller Informationstypen findet sich in Tab. 6. In einem weiteren Schritt wurde für die 6 Produktkategorien und die 4 Gütesiegel eine Conjoint Messung vorgenommen. Die Teilnehmer wurden vorab gebeten anzugeben, welche der 6 Produktkategorien sie regelmäßig einkaufen, um unrealistische Auswahlsituationen zu vermeiden. In der Conjoint Messung mussten die Probanden jeweils ein Produkt aus vier Alternativen auswählen, basierend auf einem vollständig faktoriellen Design mit den folgenden Attributen und Attributausprägungen:

- Preis (regulärer Preis, 10 % teurer, 10 % billiger)
- Nährwert (hoch, mittel oder niedrig: entweder für Zucker, Kalorien oder Kaffein, je nach Produktkategorie)
- Ethisches Gütesiegel (*Fair Trade*, *Animal Welfare*, kein Siegel)
- Umweltbezogenes Gütesiegel (*Rainforest Alliance*, *Carbon Footprint*, kein Siegel)

Die Produktalternativen wurden anhand einer Zufallsstichprobe aus dem vollständigen faktoriellen Design ausgewählt. Jeder Teilnehmer musste in „seinen" Produktkategorien acht Mal jeweils ein Produkt aus einem Auswahlsatz von vier Produkten auswählen. Preise wurden in einheimischer Währung angegeben (Euro, Kronen oder Pfund) und an den nationalen Markt angepasst, um eine realistische Auswahlsituation zu schaffen. Die Probanden wurden gebeten, jeweils dasjenige Produkt zu markieren, das sie am ehesten wählen würden, unter der Annahme dass sich die Alternativen hinsichtlich aller anderen Attribute nicht unterscheiden. Wegen des normalerweise starken Einflusses von Marke und Geschmack auf die Produktwahl muss in dieser Studie mit einer Überschätzung des Einflusses der Gütesiegel gerechnet werden.

Datenerhebung und Stichprobe

Ein Pre-Test mit $n=100$ Teilnehmern ergab nur einen geringen Änderungsbedarf. Der finale Fragebogen wurde in die übrigen 5 Sprachen der 6 Länder übersetzt und über das Online Panel der Marktforschungsagentur Ipsos Mori verteilt. Quoten für Alter, Geschlecht und Bildung wurden vorgegeben, um in Bezug auf diese Merkmale national repräsentative Stichproben zu erhalten. Insgesamt wurden zwischen dem 24. April und dem 22. Juni 2012 4.408 Fragebögen vollständig ausgefüllt. Eine Übersicht über die Stichprobe findet sich in Tab. 1.

Tab. 1 Zusammensetzung der Stichprobe (in %)

	GB	Frankreich	Deutschland	Spanien	Polen	Schweden
Geschlecht						
weiblich	50,8	50,6	55,0	47,5	50,8	50,7
männlich	49,2	49,4	45,0	52,5	49,2	49,3
Alter						
18–24	11,1	12,9	10,2	9,8	16,3	13,2
25–34	16,4	19,7	16,9	23,9	19,1	17,0
35–44	19,9	22,2	25,2	23,4	17,9	19,6
45–54	16,4	20,0	23,6	18,6	22,8	19,1
55+	36,0	25,2	24,2	24,2	23,9	31,0
Kinder						
0	71,8	62,8	68,1	70,3	48,2	72,1
1	12,6	17,0	18,0	18,2	25,7	14,1
2 oder mehr	15,6	20,2	13,9	11,5	26,1	13,8
Bildung[a]						
niedrig	15,4	21,8	31,2	28,0	10,3	21.6
mittel	51,0	42,5	43,9	33,7	63,7	49,0
hoch	33,6	35,7	24,9	38,3	26,0	29,4
Sozialer						
Status[b]	42,5	45,3	39,2	38,9	45,1	37,1
1	20,0	18,4	23,0	15,6	9,2	22,4
2	8,5	3,9	6,9	7,3	9,3	4,7
3	10,2	14,1	14,7	16,0	17,8	12,4
4	18.8	18,3	16,2	22,2	18,6	23,4
5						
N	602	866	811	661	658	810

[a] gering: primäre oder sekundäre Ausbildung, mittel: Berufsausbildung oder weitergehende sekundäre Ausbildung, hoch: höhere Ausbildung
[b] sozialer Status wurde mittels der NS-SEC Methode berechnet, wobei 1=Tätigkeit mit Führungsaufgaben oder Leitungsfunktion, 2=Qualifizierte Büro-, Dienstleistungs- und Handelsberufe, 3=Inhaber von Kleinbetrieben und Selbstständige, 4=Vorarbeiter, Techniker und Meister und 5=Un- und angelernte Arbeiter

Auswertung

Wir präsentieren im Folgenden zunächst deskriptive Statistik (Mittelwerte und relative Häufigkeiten) für die drei Konstrukte Motivation, Verständnis und Anwendung. Für die Conjoint Analyse werden Teilnutzenwerte auf Basis eines multinomialen Logit Modells errechnet. Mithilfe einer hierarchischen Regression werden dann die Determinanten für Motivation, Verständnis und Anwendung berechnet. Zu diesem Zweck berechnen wir zunächst summarische Kennwerte für Motivation, Verständnis und Anwendung. Wir untersuchen dann zunächst inwieweit Motivation, Verständnis und Anwendung von soziodemographischen Merkmalen abhängen. Basierend auf dem vorgestellten Modell (Abb. 1) fügen wir dann Motivationsmasse zu den Prädiktoren von Verständnis hinzu, und wir fügen Masse zur Motivation und zum Verständnis zu den Prädiktoren von Anwendung hinzu. Diese Vorgehensweise ermöglicht es, Beziehungen zwischen den Konstrukten zu analysieren und gleichzeitig den Einfluss sozio-demographischer Merkmale zu kontrollieren.

2.2 Ergebnisse

Motivation

Mittelwerte und Standardabweichungen für die Besorgnis der Befragten über die 14 Aspekte von Nachhaltigkeit im Bereich Ernährung sind in Tab. 2 dargestellt. Die Werte liegen nahe beieinander, in einem Bereich von 4,47 bis 5,53, und damit auf der Skala von 1 bis 7 deutlich über der Skalenmitte. Eine Hauptkomponentenanalyse führt zu lediglich einer Komponente mit einem Eigenwert größer 1, die 60 % der Varianz erklärt. Dies lässt darauf schließen, dass allen 14 Aspekten eine gemeinsame Dimension unterliegt. Die interne Konsistenz der Bewertungen ist mit einem Cronbach's Alpha von ,95 hoch. Es ist erwähnenswert, dass umweltbezogene und ethische Aspekte nicht zwei verschiedene Dimensionen bilden; daher wird im Folgenden nur der Mittelwert über alle Aspekte als Messung für ‚Besorgnis über Nachhaltigkeit' verwendet.

Determinanten der ‚Besorgnis über Nachhaltigkeit' wurden anhand einer multiplen Regressionsanalyse berechnet. Die Ergebnisse sind in Tab. 3 dargestellt. Hierfür wurde zunächst der Einfluss der Demographika (Geschlecht, Alter, sozialer Status, Anzahl der Kinder im Haushalt, Bildung und Land) auf die ‚Besorgnis über Nachhaltigkeit' ermittelt. Diese erklärenden Variablen wurden dann in einem zweiten Schritt durch die Messungen der zehn Schwartz Werte-Dimensionen ergänzt. Ein solcher zwei-Stufen Prozess wurde angewandt, da unterschiedliche demographische Gruppen unterschiedliche Ausprägungen in den einzelnen Werte-Dimensionen aufweisen können. Dies wird sich in einer zweistufigen Analyse so darstellen, dass die Regressionskoeffizienten für die betroffenen demographischen Merkmale nach Einführung der Wertevariablen kleiner werden.

Ergebnisse der ersten Berechnung (Modell 1 in Tab. 3) weisen auf einen signifikanten Effekt von Geschlecht, Alter und Land hin. Frauen äußern mehr Besorgnis zum Thema Nachhaltigkeit. Die Besorgnis steigt mit dem Alter. Die höchste Besorgnis wurde unter spanischen Teilnehmern gemessen, während die niedrigsten Werte in der schwedischen Stichprobe erreicht wurden. Insgesamt erklären die Demographika nur 10 % der Varianz. Die Erklärungskraft des Modells steigt jedoch sobald die Ausprägungen der zehn Schwartz Werte-Dimensionen dem Modell hinzugefügt werden. Nun können 31 % der Varianz erklärt werden. Die *Schwartz Portrait Values* besitzen somit eine erhebliche Vorhersagekraft für die ‚Besorgnis über Nachhaltigkeit' im Bereich Ernährung. Die aussagekräftigste Wer-

Tab. 2 ‚Besorgnis über Nachhaltigkeit'

	Mittelwert	Standardabweichung
Kinderarbeit in der Lebensmittelproduktion	5,53	1,67
Abholzung des Regenwaldes	5,45	1,61
Hunger und Mangelernährung auf der Welt	5,39	1,65
Einsatz von Pestiziden in der Lebensmittelproduktion	5,38	1,63
Misshandlung von Tieren in der Lebensmittelproduktion	5,38	1,64
Umweltschädigung durch Abnutzung von Land und Wasser	5,34	1,59
Verschwendung von Lebensmitteln	5,29	1,64
Abbau von Rohstoffen in der Lebensmittelproduktion	5,07	1,65
Schlechte Arbeitsbedingungen in der Lebensmittelproduktion	5,03	1,64
Verpackung die nicht Recycling-fähig ist	4,95	1,69
Die Menge an Verpackungen von Lebensmittelprodukten	4,83	1,67
CO_2 Ausstoß bei der Lebensmittelproduktion	4,76	1,72
Energieverbrauch beim Lebensmitteltransport	4,59	1,70
Energieverbrauch bei der Zubereitung von Lebensmitteln	4,47	1,69
N=4.408		

„Wie besorgt sind Sie um die folgenden Themen?" (Skalenendpunkte 1=„nur wenig besorgt" und 7=„extrem besorgt")

te-Dimension zur Bestimmung der Besorgnis ist ‚Universalismus'; ein Ergebnis das durch das Schwartzsche Wertemodell sowie anderweitige Forschung (Grunert und Juhl 1995) gestützt wird. Ein signifikanter positiver Effekt kann auch für die Werte-Dimensionen ‚Sicherheit' und ‚Tradition' festgestellt werden. Signifikant negative Einflüsse auf die ‚Besorgnis über Nachhaltigkeit' haben die Werte ‚Hedonismus' und ‚Macht', auch dieses in Übereinstimmung mit dem Wertemodell nach Schwartz. Alter und Geschlecht haben auch in Modell 2 einen signifikanten Einfluss, obgleich die Werte einiger Koeffizienten geringer ausfallen. Ähnliches gilt für den Einfluss der Variable ‚Land', deren Einfluss ebenfalls schrumpft. Dies deutet daraufhin, dass der Einbezug der Schwartz Werte-Dimensionen in der Regressionsanalyse potenzielle kulturelle Unterschiede im Antwortverhalten korrigiert. Nach Korrektur durch die Werte-Dimensionen ergibt sich somit folgendes Bild: Nachhaltigkeit ist von größtem Belang für spanische Verbraucher, gefolgt von deutschen Konsumenten. Am wenigsten relevant ist das Thema für polnische Verbraucher Abb. 4.

Um herauszufinden, wie relevant das Thema Nachhaltigkeit für bestimmte Lebensmittelprodukte ist, wurden die Studienteilnehmer gebeten, für sechs Produktkategorien (Schokolade, Kaffee, Eiscreme, Müsli, Fertiggerichte und Erfrischungsgetränke) jeweils die drei wichtigsten Aspekte aus der oben genannten Liste auszuwählen. Des Weiteren wurde die Option „Nichts" zur Auswahl gestellt. Abbildung 3 stellt die fünf wichtigsten Nachhaltigkeits-bezogenen Bedenken inklusive der „Nichts" Option je Produktkategorie dar. Erwähnenswert ist, dass sich die Option „Nichts" in vier der sechs Produktkategorien unter den

Tab. 3 Determinanten von ‚Besorgnis über Nachhaltigkeit' (Regression)

	Modell 1		Modell 2	
Unabhängige Variables	*Beta*	*Signifikanz*	*Beta*	*Signifikanz*
(Konstante) Schwartz Werte	4,799	0,000	2,272	0,000
Leistung			0,021	0,218
Humanismus			0,000	0,990
Konformität			−0,022	0,165
Hedonismus			−0,043	0,007
Macht			−0,061	0,001
Sicherheit			0,039	0,021
Selbstbestimmung			−0,016	0,395
Stimulation			0,066	0,000
Tradition			0,035	0,033
Universalismus			0,513	0,000
Geschlecht (Basis: weiblich) Alter (Basis: 55+)	−0,333	0,000	−0,165	0,000
18–24	−0,683	0,000	−0,426	0,000
25–34	−0,512	0,000	−0,352	0,000
35–44	−0,366	0,000	−0,216	0,000
45–54 Status (Basis: 5)	−0,187	0,000	−0,113	0,014
1	0,046	0,381	0,044	0,337
2	0,050	0,393	0,048	0,352
3	0,123	0,129	0,090	0,204
4	0,077	0,219	0,072	0,187
Land (Basis: Schweden)				
GB	0,420	0,000	0,272	0,000
Frankreich	0,490	0,000	0,352	0,000
Deutschland	0,516	0,000	0,507	0,000
Spanien	0,821	0,000	0,558	0,000
Polen	0,099	0,118	−0,123	0,034
Kinder (Basis: keine) Bildung (Basis: hoch)	−0,033	0,420	0,034	0,335
Gering	−0,017	0,750	0,014	0,766
Mittel	0,062	0,148	0,048	0,202
R^2	0,099		0,314	

fünf häufigsten Antwortmöglichkeiten findet. Darüber hinaus unterscheiden sich die Produktkategorien im Hinblick auf die relevantesten Nachhaltigkeits-bezogenen Bedenken. Bei Eiscreme, Fertiggerichten und Erfrischungsgetränken steht nachhaltige Verpackung im Vordergrund, bei Kaffee und Schokolade werden Arbeitsbedingungen allgemein und Kinderarbeit im Speziellen als Hauptbedenken in Bezug auf Nachhaltigkeit genannt.

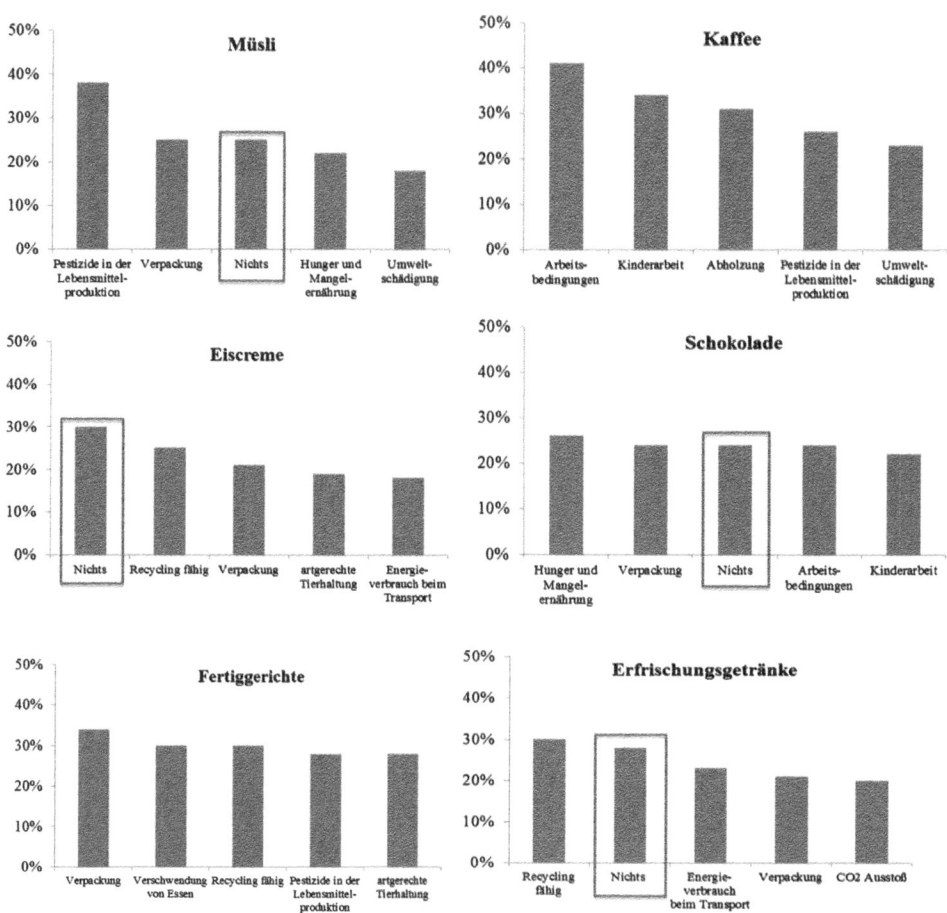

Abb. 4 Hauptbedenken zur Nachhaltigkeit beim Kauf ausgewählter Produkte

Die Ergebnisse verdeutlichen, dass Nachhaltigkeit im Rahmen der Lebensmittelproduktion ein eindimensionales Konstrukt ist das zu allgemeiner Besorgnis führt. Dies ändert sich sobald es um einzelne Produkte geht: einige Verbraucher sind überhaupt nicht besorgt und andere wiederum geben hauptsächlich produktionsbezogene Bedenken an.

Verständnis

Nachhaltigkeit ist ein abstraktes Konzept mit unterschiedlicher Bedeutung für den Einzelnen. Zudem unterscheiden sich die Begriffe in den einzelnen Sprachen, von dem eigens erschaffenen Ausdruck ‚Nachhaltigkeit' im Deutschen über Abwandlungen des existierenden Begriffes *sustainability* im Englischen und *sostenibilidad* im Spanischen bis hin zu Begriffen die im täglichen Sprachgebrauch hauptsächlich anderweitig belegt sind (*hållbarhet* auf Schwedisch und *durabilité* in Französisch). Der Bekanntheitsgrad des Ausdrucks unterscheidet sich stark zwischen den untersuchten Ländern (von nur 50 % in Polen bis zu 94 % in Schweden). Studienteilnehmer wurden gebeten, in ihren eigenen Worten zu beschreiben was Nachhaltigkeit für sie bedeutet. Deutsche, französische, spanische und englische Probanden bezogen sich dabei vorwiegend auf Themen rund um den Umweltschutz, während polnische Teilnehmer darunter hauptsächlich das Beibehalten eines gewissen Lebensstandards verstehen. In Schweden wurde überwiegend die Hauptkonnotation des Begriffes *hållbarhet*, nämlich die Haltbarkeit eines Produktes, beschrieben. Zudem wurden die Teilnehmer gebeten, aus einer Liste von 18 Möglichkeiten diejenigen auszuwählen, die sie mit dem Thema Nachhaltigkeit in Verbindung bringen. Die am häufigsten ausgewählten Aspekte waren umweltbezogen (z. B. Umweltbelastung durch Nutzung von Land und Wasser, Umweltbelastung durch Lebensmittelproduktion), während ethische Aspekte (z. B. Arbeitsbedingungen bei der Herstellung von Lebensmitteln, Kinderarbeit, Weltlebensmittelversorgung) weniger häufig ausgewählt wurden.

Auch wenn das allgemeine Verständnis des Begriffes Nachhaltigkeit eher vage und unscharf ausfällt, werden Gütesiegel auf Lebensmitteln durchaus verstanden. Tabelle 4 gibt die Antworten der Studienteilnehmer zur Bedeutung der vier untersuchten Gütesiegel wieder. Mit einer Ausnahme wurde für alle Gütesiegel die korrekte Antwort am häufigsten ausgewählt. Dennoch gab es auch einige falsche Antworten und verhältnismäßig viele Probanden entschieden sich für „Weiß nicht". Ob Teilnehmer ein Gütesiegel schon einmal gesehen hatten hatte einen signifikanten Einfluss ($\chi^2 < 0{,}01$) auf das Antwortverhalten hinsichtlich aller untersuchten Gütesiegel. Dennoch wurden starke Unterschiede zwischen den einzelnen Gütesiegeln gefunden, die darauf schließen lassen, dass sich bestimmte Gütesiegel besser vermitteln, auch wenn der Einzelne sie noch nie vorher gesehen hat. Der CO_2 Fußabdruck und das *Animal Welfare* Gütesiegel schneiden unter diesem Gesichtspunkt am besten ab: sie konnten eine hohe Anzahl richtiger Antworten verbuchen obwohl nur wenig Teilnehmer angaben die Gütesiegel vorher gesehen zu haben. Im Gegensatz dazu wurde die korrekte Bedeutung des Fair Trade Gütesiegels nur von denjenigen ausgewählt, die das Gütesiegel vorher bereits gesehen hatten. Der Rest entschied sich für eine falsche Antwort oder die Option „Weiß nicht". Heraus sticht aus dieser Analyse das *Rainforest Alliance* Gütesiegel, welches von der Mehrheit der Teilnehmer als „Schutz der Tier- und Pflanzenwelt im Regenwald" bezeichnet wurde. Diese Antwort ist nicht korrekt.

Nur 12 % aller Studienteilnehmer gaben an, das Europäische Umweltzeichen zuvor gesehen zu haben. Davon gaben 20 % inkorrekter Weise Lebensmittelprodukte als Anwendungsbereich an. Das Europäische Umweltzeichen ist bislang nicht auf Lebensmitteln zu finden.

Eine formative Kennzahl für das Verständnis von Gütesiegeln wurde durch das Zählen der korrekten Antworten über alle vier Gütesiegel gebildet. Der erreichbare Wert liegt demnach zwischen 0 und 4 (Anmerkung: bei formativen Kennzahlen finden klassische multivariate Verfahren zur Beurteilung von Reliabilität und Validität keine Anwendung, siehe Diamantopoulos und Winkelhofer 2001). Unterschiede in den bestimmenden Faktoren für ‚Verständnis' wurden anhand einer multiplen Regression berechnet, ähnlich der Analyse im vorigen Abschnitt über „Motivation". Die Ergebnisse sind in Tab. 5 dargestellt.

Tab. 4 Verständnis der vier Gütesiegel

	Habe ich zuvor bereits gesehen	Habe ich noch nie zuvor gesehen	Weiß nicht		Habe ich zuvor bereits gesehen	Habe ich noch nie zuvor gesehen	Weiß nicht
Reduktion des Ausstoßes von Chemikalien im Produktionsprozess	57,3	50,2	45,7	*Bessere Preise, akzeptable Arbeitsbedingungen und gute Kondition für Produzenten*	60,0	18,2	22,1
Verringerung der Abholzung des Regenwaldes	4,9	4,3	4,1	Ohne Kinderarbeit hergestellt	8,6	11,1	10,0
Effiziente Nutzung von Land und Wasser zur Vermeidung von Umweltverschmutzung	16,4	12,5	13,1	Bessere Preise für den Verbraucher	,9	2,8	3,1
Unterstützung der lokalen/regionalen Produktion	9,1	5,2	5,5	Gute Preise und Arbeitsbedingungen im Handel	14,3	7,6	9,8
Verbesserung der Verpackungs- und Recyclingmöglichkeiten	4,9	4,2	5,0	Gerechte Verteilung von Lebensmitteln	11,4	16,1	15,7
Weiß nicht	7,3	23,7	26,6	Weiß nicht	4,7	44,2	39,3
	100,0	100,0	100,0		100,0	100,0	100,0

Tab. 4 (Fortsetzung)

Rainforest Alliance Certified

Für eine nachhaltige Landwirtschaft, zur Unterstützung von Landwirten und zum Schutz der regionalen Umwelt	22,0	10,9	13,4
Minimierung der Erdverschmutzung in der Lebensmittelproduktion	3,1	3,1	5,3
Artenschutz im Regenwald	52,9	48,4	37,8
Reduzierung von Verpackung	1,5	1,6	1,6
Effiziente Nutzung von Land und Wasser zur Vermeidung von Umweltverschmutzung	14,2	15,5	17,6
Weiß nicht	6,3	20,5	24,3
	100,0	100,0	100,0

Animal Welfare Approved

Bessere Konditionen in der Tierhaltung und Tierschutz	53,5	42,8	40,7
Reduzierung des Einsatzes von Pestiziden in der Produktion von Tierprodukten	2,3	2,4	2,7
Ordnungsgemäße Land- und Freitierhaltung	18,2	17,7	14,0
Ohne Tierversuche hergestellt	11,3	12,8	9,7
Für eine nachhaltige Landwirtschaft, zur Unterstützung von Landwirten und zum Schutz der regionalen Umwelt	8,3	5,1	7,2
Weiß nicht	6,6	19,1	25,7
	100,0	100,0	100,0

Antworten je Gütesiegel in %. Richtige Antwort jeweils in fett gedruckt

Tab. 5 Determinanten von Verständnis der Gütesiegel (Regression)

Unabhängige Variablen	Modell 1		Modell 2		Modell 3	
	Beta	Signifikanz	Beta	Signifikanz	Beta	Signifikanz
(Konstante) Schwartz Werte	1,555	0,000	0,996	0,000	0,835	0,000
Leistung					−0,036	0,036
Humanismus					0,063	0,003
Konformität					−0,009	0,570
Hedonismus					−0,014	0,393
Macht					0,007	0,723
Sicherheit					−0,040	0,019
Selbstbestimmung					0,067	0,001
Stimulation					−0,057	0,000
Tradition					−0,077	0,000
Universalismus					,120	0,000
Besorgnis über Nachhaltigkeit			0,116	0,000	0,069	0,000
Geschlecht (Basis: weiblich) Alter (Basis: 55+)	0,004	0,908	0,043	0,206	0,090	0,008
18–24	0,112	0,091	0,191	0,004	0,264	0,000
25–34	0,145	0,004	0,205	0,000	0,248	0,000
35–44	0,108	0,029	0,150	0,002	0,177	0,000
45–54 Status (Basis: 5)	0,055	0,244	0,077	0,102	0,076	0,108
1	0,042	0,376	0,037	0,436	0,034	0,472
2	0,044	0,414	0,038	0,476	0,025	0,633
3	0,043	0,556	0,029	0,690	0,005	0,942
4 Land (Basis: Schweden)	−0,111	0,051	−0,120	0,034	−0,113	0,042
GB	0,628	0,000	0,579	0,000	0,642	0,000
Frankreich	−0,068	0,199	−0,125	0,018	−0,055	0,307
Deutschland	−0,016	0,765	−0,076	0,154	−0,004	0,942
Spanien	−0,103	0,070	−0,198	0,001	−0,166	0,004
Polen	−0,305	0,000	−0,316	0,000	−0,257	0,000
Kinder (Basis: keine) Bildung (Basis: hoch)	−0,007	0,856	−0,003	0,937	−0,017	0,649
Gering	−0,447	0,000	−0,445	0,000	−0,409	0,000
Mittel	−0,155	0,000	−0,162	0,000	−0,147	0,000
R^2	0,093		0,108		0,136	

Die Regressionsanalyse zeigt signifikante Effekte für Alter, Land und Ausbildung. Verständnis ist höher unter jüngeren Teilnehmern. Nach Ländern aufgespalten 'verstehen' polnische Teilnehmer die wenigsten Gütesiegel, während der Wert in Großbritannien am höchsten ist. Ausbildung hat den stärksten Einfluss auf Verständnis – je höher das Ausbildungsniveau, desto besser das Verständnis der getesteten Gütesiegel.

Der Einfluss der Demographika bleibt gleich, auch nachdem 'Besorgnis über Nachhaltigkeit' in einem ersten und die Schwartz Werte-Dimensionen in einem zweiten Schritt in das Modell miteinbezogen werden. Die erklärte Varianz verbessert sich kaum, was darauf schließen lässt, dass die Schwartz Werte-Dimensionen zwar einen erheblichen Einfluss auf die 'Besorgnis über Nachhaltigkeit' haben, aber nicht einen ebensolchen Effekt auf das Verständnis von Gütesiegeln. Dennoch zeichnet sich auch hier ein ähnliches Muster ab wie in Tab. 2: 'Universalismus' weist den stärksten Einfluss auf, gefolgt von 'Humanismus' und 'Selbstbestimmung'. Negative Effekte können für 'Leistung', 'Sicherheit', 'Stimulation' und 'Tradition' gefunden werden.

Anwendung

Wie bereits beschrieben wurde 'Anwendung' auf zwei Arten gemessen. Zum einen wurden die Probanden gebeten, anzugeben, wie häufig sie verschiedene Produktinformationen zur Entscheidungsfindung heranziehen. Zum anderen wurde eine Conjoint Studie durchgeführt, in welcher nebst Preis und Nährwert umweltbezogene und ethische Gütesiegel als Produktmerkmale angegeben waren.

Tabelle 6 zeigt die Mittelwerte und Standardabweichungen für alle 16 Produktinformationen, die im Rahmen der Messung des selbstdeklarierten Nutzungsgrades abgefragt wurden. Die Liste wird von Preis, Verfallsdatum, Menge und Marke als am häufigsten benutzte Produktmerkmale in der Lebensmittelwahl angeführt. Ethische und umweltbezogene Gütesiegel rangieren auf den letzten Plätzen, nebst Informationen für Allergiker.

Aufgrund der hohen Korrelation der (selbstdeklarierten) Verwendung von ethischen und umweltbezogenen Gütesiegeln (.66) wurde aus diesen beiden Aspekten ein formativer Index gebildet, welcher als abhängige Variable für die hierarchische Regression in Tab. 7 diente.

Die so gemessene Nutzung von ethischen und umweltbezogenen Gütesiegeln korreliert nur sehr schwach mit demographischen Merkmalen, obgleich die Einflüsse von Geschlecht (Frauen gaben eine häufigere Nutzung an), Alter (ältere Teilnehmer gaben eine häufigere Nutzung an) und Ausbildung (eine höhere Ausbildung führt zu häufigerer Nutzung) signifikant sind. Im einem zweiten Schritt wurden 'Besorgnis über Nachhaltigkeit', eine dichotome Messung von Verständnis (hierzu wurde die Stichprobe nach ihrem Median in hoch und niedrig eingeteilt) und die Interaktionsvariable Besorgnis*Verständnis hinzugefügt, um mögliche Moderatoreneffekte von Verständnis nachweisen zu können. Es zeigt sich ein starker Effekt für 'Besorgnis über Nachhaltigkeit'. Der Einfluss von Verständnis ist ebenfalls stark signifikant und negativ, während der Einfluss der Interaktionsvariablen signifikant positiv ausfällt. Dies bedeutet, dass die Nutzung von Gütesiegeln schwächer ausfällt, wenn zwar das Verständnis der Gütesiegel hoch ist aber die individuelle 'Besorg-

Tab. 6 Selbstdeklarierte Nutzung von Informationen auf der Produktverpackung

	Mittelwert	Standardabweichung
Preis	6,09	1,32
Haltbarkeitsdatum	5,94	1,46
Menge/Größe	5,23	1,64
Marke	4,73	1,67
Inhaltsstoffe	4,32	1,84
Nährwertangaben (z. B. *low fat*, weniger Salz)	4,12	1,92
Angaben zur Zubereitung	4,08	1,84
Nährwertinformationen	4,00	1,92
Herstellungsland	3,98	1,95
Portionsangaben	3,65	1,91
Gesundheitsbezogene Angaben (z. B. senkt Cholesterin)	3,63	1,90
Gesundheitssymbol	3,23	1,85
Bio	3,17	1,88
Umweltbezogene Angaben (z. B. Produktion, Transport)	2,98	1,78
Ethische Angaben (z. B. Arbeitsbedingungen, fairer Handel)	2,97	1,77
Informationen für Allergiker	2,75	1,97

$N = 4.408$

„Wie häufig beachten Sie die folgenden Produktinformationen beim Lebensmittelkauf?" (Skalenendpunkte 1=„Nie" und 7=„Immer")

nis über Nachhaltigkeit' niedrig. Im Gegenzug dazu ist die selbstdeklarierte Nutzung von Gütesiegeln höher wenn die Gütesiegel besser verstanden werden, solange die individuelle ‚Besorgnis über Nachhaltigkeit' hoch ist. Genauer gesagt wechselt der Einfluss von Verständnis auf (selbstdeklarierte) Nutzung bei einem Niveau von 5,1 auf der Besorgnis-Skala vom Negativen ins Positive. Dies liegt nahe am Mittelwert der Gesamtstichprobe (4,8) für die Variable ‚Besorgnis über Nachhaltigkeit'. Eine mögliche Erklärung für diesen u-förmigen Effekt von Verständnis auf Nutzung ist dass ein höheres Verständnis tatsächlich die Nutzung von Gütesiegeln fördert, aber eben nur wenn die Besorgnis hoch ist. Bei wenig um Nachhaltigkeit besorgten Probanden kann ein hohes Verständnis der Gütesiegel allerdings zum gegenteiligen Effekt führen und in einem negativen Einfluss auf ihr Nutzungsverhalten gipfeln, gleichermaßen einer Distanzierung zur Thematik.

Die Hinzunahme der Werte-Dimensionen in einem dritten Schritt der Analyse verbessert die erklärte Varianz nur unwesentlich. Erneut ist der Effekt der Domäne ‚Universalismus' am stärksten, gefolgt von ‚Tradition', ‚Stimulation' und ‚Leistung'. ‚Humanismus' und ‚Sicherheit' weisen einen negativen Effekt auf.

Tabelle 8 gibt die Teilnutzenwerte und die relative Wichtigkeit der einzelnen Attribute wieder, die anhand der Conjoint Daten geschätzt wurden. Bei der Interpretation der Er-

Tab. 7 Determinanten selbstdeklarierter Anwendung ethischer und umweltbezogener Gütesiegel in der Produktwahl

	Modell 1		Modell 2		Modell 3	
Unabhängige Variablen	Beta	Signifikanz	Beta	Signifikanz	Beta	Signifikanz
(Konstante)	6,743	0,000	0,711	0,067	0,730	0,109
Schwartz Werte						
Leistung					0,124	0,015
Humanismus					−0,144	0,022
Konformität					−0,059	0,220
Hedonismus					−0,083	0,075
Macht					0,084	0,124
Sicherheit					−0,215	0,000
Selbstbestimmung					−0,138	0,017
Stimulation					0,195	0,000
Tradition					0,128	0,009
Universalismus					0,248	0,000
Besorgnis über Nachhaltigkeit			1,247	0,000	1,196	0,000
Verständnis nachhaltiger Gütesiegel (Basis: hoch)			1,373	0,001	1,264	0,001
Besorgnis * Verständnis			−0,273	0,001	−0,258	0,001
Geschlecht (Basis: weiblich)	−0,679	0,000	−0,301	0,002	−0,370	0,000
Alter (Basis: 55+)						
18–24	−0,778	0,000	−0,018	0,925	−0,251	0,208
25–34	−0,652	0,000	−0,082	0,571	−0,256	0,087
35–44	−0,565	0,000	−0,167	0,247	−0,239	0,100
45–54	−0,507	0,001	−0,312	0,024	−0,328	0,017
Status (Basis: 5)						
1	,191	0,200	0,146	0,287	0,108	0,431
2	−0,079	0,637	−0,125	0,418	−0,115	0,454
3	,011	0,962	−0,127	0,551	−0,193	0,364
4	,055	0,757	−0,031	0,850	−0,051	0,755
Land (Basis: Schweden)						
GB	,062	0,728	−0,386	0,021	−0,342	0,045
Frankreich	−0,250	0,130	−0,781	0,000	−0,712	0,000
Deutschland	,329	0,048	−0,234	0,132	−0,226	0,151
Spanien	,143	0,418	−0,752	0,000	−0,614	0,000
Polen	,298	0,098	0,174	0,298	0,124	0,478
Kinder (Basis: keine)	−0,044	0,705	−0,009	0,937	−0,004	0,971
Bildung (Basis: hoch)						
Gering	−0,320	0,036	−0,320	0,024	−0,223	0,116
Mittel	−0,133	0,275	−0,212	0,060	−0,161	0,153
R^2	0,023		0,166		0,181	

Tab. 8 Ergebnisse der Conjoint Analyse

	Schokolade	Kaffee	Eiscreme	Müsli	Fertig-gerichte	Erfrischungs-getränke
Umweltbezogenes Gütesiegel						
CO$_2$ Fußabdruck	0,061	0,089	0,051	0,250	0,202	0,234
Rainforest Alliance	0,629	0,557	0,565	0,615	0,509	0,402
Keins	−0,690	−0,646	−0,617	−0,865	−0,711	−0,636
Relative Wichtigkeit	14%	11%	11%	10%	10%	9%
Ethisches Gütesiegel						
Fair Trade	0,831	0,826	0,647	0,642	0,634	0,722
Animal Welfare	0,101	0,156	0,268	0,323	0,278	*
Keins	−0,933	−0,982	−0,915	−0,966	−0,913	−0,722
Relative Wichtigkeit	19%	16%	15%	13%	13%	10%
Nährwert						
low fat/geringer Zucker-/Koffeingehalt	1,737	−1,706	2,247	4,929	2,616	4,278
Mittlerer Fett-/Zucker-/Koffeingehalt	,973	1,893	1,320	0,202	1,466	0,634
Hoher Fett-/Zucker-/Koffeingehalt	−2,711	−0,186	−3,568	−5,131	−4,083	−4,913
Relative Wichtigkeit	45%	52%	50%	55%	49%	62%
Preis						
−10%	1,721	1,822	2,580	2,346	2,741	1,898
Regulär	0,164	0,069	0,059	0,129	0,112	−0,030
+10%	−1,885	−1,891	−2,640	−2,475	−2,854	−1,867
Relative Wichtigkeit	21%	21%	25%	22%	27%	19%
N	2,498	2,522	2,375	1,753	1,489	2,212

* Nicht verwendet in der Kategorie Erfrischungsgetränke
(Mittelwerte individueller Teilnutzenwerte und relative Wichtigkeit der vier Attribute)

gebnisse ist festzuhalten, dass ein Fehlen der normalerweise wichtigsten Auswahlfaktoren (Marke und Geschmack) höchstwahrscheinlich zu einer Überschätzung des tatsächlichen Einflusses der Gütesiegel auf die Produktwahl führt. Ein Blick auf die Ergebnisse in Tab. 8 zeigt jedoch, dass neben dem Preis auch der Nährwert eines Produktes einen wesentlich stärkeren Einfluss auf die Produktwahl hatte als ethische oder umweltbezogene Gütesiegel. Angaben zum Fett- oder Zuckergehalt dominierten die Auswahlentscheidungen – fettarme Alternativen und ein geringerer Zuckeranteil werden deutlich bevorzugt. In der Produktkategorie ‚Kaffee' ist der Koffeingehalt das wichtigste Auswahlkriterium. Doch auch das Vorhandensein von umweltbezogenen Gütesiegeln führte zu positiven Nutzenwerten, allerdings eher im Fall des *Rainforest Alliance* Gütesiegels als für die Angabe des CO$_2$ Fußabdruckes. Ethische Gütesiegel konnten ebenfalls positive Nutzenwerte verbuchen, hier waren die Teilnutzenwerte höher für Produkte mit einem *Fair Trade* Gütesiegel, verglichen mit Alternativen die eine artgerechte Tierhaltung garantieren.

Die Nutzenwerte für umweltbezogene und ethische Gütesiegel wurden für jeden Stichprobenteilnehmer zu einem formativen Index aufsummiert, der die durch die Conjoint gemessene (tatsächliche) Nutzung darstellt. Dieser Index wurde erneut als abhängige Variable in einer hierarchischen Regressionsanalyse verwendet. Die Ergebnisse sind in Tab. 9 dargestellt. Geschlecht, Alter und Bildung weisen die gleichen Effekte auf wie in Tab. 7. Zusätzlich zeigt sich ein Einfluss von sozialem Status – Probanden mit einem höheren sozialen Status nutzen Gütesiegel stärker in der Entscheidungsfindung. Verbraucher in Großbritannien und Schweden nutzen Gütesiegel stärker als Teilnehmer der polnischen Stichprobe. In einem zweiten Schritt der Analyse zeigt sich ein signifikanter Haupteffekt für ‚Besorgnis über Nachhaltigkeit‘ und, im Gegensatz zur vorherigen Analyse, ein ebenso stark signifikanter negativer Einfluss von Verständnis. Die Hinzunahme der Interaktionsvariable ‚Besorgnis-Verständnis‘ führte zu insignifikanten Haupt- und Interaktionseffekten und wurde somit aus weiteren Berechnungen ausgeschlossen.

Eine dritte Regression unter Einbezug der Schwartz Werte-Dimensionen führte nur zu einer unwesentlich besseren Erklärung des Modells, lediglich die Effekte der Domänen ‚Universalismus‘ und ‚Sicherheit‘ aus Tab. 7 konnten reproduziert werden.

3 Diskussion der Ergebnisse

In der vorliegenden Studie wurde die Beziehung zwischen Verbrauchermotivation, -verständnis und Anwendung von Gütesiegeln zur Nachhaltigkeit in der Produktwahl untersucht. Die Ergebnisse verdeutlichen, dass die Nutzung von Nachhaltigkeitsinformationen auf Produkten nur gering ist, sowohl bei einer Messung durch Eigenangabe als auch bei der Verwendung von Ergebnissen der Conjoint Studie, hier im Vergleich zu den Attributen Preis und Nährwert. Die Anwendung solcher Gütesiegel hängt mit der Motivation des Verbrauchers zusammen, d. h. je besorgter jemand um Nachhaltigkeit in der Lebensmittelproduktion ist, desto häufiger werden Gütesiegel in der Lebensmittelwahl zu Rate gezogen. Dieser Zusammenhang ist jedoch schwach und ein geringer Anwendungsgrad ist nicht zwingend einer geringen ‚Besorgnis über Nachhaltigkeit‘ zuzuschreiben. Im Gegenteil, Europäische Verbraucher sind mittel bis stark besorgt um die Nachhaltigkeit in der Lebensmittelproduktion. Diese Besorgnis führt allerdings nicht zu einer verstärkten Benutzung von Gütesiegeln in der Produktwahl. Dies wird deutlich wenn Verbraucher zu Nachhaltigkeitsaspekten einzelner Produktkategorien befragt werden – in vielen Fällen war „Nichts" unter den am häufigsten genannten Antwortmöglichkeiten. Eine allgemeine Besorgnis um Nachhaltigkeit bedeutet also nicht automatisch auch dass Verbraucher um die Nachhaltigkeit spezifischer Lebensmittelprodukte besorgt sind – dies äußert sich dementsprechend in einer geringen Benutzung von Gütesiegeln bei der Produktauswahl.

Eine geringe Verwendung von Informationen in der Entscheidungsfindung kann ebenso aus einem fehlenden Verständnis dieser Informationen resultieren. Nachhaltigkeit ist

Tab. 9 Determinanten der Anwendung ethischer und umweltbezogener Gütesiegel in der Produktwahl

Unabhängige Variablen	Modell 1		Modell 2		Modell 3	
	Beta	Signifikanz	Beta	Signifikanz	Beta	Signifikanz
(Konstante) Schwartz Werte	4,311	0,000	3,539	0,000	3,520	0,000
Leistung					0,014	0,493
Humanismus					−0,017	0,488
Konformität					−0,037	0,052
Hedonismus					−0,014	0,464
Macht					0,017	0,440
Sicherheit					−0,077	0,000
Selbstbestimmung					0,005	0,812
Stimulation					−0,008	0,684
Tradition					−0,018	0,368
Universalismus					0,148	0,000
Besorgnis über Nachhaltigkeit			0,194	0,000	0,160	0,000
Verständnis nachhaltiger Gütesiegel (Basis: hoch)			−0,327	0,000	−0,297	0,000
Geschlecht (Basis: weiblich) Alter (Basis: 55+)	−0,131	0,001	−0,065	0,096	−0,053	0,184
18–24	0,265	0,001	,386	0,000	0,376	0,000
25–34	0,312	0,000	,390	0,000	0,376	0,000
35–44	0,214	0,000	,265	0,000	0,260	0,000
45–54	0,128	0,023	,155	0,005	0,146	0,008
Status (Basis: 5)						
1	0,176	0,002	,162	0,003	0,145	0,005
2	0,145	0,022	,132	0,032	0,130	0,043
3	0,178	0,042	,149	0,080	0,122	0,148
4	0,030	0,657	,029	0,657	0,028	0,668
Land (Basis: Schweden)						
GB	0,174	0,010	−0,017	0,803	0,084	0,212
Frankreich	−0,945	0,000	−01,037	0,000	−0,983	0,000
Deutschland	−0,497	0,000	−0,592	0,000	−0,562	0,000
Spanien	−0,778	0,000	−0,928	0,000	−0,877	0,000
Polen	−01,486	0,000	−01,459	0,000	−01,425	0,000
Kinder (Basis: keine) Bildung (Basis: hoch)	−0,024	0,592	−0,016	0,710	−0,026	0,546
Gering	−0,268	0,000	−0,199	0,000	−0,162	0,004
Mittel	−0,048	0,300	−0,038	0,395	−0,018	0,696
R^2	0,177		,222		,232	

Die abhängige Variable ist die Summe der Nutzenwerte für umweltbezogene und ethische Gütesiegel aus der Conjoint Analyse ein abstraktes Konzept und Verbraucher haben eventuell Schwierigkeiten, einen persönlichen Bezug zu dem Thema herzustellen. Die Ergebnisse haben gezeigt, dass Nachhaltigkeit hauptsächlich mit dem Thema Umweltschutz in Verbindung gebracht wird und weniger mit ethischen Aspekten, die ebenfalls Teil der Definition von Nachhaltigkeit sind. Diese Schwierigkeiten im Begriffsverständnis führen allerdings nicht zu einem geringeren Verständnis einzelner Gütesiegel. Eine korrekte Beantwortung der Bedeutung der jeweiligen Gütesiegel ist vielmehr mit deren Bekanntheit verbunden, sowie mit ihrer Fähigkeit, eine klare Botschaft zu vermitteln. Verständnis und Anwendung stehen also in Beziehung zueinander.

Weiterhin wurde untersucht, inwiefern sich Motivation, Verständnis und Anwendung durch die individuelle Ausprägung hinsichtlich der Schwartz Werte-Dimensionen erklären lassen. Die Ergebnisse stimmen mit dem Schwartzschen Wertemodell überein: ‚Universalismus‘ prägt das Verbraucherverständnis sowie deren Motivation und tatsächliche Anwendung nachhaltigkeitsbezogener Informationen am stärksten. Andere Werte-Dimensionen besitzen einen geringeren Einfluss, insgesamt jedoch zeigen die Auswertungen deutlich, dass Verbraucher, die mehr Aufmerksamkeit auf das Wohl der Allgemeinheit legen als auf sich selbst, sich auch stärker mit dem Thema Nachhaltigkeit auseinandersetzen.

Unterschiede in den Ergebnissen konnten zum Teil durch demographische Merkmale erklärt werden. Frauen sind im Allgemeinen besorgter um Nachhaltigkeit in der Lebensmittelproduktion und benutzen dementsprechend auch eher Gütesiegel in ihrer Produktwahl als Männer. Verständnis jedoch ist unabhängig vom Geschlecht. Ältere Verbraucher sind besorgter, aber weisen sowohl ein geringeres Verständnis als auch eine geringere Verwendung von Gütesiegeln in der Lebensmittelauswahl auf. Sozialer Status erklärt weder Besorgnis noch Verständnis, auch wenn Stichprobenteilnehmer aus bessergestellten finanziellen Verhältnissen eine stärkere Verwendung von Gütesiegeln bei der Produktwahl angaben. Überraschenderweise macht es keinen Unterschied, ob Kinder im Haushalt sind. Ein höherer Bildungsgrad führt zu einem besseren Verständnis und einer stärkeren Anwendung von Gütesiegeln, hat jedoch keinen Einfluss darauf, wie besorgt Verbraucher um die Nachhaltigkeit bei Lebensmitteln sind.

Die gefundenen Länderunterschiede verdeutlichen einmal mehr wie komplex die Beziehung zwischen Motivation (gemessen anhand des Besorgnisgrades), Verständnis und Anwendung ist. Trotz länderbedingter Unterschiede im Antwortverhalten zeigen die Ergebnisse deutlich, dass sich polnische und schwedische Verbraucher am wenigsten besorgt zeigen, während Gütesiegel am ehesten von schwedischen und britischen Konsumenten in der Produktauswahl zu Rate gezogen werden. Spanien und Deutschland weisen den höchsten Grad an ‚Besorgnis über Nachhaltigkeit‘ auf, auch wenn unter spanischen Teilnehmern nur eine geringe Anwendung der Gütesiegel gemessen werden konnte. Deutsche und britische Studienteilnehmer sind am konsistentesten in ihrem Antwortverhalten – Verständnis, Motivation (‚Besorgnis‘) und Anwendung fallen ähnlich stark aus, verglichen mit den anderen Ländern in der Stichprobe. Generell können Länderunterschiede, zumindest in Bezug auf Verständnis und Anwendung, durch Unterschiede in der Anwendung der Gütesiegel auf dem nationalen Markt erklärt werden. Es gestaltet sich schwierig, diese genauer zu bestimmen, da internationale Unternehmen unterschiedliche Gütesiegel zu unterschiedlichen Zeiten in unterschiedlichen Ländern einführen. Hinzu kommen nationale Unterschiede in der Einzelhandelsstruktur, die einen zusätzlichen Einfluss auf die Produktkennzeichnung haben können.

Aus theoretischer Sicht entsprechen die Ergebnisse der ‚Motivation-Fähigkeit-Gelegenheit' Beziehung. Dies bedeutet, dass die Verfügbarkeit von Gütesiegeln nur dann zu einer Anwendung in der Produktwahl führt, wenn Motivation und Verständnis ebendieser gegeben sind. Die vorliegende Studie hat allerdings auch gezeigt, dass Motivation und Verständnis alleine nicht ausreichen, um Verhalten zu beeinflussen. Im Einklang mit einer Fülle an Literatur zum Thema ‚Einstellung und Verhalten' verdeutlichen die Ergebnisse dieser Untersuchung, dass eine allgemeine Besorgnis über Nachhaltigkeit nicht zwingend zu einem entsprechenden Verhalten führt, selbst wenn die nötigen Informationen erhältlich sind und verstanden werden. Dies ist zum Teil auf die Abwägungen zurückzuführen, die beim Lebensmitteleinkauf stattfinden, wie die Auswertung der Conjoint Studie gezeigt hat. Zum anderen ist aber auch die Tatsache dafür verantwortlich, dass schwach ausgeprägte Einstellungen nur dann das Verhalten beeinflussen, wenn sie genau in der jeweiligen Verhaltenssituation aktiviert werden. Dieses Phänomen wurde im Rahmen anderer umweltbezogener Verhaltensweisen untersucht (siehe z. B. Cornelissen et al. 2008).

Die relativ geringe erklärte Varianz in den Regressionsmodellen deutet daraufhin, dass andere Faktoren (als die untersuchten) einen zusätzlichen Einfluss auf die Anwendung von Gütesiegeln haben. Es mag andere Motive geben, sich mit Nachhaltigkeit auseinanderzusetzen – z. B. kann der Kauf von *Fair Trade* Produkten mit einem gewissen sozialen Status assoziiert werden (Kimura et al. 2012). Ein mangelnder Einfluss von Gütesiegeln auf das Kaufverhalten kann durch fehlendes Vertrauen in die Glaubwürdigkeit der Gütesiegel beeinträchtigt sein, oder aber auch durch die Unsicherheit darüber, welche Organisation hinter den einzelnen Gütesiegeln steht (Borin et al. 2011, Horne 2009). Zu guter Letzt kann eine fehlende Anwendung durch eine mangelnde Erhältlichkeit von Produkten mit entsprechenden Gütesiegeln erklärt werden (Vermeir und Verbeke 2006).

Die vorliegenden Ergebnisse bedeuten nicht, dass Gütesiegel zur Nachhaltigkeit keine Zukunft haben. Sie verdeutlichen lediglich, dass Europäische Verbraucher diese momentan (noch) nicht besonders stark in ihre Produktentscheidungen miteinbeziehen. In diesem Zusammenhang ist es interessant, einen genaueren Blick auf die vorgefundenen Länderunterschiede zu werfen – in manchen Ländern hat eine stärkere Besorgnis mehr Einfluss auf entsprechendes Verhalten als in anderen Ländern. Eine Untersuchung dieser Zusammenhänge wäre eine wertvolle Fortführung der vorliegenden Studie, z. B. anhand einer Analyse der nationalen Adoptionsraten und Unterschiede in der öffentlichen Thematisierung von Nachhaltigkeit.

Acknowledgments EUFIC erhält Finanzierung aus der Lebensmittelindustrie und Prof. Klaus G. Grunert hat für diese Studie Finanzierung von EUFIC erhalten.
Die Studie ist im Original (Englisch) im Journal Food Policy (2014, 44: 177–189) erschienen.

Literatur

Aertsens J, Verbeke W, Mondelaers K., van Huylenbroeck, G (2009) Personal determinants of organic food consumption: a review. Brit Food J 111:1140–1167

Borin N, Cerf D, Krishnan R (2011) Consumer effects of environmental impact in product labeling. J Consum Mark 28:76–86

Bray J, Johns N, Kilburn D (2011) An exploratory study into the factors impeding ethical consumption. J Bus Ethics 98:597–618

Brecard D, Hlaimi B, Lucas S, Perraudeau Y, Salladare, F (2009) Determinants of demand for green products: an application to eco-label demand for fish in Europe. Ecol Econ 69:115–125

Chatzidakis A, Hibbert S, Smith A (2007) Why people don't take their concerns about fair trade to the supermarket: the role of neutralisation. J Bus Ethics 74:89–100

Comas Marti JM, Seifert RW (2012) Reviewing the adoption of ecolabels by Firms, Survey Report. http://www.imd.org/news/Ecolabels-study.cfm

Cornelissen G, Pandelaere M, Warlop L, Dewitte S (2008) Positive cueing: promoting sustainable consumer behavior by cueing common environmental behaviors as environmental. Int J Mark Res 25:46–55

De Boer J, Boersema J. J, Aiking H (2009) Consumers' motivational associations favoring free-range meat or less meat. Ecol Econ 68:850–860

Diamantopoulos A, Winklhofer HM (2001) Index construction with formative indicators: an alternative to scale development. J Marketing Res 38:269–277

Dutra de Barcellos M, Krystallis A, de Melo Saab SM, Kügler JO, Grunert KG (2011) Investigating the gap between citizens' sustainability attitudes and food purchasing behaviour: empirical evidence from Brazilian pork consumers. Int J Cons Stud 35:391–402

European Commission. (2012) Food information schemes, labelling and logos, internal document DG SANCO

Grankvist G, Biel A (2007) Predictors of purchase of eco-labelled food products: a panel study. Food Qual Pref 18:701–708

Grunert KG (2011) Sustainability in the food sector: a consumer behaviour perspective. Int J Food Sys Dyn 2:207–218

Hoogland C, de Boer J, Boersema JJ (2007) Food and sustainability: do consumers recognize, understand and value on-package information on production standards? Appetite 49:47–57

Horne RE (2009) Limits to labels: the role of eco-labels in the assessment of product sustainability and routes to sustainable consumption. Int J Cons Stud 33:175–182

Hughner RS, McDonagh P, Prothero A, Shultz CJ II, Stanton J (2007) Who are organic food consumers? A compilation and review of why people purchase organic food. J Cons Beh 6:94–110

Janssen M, Hamm U (2012) Product labelling in the market for organic food: Consumer preferences and willingness-to-pay for different organic certification logos. Food Qual Pref 25:9–22

Johnston RJ (2008) Fish ecolabels and consumer choice: weighing the factors. CAB Rev 3:1–7

Kimura A, Wadaa Y, Kamada A, Masuda T, Okamoto M, Goto S, Tsuzuki D, Cai D, Oka T, Ippeita D (2010) Interactive effects of carbon footprint information and its accessibility on value and subjective qualities of food products. Appetite 55:271–278

Kimura A, Mukawa N, Yamamoto M, Masuda T, Yuasa M, Goto S, Oka T, Wada Y (2012) The influence of reputational concerns on purchase intention of fair-trade foods among young Japanese adults. Food Qual Pref 26:204–210

Krystallis A, Dutra de Barcellos, M, Kügler JO, Verbeke W, Grunert KG (2009) Attitudes of European citizens towards pig production systems. Livestock Sci 126:46–56

Lewin K (1951) Field theory in social science. Harper and Row, New York

MacInnis DJ, Moorman C, Jaworski BJ (1991) Enhancing and measuring consumers' motivation, opportunity, and ability to process brand information from ads. J Mark 55(4):32–53

McEachern M, Warnaby G (2008) Exploring the relationship between consumer knowledge and purchase behaviour of value-based labels. Int J Cons Stud 32:414–426

Napolitano F, Pacelli C, Girolami A, Braghieri A (2008) Effect of information about animal welfare on consumer willingness to pay for yogurt. J Dairy Sci 91:910–917

Ölander F, Thøgersen J (1995) Understanding of consumer behaviour as a prerequisite for environmental protection. J Cons Policy 18:345–385

De Pelsmacker P, Driesen L, Rayp G (2005) Do consumers care about ethics? Willingness to pay for fair-trade coffee. J Cons Affairs 39:363–385

Rothschild ML (1999) Carrots, sticks, and promises: a conceptual framework for the management of public health and social issue behaviors. J Mark 63(4):24–37

Röös E, Tjärnemo H (2011) Challenges of carbon labelling of food products: a consumer research perspective. Br Food J 113:982–996

Schwartz SH (1992) Universals in the content and structure of values: theoretical advances and empirical tests in 20 countries. In: Zanna MP (ed) Advances in experimental social psychology. Academic, San Diego

Schwartz SH, Melech G, Lehmann A, Burgess S, Harris M, Owens V, 2001. Extending the cross cultural validity of the theory of basic human values with a different method of measurement. J Cross-cultural Psy 32:519–542

Sirieix L, Grolleau G, Schaer B (2008) Do consumers care about food miles? An empirical analysis in France. Int J Cons Stud 32:508–515

Vermeir I, Verbeke W (2006) Sustainable food consumption: Exploring the consumer attitude – behavioural intention gap. J Agr Env Ethics 19:169–194

WCED. 1987. Our common future: Report of the world commission on environment and development

Zakowska-Biemans S (2011) Polish consumer food choices and beliefs about organic food. Br Food J 113:122–137

Zander K, Hamm U (2010) Consumer preferences for additional ethical attributes of organic food. Food Qual Pref 21:495–503

Dr. Sophie Hieke leitet die Forschungsabteilung des Europäischen Zentrums für Lebensmittel (EUFIC), einem Non-Profit Institut dessen Ziel es ist, wissenschaftliche Informationen zur Lebensmittelsicherheit und -qualität sowie zur Gesundheit und Ernährung für Medien, Gesundheitsexperten und Ausbilder bereitzustellen, um zu einem verbesserten Verbraucherverständnis beizutragen. Sie ist gleichzeitig die Koordinatorin des pan-Europäischen Projektes CLYMBOL („Role of health claims and symbols in consumer behaviour") welches aus dem aus dem 7. Rahmenprogramm der Europäischen Kommission finanziert wird.

Sophie hat Betriebswirtschaftslehre an der Ludwig-Maximilians-Universität München und der Universidad Castilla-La Mancha, Toledo, studiert, gefolgt von einem Master of Business Research und der Promotion am Institut für Marktorientierte Unternehmensführung, Prof. Schwaiger. Ihr Schwerpunkt liegt auf der empirischen Forschung im Bereich Verbraucherverhalten. Sie ist Gastforscherin an der Universität Surrey sowie Forschungsbeauftragte am Münchener Zentrum für Gesundheitswissenschaften und dem Center for Marketing and Public Policy Research der Villanova Business School in Philadelphia. Sophie publiziert regelmäßig in anerkannten wissenschaftlichen Magazinen, u. a. Journal of Consumer Affairs, Appetite, Food Policy, European Journal of Clinical Nutrition und Public Health Nutrition. Sie wurde kürzlich mit dem Preis „Bester Artikel des Jahres" des American Council of Consumer Interest, ACCI, für ihren Beitrag im Journal of Consumer Affairs ausgezeichnet. Sie ist als Gutachterin für diverse wissenschaftliche Magazine tätig und unterrichtet nebenher an der Munich Business School.

Prof. Dr. Klaus G. Grunert ist Professor für Marketing an der Universität Aarhus sowie Gründer und Direktor des MAPP Zentrums für Forschung über Kundenbeziehungen im Lebensmittelsektor. Er hat sich intensiv mit der Erforschung des Konsumentenverhaltens auseinandergesetzt, insbesondere im Zusammenhang mit Lebensmitteln. Darüber hinaus konzentriert sich seine Arbeit darauf, ein verbessertes Verständnis des Konsumentenverhaltens gewinnbringend in die Produktentwicklung, Kommunikation und Öffentlichkeitsarbeit einzubringen, auch mit dem Ziel eine gesunde Ernährung und andere sozial wünschenswerte Verhaltensänderungen herbeizuführen. Zu seinen speziellen Forschungsgebieten gehören der Einfluss von Qualitätswahrnehmung auf die Lebensmittelwahl, gesundes Essen, öffentliche Akzeptanz von Biotechnologie und speziell genetischer Modifizierung sowie die Einbindung von Einsicht in das Konsumentenverhalten in die Produktentwicklung. In seiner Position als Direktor des MAPP Zentrums hat Prof. Grunert mehr als 80 Kollaborationsprojekte mit der Lebensmittelindustrie durchgeführt, u. a. mehrere pan-Europäische Studien, und leitete oder nahm an zahlreichen EU-finanzierten Projekten teil. Er ist Autor von 12 Büchern, 148 Beiträgen in wissenschaftlich referierten Fachzeitschriften und zahlreichen anderen Publikationen. Er ist ehemaliger Präsident der Europäischen Akademie für Marketing (EMAC) und war Professor am „European Institute for Advanced Studies in Management" in Brüssel.

Dr. Josephine Wills ist Generaldirektorin des Europäischen Zentrums für Lebensmittelinformation in Brüssel, Belgien. Nach ihrem Studium am „Royal Veterinary College" in London arbeitete Jo einige Jahre als Tierärztin bevor sie 1986 ihre Promotion an der Universität von Bristol abschloss. Danach war sie an der Medizinischen Fakultät der Universität von Manchester in der postgradualen Forschung tätig bevor sie zu Mars ging. Dort hat Jo 18 Jahre lang im Bereich Forschung, Kommunikation und Regulierung gearbeitet, zuletzt als Leiterin Europa für wissenschaftliche und regulatorische Angelegenheiten.

Im Januar 2006 wurde sie zur Generaldirektorin des Europäischen Zentrums für Lebensmittelinformation in Brüssel ernannt. Jo hat an über 80 wissenschaftlichen Publikationen mitgewirkt, 4 Bücher herausgegeben und weltweit Vorträge gehalten.

„Spitzenmannschaft für Spitzenprodukte – Die Ausbildung der Mitarbeiter als entscheidender Faktor für soziale Nachhaltigkeit und erfolgreiche Produkte in China"

Martin Hofmann

1 Einleitung

Dieser Beitrag stellt die Mitarbeiterauswahl und -entwicklung in China in den Mittelpunkt der Diskussion, speziell die der Facharbeiter, um die Verbindungen zu den Themen soziale Nachhaltigkeit und erfolgreiches Produktmanagement aus einer sehr praktischen Perspektive nachzuzeichnen und die Besonderheiten eines Emerging Markets aufzuzeigen. Im Wesentlichen steht das Erfahrungswissen im Vordergrund, das angereichert mit konkreten Beispielen aus der Volkswagen Group China eine Einführung in das (bei weitem nicht erschöpfend ausgearbeitete) Thema ermöglichen soll.

Zuerst einmal stellt sich die Frage, warum der Mitarbeiter als entscheidender Faktor angesehen wird. Nehmen wir an: Produkte sind das finale Bild eines Unternehmens und entscheiden damit durch ihr Design, ihre Funktionalität, aber auch durch das Image, das sie transportieren, ob sie ein Erfolg werden. Natürlich muss es von Zeit zu Zeit Innovationen geben, um neue Käufer anzusprechen, neue Schichten zu erschließen oder Stammkunden zum erneuten Kauf anzuregen, aber viel entscheidender ist doch das, was hinter einem Produkt steht. Es sind nicht die Werkhallen, es sind nicht die Maschinen und es sind auch nicht die Investitionen, die ein Produkt erfolgreich machen. Es sind Menschen, die durch ihre Arbeit ein Produkt zu dem machen, was es ist, sei es in Bezug auf die Eigenschaften, die es verkörpert, die Qualität mit der es gebaut wurde oder aber auch „nur" der Einsatz

M. Hofmann (✉)
Leiter Personal, Organisation & Administration
Volkswagen Group China/ Volkswagen Automatic Transmission Tianjin
Tianjin, China
E-Mail: martin.hofmann@atj.volkswagen.com.cn

© Springer-Verlag Berlin Heidelberg 2015   97
T. Weber (Hrsg.), *CSR und Produktmanagement,* Management-Reihe Corporate
Social Responsibility, DOI 10.1007/978-3-662-45573-9_5

und das Engagement das benötigt wird, um es zu entwickeln und zu fertigen. Es braucht also eine gut funktionierende und motivierte Mannschaft, um Produkte erfolgreich zu machen und dies gilt als Grundsatz überall auf der Welt.

Und doch gibt es in verschiedenen Märkten Rahmenbedingungen, die einen erhöhten Anspruch an die Unternehmen stellen. Ein konkretes Fallbeispiel für solche besonderen, marktspezifischen Herausforderungen bietet sich, wenn wir den Blick auf den chinesischen Markt richten und die Herausforderung eine Spitzenmannschaft zu formen exemplarisch herausarbeiten. Ein seit über einem Jahrzehnt stabiles Wirtschaftswachstum, das sich in den vergangenen zwei Jahren auf einem hohen Niveau von 7–8 % eingepegelt hat, eine Inflationsrate von ca. 3 % sowie eine Gesamtgehaltsentwicklung knapp oberhalb des Wirtschaftswachstum von durchschnittlich 7,5–9 % sind zusammen mit einem positiven Ausblick für die nächsten Jahre die Grundlage, warum wir in China nach wie vor von einem Emerging Market sprechen,[1] der die Aufmerksamkeit aller weltweit agierenden Unternehmen auf sich zieht. Es geht für alle Unternehmen, die auf diesem Markt aktiv sind, darum, sich Ihren Teil am Markt zu sichern und besonders der steigenden Nachfrage des Binnenmarktes gerecht zu werden. Kurzum: Ein schneller, dynamischer Verteilungskampf anstelle des im westlichen Wirtschaftsraum bekannten Verdrängungswettbewerbs. Diese grundlegende Differenzierung bringt gravierende Folgen für die Personal- und Produktstrategie und damit auch für die soziale und ökonomische Nachhaltigkeit mit sich. Es macht also einen Unterschied, welche Zielsetzung der Markt verlangt und wie Unternehmen sich dazu positionieren.

So sehen wir es unter den dargestellten Bedingungen als gegeben an, dass Billionen Euro an Investitionen nach China fließen, die alle das ehrgeizige und kurzfristige Ziel verfolgen schnellstmöglich Kapazitäten auszubauen und Produkte auf den Markt zu bringen, um die sprichwörtliche Nase im Kampf um Neukunden vorne zu haben. Das Besondere daran – und dies wurde besonders in den vergangenen zwei bis drei Jahren deutlich – ist, dass die chinesische Regierung aus den Erfahrungen des ersten Wachstumsjahrzehnts gelernt hat. Neben den obligatorischen Joint Venture Strukturen, die ohnehin den nachhaltigen Zufluss von Wissen und Know-How in das Land sicherstellen und so einen unaufhörlichen Wissenstransfer schaffen, wird auch tiefergehend analysiert, wer nur kurzfristig „Geld machen" will oder welcher Konzern wirklich Interesse daran hat, ökonomisch und sozial mit aller Nachhaltigkeit zu wachsen und dies vor allem gemeinsam mit China und seinen Menschen. Medienberichte zu speziellem „Marken Bashing" in Konsumentenshows oder andere Gesetzgebungsaktivitäten untermauern dies eindrucksvoll.

Die Dimension, vor der sich das Ganze abspielt, ist nur um einiges grösser als die bekannten Phasen mitteleuropäischen Wirtschaftswachstums der letzten Jahrzehnte. Es geht nicht nur um einen besonderen Wirtschaftszweig, der rasant wächst, sondern um alle Sektoren der Wirtschaft, welche von einer Dynamik und Schnelligkeit erfasst sind, die eines ganz besonders brauchen, nämlich eine Gesellschaft, die dieses Wachstum tragen und

[1] National Bureau of Statistics, PRC; Aon Hewitt China Salary Increase Survey 1995–2013; International Monetary Fund, World Economic Outlook Database, 2013.

begleiten kann, sowie eine qualifizierte Mitarbeiterschaft, die die neuen Produkte nach internationalen Qualitätsstandards und weltweit geltenden Maßstäben effizient fertigen kann. Schon längst reicht es nicht mehr den mehr und mehr anspruchsvollen chinesischen Kunden unzureichende Qualität anzubieten. Es zeigt sich in den vergangenen Jahren, dass sich die Gehaltsentwicklung in China vom Trend der Billiglohnarbeit distanziert, sodass Effizienz und Effektivität mittlerweile keine weit entfernten Ziele mehr sind, sondern, dass es das Lohnkostenniveau notwendig macht, in die Qualifikation und Prozesse zu investieren, um im hart umkämpften Markt nicht auf der Strecke zu bleiben. Sonst droht, wie schon geschehen, eine dramatische Abwanderung der Wirtschaftszweige, die wie die Textilindustrie auf niedrige Löhne angewiesen sind.

In China ist dieses Wachstum an allen Orten greifbar, alle Sektoren der Wirtschaft sind erfasst und manch eine Region wandelt sich in ein wahres Investitionszentrum. Dieser Wandel macht auch keinen Halt vor der chinesischen Gesellschaft und ihren Menschen, die dieser Entwicklung mit Bildung, höherer Flexibilität und einer Kulturanpassung hinterherjagen, um schlussendlich nicht abgehängt zu werden. Es geht für alle Beteiligten, die an der Entwicklung teilhaben wollen, darum mit den neuen Anforderungen Schritt zu halten und weiterhin zu partizipieren. Auch gesellschaftsstrukturell ist dies notwendig. Medien, Infrastruktur, Kultur und Bildungssystem stehen stellvertretend für all das, was auf Chinas Weg zur größten Volkswirtschaft der Welt noch mitgenommen werden muss.

Wird nach der Grenze des Wachstums gesucht, so ist es nicht die sinkende Nachfrage oder die Stagnation des Binnenkonsums, die den Unternehmensverantwortlichen die Sorgenfalten auf die Stirn treiben sollte, sondern die Menschen und die Gesellschaft, welche im Eiltempo innerhalb der letzten Jahrzehnte eine enorme Entwicklung durchmacht, für die Europa seit der Industrialisierung Jahrhunderte Zeit hatte. Für die Unternehmen leiten sich aus dieser Problemlage zwei exemplarische Fragestellungen im Hinblick auf die Personalarbeit ab, die nachfolgend näher untersucht werden. Erstens: Wie können Mitarbeiter auf die Herausforderungen vorbereitet werden, um den moderneren Anforderungen an eine international wettbewerbsfähige Spitzenmannschaft gerecht zu werden? Zweitens: Wie gelingt es als Unternehmen einen Beitrag zu leisten, um in der chinesischen Gesellschaft nachhaltig Lösungen zu implementieren und diesen Fortschritt verantwortungsvoll zu begleiten?

2 Die Ausbildung zum Facharbeiter – das Fundament einer Spitzenmannschaft

Zum Aufarbeiten dieses Themas starten wir am Anfang eines jeden Produktionsengagements – dem Aufbau der Produktionsstätte und der Rekrutierung der Mitarbeiter. Aus einer deutsch geprägten Perspektive unterscheidet ein Unternehmer bei der Analyse, welche Mitarbeiter benötigt werden, unweigerlich zwischen den bekannten Funktionen des Ingenieurs, des erfahrenen Facharbeiters oder des betrieblichen Auszubildenden. Ohne es zu merken, erliegen ausländische Manager damit der Versuchung, das aus der Heimat mitgebrachte System als Basis der Personalauswahl zu übernehmen, ohne zu hinterfragen, wie die Realitäten in China aussehen. Selbst an den besten Zentren der schulischen und universitären Ausbildung in China ist nicht nur die Nomenklatura der Berufe anders als das, was unserem westlichen Verständnis zugrunde liegt, sondern ganz speziell die Fähigkeiten und Fertigkeiten, die mit dem Beruf verbunden sind und damit auch der Umfang und die Breite an Verantwortung, die einer Tätigkeit entgegengebracht werden kann. Dies soll keinesfalls heißen, dass das Bildungssystem gesamt betrachtet in China schlecht ist, es bedeutet jedoch zuerst einmal, dass es in China eine Trennung zwischen Schule und Beruf gibt, wobei die Berufsschule zum schulischen Ausbildungteil gehört und damit nicht als Bindeglied beider Lebenswelten dienen kann. Die Berufsschüler sind somit weder betrieblich angestellt noch werden sie vom Unternehmen in die Berufsschule entsendet. Vor diesem Hintergrund definiert sich das Wort „anders" im Wesentlichen durch praxisfernere Lehrinhalte, die durch rigides Auswendiglernen der Theorie profund wiedergegeben werden sollen, ohne aber den Anwendungsbezug im Fokus zu haben. Aus dieser generellen Lernausrichtung leiten sich zwei weitere Themen ab, die der meist fehlenden pro-aktiven Übernahme von Arbeitsinhalten und der nur begrenzten Übertragbarkeit von Problemlösungen auf neue Herausforderungen. Doch wie wird damit umgegangen?

Ein erster Schritt bei der Einstellung neuer Mitarbeiter ist die Strategie nach Rekrutierungsquellen zu suchen, die diesen Makel ausgleichen. Hierzu ist es im Bereich der Hochschulabsolventen absolut opportun in Zusammenarbeit mit Hochschulen in Europa oder Amerika zu kooperieren, um Auslandsrückkehrer für einen Einsatz im Unternehmen zu gewinnen. Sie spielen dann als Multiplikatoren eine Schlüsselrolle, um die im Ausland erlernten Anwendungsbezüge, die damit verbundenen Denk- und Verhaltensmuster an die theoretisch gut ausgebildeten, studierten Neueinstellungen aus dem Inland weiterzugeben. Hierzu setzt beispielsweise die Volkswagen Automatic Transmission in Tianjin auf eine Strategie, die gezielt Einstellungen aus dem Inland und Ausland kombiniert, um den Erfahrungsaustausch und das gegenseitige Lernen zu fördern. Hierbei zeigen sich erste Erfolge bei denen Absolventen aus Deutschland, die gemeinsam mit berufserfahrenen Kollegen aber auch mit Berufseinsteigern aus China zusammenarbeiten und gegenseitig von den unterschiedlichen Perspektiven profitieren. In einer weiteren Ausbaustufe, soll dies in einem Trainee Program mit dem Namen „Shift.Up!" intensiviert werden. Hierzu ist es das Ziel, auch ganz konkret die inländischen Hochschulen in der Region Nord- und Zentralchina einzubinden, um gemeinsam eine staerker praxiorientierte Ausrichtung zu ermoeglichen. Gemeinsam mit der Zentrale der Volkswagen Group China in Beijing, die bereits eine Vielzahl von Stiftungsprofessuren unterhält, so beispielsweise an der Sun-Yat-Sen Universität in Guangzhou, der Tongji Universität in Shanghai oder auch in der Tsinghua Universität in Beijing, wird hierbei auch der sozialen Verantwortung nachgekommen, die Entwicklung der Gesellschaft zu fördern. Hier werden werden Wissenszentren geschaffen und Plattformen initiiert, die neben einem engen Austausch zwischen Praxisexperten und Wissenschaftlern auch in Form von Projekten oder Vorlesungen münden, um mit und voneinander zu lernen. Darüber hinaus besteht auch die Möglichkeit für Studierende, sich frühzeitig für ein Praktika im Unternehmen zu entschieden und so den Transfer von der Theorie zur Praxis nachhaltig zu stärken.

Abseits der Hochschulabsolventen ist die Rekrutierung und Ausbildung von Facharbeitern wesentlich kritischer zu bewerten. Nicht nur, dass Facharbeiter in einer ganz anderen Quantität überall auf dem Markt benötigt werden. Doch zurück zum Anfangsszenario: Stellen Sie sich vor, Sie errichten eine neue Produktionsstätte in einer der vielen Entwicklungszonen rund um die Millionenmetropolen in China und Sie haben sich für ein Investitionsumfeld entschieden (zumeist aufgrund guter Infrastruktur, guter Leistungen der lokalen Stadtregierung, etc.), in dem circa 500.000 Menschen beschäftigt sind. Zugegeben, dass klingt für westliche Ohren unwirklich, aber dies ist in China durchaus realistisch und keine Seltenheit. Nun wird der Personalaufbau gestartet und es kommt die entscheidende Frage, woher kommen diese Facharbeiter? Wie kann man sie rekrutieren? Vor Ort abwerben, selbst langfristig ausbilden oder aus der Ferne anderer Provinzen rekrutieren und auf Migrant Worker setzen. Jede dieser Entscheidungen hat zahlreiche Folgen und Konsequenzen. Wird ein Abwerbekampf gestartet, wie im Falle eines massiven Rekrutierens von anderen Firmen aus der nachbarschaftlichen Wirtschaftszone, kann dies bedeuten eine Spirale anzuschieben, die sich schlussendlich als Bumerang erweisen wird. Studien zeigen, dass die Loyalität der Facharbeiterschicht durchaus in einer Fluktuation von 15–20 % pro Jahr münden kann, vor allem getrieben durch Gehaltssteigerungen, die als Hauptgrund gelten den Arbeitgeber zu wechseln. Für soziale und ökonomische Nachhaltigkeit ist diese Option also ausgeschlossen und auch unter kurzfristigen Aspekten keine wirkliche Alternative. Die Option auf Migrant Worker zu setzen, die viele tausend Kilometer von zu Hause entfernt arbeiten, wird auch zunehmend schwieriger, da die Anstrengungen der Unternehmen in der Versorgungssicherung, wie Wohnheime, Essen, Freizeit, keine Möglichkeit der HuKuo Registrierung (Voraussetzung zum Wahrnehmen von Sozialleistungen des Staates) schlicht zu groß sind. Was bleibt ist eine Fokussierung auf lokale Arbeiter aus der erweiterten Region, in welcher sich das Unternehmen angesiedelt hat. Im Sinne ökonomischer und sozialer Nachhaltigkeit kann das nur mit einer fundierten Berufsausbildung sichergestellt werden.

Die Berufsausbildung gilt als Schlüssel zum Erfolg, doch damit auch das deutsche duale Modell? Auch dies ist schneller gesagt als getan, denn das chinesische Berufsschulsystem, wenn wir es denn so nennen wollen (fachlich nicht ganz richtig), kennt den wechselseitigen Einsatz von Berufsschülern im Unternehmen nicht. Was davon im aktuellen Curricula der Berufsschulen bleibt, ist eine sechs- bis neun-monatige Einsatzzeit am Ende der theoretischen Berufsschulausbildung, mit der zwei Dinge verfolgt werden: Zum einen ist es die Vermittlung der Schüler in eine Firma, zum anderen ein abschließender kurzer Einblick in das, was den Schülern theoretisch 2,5 Jahre vermittelt wurde. Augenscheinlich wird nun, dass diese Ausbildung nicht wirklich dem entspricht, was sich viele westliche Firmen unter einer Fachausbildung vorstellen, um die Arbeitsfähigkeit, die Produktqualität aber auch die Profession, mit der gearbeitet wird, sicherzustellen.

Aus diesem Grund muss weiter differenziert werden, wie Unternehmen mit einer solchen politischen und systemimmanenten Bürde des Bildungssystems umgehen. Ein Blick in die Volkswagen Group China zeigt, wie es langfristig und mit Blick auf die soziale Nachhaltigkeit gehen könnte. So fokussiert sich Volkswagen in Zusammenarbeit mit dem deutschen Staat und weiteren großen Industrieunternehmen (Projektname SGAVE) auf den qualitativen Ausbau von einzelnen ausgewählten Berufsschulen, die im Verlauf des Projekts verschiedene Berufsbilder, wie beispielsweise die des Werkzeugbauers, als Schwerpunktausbildung aufgreifen und es in Anlehnung an ein deutsches Curricula ausbilden. Hiermit erfolgt in einzelnen Berufsschulzentren eine erste sukzessive Umstellung der Berufsausbildung, die jedoch bei weitem nicht als flächendeckend bezeichnet werden kann, um das ganze System zu verändern. Es lässt sich im Rückblick auf die vergangenen Jahre des Projekts festhalten, dass es ein sehr guter Anfang ist, die Idee der Berufsausbildung langfristig im Bildungssystem zu verankern und dass damit ein wichtiger Schritt dahin geleistet wird, die Idee der praktischen und theoretischen Ausbildung in einer ganzheitlichen Form in der Gesellschaft sicherzustellen. Diese Aufwertung, die eine solche Berufsausbildung damit erhält, ist nicht nur für die Unternehmen, ihre Produkte und die damit verbundene Qualität wichtig. Neben den noch fehlenden Facharbeitern, die hierdurch ausgebildet werden, muss diese Aufwertung auch in der Gesellschaft stattfinden, um diesem Karriereweg die notwendige Wertschätzung entgegen zu bringen. Warum das in China besonders wichtig ist, liegt an einem Phänomen, das auch in Europa latent zu beobachten ist. Mit der Berufsausbildung und dem Weg der Facharbeiter- und Expertenkarriere ist keine Anerkennung verbunden, da an dieser Entscheidung immer noch das Klischee haftet, dass in diesem Arbeitsbereich nicht der gewünschte soziale Aufstieg geschafft werden kann, der zu einem hohen Ansehen und Status verhilft. Besonders in China, indem die meisten Eltern nur ein Kind haben und damit auch nur eine Hoffnung auf eine Karriere, die ihnen durch die Kulturrevolution und die schlechte Wirtschaftslage verwehrt blieb, wird alles daran gesetzt, dass dieses einzige Kind nach der Schule studieren geht. Grundlegend ist das kein falsches Verständnis, allerdings führt es in einem Milliardenvolk dazu, dass Schüler (ob wirklich geeignet oder nicht) an dritt- und viertklassigen Universitäten studieren gehen. Die damit entstehenden Schwämme an Absolventen, welchen final keine Hochschulabsolventenstelle finden, sondern am Ende doch über Praktika die Stelle als Facharbeiter in einer der staatlichen oder teilstaatlichen Industrieunternehmen antreten, steht dabei im Widerspruch der fehlenden, gut qualifizierten Facharbeiter.

Es ist paradox, dass es einerseits viel Potential an Arbeitskraft gibt, aber andererseits nicht die geforderte Qualität in Bezug auf die Fähigkeiten und Fertigkeiten mit sich bringt. Ein einfaches Beispiel ist die Fremdsprachenausbildung. Trotz eines hohen und stetig voranschreitenden Bedarfs in zahlreichen Branchen können Universitätsabsolventen kaum eine einzige Fremdsprache fließend sprechen, wenn sie nicht explizit in dieser Sprache studiert oder einen Auslandseinsatz gemacht haben. Um von hier den Kreis wieder zur Berufsausbildung zu schließen, bedeutet es, die Ausbildungsberufe neu zu positionieren und als Unternehmen einen Beitrag zu leisten, den scheinbar „niedrigen Stellenwert" einer Facharbeiterausbildung qualitativ aufzuwerten, sei es durch den weiteren Auf- und Ausbau der Inhalte, die Anerkennung und Positionierung im Rahmen des Bildungssystems oder aber auch – und das ist enorm wichtig –, dass es im Unternehmen für Facharbeiter Karrierewege gibt, die den Status und die Reputation widerspiegeln.

Um diesen Weg konsequent weiterzuführen, hat die Volkswagen Group China im Jahr 2012 damit begonnen an einzelnen produzierenden Standorten des Volkswagen Konzerns in China weiterführende Kompetenzzentren einzurichten. Diese wurden mit einem weiteren Schwerpunkt versehen – dem der Berufsschullehrerausbildung. Das was auf den ersten Blick befremdlich anmutet für einen Automobilhersteller, ist im Grunde eine Vereinbarung zu einer wichtigen Grundlagenarbeit, um die Lehrqualität entscheidend zu verbessern. Neben moderner Technik und modernen Maschinen, die den kooperierenden Berufsschulen meist durch die Produktionswerke zur Verfügung gestellt werden, geht es darum, die technischen Lehrinhalte sowohl in einer zeitgemäßen und didaktisch ansprechenden Form zu vermitteln. Mit dieser Maßnahme wird der Grundstein gelegt, dass Themen, wie zum Beispiel Innovationen im Bereich des Leichtbaus, der in der Automobilindustrie immer stärker zum Einsatz kommt, konsequent und von Beginn an in einer qualitativ hochwertigen Form in den Lehrplan einfließen können und die unterrichtenden Lehrer für diese neuen Themen entsprechend qualifiziert werden.

Wechseln wir nun zum Abschluss noch einmal zurück in die Perspektive des neu startenden Unternehmens und schauen in die Operative, so bleibt die Feststellung, dass diese Hilfe im Rahmen der Corporate Social Responsibility eine zukunftsorientierte Angelegenheit ist, die einen langen Atem braucht und nur mit ausreichend Zeit nachhaltig implementiert werden kann. Aus diesem Grund bedarf es auch konkreter operativer Strategien bei Volkswagen, um bis zu einem finalen Wandel des Bildungsapparates und der Wahrnehmung in der Gesellschaft die Entwicklung der Facharbeiter als Schwerpunktthema nicht aus den Augen zu verlieren und vor allem die Produktion bestmöglich durch neu eingestelltes und gut qualifiziertes Personal abzusichern. Wie es in China üblich ist, geht das Rekrutieren der Berufsschüler nicht über den einzelnen Schüler, sondern über die Schule und dies nur, falls ein Unternehmen Zugang zu Berufsschulabsolventen bekommen möchte. Auf den ersten Blick unverständlich wird mit der Schule über den Bedarf in Bezug auf Quantität und Fachrichtung gesprochen, um im Anschluss über die Schule ein Vorstellungsevent der Firma zu vereinbaren, an dem interessierte Berufsschüler (Einladung durch die Lehrer und die Schule) teilnehmen können, um ihren potenziellen Arbeitgeber kennenzulernen. Auf der anderen Seite bietet sich die Chance für das Unternehmen ein Auswahlverfahren einzusetzen, um die am besten Qualifizierten aus der Vielzahl an Schülern herauszufiltern. In der Regel sind dies Veranstaltungen mit 200–400 Schülern, die im Anschluss an die Unternehmenspräsentation einen ersten Multiple-Choice-Test durchführen, bei dem ca. 40 % für ein späteres Interviewauswahlverfahren in den Fachbereichen des Unternehmens in Frage kommen (Abb. 1).

Zwischen dem Interview und der Auftaktveranstaltung liegen in der Regel ein bis zwei Wochen und auch in diesem Schritt verläuft die Kommunikation über die Schule und die entsprechenden Lehrer. Final gibt es dann gemeinsam mit den Unternehmensbereichen und dem Personalwesen die Interviews, um die Expertise der Kandidaten, ihre Ein-

Abb. 1 Fotos Testsituation Schüler. (Quelle: Internes Fotomaterial Volkswagen Group China)

stellung und Persönlichkeit mit denen des Anforderungsprofils abzugleichen. Sind sich Schule, Unternehmen einig und ist auch der Schüler gewillt, die praktische Ausbildungsphase (ähnlich eines Praktikums) für die verbleibenden 6-12 Monate je nach Curriculum anzutreten, so kann das Unternehmen einen Einsatz ausplanen, der im besten Fall damit endet, dass der Schüler nach seinem Abschluss übernommen wird. Hier gibt es jedoch Stolpersteine, die es zu beachten gilt. Die Schüler sind nach der Ausbildungszeit und der Investition, die das Unternehmen für die Qualifizierung aufwendet, nicht verpflichtet dort auch einen Arbeitsvertrag zu unterzeichnen. Auch das Unternehmen kann davon Abstand nehmen, doch genau dieses unverbindliche Konstrukt macht es schwierig, wenn der Gedanken einer langfristigen und hochwertigen Ausbildung wieder aufgegriffen wird, denn es bleibt die Frage, wie kann der Verbleib des Wissens vertraglich mit den Schülern sichergestellt werden, ohne dass gut ausgebildete Berufsschüler am Ende für ein wenig mehr Vergütung zu einem anderen Arbeitgeber wechseln und dadurch das Unternehmen – welches die Ausbildung finanzierte – die Nachsicht hat. Sicherlich ist es möglich, durch eigene attraktive Vergütungspakete und Entwicklungschancen die Mitarbeiter zu halten, aber natürlich bleibt besonders am Anfang einer Einstellungsentscheidung die Frage, wie bindet ein Unternehmen Auszubildende, die vorerst nur einen Vertrag auf einen Praxiseinsatz über die Schule haben und grundsätzlich bis zum Abschluss ausschließlich der Schule verpflichtet sind?

Der Schlüssel für dieses Problem liegt wiederum nur in den Berufsschulen, denn ausschließlich durch ihre Einbindung, ihre Übernahme des Sozialversicherungsstatus der Schüler kann es überhaupt gelingen, dieses Problem zu lösen. Hierzu ist es wichtig, die Schulen mit einem gemeinsamen Curriculum für verschiedene Lehrberufe zu überzeugen, die gemeinsam mit Unternehmen und Schule umgesetzt werden. Dazu soll bei Volkswagen in einem ersten Schritt ein Praxiseinsatzplan umgesetzt werden, der den Gegebenheiten der derzeitigen Schulsystematik entspricht. Bereits hier sollte feststehen, welche Lernfelder und welche Lernstationen eigentlich für eine voll umfassende Ausbildung sowohl in der Schule als auch im Unternehmen notwendig sind und wie ein idealer Stundenplan über die komplette Ausbildungszeit aussieht. Abgeleitet daraus wird ein sequentieller Plan erstellt, wie kurzfristig der Personalaufbau mit einer komprimierten Ausbildungsphase von mehreren Monaten gelingen kann, während parallel bereits eine mehrjährige Ausbildung einsetzen muss, die sich auf eine ein bis zwei Jahre lange Ausbildung fokussiert, die im Wechsel zwischen Schule und Unternehmen stattfindet und dem Modell des dualen Ausbildungsprogramms am nächsten kommt. Genau das muss und sollte unser Ziel sein, dem Modell aus Deutschland als Vorbild nahe kommen, aber auf keinen Fall eine Vorstellung oktroyieren, die im derzeitigen chinesischen System nicht anschlussfähig ist. Aus diesem Grund ist es notwendig, als Unternehmen die Schulen grundsätzlich dort zu unterstützen, wo sie Bedarf haben, aber auch die Expertise der Schule zu akzeptieren und aktiv einzubinden. So kann es in Zukunft gelingen, die Lerninhalte der Ausbildungsberufe, wie die des Mechanikers, des Mechatronikers, des Logistikers oder des Industrieelektronikers an der Stelle zu vermitteln, an der die besten Voraussetzungen dafür vorhanden sind. Volkswagen stellt genau dies in den Mittelpunkt seiner Ausbildungsstrategie.

Zusammenfassend lässt sich an dieser Stelle zeigen, dass die Ausbildung zum Facharbeiter nicht nur ein Unternehmensziel ist, um die Personalbedarfe zu decken, die Qualifikationen sicherzustellen und die Produkte in ausgezeichneter Qualität zu produzieren, sondern, dass die Entwicklung der Facharbeiter von Beginn an mit der Einstellung als Auszubildender eine Kernaufgabe ist, die nachhaltig für Veränderungen sorgen kann. So ist ein Fundament von hochqualifizierten Facharbeitern die Basis eines jeden erfolgreichen, produzierenden Unternehmens. Auch mit Bezug auf die Gesellschaft sind es die Facharbeiter, die mit mehreren hundert Millionen Menschen in China eine der wesentlichen Säulen sind, die das Land prägen und nach Orientierung suchen. Hier sollte es eine gemeinsame Anstrengung der Politik, der Unternehmen und der Institutionen sein, die Wertschätzung des Ausbildungssystems durch aufwertende qualitative Maßnahmen zu steigern, die die Berufsausbildung zum Facharbeiter sozial richtig positioniert, um nachhaltig als attraktive und lohnenswerte Karrierechance wahrgenommen zu werden. Dies ist ein übereinstimmendes und lohnenswertes politisches Ziel, das mit den Unternehmenszielen harmoniert.

3 Ausblick

Wenn die Frage gestellt wird, wo der Weg Chinas hinführt, so sollte dieser Artikel einen optimistischen aber auch herausfordernden Ausblick geben. Wachstum wie er in China schon seit Jahren stattfindet und sich auch für die Zukunft abzeichnet, wird nur mit den Menschen möglich sein, die ihn bewältigen müssen. Dazu müssen sie durch Ausbildung und verantwortungsvolle Unternehmen befähigt werden, ihre Ressourcen gezielt hierzu einzusetzen und sowohl ihre operativen Ziele zu erreichen, aber auch über den Tellerrand hinaus zu schauen und Verantwortung für die Entwicklung nachhaltiger Strukturen zu etablieren. Dieser Artikel sollte dazu beitragen, einen kleinen ausgewählten Bereich der Personalarbeit in China ein wenig besser zu verstehen und zu diskutieren. Angereichert mit Erfahrungen aus derzeitig laufenden Projekten und grundlegenden Diskussionslinien in der Personalarbeit vor Ort, kann damit nur ein Startpunkt initialisiert werden, um sich tiefgreifender mit den Risiken und Chancen auseinanderzusetzen, die der chinesische Markt und die Veränderungen der Gesellschaft bietet. Was auf jeden Fall im Gedächtnis bleiben sollte ist, dass nur eine Spitzenmannschaft erfolgreiche Produkte und nachhaltige Erfolge sicherstellen kann. Aus diesem Grund ist und bleibt das Thema Personal – und das nicht nur in China – eines der Schwerpunktthemen, ob ein Unternehmen nachhaltig erfolgreich und gesellschaftlich anerkannt ist, oder ob es so schnell vom Markt verschwindet, wie es gekommen ist.

Dr. Martin Hofmann ist Leiter Personal, Organisation und Administration in der Volkswagen Automatic Transmission in Tianjin und in dieser Funktion mit dem personalseitigen Aufbau des Komponentenwerkes mit final über 5500 Mitarbeitern betraut. Zuvor war er als Referent des Vorstands für Personal, Organisation und ITP in der Volkswagen Group China tätig und hat die strategischen Personalprojekte betreut. Von 2002 bis 2007 studierte er an der Otto-von-Guericke-Universität in Magdeburg, an der er – neben seiner Tätigkeit bei der Volkswagen AG – im Jahre 2010 auch im Bereich „Personal und Organisation" promovierte. Nach Erfahrungen im Bereich der Unternehmensberatung war er vor seinem Einsatz in China bei der Volkswagen AG in Wolfsburg für die nationale und internationale Einführung innovativer Personalprozesse im Management sowie die Themen „Management-Grundsätze" und „Gremienbetreuung" zuständig.

Verantwortungsvoll handeln – Umweltbezogene Effizienzsteigerungen bei Deutsche Post DHL

Christof E. Ehrhart

1 Das GoGreen-Programm

Logistik ist mehr als nur Güter und Waren zu transportieren. Logistik ist heute das Rückgrat des weltweiten Handels. Sie schafft die notwendige Infrastruktur für globale Vernetzung und ist entscheidender Treiber für Entwicklung, Wohlstand und Teilhabe aller auf der Welt. Logistik ist inzwischen tief eingebettet in das Leben und den Alltag von Milliarden Menschen. Sie ist nicht nur einer der größten Arbeitgeber weltweit; ihr kommt auch eine grundlegende Funktion als Innovator und Vorreiter in Bereichen wie klimaeffiziente Mobilität zu. Logistik verbindet Menschen und verbessert ihr Leben. Und die Bedeutung der Logistik wird weiter ansteigen, denn die Globalisierung schreitet voran. Der eCommerce, also der Handel mit Waren über das Internet, hat dabei einen neuen Akzent gesetzt – und setzt einen weiteren Impuls für die Logistikindustrie, Waren von einem Punkt zum anderen zu transportieren. Die Kehrseite der Medaille: Der Transport von Gütern und Waren belastet die Umwelt, denn er basiert weitestgehend auf dem Einsatz von Energie, die aus der Verbrennung fossiler Kraftstoffe gewonnen wird. Das bedeutet einen Anstieg klimaschädlicher Gase wie Kohlendioxid und anderer Treibhausgase. Heute verursacht die gesamte Transportindustrie einen Anteil von rund 14 % der weltweiten Treibhausgasemissionen.

Deutsche Post DHL, eines der weltweit führenden Transport- und Logistikunternehmen, ist sich der Auswirkungen seines Geschäfts bewusst und hat es sich daher frühzeitig zum Ziel gesetzt, die CO_2-Emissionen zu verringern. Der Konzern hat deshalb bereits vor sechs Jahren das Umweltprogramm GoGreen ins Leben gerufen, das – gemeinsam mit den

C. E. Ehrhart (✉)
Deutsche Post DHL, Bonn, Deutschland

© Springer-Verlag Berlin Heidelberg 2015
T. Weber (Hrsg.), *CSR und Produktmanagement,* Management-Reihe Corporate
Social Responsibility, DOI 10.1007/978-3-662-45573-9_6

weiteren Corporate Responsibility-Programmen GoHelp (Katastrophenmanagement) und GoTeach (Bildung) – Teil der Unternehmensstrategie ist.

Das GoGreen-Programm bündelt eine Fülle von Maßnahmen, die das eigene Unternehmen, aber auch Subunternehmer und Kunden einbezieht, um die negativen Einflüsse des Transports auf die Umwelt so weit wie möglich zu minimieren. Als erstes global agierendes Logistikunternehmen hat sich Deutsche Post DHL dabei ein konkretes Klimaschutzziel gesetzt, nämlich bis 2020 seine CO_2-Effizienz um 30 % gegenüber dem Basisjahr 2007 zu verbessern. Um dieses Ziel zu erreichen, müssen die durch den Transport entstehenden Emissionen zunächst erfasst werden. Auch hier war der Konzern Vorreiter und hat ein umfassendes Carbon Accounting System aufgebaut, das in allen Geschäftsbereichen Emissionen misst und als gleichberechtigte Größe neben Energieverbrauch und Kosten aufführt. Aus den Ergebnissen lassen sich dann wertvolle Potenziale für die Effizienzsteigerung identifizieren.

Seinem Umweltschutzziel ist Deutsche Post DHL bereits ein großes Stück näher gekommen: 2013 wurde die CO_2-Effizienz wieder um zwei Prozentpunkte gesteigert, so dass insgesamt schon eine Verbesserung um 18 % seit 2007 erreicht werden konnte. Wie das gelingt, beschreibt das nächste Kapitel.

Bei allen Umweltschutzaktivitäten spielt der Wertschöpfungsansatz des „Shared Value" eine wichtige Rolle. Shared Value bedeutet, dass Deutsche Post DHL mit nachhaltigen Produkten und Serviceleistungen nicht nur seine eigene Marktposition stärkt, sondern zugleich gesellschaftlichen Nutzen stiftet. Die vielfältigen Maßnahmen zur CO_2-Effizienzsteigerung und die umweltfreundlichen *GOGREEN*-Produkte sind also nicht nur gut für die Umwelt und die Gesellschaft, sondern können auch einen Mehrwert für Kunden und Dienstleister schaffen.

2 Effizienzsteigerung

2.1 Burn Less/Burn Clean

Deutsche Post DHL transportiert Güter in der Luft, zu Wasser, auf der Schiene und auf der Straße. Außerdem betreibt das Unternehmen Lager-, Logistik- und Verwaltungsgebäude in aller Welt. Diese Transportmodi haben unterschiedlich großen Anteil an den gesamten Treibhausgasemissionen, die das Geschäft des Konzerns verursacht. Den größten Anteil machen die Transporte per Flugzeug aus und bieten somit auch das größte Potenzial zur Effizienzverbesserung.

Grundsätzlich unterteilen sich die Maßnahmen des Unternehmens in zwei Kategorien:
Burn Less – die Reduktion des Energie- und Kraftstoffverbrauchs und
Burn Clean – die Nutzung von alternativen Kraftstoffen und Energiequellen

Der „Burn Less"-Ansatz zielt neben dem Umweltaspekt insbesondere auf die damit einhergehenden Kostenvorteile und vereint auf direktem Wege ökologische und ökonomische Ziele. „Burn Clean" bietet in Einzelfällen ebenfalls Potentiale für Kostenreduktionen, ermöglicht jedoch insbesondere Emissionsreduktionen (Tab. 1).

Tab. 1 Maßnahmen von Deutsche Post DHL zur Effizienzverbesserung (Auswahl)

	Burn less > Energiebedarfe reduzieren	**Burn clean** > Alternative Energieträger nutzen
Fahrzeuge	> Aerodynamik optimieren > Motoren modifizieren > Telematiksysteme ausweiten > Hybridantriebe nutzen	> Alternative Kraftstoffe einsetzen > Elektrofahrzeuge mit grünem Strom betreiben
Gebäude	> Energieeffiziente Beleuchtungsmittel verwenden > Energiesparende Beleuchtungssteuerungen installieren > Heizungs- und Klimaanlagen modernisieren	> Strom aus regenerativen Energien (grünen Strom) nutzen > Biogasversorgung einführen
Flugzeuge	> Flugzeugflotte modernisieren	> Alternative Kraftstoffe einsetzen (derzeit noch nicht möglich, aber Partizipation an Initiativen zur Erforschung, etwa aireg e.V.)

Die Maßnahmen sind insgesamt so vielfältig wie das Geschäft von Deutsche Post DHL. Die Entwicklung und der Einsatz innovativer Technologien in den Fahrzeugflotten und der Umstieg auf alternative Kraftstoffe gehören dazu. Bereits 11.500 Fahrzeuge mit alternativen Antrieben fahren in der weltweiten Flotte. Dazu gehören Elektrofahrzeuge ebenso wie solche mit Hybridantrieb oder Biogas als Kraftstoff. Netze und Routen werden mit Blick auf ihre CO_2-Effizienz optimiert, das Umweltbewusstsein der Mitarbeiter und Kunden wird geschärft. Und zwar nicht nur der Geschäftskunden: Der Anteil an klimaneutralen *GOGREEN*-Sendungen bei Briefen, Paketen und Expresssendungen steigt seit ihrer Einführung im Jahr 2006 kontinuierlich. 2013 wurden insgesamt 2,365 Mrd. Sendungen klimaneutral verschickt, zwischen 2006 und 2013 wurden über grüne Sendungen insgesamt 649.730 Tonnen CO_2 kompensiert. Mittlerweile werden mit Einführung des aktuellen, weltweit anerkannten Berechnungs- und Berichtsstandard „GHG Protocol Product Lifecycle Accounting and Reporting" die angebotenen CO_2-neutralen GoGreen-Produkte komplett klimaneutral verschickt, da neben den bisher aufgeführten CO_2-Emissionen, die bei Transporten am stärksten ins Gewicht fallen, nun auch weitere relevante Treibhausgase wie Methan und Distickstoffoxid erfasst werden.

Die Deutsche Post DHL war weltweit das erste Unternehmen seiner Branche, das „grüne" Produkte entwickelt und in sein Portfolio aufgenommen hat. Damit hat Deutsche Post DHL einen Industriestandard gesetzt und wird als Vorreiter nicht nur in seiner Branche, sondern auch in anderen Märkten wahrgenommen. Seit der Einführung der ersten *GOGREEN*-Produkte im Jahr 2006 sind viele Produktvarianten hinzugekommen und sowohl der Brief- und Paketbereich als auch die weltweite Logistik bieten den Kunden solche Produkte an – zum Teil für Privatkunden sogar kostenfrei. Seit 2011 werden alle Privatkundenpakete in Deutschland im Auftrag mit DHL Paket ohne Aufpreis klimaneutral transportiert. Und auch die Bundesministerien setzen bei ihren Paketen seit drei Jahren auf den umweltfreundlichen Zustellservice. Dabei tragen alle grünen Produkte von Deutsche Post DHL das *GOGREEN*-Label. Heute ist der Versandservice bereits in mehr als 60 Ländern verfügbar und umfasst zudem das weltweite Speditionsgeschäft. Neben den grünen Produkten können Geschäftskunden von Deutsche Post DHL verschiedene Services nutzen.

CO_2 Reports Sie machen die Emissionsauswirkungen aller Transport- und Logistikdienstleistungen transparent, die Kunden in Anspruch nehmen. Die Kunden erhalten vollständige Berichte über die Höhe der Treibhausgasemissionen, die durch ihre Transport- und Logistikaufträge mit Deutsche Post DHL entstanden sind. Zusätzlich können Kunden ihre gesamte Lieferkette überprüfen lassen und sich beraten zu lassen.

Grüne Optimierung Mit diesem Service bietet Deutsche Post DHL die Möglichkeit, den negativen Einfluss auf die Umwelt durch die Geschäftsaktivitäten des Kunden zu reduzieren. Logistikspezialisten beraten Kunden, wie sie die Treibhausgasemissionen ihrer Transport- und Logistikdienstleistungen senken können oder unterstützen sie dabei, an ihren Standorten Abfall zu vermeiden oder den Wasserverbrauch zu reduzieren. Ein Aspekt dieses Services ist der Straßentransport und die Lagerhaltung: hier werden sowohl Lösungen zur CO_2-Reduktion angeboten („burn less") als auch alternative Technologien eingesetzt („burn clean"). Konkret umfassen diese Services z. B. den Einsatz von alternativen Fahrzeugantrieben oder den Einsatz von energieeffizienten Beleuchtungssystemen und zum Beispiel die Nutzung von grünem Strom. Darüber hinaus beinhaltet der Service „Grüne Optimierung" den Bereich Netzwerke: Dieser Service betrachtet die gesamte Wertschöpfungskette eines Kunden und bietet umweltfreundlichere Lösungen angefangen bei der Routenplanung bis hin zur Fahrzeugoptimierung und Verpackungslösungen.

2.2 Die Verbundzustellung als ideales Einsatzfeld für Elektromobilität

Ein Schwerpunkt zur Erhöhung der CO_2-Effizienz liegt im Straßenverkehr. Hier steigert Deutsche Post DHL die Effizienz zum einen durch Standardprozesse wie Fahrerschulungen und die Erhöhung der Fahrzeugauslastung. Zum anderen werden zunehmend neue Technologien und alternative Kraftstoffe eingesetzt und getestet. Um am Ende eine tatsächliche CO_2-Effizienzsteigerung zu erreichen, müssen die effektiven Technologien pro Fahrzeugklasse und Fahrprofil zielgerichtet zum Einsatz kommen. Der Auswahlprozess hierfür ist der wichtigste Bestandteil, um eine „grüne Flotte" als ebensolche betreiben zu können. Deutsche Post DHL hat ein Gesamtkonzept entwickelt, um zielgerichtet den Einsatz der richtigen energieeffizienten, umweltfreundlichen Fahrzeuge passend zu den jeweiligen Anforderungen (Strecke, Volumen) zu gewährleisten.

Ein Topthema ist dabei die Elektromobilität. Sie kann einen wertvollen Beitrag zur Erreichung des CO_2-Effizienzziels von Deutsche Post DHL leisten. Besonders die sogenannte Verbundzustellung ist ein ideales Einsatzgebiet. Die täglich zurückgelegte Strecke ist in der Zustellung so gering, dass die Reichweite von Elektrofahrzeugen in der Regel ausreicht und sie hat ein und denselben Start- und Endpunkt. Elektromotoren können beim Start-Stopp-Betrieb der Zustellung klare Vorteile ausspielen. Bei Verbrennungsmotoren steigt der Kraftstoffverbrauch im Start-Stopp-Betrieb deutlich, da die Bewegungsenergie beim Bremsen verloren geht und ein laufender Verbrennungsmotor auch bei Fahrzeugstillstand Kraftstoff verbrennt. Start-Stopp-Technologien sind nicht auf solch extreme Anforderungen ausgelegt. Ein Elektromotor dagegen kann beim Bremsvorgang als Generator arbeiten und die Bewegungsenergie in Strom umwandeln, der in den Akku zurückgespeist wird. So steht die Energie für den nächsten Anfahrvorgang wieder zur Verfügung. Darüber hinaus verbraucht ein Elektromotor bei Fahrzeugstillstand auch dann keine Energie, wenn der Motor nicht mit dem Zündschlüssel abgestellt wird. Zusätzlich sind Elektrofahrzeuge geräuscharm und senken die Feinstaubbelastung. Die Auswahl der im Zustellbetrieb eingesetzten Fahrzeuge wird von den Anforderungen des Zustellprozesses bestimmt.

Die Deutsche Post DHL hat in Zusammenarbeit mit der der RWTH Aachen vor drei Jahren ein eigenes Elektrofahrzeug entwickelt, das speziell auf die Bedürfnisse der Brief- und Paketzustellung ausgerichtet ist. 2012 wurde der erste Prototyp vorgestellt und heute sind in Deutschland bereits 50 Fahrzeuge einer ersten Vorserie im Einsatz ist. Das Fahrzeug muss täglich bis zu 200 Stopps und Anfahrvorgänge bewältigen und ist bis zu 300 Tage im Jahr im Einsatz. Der Kastenaufbau in robuster und einfacher Bauweise – das Fahrzeug ist insgesamt rund 4,6 Meter lang – bietet genügend Ladevolumen und verfügt außerdem über eine Ausstattung, die allen Sicherheitsstandards entspricht. Mit einer Reichweite von bis zu 120 Kilometern (im Postbetrieb max. 80 km) ist der StreetScooter ideal für die Verbundzustellung – also die gleichzeitige Auslieferung von Briefen und Paketen.

Aus Sicht von Deutsche Post DHL beschränkt sich der Einsatz dieser und anderer Elektrofahrzeuge nicht auf den urbanen Raum, auch der ländliche Bereich ist ein Einsatzfeld für Elektromobilität. Im städtischen Raum erfolgt die Briefzustellung in der Regel mit dem Fahrrad oder zu Fuß. Damit ist dieser Art des Transports schon immer CO_2-frei. Für die Paketzustellung wurden dagegen bisher dieselbetriebene Transporter der Klasse 3,5 t mit einem speziellen Kastenaufbau genutzt. Im Landbereich erfolgte die Zustellung von Briefen und Paketen im Verbund. Hier werden PKWs und Transporter bis 2,8 t eingesetzt – und nun auch der elektrifizierte StreetScooter und weitere elektrisch betriebene Fahrzeuge.

2.3　Der große Praxistest in Bonn

Bereits in der Vergangenheit hat Deutsche Post DHL eine große Zahl von Elektrofahrzeugen sowohl zeitlich begrenzt als auch im Dauerbetrieb in der Praxis getestet. Mit dem Projekt „CO_2-freie Zustellung" in Bonn hat der Konzern den nächsten großen Schritt auf dem Weg zu einem CO_2-freien Zustellnetz gemacht. Seit Sommer 2013 stellt die Deutsche Post DHL über drei Jahre hinweg die komplette Zustellung in Bonn und dem Bonner Umland auf Elektrofahrzeuge um und macht die Stadt damit bundesweit zum ersten Standort mit einer CO_2-neutralen Zustellung. Die gesamte Paketzustellung in der Bonner Innenstadt sowie die kombinierte Brief- und Paketzustellung im Umland begann im ersten Projektjahr mit zunächst 79 klimafreundlichen Elektrofahrzeugen. Jährlich folgen weitere Fahrzeuge und so werden bis 2015 insgesamt 147 Elektrofahrzeuge zum Einsatz kommen, die mit grünem Strom betrieben werden. Das ist eine der größten im Verbund eingesetzte Nutzfahrzeugflotte mit Elektroantrieb in der Welt. Unterstützt wird das Projekt vom Förderprogramm Elektromobilität der Bundesregierung.

Mit dem Projekt „CO_2-freie Zustellung" will Deutsche Post DHL Erfahrungen im Flottenbetrieb sammeln und die Voraussetzungen für eine Ausweitung des Elektrofahrzeugeinsatzes klären. Themenschwerpunkte im Projekt sind die Bereiche

- Praxistauglichkeit
- Zuverlässigkeit
- Umweltbewertung
- Wirtschaftlichkeit

Praxistauglichkeit
Für die Bewertung der Praxistauglichkeit sind vor allem die Rückmeldungen der Zusteller und Zustellerinnen relevant. Bereits jetzt zeigt sich, dass der tägliche Betrieb der Elektrofahrzeuge als sehr positiv empfunden wird. Das geringe Fahrgeräusch, der Fahrbetrieb wie bei einem Automatikfahrzeug und das gute Anfahrmoment überzeugen in der Praxis. Bisher erweist sich auch die Fahrzeugreichweite als ausreichend für den täglichen Betrieb.

Zuverlässigkeit
Der Elektrobetrieb darf die hohe Qualität der Dienstleistungen von Deutsche Post DHL in keiner Weise negativ beeinflussen. Daher sind an die Zuverlässigkeit der Elektrofahrzeuge die gleichen Ansprüche zu stellen wie an die Zuverlässigkeit von konventionellen Fahrzeugen. Bisher werden Elektrofahrzeuge nur in geringen Stückzahlen produziert, so dass nur wenige Erfahrungen über den Betrieb unter unterschiedlichsten Bedingungen vorliegen. Der Flottenversuch ist eine ideale Basis, um die notwendigen Erfahrungen für einen großflächigen Betrieb zu sammeln.

Umweltbewertung
Eine wesentliche Motivation für den Einsatz von Elektrofahrzeugen ist die Reduzierung der CO_2-Emissionen. Der Betrieb der Fahrzeuge im Projekt erfolgt daher mit grünem Strom. Eine systematische Auswertung der Verbrauchswerte im Praxiseinsatz unter unterschiedlichen Einsatzbedingungen liegt noch nicht vor. Im Projekt „CO_2-freie Zustellung" wird daher die täglich je Fahrzeug geladene Energiemenge über die Ladeinfrastruktur erfasst. Durch einen Abgleich mit den Einsatzbedingungen in den Zustellbezirken, eine Dokumentation der Witterungsverhältnisse und der gefahrenen Strecken lässt sich ein realistisches Bild des Energieverbrauchs der im Projekt eingesetzten Fahrzeugtypen gewinnen.

Wirtschaftlichkeit

Aktuell ist die Wirtschaftlichkeit des Elektrofahrzeugeinsatzes nicht gegeben. Die Einsparungen bei den Energiekosten decken die höheren Anschaffungskosten nicht ab. Den verhältnismäßig geringsten Kostennachteil weisen die kleineren Fahrzeugklassen auf, die bei der Deutschen Post im Landbereich eingesetzt werden. Hier sind vereinzelte Angebote von etablierten Fahrzeugherstellern vorhanden. Das Projekt StreetScooter zielt darauf ab, die Kostendeckung durch eine Optimierung des Ladevolumens zu erreichen, um den Kostennachteil des Elektrofahrzeugs zu kompensieren. Außerdem ist beim Einsatz von Elektrofahrzeugen der Zusatzaufwand für die Ladeinfrastruktur zu berücksichtigen. Auch hier sind noch weitere Lösungen zu erarbeiten, die einen wirtschaftlichen Betrieb ermöglichen.

3 Ausblick

Mit ersten grünen Angeboten in 2006 und seinem umfassenden GoGreen-Programm seit 2008 hat Deutsche Post DHL Industriestandards gesetzt. Die Maßnahmen erstrecken sich weltweit über alle Unternehmensbereiche, die Produkte werden sehr gut angenommen und der Konzern entwickelt stetig weitere Maßnahmen und Angebote, fährt Tests mit alternativen Antrieben aller namhaften Hersteller und entwickelt neue Transportlösungen. Ein wesentliches Anliegen ist es dabei, den Dialog mit allen Stakeholdern zu intensivieren, um so ein noch besseres Verständnis auf Basis ihrer Meinungen und Erwartungen zu entwickeln. Im Austausch soll auch gemeinsam nach Lösungsansätzen für gegenwärtige und zukünftige gesellschaftliche und unternehmerische Herausforderungen gesucht werden. Der stetige Austausch und der Dialog verlaufen auf Konzern- wie auf lokaler Ebene unter anderem auf Veranstaltungen, Workshops, Präsentationen, Umfragen und in gemeinsamen Gremien.

Einbezogen sind dort auch andere Logistikunternehmen und Subunternehmer. Deutsche Post DHL beteiligt sich an industrieweiten Programmen wie „SmartWay" der United States Environmental Protection Agency (USEPA) und hat die Gründung der Initiativen Green Freight Europe und Green Freight Asia mit vorangetrieben und unterstützt als Gründungsmitglied von aireg e. V. die Einführung von alternativen Flugkraftstoffen in Deutschland. Ziel der Freight-Initiativen ist es, zu einem sinkenden Kraftstoffverbrauch im Frachtgeschäft in Europa und im Raum Asien-Pazifik beizutragen, dadurch die Treibhausgasemissionen zu reduzieren und die Frachtkosten langfristig entlang der gesamten Lieferkette zu senken.

Deutsche Post DHL wird auch in der Zukunft aktiv daran arbeiten, Lösungen für die Herausforderungen der Zukunft in Bezug auf Innovation, Umwelt und Klima zu entwickeln – für seine Kunden und seine eigenen Geschäftsabläufe. Das GoGreen-Programm wird hier weiterhin eine wesentliche Säule in diesem Prozess sein und ist nicht zuletzt deshalb Teil der Unternehmensstrategie des Konzerns: heute und in der Zukunft.

VfL Wolfsburg. Nachhaltigkeit als Markenkern eines Fußballclubs

Nico Briskorn

1 Einführung

Der Sport ist ein wichtiger Bestandteil unserer Gesellschaft. Die Deutschen geben ca. sieben bis zehn Prozent ihres Einkommens direkt und indirekt für Sport aus. Dabei sind es nicht ausschließlich die funktionalen Eigenschaften, die den Wert des Produkts ausmachen. Dies kann jeder nachvollziehen, der Fan eines Vereins ist und feststellt, dass Spieler, Trainer und Management eines Fußballvereins im Grunde ununterbrochen wechseln, wir aber Fan „unseres" Vereins bleiben.[1] Was bindet uns eigentlich an einen Verein? Bietet ein ganzheitliches Corporate Social Responsibility (CSR)-Engagement Chancen für eine höhere Identifikation? Inwieweit kann Nachhaltigkeit im Markenkern eines Fußballclubs verankert werden? Inwiefern ist der VfL Wolfsburg hierfür beispielhaft zu nennen? Der folgende Beitrag geht diesen Fragen auf den Grund.

Mit der Entwicklung von CSR-Programmen entsprechen Unternehmen veränderten gesellschaftlichen Erwartungen. Fast 80 % der Manager halten die nachhaltige Unternehmensführung für notwendig, um wettbewerbsfähig zu bleiben.[2] Der gute Verkauf eines Produkts ist nur dann möglich, wenn den Partnern, Kunden und Fans auch vermittelt wird, mit wem man zusammenarbeitet, wofür man steht. Und das nicht nur im gefühlten Bereich, sondern in einer dauerhaften Kommunikation, die auch der breiten Bevölkerung ein Image vermittelt. Das Markenversprechen muss Kernbestandteil des Unternehmens sein.[3]

---

[1] Preuß (2014, S. 3).

[2] Rudolph und Weber (2014b, S. 3).

[3] Lehnebach (2014, S. 16).

N. Briskorn (✉)
VfL Wolfsburg-Fußball GmbH, In den Allerwiesen 1, 38446 Wolfsburg, Deutschland
E-Mail: Nico.Briskorn@vfl-wolfsburg.de

© Springer-Verlag Berlin Heidelberg 2015
T. Weber (Hrsg.), *CSR und Produktmanagement,* Management-Reihe Corporate
Social Responsibility, DOI 10.1007/978-3-662-45573-9_7

Der VfL Wolfsburg hat die Erfahrung gemacht, dass CSR-Programme inzwischen auch im Fußball eine wichtige Rolle zur Erzeugung von Identifikation spielen können. Der Verein ist davon überzeugt, dass eine starke Marke einen Club auch tragen und Einnahmen generieren kann, wenn es sportlich nicht so gut läuft. Auf der anderen Seite sieht der VfL in einer nachhaltigen Markenausrichtung Chancen, um sein primäres Unternehmensziel, das Streben nach höchsten sportlichem Erfolg, zu unterstützen. Er hat dies schon vor einigen Jahren erkannt und damit begonnen, CSR als Teil der Markenidentität ganzheitlich und professionell im Unternehmen zu verankern.

Dieser Beitrag bietet Reflexionen aus der Praxis des CSR- und Markenmanagements eines professionellen Fußballvereins und beschäftigt sich im Kern mit den Auswirkungen von Corporate Social Responsibility auf das Markenimage. Er gliedert sich wie folgt: zuerst wird die Bedeutung von Nachhaltigkeit und Markenmanagement im Fußball untersucht. Daran schließt sich eine Betrachtung der Risiken und Potenziale einer nachhaltigen Markenausrichtung. Nach einer Betrachtung der nachhaltigen Ausrichtung des VfL Wolfsburg aus Innen- sowie Außensicht, werden abschließend die Herausforderungen und Ziele benannt.

2 Nachhaltigkeitsmanagement im Profifußball

Der Profifußball ist ein wichtiger gesellschaftlicher Akteur. Er lockt jedes Wochenende hunderttausende Menschen in die Fußballstadien und ist in den Medien omnipräsent. Die Vereine sind lokale bzw. regionale Arbeitgeber und besitzen eine starke Wirtschaftskraft. Darüber hinaus sind Fußballvereine, anders als viele Unternehmen, traditionell sehr eng mit der Gesellschaft verbunden. Fußballvereine stehen ähnlich wie klassische Wirtschaftsunternehmen in der gesellschaftlichen Verantwortung. 81 % der Fußballfans erwarten soziales Engagement als festen Bestandteil der Arbeit ihres Vereins.[4] Das gesellschaftliche Engagement des Fußballs ist dann auch beeindruckend. In mehr als 300 Projekten und zahlreichen Einzelmaßnahmen werden derzeit jährlich Mittel im Wert von 20 Mio. € eingesetzt. Viele Vereine ordnen dem Thema bereits eine hohe Bedeutung zu und beschäftigen sich mit aktuellen gesellschaftlichen Themen und Problemen. Insbesondere in den letzten Jahren gab es eine positive Entwicklung auf allen Ebenen. Der Trend geht klar zur strukturellen Verankerung im Unternehmen. Das Engagement ist dabei meist in langfristigen Projekten angelegt.[5]

Viele Vereine haben ein großes Potenzial darin erkannt, sinnstiftend zur Entwicklung der Gesellschaft beizutragen und gleichzeitig Ziele wie Fanbindung, Imagegewinn oder die Bindung neuer Partner sowie Sponsoren zu verfolgen – sie professionalisieren ihr Engagement zunehmend. Kernziel ist dabei die Identifikation und Verantwortung gegenüber der Region.

---

[4] Schmidt et al. (2014, S. 31).

[5] Hedderich et al. (2013, S. 6).

Trotzdem steckt das Nachhaltigkeitsmanagement bei professionellen Fußballvereinen noch in den Kinderschuhen. In den klassischen Wirtschaftssektoren wird Nachhaltigkeitsmanagement als Kernaufgabe der Unternehmensführung betrachtet – über 90 der am DAX notierten Unternehmen verfassen einen Nachhaltigkeitsbericht.[6] Ein ganzheitliches Nachhaltigkeitsengagement betrachtet auch Punkte wie den fairen Umgang mit Mitarbeitern, Spielern und Trainern, ethische Standards bei der Anwerbung junger Talente, die verantwortliche Ausbildung der Profispieler, insbesondere der Nachwuchsfußballer sowie Null-Toleranz gegen Gewalt und Rassismus im Stadion.[7] Erfolgreicher Fußball braucht Nachhaltigkeit. Nur wer den Fußball ganzheitlich begreift und die Rahmenbedingungen langfristig anlegt, wird dauerhaft auf der Erfolgsspur landen. Nicht nachhaltig zu agieren bedeutet, auf kurzfristige Gewinne zu setzen. Das kann nicht das Ziel sein. Im gesellschaftlichen und ökologischen Sinne sollten sich Fußballvereine zum nachhaltigen Wirtschaften verpflichten.

Die strategische Ausrichtung eines ganzheitlichen CSR-Engagements sowie die strukturelle Verankerung im Verein sind nach wie vor große Herausforderungen für die Vereine. Immerhin haben sowohl der VfL Wolfsburg als auch Werder Bremen eigene CSR-Abteilungen. Mit dem DFB hat sich Ende 2013 ein weiterer Fußball-Akteur für die Berichterstattung seiner Nachhaltigkeitsaktivitäten einem Prüfverfahren unterzogen. Der Austausch zum Thema CSR ist in der Liga in den letzten Jahren stark angewachsen, nicht zuletzt durch die Unterstützung der Bundesliga-Stiftung. Alle zwei Jahre findet eine CSR-Vollversammlung statt. Zuletzt trafen sich im November 2013 Vertreter der Vereine und Kapitalgesellschaften aus Bundesliga und 2. Bundesliga in Wolfsburg, um über die ersten Schritte beim Aufbau eines CSR-Konzepts, gesellschaftliche Zukunftsthemen, die Erfassung und Bewertung des gesellschaftlichen Engagements sowie den richtigen Kommunikationsmix zu diskutieren. Generell besteht jedoch noch viel Potenzial im professionellen Fußball.

3 Markenmanagement im Profifußball

Ein professionelles Markenmanagement gilt in vielen Wirtschaftszweigen als einer der zentralen Erfolgsstellhebel. Für im Fußball tätige Personen ist das Thema mitunter relativ neu und undurchsichtig. Vermehrt reift jedoch unter den Verantwortlichen der Fußball-Bundesligisten die Erkenntnis, dass der Aufbau und die Pflege einer starken Vereinsmarke langfristige Werte für den Verein stiften können. Es setzt sich die Erkenntnis durch, dass es sich bei einer Marke um einen wertvollen Vermögensgegenstand handelt.[8]

Wie bedeutende Marken haben Fußballvereine einzigartige Geschichten, die sie einmalig machen. Vereine stehen für Lifesyle und Kultur. Sie vermitteln Werte und haben

---

[6] Hildebrandt et al. (2014, S. 10).

[7] Beschorner (2013, S. 45).

[8] Preuß (2014, S. 5).

eine starke Ausdruckskraft – kein Verein ist wie der andere. Deshalb stehen treue Fans auch in schlechten Phasen bedingungslos zu ihren Farben. Jeder Verein hat neben seiner persönlichen Historie auch Werte, die ihn von anderen Vereinen unterscheiden und einzigartig machen. Sie sind quasi die DNA eines Vereins. Zum gegenwärtigen Zeitpunkt ist es nur wenigen Vereinen gelungen, ein professionelles Markenmanagement stringent und umfassend umzusetzen und somit eine starke und differenzierende Vereinsmarke aufzubauen.[9] Zu den als echte Marke wahrgenommenen Fußballclubs gehören unter anderem die sportlich erfolgreichen Teams aus München und Dortmund sowie der FC St. Pauli.[10]

Für bedeutende Proficlubs gelten dabei die gleichen Gesetze wie für Markenartikel: auf Basis eines attraktiven Angebots schaffen ein unverwechselbares Profil und eine eigenständige Positionierung die Voraussetzung für wirtschaftlichen Erfolg.[11] Eine markengerechte Kommunikation sichert ihn dauerhaft ab. Die Entwicklung eines klaren Markenbildes bedarf einer kontinuierlichen Erzeugung von Assoziationen, die mit der Marke verbunden werden. Im Allgemeinen spricht man von einer zehnjährigen Aufbauzeit einer Marke. Im Sport gilt dies allerdings nicht. Aufstrebende Vereine wie RB Leipzig, erst 2009 gegründet, gelten schon heute als Marke. Auffallend ist jedoch, dass diese kurzfristig neu aufgebauten Marken jeweils die Unterstützung einer bekannten etablierten Marke nutzen.

Marken im Fußball sind mitunter so stark, dass die Marke den überwiegenden Teil des Produktnutzens ausmacht, zum Beispiel im Merchandising. Die Identifikationsfunktion ist für viele Konsumenten im Sport wichtig, da es oft nur die Markenzeichen sind, die Mannschaften und Athleten oder Vereine unterscheidbar machen. Die grundsätzlich hohe Austauschbarkeit der Athleten und Trainer macht diese Identifikationsfunktion für den Sport äußerst wichtig. Diese Identifikation kann sich auf heterogene und irrationale Weise entwickeln. Dazu zählen sportliche Erfolge und Misserfolge sowie viele zufällige Umstände wie Geburts- und Wohnort, der erste Stadionbesuch oder die Sympathie für einen Spieler oder Trainer. Die wechselnden, moderateren Sympathiebeziehungen vieler Fußballinteressierter zu mehreren Vereinen werden in erheblichem Umfang auch durch die Werte und Haltungen des Clubs beeinflusst. Starke Marken schützen die eigenen Sachgüter und Dienstleistungen vor Krisen und Einflüssen der Wettbewerber. So kann sich Bayern München auch eine schlechte Saison leisten, ohne starke Einbrüche beim Konsum der Fans (z. B. Merchandising), beim Verkauf von Eintrittskarten oder beim Verhandeln neuer Sponsoring-Verträge zu erleben.[12]

---

[9] Woisetschläger et al. (2014, S. 4).

[10] Lehnebach et al. (2014, S. 16).

[11] Wiske (2014, S. 68).

[12] Preuß (2014, S. 12–17).

4 Chancen und Risiken einer nachhaltigen Markenausrichtung

In der Markenführung lässt sich derzeitig ein bemerkenswerter Trend zur Nachhaltigkeit beobachten.[13] Knapp 15 % des Images einer Marke werden von Themen wie Klima- und Umweltschutz, fairem Umgang mit Mitarbeitern und Ressourcen beeinflusst. Mehr noch: Unternehmen mit einem glaubwürdigen grünen Image machen auch mehr Umsatz. Nach einer von der Wirtschaftswoche in Auftrag gegebenen Studie, trägt eine verantwortungsvolle Unternehmensausrichtung mit rund 5 % zum Umsatz bei.[14]

CSR- und Markenmanagement stecken bei Fußballvereinen noch in den Kinderschuhen (siehe Kap. 2 und 3). Eine nachhaltige Markenausrichtung ziehen nur wenige Vereine in Betracht.

Eine nachhaltige Markenausrichtung schießt schließlich keine Tore, zumindest nicht auf den ersten Blick. Viele Manager springen darum noch zu kurz, wenn sie in CSR ein reines Marketinginstrument sehen. In der Praxis lässt sich immer wieder beobachten, dass Fußballvereine im Bereich CSR stark marketing- und kommunikationsgetrieben agieren. Nicht selten verfolgen Unternehmen das Ziel, durch CSR-Leuchtturmprojekte ihre Verantwortlichkeit zu demonstrieren. Obgleich damit kurzfristig durchaus ein verantwortungsbewusstes Image erzeugt werden kann, besteht das Problem einer möglichen fehlenden Nachhaltigkeit.[15] Die Übernahme von gesellschaftlicher Verantwortung bietet jedoch die Möglichkeit, in die Bedingungen des zukünftigen Unternehmenserfolgs – dies schließt den sportlichen Erfolg mit ein – zu investieren. So ermöglicht eine ganzheitliche und systematisch ins Unternehmen integrierte Verantwortungsübernahme etwa die Verbesserung des unternehmerischen Images, die Stärkung von Kundenbeziehungen oder die Erschließung neuer Marktsegmente.[16] Ein ganzheitliches Markenmanagement ermöglicht eine kommerziell erfolgreiche Nutzung des Fußballs, um beispielsweise Sponsoren zu gewinnen.[17] Das Aufladen der eigenen Marke mit nachhaltigen Werten wird zunehmend ein Beweggrund für den Abschluss eines Sponsorings. Grundlage hierfür ist, dass der Club ein Image haben muss, von dem der Sponsor als Partner auch profitieren kann. Den Partnern geht es dabei immer mehr um Themen, dafür sollten Clubs mit einer speziellen Identität Steilvorlagen geben.[18] Clevere Nachhaltigkeitskommunikation erhöht die Attraktivität für Sponsoren.[19]

Die Entwicklung eines CSR-Programms kann für Clubs ein Mittel sein, das eigene Image zu steuern. Die Förderung sozialer und ökologischer Projekte beeinflusst dessen Wahrnehmung in der Öffentlichkeit und dessen Image. Die Clubs können auf diese Weise

---

[13] Meffert et al. (2010, S. 28).

[14] Menn und Matthes (2012).

[15] Lin-Hi und Müller (2012, S. 54).

[16] Lin-Hi und Müller (2012, S. 52).

[17] Preuß (2014, S. 5).

[18] Lehnebach (2014, S. 18).

[19] Hildebrandt et al. (2014, S. 10).

über ihre Rolle als populäres Freizeitangebot hinaus auch zu einer im gesellschaftlichen Umfeld geachteten und anerkannten Institution werden, deren positive Identifikationswirkung von den Schwankungen des sportlichen Erfolgs teilweise entkoppelt wird.[20] Die Herausforderung ist es, den Markenwert so weit wie möglich unabhängig von der sportlichen Bilanz kontinuierlich zu steigern.

Darüber hinaus ergeben sich im Zuge einer nachhaltigen Markenausrichtung weitere Chancen. CSR-Projekte sind in der internen Unternehmens- bzw. Markenkommunikation zur Steigerung der Identifikation der eigenen Mitarbeiter und Profis nutzbar, insbesondere wenn man diese Anspruchsgruppen mit einbezieht (siehe Beispiel VfL Wolfsburg Kap. 5.1). Dies kann die Leistungsfähigkeit und Produktivität bestehender Mitarbeiter erhöhen sowie zu einer erhöhten Arbeitgeberattraktivität führen. Es eröffnen sich Chancen, CSR als einen strategischen Wettbewerbsvorteil zu entwickeln. Gelingt eine glaubwürdige Integration in die Markenidentität nicht, droht Greenwashing mit erheblichem Schadenspotenzial für den Markenwert. Schon ein einziger Skandal kann „ein sorgsam aufgebautes Image in kurzer Zeit zerstören". Um Vorwürfe des Greenwashings zu vermeiden, muss das nachhaltige Markenversprechen in den Unternehmensleistungen umgesetzt und belegt werden – Erfolgsfaktor ist somit die Abstimmung der Markensubstanz mit der Markenkommunikation.[21] Entscheidend ist ein professioneller und ganzheitlicher Ansatz für die Evaluation zur CSR-Marke.

5   Nachhaltige Ausrichtung der Marke VfL Wolfsburg

Die Marke VfL Wolfsburg gilt ligaweit als führend im Hinblick auf Nachhaltigkeitsaspekte. Der Verein bietet einzigartige Attribute. Der VfL ist erster Bundesligist mit einem GRI-Nachhaltigkeitsbericht. Das nachhaltige Engagement des Clubs ist überdurchschnittlich. CSR wird dabei als Investment verstanden, welches auf die nachhaltig ausgerichtete Markenbotschaft einzahlt. Der sportliche Erfolg ist dabei ein wichtiger Baustein. Mit ihm schafft der Verein die wirtschaftliche Grundlage für sein gesellschaftliches Engagement. Höchstleistungen im Sport bringen ihm außerdem die Anerkennung, die er benötigt, um als Vorbild Impulse in die Gesellschaft hineinzutragen. Nachhaltig dient andererseits als Wert dem übergeordneten Ziel des Vereins, dem sportlichen Erfolg. Dieser hängt davon ab, dass der Verein für seine Stakeholder, d. h. für alle, die einen berechtigten Anspruch an ihn haben, voll und ganz da ist. Und damit der Verein genau weiß, welche Erwartungen Zuschauer, Fans, Mitarbeiter, Geschäftspartner und die Gesellschaft in der Region, allen voran Kinder und Jugendliche, an ihn stellen, macht er es wie die Nachhaltigkeits-Leader in der Wirtschaft: Er führt einen offenen, transparenten Dialog und übernimmt Verantwortung für Sicherheit, Gesundheit, Bildung, Umwelt- und Klimaschutz sowie wirtschaftlichen Erfolg.

---

[20] Räker (2014, S. 62).
[21] Meffert et al. (2010, S. 30).

Nachhaltigkeit und wirtschaftliche Prosperität sind für den VfL Wolfsburg grundlegend keine Widersprüche. Zum einen führt der durch sein Nachhaltigkeits-Bekenntnis ausgelöste Impuls, reflektierend durch den Alltag zu gehen, schon per se zu aufmerksamerem und kostensparendem Verhalten. Zum anderen spart der Verein grundsätzlich durch nachhaltiges Wirtschaften bares Geld.[22]

5.1 Markenführung in der Innensicht

Positionierung, Vision und Führung – In den vergangenen Jahren hat sich der VfL Wolfsburg in einem intensiven und langfristigen Prozess mit der eigenen Identität und der äußeren Wahrnehmung des Vereins beschäftigt, um zukünftig allen Mitarbeitern und Fans ein klares Bild des Vereins vermitteln zu können. Das Ergebnis der umfangreichen Recherchen zur eigenen Historie, zur Identität und der aktuellen Situation sind Markenwerte, die den VfL Wolfsburg in dieser Kombination von allen anderen Vereinen unterscheiden. Die daraus abgeleitete Vision und Mission des VfL Wolfsburg geben jedem Mitarbeiter die Möglichkeit, die tägliche Arbeit auf das gemeinsame Ziel auszurichten. Die Markenwerte geben Orientierung, wie der Verein das gemeinsame Ziel erreichen will. Zunächst hat der VfL Wolfsburg in einer intensiven Marktforschung mit Mitarbeitern, Fans, Stadt und Volkswagen die eigene Identität (Selbstbild) untersucht sowie mit Medien und Fans anderer Vereine sein Image (Fremdbild) abgefragt. Basierend auf dieser Erkenntnisse hat der VfL seine eigene Positionierung – was macht den VfL aus und unterscheidet ihn von anderen Vereinen – gesucht. Die Markenwerte „Ganzheitlich innovativ", „Leidenschaftlich teamorientiert" und „Nachhaltig erfolgreich" prägen das Markenerlebnis VfL Wolfsburg. Der VfL Wolfsburg steht für das Bekenntnis zu höchstem sportlichen Erfolg. Die Mission lautet: Wir unternehmen Fußball ganzheitlich, damit wir uns langfristig an der internationalen Spitze etablieren. Dafür steht auch der Markenclaim FUSSBALL IST ALLES. Das Herz des Vereins ist die Lizenzmannschaft. Fußball ist beim VfL Wolfsburg jedoch viel mehr, als das Spiel zwischen Anstoß und Schlusspfiff.[23] Der VfL Wolfsburg ist im Tätigkeitsfeld Fußball breiter aufgestellt als andere Clubs. Er zielt auf die erfolgreiche Frauenfußball-Mannschaft und die gute Jugendarbeit, welche in die Markenaktivitäten eingebunden wurden. Die Herausforderung ist dabei, das Bewusstsein für die Möglichkeiten des VfL zu wecken und weiteren Themen Platz zu schaffen sowie diese selbstbewusst zu kommunizieren. Nachhaltiges Handeln gehört dabei zum Selbstverständnis des Vereins und bestimmt sein Handeln maßgeblich mit.[24]

Personell und organisatorisch verbürgt der VfL Wolfsburg eine nachhaltige Markenführung: Als ligaweit erster Club richtete der VfL eine Stabstelle CSR ein, die von Mitgeschäftsführer Thomas Röttgermann verantwortet wird. Geleitet wird diese vom Leiter

---

[22] Röttgermann (2014).

[23] VfL Wolfsburg (2014b, S. 3–6).

[24] Schulz (2014).

Corporate Social Responsibility des VfL Wolfsburg. Die ligaweit einzigartige Bedeutung von CSR beim VfL belegt auch die personelle Ausstattung der Stabsstelle mit 4,5 Vollzeitstellen. Als zentrale Aufgabe sieht die VfL-Führung die Realisierung und Kommunikation der Initiative „Gemeinsam bewegen" an. Die CSR-Marke bildet seit Anfang 2012 die große Klammer für sämtliche CSR-Aktivitäten des VfL Wolfsburg. Beim VfL Wolfsburg ist CSR Managementaufgabe, wird in alle Bereiche der Organisation getragen und bezieht sich in erster Linie auf das Kerngeschäft. Die Unternehmensverantwortung ist damit integrativ angelegt.[25] Ziel ist es dabei, den CSR-Prozess unter Einbeziehung der Mitarbeiter von innen heraus wachsen zu lassen. Systematisch wird die CSR-Strategie und damit die Planung und Gestaltung sämtlicher Aktivitäten verfolgt.

In seinem gesellschaftlichen Engagement verfolgt der VfL Wolfsburg einen strategisch am Ziel einer nachhaltigen Entwicklung orientierten Ansatz. Statt nur auf Anfrage Projekte finanziell zu unterstützen, hat das CSR-Team Kernthemen herausgefiltert und fokussiert sein Engagement auf selbst entwickelte, miteinander vernetzte und langfristig angesetzte Projekte, die auf gesellschaftliche Veränderungen abzielen. Hierdurch wird der Markenkern des Vereins im Umfeld aufgewertet, Fußballbegeisterung durch gesellschaftliche Verantwortung in der konkreten Praxis ergänzt.

Unternehmenskultur – In den Markenleitlinien des VfL sind ökologische, soziale und ökonomische Zielsetzungen unter dem Dach der Initiative „Gemeinsam bewegen" zusammengefasst. Der Name des umfangreichen Maßnahmenpakets macht zugleich deutlich, worauf es basiert: Der Verein sowie die Fans, Sponsoren und Partner ziehen an einem Strang. Gesellschaftliche Verantwortung wird beim VfL daher als Teamarbeit verstanden. Dabei gilt „Gemeinsam bewegen" gleich in dreifacher Hinsicht: sich bewegen, etwas bewegen und Menschen bewegen.

Der VfL Wolfsburg ist eine Tochtergesellschaft der Volkwagen AG. Durch den *Code of Conduct* des Volkswagen Konzerns wird den Mitarbeiterinnen und Mitarbeitern nicht nur ein Wegweiser zur Verfügung gestellt, der ihnen bei der Bewältigung der rechtlichen und ethischen Herausforderungen (Compliance) bei der täglichen Arbeit hilft. Vielmehr sind die Konzernwerte „Kundennähe, Höchstleistung, Werte schaffen, Erneuerungsfähigkeit, Respekt, Verantwortung und Nachhaltigkeit" wesentlicher Bestandteil der Verhaltensgrundsätze und bestimmen damit auch die Unternehmenskultur im Sinne eines positiven Ideals. Darüber hinaus geben die Leitfäden zum Kartell- und Wettbewerbsrecht (aus dem Jahr 2011) sowie zum Thema Anti-Korruption (aus dem Jahr 2012) Beratung und Sicherheit zur Sicherstellung eines regelkonformen Verhaltens im Geschäftsalltag.

Die Mitarbeiter wurden über Workshops an der CSR-Konzeption beteiligt. Der *Nachhaltigkeitsbericht* wurde auf einer Mitarbeiterversammlung vorgestellt. Die Präsentation erfolgte durch die Geschäftsführer Thomas Röttgermann, Klaus Allofs und Wolfgang Hotze. Die Veranstaltung wurde zu einem Highlight der Nachhaltigkeitskommunikation, die beim VfL außerordentlich breit angelegt ist (siehe Unterpunkt Markenkommunikation): Nachhaltigkeitsaspekte stehen regelmäßig auf der Agenda der Bereichsleitersitzungen

---

[25] vgl. Beschorner (2013, S. 44).

und werden unter anderem in Mitteilungen und Aushängen des VfL angesprochen. Ein weiterer Meilenstein war der Markenevent am 2. April 2014 zur Werte-Vermittlung an alle Mitarbeiter. Zur Veranstaltung gab der VfL Wolfsburg mit dem „Handbuch Marke" erstmals Leitlinien für den einheitlichen Umgang mit der eigenen Marke heraus. Es dient sowohl der internen wie der externen Kommunikation und gewährleistet hierbei die Identität und die Werte des Vereins. An vorderster Stelle steht darin folgendes Bekenntnis zur Nachhaltigkeit: *Nachhaltig erfolgreich. Wir sind nicht auf kurzfristige Erfolge und Partnerschaften ausgerichtet. Sie sollen vielmehr aus gesundem Wachstum entstehen. In unserer täglichen Arbeit achten wir darauf, Umweltressourcen zu schonen.* Die im Markenhandbuch des VfL Wolfsburg fixierten Werte wurden den Mitarbeitern am Beispiel der Kollektion Wolf's Up vorgestellt (siehe Unterpunkt Markenkommunikation). Die Modekollektion des Berliner Labels „Frau Wagner" beruht auf dem Prinzip des Upcyclings. Basis des Designs sind ausgediente Trikots der Wolfsburger Lizenzspieler.

Die Wahrnehmung des Themas hat sich intern, nicht zuletzt durch die aktive Einbindung der Mitarbeiter und Profis, stark verbessert. Als Auftakt für sein zukünftiges Corporate Volunteering-Programm startete der VfL Wolfsburg am 18. September 2013 einen ersten Freiwilligen-Tag. Anlass war das Junihochwasser der Elbe und anderer Flüsse Mitteleuropas. Südlich von Magdeburg waren die Spielstätten der TSG Calbe von den Fluten zerstört worden. Damit die Vereinsmitglieder wieder auf stabilen Bänken auf ihre Einwechslung warten können und sich nicht mehr in Containern duschen müssen, packten insgesamt 150 Profispieler, Spielerinnen, Mitarbeiter und Geschäftsführer des VfL an, unter ihnen auch Trainer Dieter Hecking und Manager Klaus Allofs. Die gemischten Teams der beiden Clubs strichen Zäune, Tore und Banden, sanierten die Räume des Sportlerheims und bereiteten die Rasenflächen wieder auf. Die Aktion unter dem Dach der Initiative „Gemeinsam bewegen" fand großen Anklang bei allen Beteiligten. Es ist und bleibt eben etwas ganz Besonderes, wenn Mitarbeiter der Geschäftsstelle mit den Spielern gemeinsam etwas bewegen können.

Die Initiative „Gemeinsam bewegen" sorgt über viele weitere Maßnahmen intern für Schwung und macht die Markenwerte erlebbar. Für mehr Spaß an der Bewegung bietet der Verein seinen Beschäftigten Schulungen in Schwimmtechniken an und fördert den traditionellen Geschäftsstellenkick am Mittwoch. Im Rahmen der jährlichen Weihnachtsbaumaktion wurden bisher über 300 Geschenke von Mitarbeitern und Profis an die Wolfsburger Tafel weitergeleitet. „Gemeinsam bewegen" schließt auch das Engagement der VfL-Mitarbeiter für andere ein: Auf Initiative der Mitarbeiter fand Anfang 2013 eine Typisierung von Knochenmark für die Deutsche Knochenmarkspenderdatei statt. Hieran beteiligten sich 60 Mitarbeiter und 15 Spieler. Mit ihrem freiwilligen Engagement tragen unsere Mitarbeiter zur nachhaltigen Entwicklung in ihrem persönlichen Lebensumfeld bei und kommunizieren damit wichtige Nachhaltigkeitsaspekte der Marke „VfL Wolfsburg". Deshalb unterstützt der VfL die freiwilligen gemeinnützigen Initiativen seiner Mitarbeiter.

Verhalten – Neben dem Merchandising besteht das Produkt des VfL Wolfsburg hauptsächlich aus dem Event im Stadion. Beides gestaltet der VfL schrittweise immer nachhaltiger. Die Markenwerte „ganzheitlich innovativ", „leidenschaftlich teamorientiert" und „nachhaltig erfolgreich" sind dabei zentrale Merkmale des Leistungsportfolios.

Die Wertschöpfung des VfL Wolfsburg ist zentral auf das sportliche Ereignis ausgerichtet. Hier entscheidet sich, ob die Vorstufen erfolgreich waren und die Zuschauer etwas mitnehmen. Hier entscheidet sich letztlich auch, ob der VfL sein gesellschaftliches Engagement und nachhaltiges Markenimage in breiten Bevölkerungskreisen kommunizieren kann. Während das Spiel eigenen Regeln folgt und nach 90 min (plus x) zu Ende ist, spielt Nachhaltigkeit in der Vorkette (Nachwuchsförderung, Rasenpflege, Spielerbetreuung und -einkauf) im Umfeld des Spiels (Catering, An- und Abreise, Barrierefreiheit und Sicherheit im Stadion) und im Nachlauf (Kommunikation mit den Fans) eine maßgebliche Rolle. In all diesen Bereichen hebt der VfL Wolfsburg sich vom Bundesliga-Querschnitt ab und kommuniziert sein Engagement z. B. durch die Zusammenarbeit mit UNICEF auch international. Die Gesamtheit der Nachhaltigkeitsleistungen ermöglichen den Besuchern der Veranstaltungen sorgenfreie Stunden voller Begeisterung für sportliche Höchstleistung, den VfL-Spielern eine gesunde Ausübung ihres Sports und berufliche Chancen für das Leben nach dem Profidasein. 2009 und 2012 führte der VfL mit Unterstützung der Georg-August-Universität Göttingen umfassende Zuschauerbefragungen durch. Dabei zeigte sich, dass Nachhaltigkeitsaspekte wie die Qualität der Speisen beim Catering, Sicherheit im Stadion und die regionalen Verankerung hoch bewertet wurden. Während die Sympathiewerte stiegen, wurden Potenziale im Bereich der Innovation erkennbar.

Markenkommunikation – Dem VfL Wolfsburg war mit Entwicklung seiner CSR-Strategie bewusst, dass eine umfassende Kommunikation ein entscheidender Erfolgsfaktor zur Erreichung der eigenen Unternehmensziele darstellt – insbesondere zur Steigerung der Identifikation und Stärkung der nachhaltigen Marke. 74 % der Befragten einer Forsa-Umfrage aus dem Mai 2014 wollen, dass Fußballvereine die Öffentlichkeit über sich und ihr Handeln informieren.[26] Dem Rechnung tragend sorgt der VfL Wolfsburg mit seiner CSR-Kommunikation für Transparenz. Die Kommunikation zielt dabei nicht auf kurzfristige PR-Effekte ab. Erste Meilensteine konnten in der Folge erreicht werden.

Im Januar 2012 wurde die Initiative „Gemeinsam bewegen" erstmals der Öffentlichkeit vorgestellt. Die Initiative ist über das entsprechende Label in vielen Teilen der Markenkommunikation präsent. Das grüne Vereinslogo steht von Beginn an für soziale Verantwortung und wird durch Kampagnen wie „Gemeinsam bewegen" und die Markenkernwerte des VfL Wolfsburg weiter mit diesen Aspekten aufgeladen. Am Ende der Hinrunde 2012/2013 war der Claim „Gemeinsam bewegen" sogar auf dem – ansonsten der Sponsorenwerbung vorbehaltenen – Trikot-Ärmel zu sehen.

Basis der mit Nachhaltigkeitsaspekten aufgeladenen Markenkommunikation ist der Anfang 2013 veröffentlichte Nachhaltigkeitsbericht des VfL Wolfsburg. Als weltweit erster Fußballclub hat der Verein einen GRI-geprüften Bericht veröffentlicht. Damit folgt der VfL Wolfsburg den in der Wirtschaft üblichen Leitlinien der Global Reporting Initiative (GRI) und stellt die Nachhaltigkeitsaspekte des laufenden Betriebs transparent dar. Der

---

[26] VfL Wolfsburg (2014a).

Verein bekennt sich in dem Bericht zu einer kontinuierlichen Verbesserung seiner sozialen, ökonomischen und ökologischen Leistung und vermittelt der fußballinteressierten Öffentlichkeit und seinen Mitarbeitern die zentralen Nachhaltigkeitswerte. Durch die englische Übersetzung und die europaweite Kommunikation ist ein interessanter Austausch auf internationaler Ebene entstanden. Der VfL Wolfsburg wird international als Vorreiter gesehen und benannt.[27]

Der News-Channel auf der Vereinswebsite präsentiert täglich Nachrichten mit einem der Nachhaltigkeitsschwerpunkte der Initiative „Gemeinsam bewegen". Nachhaltigkeit ist daher in allen Kommunikationsaktivitäten für die Marke regelmäßig Hauptbestandteil der externen Markenkommunikation. Der VfL Wolfsburg setzt bei der Kommunikation seiner Aktivitäten auf emotionale Bilder und Geschichten. Bilder erzeugen Emotionen. Echte Momente integrieren den Betrachter ins Geschehen und bringen die Markenwerte zum Ausdruck. Mit Unterstützung einer Kommunikationsagentur werden in der Pressearbeit auf nationaler Ebene auch Netzwerke außerhalb des Sports angesprochen.

Der VfL Wolfsburg initiiert den Großteil seiner Projekte eigenständig und sichert deren Qualität mit externen Partnern. Diese bringen die nötige Expertise mit und unterstützen den Club bei der Entwicklung und glaubwürdigen Kommunikation von Projekten, die zu ihm passen. Glaubwürdige Aktionen im Schulterschluss mit Partnern sind die perfekte Möglichkeit, bei der richtigen Zielgruppe entsprechend wahrgenommen zu werden. So ist der Verein Mitglied im Bundesdeutschen Arbeitskreis für Umweltbewusstes Management e. V. (B.A.U.M.), bei der Plattform Ernährung und Bewegung e. V. (peb) und unterhält Partnerschaften mit dem Naturschutzbund Deutschland e. V. (NABU), der Stadt Wolfsburg und dem Kultusministerium Niedersachsen. Auf internationaler Ebene arbeitet der VfL Wolfsurg mit der UNICEF zusammen. Mit erfahrenen Partnern kommuniziert der Verein die Nutzung von Recyclingpapier. Das Geschäftspapier trägt das Gütesiegel „Blauer Engel". Stadionmagazin und Autogrammkarten werden auf „FSC-Mixed"- oder „FSC Recycled"-Papier gedruckt. Außerdem nimmt der Verein an der Kampagne „Jetzt umstellen" der Initiative Pro Recyclingpapier (IPR) teil, um die Akzeptanz von Recyclingpapier deutschlandweit zu erhöhen. Mit dem Umweltpartner LSW (LandE-Stadtwerken Wolfsburg), über den der VfL seit dem 1. Juni 2011 Ökostrom bezieht, wurde für die Fans das Produkt VfL-Ökostrom entwickelt. Der Verein ist seit 2007 Wolfspate des NABU und unterstützt im Rahmen des Projekts „Willkommen Wolf!" die Rückkehr freilebender Wölfe nach Deutschland. Ein Schwerpunkt der Zusammenarbeit liegt darin, mithilfe verschiedener Maßnahmen das Wissen der Bevölkerung über freilebende Wölfe zu verbessern. Für die Markenkommunikation ist das Wolfsprojekt von großer Bedeutung, da hier ein emotional stark besetztes Thema aktiv angegangen wird, das über den Spitznamen des Vereins „Die Wölfe" immer wieder auf das Markenimage einzahlt.

Der VfL Wolfsburg setzt seine Kommunikation gezielt ein, um die Identifikation bei seinen Anspruchsgruppen zu steigern. Dies gelingt am besten mit guten Geschichten, innovativen Ideen oder durch die Einbindung der verschiedenen Anspruchsgruppen. So ver-

---

[27] Responsiball (2013, S. 8).

anstaltete der VfL Wolfsburg am 27. April 2012 erstmals einen Bundesliga-Spieltag unter dem Motto „Gemeinsam bewegen". Den Bezug zur Nachhaltigkeit stellte er her, indem er seine Fans dazu aufrief, mit dem Fahrrad zum Spiel in der Volkswagen Arena anzureisen. Die Teilnehmer konnten ein Fahrrad gewinnen und ihren eigenen Drahtesel kostenlos durchchecken lassen. Parallel kommunizierte der Verein das Ziel, seine CO_2-Belastung bis zum bis Ende der Saison 2017/2018 um 25 % zu senken. Im Rahmen des innovativen Projekts „Wolf's Up" ist der VfL Wolfsburg als erster Fußballverein in Deutschland eine Designkooperation eingegangen, in deren Vordergrund das Thema Nachhaltigkeit steht. Unter dem Titel „Wolf's Up" hat der Bundesligist eine aus Trikots und Restbeständen recycelte Mode-Kollektion für Fans entworfen – im Fachjargon „Upcycling" genannt. Gemeinsam mit der Berliner Designerin Susanne Wagner (Label „Frau Wagner") ist eine Merchandising-Kollektion entstanden, mit der der VfL Wolfsburg seine Fans im Rahmen der Initiative „Gemeinsam bewegen" noch stärker für nachhaltige Themen sensibilisiert und die Marke anfassbar und erlebbar macht. Mit den Stücken der Upcycling-Kollektion werden Fans gleichzeitig Botschafter der nachhaltigen Marke VfL Wolfsburg. Der VfL präsentierte die ausgefallene Kollektion im Rahmen des Champions League-Heimspiels der VfL-Frauen gegen den FC Barcelona am 23. März 2014. Die streng limitierte Erstauflage war nach zwei Tagen ausverkauft. Spielerinnen des Frauen-Triple-Siegers sowie Bundesliga-Profi Naldo dienten als Testimonials für die einzigartigen Designerstücke.

Mehr als zwei Drittel der Deutschen halten es für sinnvoll, einzelne Fußballprofis als Vorbilder herauszustellen.[28] Gesicht zeigen und Vorbild sein. Nicht nur bei der Upcycling-Kollektion oder dem Fahrrad-Aktionstag, bei dem die Weltmeisterin Martina Müller, VfL-Kapitän Diego Benaglio und Oberbürgermeister Klaus Mohrs Pate standen, werden die VfL-Profis aktiv als Testimonials eingesetzt. Geschäftsführer Klaus Allofs übernahm 2013 gleichzeitig mit der Präsentation des Nachhaltigkeitsberichts die Schirmherrschaft für das Bewegungsprogramm „Muuvit", welches seit 2009 über 35.000 Schülerinnen und Schüler bewegt hat. Die Einbeziehung von Trainer, Manager und Profis führt zu einer Sympathiesteigerung und Vertrauen in ein Projekt. Glaubwürdigkeit bleibt aber auch hier der Schlüsselfaktor. Nicht jeder Spieler kann jedes Thema verkörpern und als glaubwürdiges Testimonial dienen.

5.2 Markenführung in der Außensicht

Laut einer Studie der TU Braunschweig ist die Markenbekanntheit des Vereins bei der deutschen Bevölkerung innerhalb der vergangenen Saison um ein Prozent auf knapp 90 % gestiegen.[29] 2013 legte der VfL im Markenindex der gleichen Studie noch deutlicher zu und steigerte seine Position im Vereinsmarkenranking um drei Plätze auf Platz 17.[30] Eine

---

[28] VfL Wolfsburg (2014a).

[29] Woisetschläger et al. (2014, S. 11).

[30] Woisetschläger et al. (2013, S. 10).

Fanstudie aus dem Jahr 2011 ergab, dass die lokale Bindung der Fans an den VfL Wolfsburg hoch ist. Eine hohe Loyalität der Fans lässt sich aus der Zahl von rund 19.000 Dauerkarteninhabern ablesen

Wirkung der nachhaltigen Marke – Eine Regionalstudie der EBS Universität für Wirtschaft und Recht aus dem Jahr 2014 belegt, dass das Nachhaltigkeitsengagement des VfL auch bei seinen Fans angekommen ist: 87,3 % sehen ihren Verein bezüglich des sozialen Engagements klar unter den Top-Fünf der Bundesligisten.[31] Die VfL-Fans empfinden das Engagement laut Studie nicht als schmückendes Beiwerk, sondern als festen Bestandteil des Clubs.

Eine wesentliche Rolle spielt dabei das soziale Engagement für Bildung, Integration, Gesundheit und Umwelt, bei dem der Verein mit zahlreichen Initiativen und Organisationen regional, überregional und international kooperiert. Einen wichtigen Beitrag zum nachhaltigen Markenimage leistet der Verein auch über die Möglichkeit für Fans, ihren CO_2-Fußabdruck als Stadionbesucher per CO_2-Kalkulator selbstständig zu berechnen und zu kompensieren. Kompensiert durch Emissionsminderungszertifikate werden außerdem die Emissionen aus dem Versand von Fanartikeln und von externen Veranstaltungen Dritter. Zeichen setzt der Verein auch mit barrierefreien Zugängen und Stadionplätzen für Menschen mit Behinderungen. Barrieren werden auch digital abgebaut. Der VfL hat deshalb seine Internetangebote in puncto Barrierefreiheit konsequent ausgebaut und weiterentwickelt. Neben der klassischen Website betrifft das auch die mobilen Versionen wie dem „Ticket-to-go" sowie eine sich aktuell in der Entwicklung befindliche App, die für Menschen mit Handicap gut nutzbar sein soll. Digitale Inklusion ist auch auf Verbandsebene ein wichtiges Thema: Die Deutsche Fußball Liga (DFL) hat deshalb Internetseiten von Clubs aus Bundesliga, 2. Bundesliga und 3. Liga in puncto Barrierefreiheit prüfen lassen. Der VfL Wolfsburg schnitt in diesem Test besonders gut ab. Aufgrund seiner vorbildlichen Leistungen und Erfahrungen in der barrierefreien Medienkommunikation, wurde der VfL Wolfsburg zur DFL Fanbehindertenbeauftragten-Vollversammlung am 28. April 2014 in Berlin eingeladen, um wichtige Aspekte für eine barrierefreie Internetseite vorzustellen.

Nach langer Zeit hat der Verein zu Beginn des Jahres 2012 erstmals wieder breitflächig eine Kampagne in Wolfsburg sowie im Stadion durchgeführt und für seine CSR-Initiative geworben. Das Feedback war durchweg positiv. Nach der Veröffentlichung des Nachhaltigkeitsberichts in englischer Sprache erhielt der Verein internationale Rückmeldungen aus Schweden, Dänemark sowie England. VfL-Verantwortliche hielten zahlreiche Vorträge auf wissenschaftlichen Konferenzen und Treffen von Nachhaltigkeitsexperten. Zudem konnte der Verein neue Umfelder erschließen und für sich und seine Projekte begeistern, so zum Beispiel bei der Vorstellung seiner Bildungsprojekte VfL-Wiki und Muuvit auf der weltweit größten Bildungsmesse Didacta.

Auszeichnungen für nachhaltiges Handeln – Der VfL Wolfsburg steht für Authentizität. Bereits mehrfach wurde das Engagement nicht auf Basis einzelner CSR-Aktivitäten, sondern im Kontext aller Unternehmensaktivitäten ausgezeichnet. In der Öffentlichkeit

---

[31] Schmidt et al. (2014, S. 33).

stieß der Nachhaltigkeitsbericht auf große Resonanz. Im Oktober 2013 erhielt der VfL für seine Berichterstattung auf dem Netzwerk21Kongress den Deutschen Lokalen Nachhaltigkeitspreis „ZeitzeicheN" in der Kategorie Unternehmen. Darüber hinaus erhielt der VfL mehrere Auszeichnungen. Eine besondere Bedeutung hat hierbei das CSR-Siegel, das unter anderem vom Wirtschaftsförderverein Pro Hannover Region vergeben wird. Der Preis würdigt sozial und ökologisch verantwortungsvolles Handeln von Unternehmen. Mit der Vergabe an den VfL Wolfsburg wurde vor allem dessen kontinuierliches und koordiniertes Bemühen um eine nachhaltige Entwicklung anerkannt.

6   Herausforderungen und Ziele für die Zukunft

Die Fußballvereine stehen sowohl im CSR- als auch im Markenmanagement noch vor großen Herausforderungen. Das Thema „Sustainable Branding" ist für viele Fußballvereine noch gänzlich neu und lässt sich nicht von heute auf morgen umsetzen. Nachhaltige Marken sind das Ergebnis einer Vielzahl über einen längeren Zeitraum durchgeführter Maßnahmen und der hierauf basierenden Erfahrungen der Nachfrager. Sie müssen in einem langfristigen Prozess entwickelt und gepflegt werden.

Der VfL ist sich bewusst, dass er sich erst am Anfang eines langen Weges befindet. Der Verein wird mit seiner Nachhaltigkeitsinitiative nicht unmittelbar Spiele gewinnen, doch werden die Beziehungen zu wichtigen Anspruchsgruppen eines Vereins wie zum Beispiel Stadt, den Fans und den Mitarbeitern verbessert und der Verein damit zukunftsfähig ausgerichtet.[32]

Das Lizenzteam und der Bundesliga-Fußball bleiben die Hauptträger der VfL-Werte und damit des Markenbildes. Darüber hinaus muss und wird sich der VfL konsequent in all seinen Facetten in der Öffentlichkeit präsentieren – und zwar authentisch. Wenn der Verein sich weiter zu seinem gesamten Spektrum offensiv bekennt, verändert das nachhaltig das VfL-Image, so VfL-Geschäftsführer Klaus Allofs in der März-Ausgabe des Kicker[33] Der Verein möchte auch zukünftig fundiert und transparent über seine CSR-Aktivitäten berichten sowie innovative Maßnahmen umsetzen und Engagements eingehen, die zum Verein passen und auf die Marke einzahlen. Der VfL Wolfsburg hat seine Ziele in Bezug auf die nachhaltige Markenausrichtung auch im Nachhaltigkeitsprogramm des CSR-Fortschrittsberichts publiziert. Beispielsweise soll der Popularitätswert des Vereins gesteigert werden. Das Engagement des Vereins soll anerkannt werden und er soll als nachhaltige Marke wahrgenommen werden. Wichtiger Meilenstein ist die Identifikation des VfL Wolfsburg als nachhaltigster Fußballclub der Liga in den deutschen Leitmedien bis Ende 2017. Ein weiteres wichtiges Ziel ist die Intensivierung des Austauschs mit seinen Anspruchsgruppen zu CSR-Themen. Konkret ist für die Zukunft die Ausrichtung eines Nachhaltigkeitstages mit Partnern geplant. Als Fußballverein, der sich nachhaltig engagiert,

---

[32] vgl. Hildebrandt et al. (2014, S. 10).
[33] Wikse (2014).

steht der VfL Wolfsburg unter der Beobachtung seiner vielfältigen Anspruchsgruppen. Mit diesen möchte der Verein zukünftig noch stärker den proaktiven Dialog suchen, um das Vertrauen zu stärken und die Fans zu nachhaltigen Markenbotschaftern zu machen. Er möchte lernen, was der Fan erwartet, um diesen besser in seiner Lebenswelt abholen und einbinden zu können. Weitere Ziele sind die Monetarisierung des Engagements durch Gewinnung neuer CSR-Partnerunternehmen und die Kommunikation gemeinsamer Themen. Nicht zuletzt ist CSR ein Mittel zur Erzielung von Innovationsvorsprüngen, die in die Marke VfL Wolfsburg einzahlen.

Mit einer konsequenten Umsetzung seiner CSR-Strategie möchte der VfL auch zukünftig seine Vorreiterrolle behaupten und sich als nachhaltige Marke positionieren.

Literatur

Beschorner T (2013) Zur Verantwortung vor und nach den 90 min. In: CSR-Magazin, Ausgabe No. 03/2013, S. 44–45

Hedderich F, Hellmann F, Krümmel M, Mies J, Schlosser T (2013) Verantwortung leben. Das freiwillige gesellschaftliche Engagement des Profifußballs. Bundesliga-Stiftung, Frankfurt a. M.

Hildebrandt A, Menn A, Putzing F (2014) Nachhaltiges Fußball-Sammelsurium. Klartext Verlag, Essen

Lehnebach N (2014) Mehr Marke wagen. In: Sponsors, Ausgabe 05/2014, S. 16–21

Lin-Hi N, Müller K (2012) CSR – Langfristig ein Gewinn für das HR-Management. In: Magazin Personalwirtschaft, Ausgabe 12/2012, S. 52–54

Meffert H, Rauch C, Lepp HL (2010) Sustainable Branding – mehr als nur rein neues Schlagwort?! In: Marketing Review St. Gallen, Ausgabe 5/2010, S. 28–35

Menn A, Matthes S (2012) Deutschlands nachhaltigste Unternehmen. Wirtschaftswoche: http://www.wiwo.de/technologie/umwelt/umwelt-deutschlands-nachhaltigste-unternehmen/6697622.html. Zugegriffen 25 Aug. 2014.

Preuß H (2014) Bedeutung und Arten von Marken im Sport. In: Marken und Sport. Springer Fachmedien, Wiesbaden

Räker J (2014) Fußballclubs und CSR – Cash-Cow und Identifikationsmotor. In: Marketing-Review St. Gallen, Ausgabe 2/2014, S. 58–67

Responsiball (2013) Responsiball Ranking 2013 – The Third Annual Social Responsibility Ranking of Football Leagues in Europe. Report 08/2013

Röttgermann T (2014) Fußball und Nachhaltigkeit, geht das? (http://www.umwelthauptstadt.de/Wirtschaft-und-Karriere/fussball-und-nachhaltigkeit-ein-interview-mit-thomas-roettgermann-vom-vfl-wolfsburg)

Rudolph T, Weber M (2014) Manager-Befragung „Nachhaltige Unternehmensführung" der Universität St. Gallen (IRM-HSG). In: Marke 41, Ausgabe 2:2014, S. 3, 16–20

Schmidt S, Imoberdorf R, Ulrich F (2014) Der VfL Wolfsburg und seine Stadt. EBS Universität für Wirtschaft und Recht; Institute für Sports, Business & Society, Oestrich-Winkel

Schulz G (2014) Markenmanager German Schulz über seine Arbeit in Wolfsburg. In: Kicker, 10. Ausgabe, S 86

VfL Wolfsburg (2014a) Gesellschaftliches Engagement von Vereinen der Fußballbundesliga. Forsa-Umfrage im Auftrag der VfL Wolfsburg-Fußball GmbH vom 21.03.2014

VfL Wolfsburg (2014b) Handbuch Marke. VfL Wolfsburg-Fußball GmbH, Wolfsburg

Wiske J (2014) Grüne Maus. In: Kicker, 10. Ausgabe, S 84–85
Woisetschläger DM, Backhaus C, Dreisbach J, Schnöring M (2013) Fußballstudie 2013 – Die Markenlandschaft der Fußball-Bundesliga. Technische Universität Braunschweig, Braunschweig
Woisetschläger DM, Backhaus C, Dreisbach J, Schnöring M (2014) Fußballstudie 2014 – Die Markenlandschaft der Fußball-Bundesliga. Technische Universität Braunschweig, Braunschweig

Nico Briskorn Jahrgang 1977, steuert seit Juli 2010 die Stabsstelle Corporate Social Responsibility der VfL Wolfsburg-Fußball GmbH. In dieser Funktion treibt er maßgeblich die Geschäftsentwicklung in den Themen Gesellschaft und Ökologie voran. Das CSR-Team koordiniert und kommuniziert die gemeinnützigen Aktivitäten des Vereins und sorgt für einen umweltschonenden Ressourcenverbrauch. Vor allem aber konzipiert das CSR-Team neue Projekte, mit denen der Bundesligist unter dem Motto „Gemeinsam bewegen" nachhaltige Impulse in den Bereichen Bildung, Integration, Gesundheit und Umwelt setzt. Bereits seit 2004 ist Nico Briskorn beim VfL Wolfsburg beschäftigt und verantwortete bis 2010 unter anderem die Themen Customer Relationship Management/Kundenclubs, seit 2008 in leitender Funktion. Daneben ist er in verschiedenen Gremien und Arbeitsgruppen vertreten, unter anderem im Arbeitskreis für gesellschaftliches Engagement der Bundesliga-Stiftung. Nico Briskorn studierte Sportmanagement mit dem Schwerpunkt Sportmarketing an der Universität Leipzig.

Nachhaltige Markenführung und sozial-ökologische Produktleistungen

Dinah Spitzley und Andreas Fries

1 Bedeutung nachhaltiger Markenführung

Der Megatrend Nachhaltigkeit wird zunehmend relevanter für Unternehmen und deren Markenführung. Die Nachfrage nach nachhaltig produzierten Waren und Dienstleistungen, wie zum Beispiel energieeffiziente Elektrogeräte, nimmt zu. Dies wurde durch die Studie „Europa Konsumbarometer 2013" der Commerz Finanz GmbH bestätigt. Laut dieser wollen 55 % der Europäer „ihr Konsumentenverhalten künftig an Nachhaltigkeitskriterien ausrichten (Deutschland: ebenfalls 55 %)" (Commerz Finanz GmbH, 2013, S. 44). Die wachsende Bedeutung des Themas für Unternehmen und ihr Marketing beweist auch die Studie „Gesellschaftliche Verantwortung von Werbungtreibenden", die das Magazin „Werben & Verkaufen" gemeinsam mit der Bremer Management-Beratung „brands & values" durchgeführt hat. So schätzen über 70 % der Befragten, dass die Bedeutung von Nachhaltigkeit in Zukunft „zunehmen" oder „stark zunehmen" wird (W&V, 2011).

Vor dem Hintergrund des gestärkten Bewusstseins der Gesellschaft für die Anfälligkeit von Öko- und Sozialsystemen, durch z. B. Wirtschaftskrisen, Naturkatastrophen, Terrorismus, Produktskandale sowie die Preisinstabilität bei Energie und zahlreichen Rohstoffen, entwickelte sich das Thema Nachhaltigkeit zu einem Megatrend (Prox 2013, S. 97; One Sustainability 2010). Konsumenten verlangen, dass sich das Thema Nachhaltigkeit in den Produkten, Dienstleistungen und in der Kultur der Unternehmen widerspiegelt und sie gesellschaftliche Verantwortung übernehmen (One Sustainability, 2010).

D. Spitzley (✉)
Niederholzstraße 7, 88045 Friedrichshafen, Deutschland
E-Mail: dinah.spitzley@cbs-mail.de

A. Fries
Äußere Kanalstrasse 278b, 50827 Köln, Deutschland

© Springer-Verlag Berlin Heidelberg 2015
T. Weber (Hrsg.), *CSR und Produktmanagement,* Management-Reihe Corporate
Social Responsibility, DOI 10.1007/978-3-662-45573-9_8

Bestimmte Branchen, wie zum Beispiel die Bekleidungsindustrie, geraten immer mehr in die Kritik der Experten und Konsumenten. Missbilligt werden insbesondere soziale Missstände. In den Vordergrund rücken hierbei unsichere Produktionsstätten, in denen es immer wieder zu tödlichen Unfällen kommt, wie im April 2013 in einer Fabrik in Bangladesch und die menschenunwürdige Behandlung der Mitarbeiter (Schnura 2014). Auch mit ökologischen Problemen ist die Bekleidungsindustrie belastet. So wird der Einsatz von Chemikalien und Pestiziden sowohl beim Anbau als auch in der Kleidung selbst bemängelt (Schnura 2014). Gerade daher reagieren Konsumenten stark auf die Probleme dieser Branche, da sie in direktem Körperkontakt mit dem Konsumgut stehen.

„Für die marktorientierte Unternehmensführung bedeutet dies, dass Konzepte des „Ethical Marketing", „Sustainability Marketing" und „Sustainable Branding" wachsendes Interesse finden" (Meffert et al. 2010, S. 28). Daher geht Belz (2005) in seinen Untersuchungen davon aus, dass das Konzept der nachhaltigen Markenführung eine Möglichkeit bildet, den Megatrend glaubwürdig in Unternehmen zu verankern. Ökologische und soziale Anforderungen werden dabei adressiert und dann in Wettbewerbsvorteile durch die Schaffung von Kundenwert und Zufriedenheit umgewandelt (Belz und Karstens 2005, S. 2). Auch in der Praxis wurde dieses Themenfeld vermehrt von Unternehmen aufgegriffen. So wurden bereits Marken und Produktgruppen geschaffen, die nur in Verbindung mit sozialen und ökologischen Attributen vermarktet werden (Weber 2011, S. 277).

2 Theoretischer Bezugsrahmen

2.1 Begriffsabgrenzung sozial-ökologische Produktleistung

Bei einer sozial-ökologischen Produktleistung handelt es sich grundsätzlich um eine Vertrauenseigenschaft; um ein „unsichtbares" Merkmal, das „eine geeignete Produktinformation benötigt (Signale wie beispielsweise Marken oder Labels)" (Sammer und Wustenhagen 2006, S. 469). Diese Eigenschaft ist nicht von den Konsumenten überprüfbar (Sammer und Wustenhagen 2006, S. 469). Nach Weber (2008) kann ein soziales und ökologisches Produktattribut als eine „mittels Informationen bzw. Hinweisen hinzugefügte Produkt- oder Markeneigenschaft in Form eines (psychologischen) sozialen oder ökologischen Leistungsmerkmals verstanden werden" (Weber 2008, S. 21).

2.2 Stimuli-Organismus-Response Modell

Der Käufer entscheidet über den Erfolg markenpolitischer Maßnahmen, da Nachhaltigkeitsaktivitäten ihre Wirkungen im Kaufentscheidungsprozess entfalten (Waßmann 2013, S. 70). Durch die sozial-ökologische Produktleistung soll der Käufer zu einem Kaufentschluss veranlasst werden (Weber 2008, S. 77). Um dieses Phänomen verhaltenstheoretisch zu erklären, kann das S-O-R Modell als Bezugsrahmen dienen. Es bildet „die Grund-

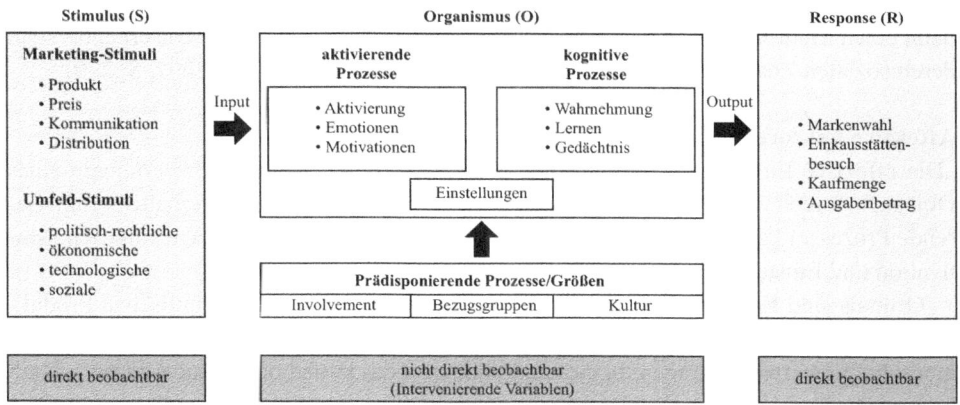

Abb. 1 S-O-R Modell Prinzipdarstellung. (Quelle: Foscht and Swoboda 2011, S. 30)

lage für den entwickelten Wirkprozess und die psychologischen Wirkungsweisen von Kommunikationsmaßnahmen" (Weber 2008, S. 77).

„Im S-O-R-Modell wird das beobachtbare Verhalten eines Konsumenten als Reaktion (R) auf externe Markenstimuli (S) interpretiert, die im Organismus (O) verarbeitet werden" (Rauch 2012, S. 58). In diesem Kontext wird die sozial-ökologische Produktleistung als Reiz (Stimuli) genutzt (Weber 2008, S. 77). Stimuliert von einem z. B. Öko-Label folgen die Wahrnehmung und Bewertung der relevanten Merkmale (O). Es kommt zu aktivierenden und kognitiven Prozessen (Waßmann 2013, S. 68). Diese Prozesse werden von prädisponierenden Prozessen beeinflusst. Sie beschreiben „kulturelle, soziale, persönliche und psychologische Faktoren beim Empfänger" (Weber 2008, S. 77). Durch sozial oder ökologisch geprägte Stimuli entsteht eine beobachtbare Reaktion (Response) des Konsumenten (Kroeber-Riel und Weinberg 2003, S. 501). Er entscheidet, ob er den sozialen und ökologischen Vertrauenseigenschaften des Produktes glaubt und das Produkt kauft oder nicht (Foscht und Swoboda 2011, S. 28)(Abb. 1).

2.3 Verhaltensprägende Faktoren

Verhaltensprägende Faktoren sind Elemente, die menschliches Verhalten beeinflussen (Weber 2008, S. 78 f.). Durch die Ausführungen der Einflussfaktoren lassen sich im Weiteren Erkenntnisse für Marketingüberlegungen nachhaltiger Produkte ableiten (Koppelmann 2001, S. 27).

Wahrnehmungsfaktoren
Durch die Wahrnehmung selektiert der Mensch die Menge der aufgenommenen Umweltreize, die auf ihn einwirken (Kroeber-Riel und Weinberg 2003, S. 268 f.). So fanden Peyer und Balderjahn (2007) heraus, dass „Konsumenten für sozialverträgliche Produkte nur

dann einen Mehrpreis bezahlen, wenn sie solche Produkte am Point of Sale erkennen und deren sozialen Zusatznutzen positiv bewerten" (Peyer und Balderjahn 2007, S. 270).

Affektive Faktoren

„Die affektive Einstellungskomponente subsumiert die emotionalen Bewertungen eines Objekts" (Rauch 2012, S. 42). Das Zustandekommen menschlichen Verhaltens (aktivierende Prozesse) kann durch drei intervenierende Variablen erklärt werden: Emotion, Motivation und Einstellung (Kroeber-Riel und Weinberg 2003, S. 53).

Oftmals sind **Emotionen** der Auslöser für den Kauf von sozial-ökologischen Produkten (Weber 2008, S. 83). Außerdem existieren verschiedene **Motivationsaspekte**, die das menschliche Verhalten prägen. In diesem Kontext ist das Hilfsmotiv, „Gutes zu tun" durch prosoziales Verhalten entscheidend für den Kauf von sozial-ökologischen Produktattributen (Heckhausen 1977,, S. 297). Zudem ist die **Einstellung** des Konsumenten gegenüber der sozial-ökologisch aufgeladenen Marke relevant (Weber 2008, S. 89). Brown und Dacin (1997) konnten empirisch nachweisen, dass durch das soziale und ökologische Engagement die Konsumenten eher eine positivere Einstellung zu einem Unternehmen haben (Weber 2008, S. 90).

Kognitive Faktoren

Die kognitive Komponente impliziert „das Wissen, die Meinungen, die Ideen und die Überzeugungen bezüglich eines Objekts" (Rauch 2012, S. 42). Kognitive Prozesse lassen sich dreistufig differenzieren und beinhalten die Informationsaufnahme (Wahrnehmung), die Informationsverarbeitung (Wahrnehmung, Denken und Entscheiden) und die Informationsspeicherung (Denken, Lernen und Gedächtnis) (Kroeber-Riel und Weinberg 2003, S. 225).

Soziale Faktoren

Der Mensch steht als ein Gemeinschaftswesen ständig unter dem Einfluss sozialer Faktoren (Weber 2008, S. 94). Sie umfassen Kultureinflüsse, Einflüsse der sozialen Schicht, Rollen-, Familien- und Gruppeneinflüsse (Koppelmann 2001, S. 58 f.). Im Themenzusammenhang ist die Demonstration der eigenen sozialen Einstellung beim Kauf sozial-ökologischer Marken erwähnenswert (Weber 2008, S. 95).

Weiterhin soll in diesem Abschnitt auch auf bisherige Ergebnisse zu sozioökonomischen Faktoren wie **Geschlecht**, **Alter** und **Einkommen** Bezug genommen werden. Berger, Cunningham und Kozinets fanden in Untersuchungen zur Wirkung von Cause-Related-Marketing auf die Markeneinstellung heraus, dass weibliche Befragte eine positivere Einstellungsbeeinflussung gegenüber sozial-agierenden Unternehmen haben (Berger et al. 1999, S. 491 ff.). Barnes (1992) geht weiter davon aus, dass Haushalte mit höherem Einkommen und Konsumenten unter 35 Jahren eher dazu neigen, sozial-ökologische Produkte zu kaufen (Barnes 1992, S. 22 f.).

Situative Faktoren

Situative Faktoren beschäftigen sich mit den äußeren Bedingungen, die auf das Verhalten der Konsumenten einwirken und die Kaufabsicht unerwartet verändern können. Im

Themenkontext kann vor allem der zeitliche Situationsaspekt entscheidend sein, da es Zeitpunkte gibt, zu denen die Spendenbereitschaft steigt (Weber 2008, S. 96).

3   Nachhaltige Markenführung

Grundsätzlich dienen Marken als ein Instrument der **Differenzierung** gegenüber konkurrierenden Produkten. Dadurch kann die Marke als eines der wichtigsten immateriellen Werttreiber und Vermögensgegenstände eines Unternehmens bezeichnet werden. Ziel ist es, das Wahlverhalten der Konsumenten durch den Aufbau von Marken zu prägen, indem Vorstellungsbilder verbunden mit dem Namen oder Symbol der Marke geschaffen werden (Rühle und Völckner 2011, S. 15). Diese Erkennungszeichen werden dann von Konsumenten als eine **Orientierungshilfe** genutzt und nehmen für Konsumenten daher eine präferenzgebende Funktion, also eine **Identifikationsfunktion,** ein (Esch et al. 2002, S. 473).

3.1   Begriffsabgrenzung Markenführung

Aufgrund der steigenden Angebotsvielfalt und der daraus abgeleiteten Funktion von Marken bedarf es des systematischen Managements zum Aufbau von starken Marken.

Innerhalb dessen hat sich das Konzept der identitätsbasierten Markenführung durchgesetzt. Sie richtet sich sowohl nach innen als auch nach außen, verlangt die Analyse des Selbstbildes der Marke aus Sicht der internen Zielgruppen (Markenidentität) (Burmann und Meffert 2005b, S. 51) und die Anpassung des unternehmerischen Selbstbildes der Marke an die Vorstellungsbilder externer Anspruchsgruppen (Markenimage) (Abb. 2) (Rauch 2012, S. 13 ff.).

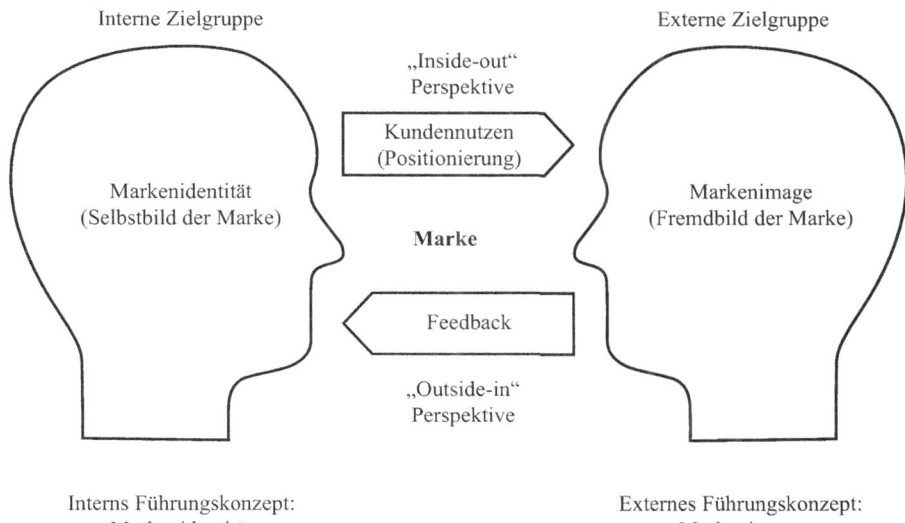

Abb. 2 Konzept der identitätsbasierten Markenführung. (Quelle: Burmann et al. 2012, S. 29)

„Die **Markenidentität** bringt die wesensprägenden Merkmale einer Marke, für welche die Marke zunächst nach innen und später auch nach außen stehen soll, zum Ausdruck" (Burmann und Meffert 2005b, S. 52). Sechs Komponenten dienen dazu, die Markenidentität zu beschreiben (Burmann und Meffert 2005a, S. 79). Die **Markenherkunft** bildet das Fundament der Markenidentität. Neben der Markenherkunft basiert die Markenidentität auf der **Markenkompetenz**. Diese definiert den klaren Wettbewerbsvorteil der Marke. Des Weiteren müssen **Markenleistungen** als Basis für die Nutzbarkeit der Marke für Nachfrager definiert werden. Ein weiterer wesentlicher Bestandteil der Markenidentität ist die **Markenvision**. Sie gibt vor, wie die Marke sich langfristig entwickeln soll und ist daher eine wichtige Motivations-, Identifikations- und Koordinationsfunktion für die internen Anspruchsgruppen. Die **Markenwerte** stellen die Grundüberzeugungen der Marke dar und zeigen auf, woran die Repräsentanten „glauben". Der letzte Bestandteil der Markenidentität ist die **Markenpersönlichkeit**. Diese legt die Tonalität der Marke fest (Burmann und Meffert 2005a, S. 79).

„Das **Markenimage** ist ein in der Psyche relevanter externer Zielgruppen fest verankertes, verdichtetes, wertendes Vorstellungsbild von einer Marke" (Burmann und Meffert 2005b, S. 53). Beim Markenimage handelt es sich um die „subjektiv wahrgenommene Eignung der Marke die Bedürfnisse des Individuums zu befriedigen" (Burmann und Meffert 2005b, S. 53). Ziel ist es, an Kundenkontaktpunkten Markenerlebnisse für externe Anspruchsgruppen und einen funktionalen (physikalisch-funktionelle Merkmale, Informations- und Vertrauensfunktion) und symbolischen Nutzen (z. B. Wahrnehmung der Marke als Mittel zur Selbstverwirklichung) zu schaffen (Burmann und Meffert 2005b, S. 53 ff.). Abbildung 3 veranschaulicht den konzeptionellen Ansatz der identitätsbasierten Markenführung.

3.2 Leitbild der nachhaltigen Entwicklung

Der Nachhaltigkeitsbegriff wurde durch den Bericht der Brundtland Kommission aus dem Jahre 1987 in Politik und Wissenschaft bekannt (Karstens 2005, S. 22). Diese definiert nachhaltige Entwicklung als „Entwicklung, die die Bedürfnisse der Gegenwart befriedigt, ohne zu riskieren, dass künftige Generationen ihre eigenen Bedürfnisse nicht befriedigen können" (Wilkens 2007, S. 5). Aus Unternehmenssicht wird darunter ein Konzept verstanden, „das die Gesamtheit aller ökonomischen, ökologischen und sozialen Beiträge eines Unternehmens zur freiwilligen Übernahme gesellschaftlicher Verantwortung beinhaltet, die über die Einhaltung gesetzlicher Bestimmungen hinausgehen (Europäische Kommission 2002)" (Meffert et al. 2010, S. 28).

3.3 Synthese zur nachhaltigen Markenführung

„Nachhaltige Markenführung ist die systematische Planung und Koordination aller Maßnahmen zur Schaffung von ökologischen, ökonomischen und sozialen Assoziationen in den Köpfen der unternehmerischen Anspruchsgruppen" (Zentes et al. 2014, S. 7).

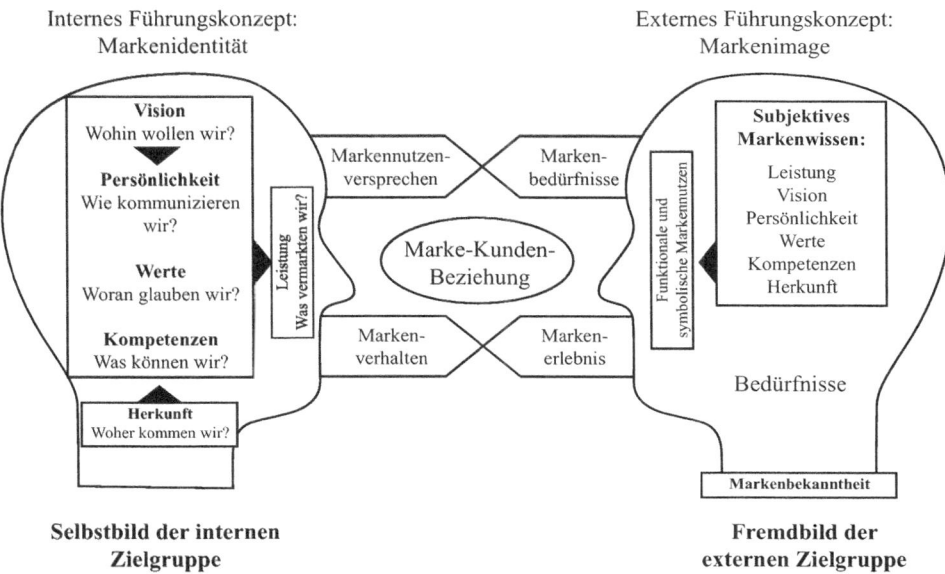

Abb. 3 Zusammenhang zwischen Markenidentität und Markenimage. (Quelle: Burmann et al. 2012, S. 74)

Der identitätsbasierten Markenführung folgend beginnt die Verankerung der Nachhaltigkeit in der Markenidentität. Diese enthält „[...] nachhaltige Aspekte, die für die Anspruchsgruppen sowohl wahrnehmbar als auch relevant sind und somit der Marke eine Differenzierung im Wettbewerb ermöglichen. Grundlage bildet in der ressourcenorientierten Perspektive die Markensubstanz im Sinne nachhaltig orientierter Unternehmensaktivitäten" (Meffert et al. 2010, S. 29). Dabei werden die sozialen, ökologischen und ökonomischen Ziele in den einzelnen Identitätskomponenten (Herkunft, Kompetenz, Werte, Persönlichkeit, Leistungen und Vision) integriert und können so in unterschiedlichen Ausgestaltungsformen auftreten. So verankert die Marke Henkel zum Beispiel Nachhaltigkeit in ihren Werten der Qualität und Verantwortung, während die Marke Frosch „[...] Nachhaltigkeit als einen zeitlosen Kernwert definiert [...]" (Meffert et al. 2010, S. 30).

Da es sich bei sozial-ökologischen Leistungen um eine Vertrauenseigenschaft handelt (vgl. Kap. 2.1), welche nicht von den Konsumenten überprüft werden kann, ist der Erfolg nachhaltiger Markenführung stark von Leistungsbeweisen abhängig (Meffert et al. 2010, S. 30). „Hieran wird die besondere Stellung von Anspruchsgruppen bei der nachhaltigen Markenführung deutlich, die die Unternehmung mehr als bei anderen Markenstrategien zur konsistenten Übereinstimmung von Leistungsprofil und Kommunikationsprofil zwingt" (Meffert et al. 2010, S. 30). Daher muss eine klar nachhaltig ausgerichtete Markensubstanz aufgebaut werden, die sich in der Strategie und den Zielen der Unter-

Abb. 4 Verankerung von Nachhaltigkeit im Unternehmen. (Quelle: Meffert et al. 2010, S. 30)

nehmung, der Wertschöpfungskette und im Leistungsangebot widerspiegelt (Meffert et al. 2010, S. 30). Wenn die Grundvoraussetzungen für die nachhaltige Markenführung durch die Erstellung eines nachhaltig ausgerichteten Leistungsprofils gegeben sind, „[…] kann die Markenkommunikation Differenzierungspotenziale erschließen […]" (Meffert et al. 2010, S. 30).

Die Markensubstanz und Markenkommunikation erzielen dann eine psychographische Wirkung, wenn eine interne (Brand Commitment) und externe Markenstärke (Verhaltensrelevanz) aufgebaut wurde. Folgerichtig kann durch das Konzept der nachhaltigen Markenführung also ein Differenzierungsvorteil erschaffen werden, welcher sich auf ökonomischer Ebene in der Erhöhung des Markenwertes niederschlägt. Abbildung 4 zeigt noch einmal wie nachhaltige Markenführung in einem Unternehmen verankert werden kann (Meffert et al. 2010, S. 30).

4   Die Bekleidungsindustrie

Seit der Katastrophe in einer Fabrik in Bangladesch im April 2013 steht die Bekleidungsindustrie vermehrt im Fokus des öffentlichen Interesses. In der Nähe von Dhaka stürzte ein mehrstöckiges Fabrikgebäude ein und forderte 1138 Tote und mehrere 1000 Verletzte. Ein Jahr nach der Katastrophe ist das mediale und gesellschaftliche Interesse immer noch groß. So werden gesetzliche Rahmenbedingungen von Nichtregierungs-Organisationen gefordert, die dann auch ein Gütesiegel für die Unternehmen der gesamten Wertschöpfungskette umfassen könnten (Schnura 2014).

Grundsätzlich ist die Bekleidungsindustrie von einem starken Strukturwandel geprägt. Sie stellt eine der ersten Branchen dar, die bereits in den 1970er Jahren von der Globalisierung betroffen war. Der größte Teil der Produktion von Kleidung für den Weltmarkt, die sich mengenmäßig seit dem verdreifacht hat, wird bis heute in Entwicklungsländer mit niedrigen Löhnen und geringen Arbeits- und Umweltauflagen verlagert. So wird in Asien und Mittelamerika produziert und seit 1989 auch in Osteuropa. Die Modebranche ist daher von einem komplexen System von Zuliefer- und Subunternehmen geprägt und es ist schwer nachvollziehbar, woher die Ware stammt (Faigle und Pauly 2014). So ist die Kontrolle von Umweltauflagen und Arbeitsrechten kaum noch möglich.

So wird im Kontext das Themenfeld der Vertikalisierung relevant, da Unternehmen so die strategische Kontrolle über die einzelnen Wertschöpfungsstufen erhalten und damit die Transparenz verbessern können. Bei der Vertikalisierung handelt es sich um eine Form der Kooperation zur Erzielung von Wettbewerbsvorteilen (Morschett 2003, S. 392). Kooperationen können unterschiedliche Dimension aufweisen: Anzahl der Kooperationspartner, Kooperationsrichtung, zeitliche Ausdehnung oder räumliche Ausdehnung (Knolle 2006, S. 26). An dieser Stelle soll sich auf die Kooperationsrichtung konzentriert werden. Je nach Stellung der Partner in der Wertschöpfungskette lassen sich drei Kooperationsrichtungen unterscheiden: die horizontale, vertikale oder laterale Kooperationen. Vertikalisierung lässt sich nach Schuckel (2002) als „Bindung vor- oder nachgelagerter Stufen des Wertschöpfungsprozesses durch Integration (Eigentum bzw. Kapitalbeteiligung) oder Vertrag" (Schuckel 2002, S. 203) definieren.

Ein gutes Beispiel aus der Praxis stellt das Unternehmen hessnatur dar. Das Unternehmen positioniert sich als ein Unternehmen, das ausschließlich Mode aus nachhaltigen Stoffen produziert. Außerdem wird auch stets auf die soziale Verträglichkeit geachtet, sowohl innerhalb des eigenen Unternehmens als auch bei den Kooperationspartnern. Da die Verfügbarkeit von biologischen und fair gehandelten Stoffen zur Herstellung von Kleidung begrenzt ist, initiiert hessnatur viele eigene Anbauprojekte entlang der Wertschöpfungskette, wie zum Beispiel Bio-Baumwolle-Anbauprojekte in Ägypten (Zerlauth 2010, S. 90 ff.).

5 Empirische Untersuchungen zur Wahrnehmung sozial-ökologischer Produktleistungen

Es wurde eine Online-Umfrage durchgeführt, an der 156 Menschen teilnahmen. Jedoch hat nicht jeder Befragte jede Frage beantwortet. Davon sind 34,2 % (52 der Befragten) männlich und 65,8 % (100 der Befragten) weiblich. Des Weiteren gehört die Mehrheit der Befragten (81,6 %) der Altersgruppe zwischen 18 und 25 Jahren an. Diese Voraussetzungen müssen stets bei der Betrachtung der Ergebnisse berücksichtigt werden.

Kaufbereitschaft

In der Befragung wird deutlich, dass die Konsumenten ein bilaterales Verhältnis zu sozial-ökologischen Produktleistungen bei Kleidung haben. 42,7 % halten das Thema Nachhaltigkeit in der Bekleidungsindustrie für wichtig und 16 % sehen es als unwichtig an. Es stellt sich heraus, dass die Befragten grundsätzlich nicht auf sozial-ökologische Produktleistungen beim Kauf achten und es somit nicht in die Kaufentscheidung einfließen lassen. So berücksichtigen 34,4 % gelegentlich soziale und ökologische Aspekte beim Kauf von Waren und Dienstleistungen und nur 2,6 % tun dies fast immer. Ähnliches ist beim Kauf von Kleidung erkennbar. Nur 24,5 % der Befragten achten dabei auf soziale und ökologische Aspekte, von denen sich nur 4,9 % auch für den tatsächlichen Kauf entscheiden.

Es stellt sich daher die Frage, warum Nachhaltigkeit nicht in die Kaufentscheidung einfließt. Die Umfrage zeigt, dass die Meisten sich nicht genügend über das Thema Nachhaltigkeit informiert fühlen. Außerdem gaben die Befragten an, den Versprechen der Hersteller nicht zu vertrauen und 21 Personen gaben zudem an, sie wüssten nicht, wo sie nachhaltig produzierte Kleidung erwerben könnten.

Kommunikationsaspekte

In Kap. 3.3 wird deutlich, dass nachhaltige Markenführung nur mit einem tatsächlichen Leistungsnachweis glaubwürdig ist. Die Umfrage bestätigt, dass die kommunizierte Leistung sich im Handeln des Unternehmens widerspiegeln sollte. Von der Bekleidungsindustrie wird von 43,6 % der Befragten Transparenz im Produktionsprozess gefordert. Sie wollen wissen, woher die gekaufte Kleidung stammt und wie sie produziert worden ist. Noch genauer wollen sie wissen, unter welchen Arbeitsbedingungen die Kleidung in den Fabriken hergestellt worden ist und wie die Unternehmen Missstände bekämpfen.

6 Handlungsempfehlungen in Anlehnung an den Marketing Mix für Unternehmen der Bekleidungsindustrie

Dieses Kapitel soll auf Basis der vorangegangen konzeptionellen Grundlagen und der repräsentativen Umfrage konkrete Handlungsempfehlungen für Unternehmen in der Bekleidungsindustrie zur verbesserten Wahrnehmung sozial-ökologischer Produktleistungen geben.

6.1 Produktpolitische Handlungsempfehlungen

Die Voraussetzung für den Erfolg einer nachhaltigen Markenführung bildet gemäß Kap. 3.3 die konsistente Übereinstimmung zwischen Nachhaltigkeit in der Markensubstanz und dem Markenversprechen. Ein nachhaltiges Produkt ist für den Aufbau einer nachhaltigen Marke von entscheidender Bedeutung (Stuart 2011, S. 143). Marchand und Walker (2007) sagten, die Produkte sollten „[…] ecologically responsible, socially relevant, aesthetically pleasing, economically viable, technologically appropriate and individually satisfying " sein (Stuart 2011, S. 143).

Produktprogrammpolitik

Zunächst sollten Unternehmen der Bekleidungsindustrie überlegen, in welcher Intensität sie das Thema Nachhaltigkeit in ihren Produkten verankern wollen. Belz et al. (2005) haben dazu eine Matrix entwickelt, bei der sich vier Typen je nach Alter der Unternehmung (etabliert/neu gegründet) und dem Anteil der öko-sozial verträglichen Produkte

Alter des Unternehmen \ Sortiments- umstellung	Teilweise	Vollständig
Etabliert	I	II
Neu gegründet	III	IV

Abb. 5 Typologie sozial-ökologischer Pionier- und Leadunternehmen. (Quelle: Belz et al. 2005, S. 247)

und Dienstleistungen im Angebotsportfolio (teilweise/vollständig) unterscheiden lassen (Abb. 5) (Belz et al. 2005, S. 246).

Typ 1: Dabei handelt es sich um etablierte Unternehmen, die ihr Sortiment teilweise auf sozial-ökologische Produkte umstellen. Es kommt so zu einer Doppelgleisigkeit von konventionellen und sozial-ökologischen Produkten im Sortiment. Dies kann zu Glaubwürdigkeitsproblemen führen (Belz et al. 2005, S. 247).

Typ 2: Der zweite Typ bezieht sich auf Unternehmen, die seit längerem am Markt etabliert sind, aber ihr Produktsortiment vollständig auf sozial-ökologische Produkte ausgerichtet haben (Belz et al. 2005, S. 248).

Typ 3: Beim dritten Typen handelt es sich um neu gegründete Unternehmen, die sowohl konventionelle als auch sozial-ökologisches Produkte anbieten (Belz et al. 2005, S. 248).

Typ 4: Unternehmen des Typ vier sind mit dem Zweck gegründet worden, sozial-ökologische Produkte zu vermarkten (Belz et al. 2005, S. 248).

Aufgrund von Katastrophen wie in Bangladesch 2013 (vgl. Kap. 4) ist es Unternehmen der Bekleidungsindustrie zu empfehlen, ihr gesamtes Produktsortiment nachhaltig auszurichten. Das vorherrschende Glaubwürdigkeitsproblem (vgl. Kap. 5) würde durch zwei Modelinien, eine nachhaltige und eine konventionelle, das Vertrauen der Konsumenten senken.

Wertschöpfung

Zur Produktpolitik gehört auch die Betrachtung ökologischer und sozialer Faktoren entlang der Wertschöpfungskette, denn „die Anforderungen, die das Leitbild der Nachhaltigkeit an das Produkt stellt, spiegeln sich vor allem in der Produktion und Beschaffung wider" (Zerlauth 2010, S. 50). Zur Steigerung des Vertrauens (vgl. Kap. 2.1) sollten Unternehmen der Bekleidungsindustrie ihre Wertschöpfungskette transparent gestalten und offenlegen. Dies fordern auch 43,6 % der für diese Arbeit befragten Konsumenten. Einen Lösungsansatz bietet das Konzept der Vertikalisierung. So könnten Unternehmen beispielsweise eigene Produktionsbetriebe errichten oder Kooperationen eingehen Eine Möglichkeit besteht darin, in Anlehnung an hessnatur, Naturfaserprojekte zu fördern oder in eigenen oder kooperierenden Fabriken mit hohen sozialen Standards nähen zu lassen.

Produktgestaltung

Die Produktpolitik umfasst auch alle gestalterischen Maßnahmen und die **verwendeten Materialien** zur Herstellung (Meffert et al. 2008, S. 397). Grundsätzlich wäre es ratsam bei der Bekleidungsindustrie auf Kleidung aus Naturfasern wie Baumwolle, Leinen, Hanf, Seide und Wolle zu setzen (Zerlauth 2010, S. 131). Diese sollten zudem ohne Pestizide behandelt und daher ökologisch angebaut worden sein.

Auch **Labels** spielen bei der Produktpolitik und gerade in der Bekleidungsindustrie eine wichtige Rolle. Labels können Informationen über die verwendeten Materialien, über die Produktherkunft und eine Zertifizierung geben (Weber 2008, S. 263 ff.). Marken, **Gütesiegel** oder Umweltzeichen (z. B. Blaue Engel) werden von den Konsumenten als Hinweis auf die Umwelt- und Sozialverträglichkeit der jeweiligen Produkte oder Dienstleistungen anerkannt und können so einen Aufmerksamkeitswert und Wiedererkennungswert schaffen (Weber 2008, S. 81; Peyer and Balderjahn 2007, S. 270). Dies zeigt auch die eigens durchgeführte Umfrage. So gaben 45,6 % der Befragten an, dass Ökolabels das Vertrauen steigern würden und 73,3 % wünschen sich Labels, die über die Nachhaltigkeit eines Produkts Auskunft geben. Daher ist es Unternehmen der Bekleidungsindustrie nur zu empfehlen, ihre Kleidung durch Dritte als ökologisch und sozial nachhaltig zertifizieren zu lassen.

6.2 Preispolitische Handlungsempfehlungen

Die repräsentative Umfrage zeigt, dass der Preis nach dem Design und der Qualität das relevanteste Kaufkriterium bei Kleidung ist. Nach der Meinung von Armedangels-Chef Höfeler ist die faire und nachhaltige Produktion von Kleidung dreimal teurer als die konventionelle (Hermes 2010, S. 39). Daher sollte der Preis von fair hergestellter Kleidung nicht zu niedrig angesetzt werden, um die Glaubwürdigkeit der Marke nicht zu gefährden.

Zu empfehlen ist eine Skimmingpreisstrategie, bei welcher der hohe Preis der Einführung mit zunehmender Erschließung des Marktes gesenkt wird (Meffert et al. 2008, S. 507). Hohe Produktionskosten werden so aufgefangen und der Preis kann nach erreichter Akzeptanz langsam gesenkt werden. Damit werden auch Zweifel an der Glaubwürdigkeit durch geringe Preise vermieden.

6.3 Distributionspolitische Handlungsempfehlungen

Die eigens durchgeführte Umfrage macht deutlich, dass viele Konsumenten nicht wissen, wo sie nachhaltig produzierte Mode kaufen können. Dies zeigt, dass die Präsenz derzeitiger Anbieter nachhaltiger Mode zu gering ist.

Durch die richtige Wahl der **Distributionsorgane** haben Unternehmen die Möglichkeit ihre Präsenz zu verbessern (Meffert et al. 2008, S. 562). Im Sinne der Vertikalisierung ist

Unternehmen der Bekleidungsindustrie ein direkter Vertrieb zu empfehlen. Die Unternehmen haben durch eigene Geschäfte oder durch Shop-in-Shop-Systeme die Möglichkeit, den Verkauf und Service, die Markeninszenierung und die Warenplatzierung zu kontrollieren und auszugestalten (Meffert et al. 2008, S. 577).

Die Multimedialdistribution bietet weiter die Möglichkeit über Dritte die angebotene Ware zu verkaufen. Das Image des Kooperationspartners wirkt sich bei sozial-ökologischen Produktleistungen positiv aus und stärkt erneut das notwendige Vertrauen. Unternehmen der Bekleidungsindustrie könnten zum Beispiel mit Nicht-Regierungsorganisationen kooperieren, indem sie ihre Mode auf deren Websites vermarkten (Weber 2008, S. 302).

Außerdem sollten Unternehmen im Sinne der Glaubwürdigkeit die **Distributionslogistik** nachhaltig ausgestalten (Weber 2008, S. 301). Der Emissionsverbrauch ist eines der meist diskutierten Umweltprobleme. Daher ist es Unternehmen der Bekleidungsindustrie zu empfehlen, ihren gesamten Transport emissionsreduzierend aufzubauen und zum Beispiel vom Luftverkehr auf den Schienenverkehr umzusteigen.

6.4 Kommunikationspolitische Handlungsempfehlungen

Die Kommunikation sozial-ökologischer Produkte sollte sich nach dem identitätsbasierten Ansatz nach innen und nach außen richten. Alle internen Kommunikationsmaßnahmen unterstützen die Bildung der Markenidentität, die auf der Unternehmensmission und Unternehmensvision aufgebaut ist (Stuart 2011, S. 144). Van Riel (2000) fand heraus, dass eine „Corporate Story" geeignet ist, die Markenidentität zu steigern und Nachhaltigkeitsthemen an die Mitarbeiter zu kommunizieren (Stuart 2011, S. 144).

Wie Kap. 2.2 zeigt, nehmen prädisponierende Prozesse bei der Wahrnehmung eine wichtige Funktion ein. Kommunikationspolitische Maßnahmen einer Unternehmung können dadurch das Werte- und Normensystem einer Gesellschaft prägen (Meffert et al. 2008, S. 719). Da die Probleme der Bekleidungsindustrie mit einem starken Emotionsgehalt verbunden sind, sollte auf kulturelle und soziale Hintergründe der Zielgruppen geachtet werden, um etwaige negative Auswirkungen auf die Marke zu vermeiden.

Ziel von Kommunikationsmaßnahmen zur verbesserten Wahrnehmung sozial- ökologischer Produktleistungen in der Bekleidungsindustrie sollte die Vermittlung von Glaubwürdigkeit und der Aufbau von Vertrauen zu den Zielgruppen sein, da die repräsentative Umfrage zeigte, dass die Meisten den Versprechen der Hersteller nicht vertrauen (vgl. Kap. 5).

Kommunikationsbotschaften und Tonalität
Ein zentrales Problem in der Kommunikation sozialer und ökologischer Produktleistungen bildet das Spannungsfeld zwischen Kommunikation und Information (Zerlauth 2010, S. 54). Informationen und Emotionen müssen hier ein Zusammenspiel erfahren. Zu beachten ist, dass das Wissen einen großen Einfluss auf die Wahrnehmung nimmt (Koppelmann

2001, S. 52). Mangelndes Wissen der Konsumenten durch ungenügende Kommunikation über nachhaltige Aktivitäten können den Kaufprozess verhindern (Weber 2008, S. 93). Die Umfrage macht den Wunsch der Konsumenten nach Informationen deutlich. So gaben 36 % (Doppelwahl möglich) an, sie fühlen sich nicht genug über Nachhaltigkeit in der Bekleidungsindustrie informiert und 73,3 % wünschten sich mehr Informationen über die Nachhaltigkeit eines Produktes.

Um einen Widerspruch zwischen dem Markenversprechen und der Markenkommunikation zu vermeiden (vgl. Kap. 3.3), sollten die kommunizierten Leistungen sich auch in einem tatsächlichen Handeln des Unternehmens widerspiegeln. Andernfalls droht das Vertrauen der Zielgruppen zu sinken und das Markenimage wird beschädigt (Stuart 2011, S. 145).

Instrumente

Eine Reihe kommunikationspolitischer Instrumente kann dazu genutzt werden, die Glaubwürdigkeit durch das richtige Verhältnis von Emotion und Information zu steigern.

Storytelling ist ein nützliches Instrument, um das Spannungsfeld zwischen Emotionalität und Information zu lösen (Zerlauth 2010, S. 58). Unternehmen der Bekleidungsindustrie können den Konflikt der fehlenden Informationen aufgreifen und die Geschichte der Herkunft eines T-Shirts erzählen. So hat die „Geschichte" einen informativen Charakter, schafft Transparenz, erhöht die Glaubwürdigkeit und weckt Emotionen bei den Anspruchsgruppen.

Außerdem sollte das Instrument des **Reporting** genutzt werden. Bereits 87 % der DAX-Unternehmen veröffentlichen einen Nachhaltigkeitsbericht. „Unternehmen berichten darin, je nach Informationsbedürfnis der Anspruchsgruppen, über Fortschritte bei sämtlichen ökonomisch, sozial oder ökologisch relevanten Themen" (PWC 2011, S. 15). Durch die Offenlegung fühlt sich der Konsument besser informiert und nimmt die sozial-ökologische Produktleistung besser wahr.

Eine weitere kommunikationspolitische Maßnahme ist die **Kooperation mit Nicht-Regierungsorganisationen.** Unabhängige Dritte werden dabei mit Informationen versorgt. Durch Word-of-Mouth können Unternehmen so Werbung für sich nutzen.

Außerdem bieten **Referententätigkeiten** zum Thema Nachhaltigkeit in der Bekleidungsindustrie von Mitarbeitern des Unternehmens die Möglichkeit, das Interesse der Öffentlichkeit zu steigern und das Unternehmen als kompetenten Vorreiter zu positionieren. Die **Mitarbeiter** bilden zu dem einen wichtigen Kundenkontaktpunkt, so dass der Nachhaltigkeitsgedanke auch authentisch den Mitarbeiter demonstriert und kommuniziert werden sollte (Abb. 6) (Stuart 2011, S. 142).

7   Fazit und Ausblick

Aufgrund des gestärkten Bewusstseins der Konsumenten für die Anfälligkeit der Öko- und Sozialsysteme und der Forderung nach gesellschaftlicher Verantwortung von Unternehmen, sollten diese sich aktiv mit dem Konzept der nachhaltigen Markenführung aus-

Quelle: Eigene Darstellung.

Abb. 6 Zusammenfassung der Handlungsempfehlungen. (Quelle: Eigene Darstellung)

einandersetzten, um Wettbewerbsvorteile auszubauen und die Zukunftsfähigkeit ihrer Unternehmung zu sichern. Eine transparente Informationspolitik und vertrauensbildende Maßnahmen bilden in diesem Zusammenhang die Basis für den Erfolg.

So zeigen die Ergebnisse der repräsentativen Umfrage, dass in der Bekleidungsindustrie ein systematisches Management von nachhaltigen Marken unerlässlich ist. Da Nachhaltigkeitsaktivitäten nicht überprüfbar sind und es sich bei sozial-ökologischen Produktleistungen um Vertrauenseigenschaften handelt, hängt der Erfolg markenpolitischer Maßnahmen maßgeblich von der Akzeptanz der Konsumenten ab. Es wurde gezeigt, dass Konsumenten Nachhaltigkeitsaktivitäten von Unternehmen nur dann als glaubwürdig empfinden, wenn das Unternehmen seine sozialen und ökologischen Aktivitäten offenlegt. Weiterhin konnte festgestellt werden, dass in der Bekleidungsindustrie vor allem die Wertschöpfungskette als Ansatzpunkt nachhaltiger Themen erachtet wird. Daher sollte diese Branche vermehrt auf vertikale Kooperationen setzten, um die Transparenz zu erhöhen und soziale und ökologische Ziele zu erreichen.

In der Kommunikation ist es sinnvoll, Informationen ohne zu hohen Emotionsgehalt zu vermitteln. Die Produkte und ihre Herstellungsmethoden müssen sozial und ökologisch vertretbar und bestenfalls von Dritten durch ein Nachhaltigkeitssiegel überprüft werden. Der Preis darf nicht zu niedrig angesetzt sein, da nachhaltige Mode nicht zu den gleichen Kosten wie konventionelle Kleidung hergestellt werden kann. Es ist zu empfehlen, die Distribution durch den direkten Vertrieb erfolgen zu lassen, um eine Nähe zum Konsumenten zu erreichen und nachhaltige Kunden-Unternehmensbeziehungen entstehen können.

Zusammenfassend lässt sich sagen, dass nachhaltige Markenführung Unternehmen die Möglichkeit bietet, das Vertrauen in die Marke zu stärken, sich als fortschrittlich und innovativ zu positionieren, die Markenpräferenz zu verbessern und einen Differenzierungsvorteil zu schaffen. Daher ist es Unternehmen der Bekleidungsindustrie aufgrund der genannten Probleme zu empfehlen, sich intensiv mit den Ansprüchen der Konsumenten auseinanderzusetzen, nachhaltige Markenführung systematisch zu implementieren und so eine glaubwürdige Markenidentität zu schaffen, die das Markenimage dauerhaft verbessert.

Literatur

Barnes NG (1992) Determinants of consumer participation in cause-related marketing campaigns Am Bus Rev 10(2):21–24

Belz F-M, Karstens B (2005) Strategic and instrumental sustainability marketing: a conceptual framework. Discussion Paper No. 6. Technische Universität, München

Belz F-M, Hildesheimer G, Bilharz M (2005) Aktive verantwortungsübernahme von unternehmen durch nachhaltigkeits-marketing: implikationen für theorie und praxis. In: Belz F-M und Bilharz M (Hrsg) Nachhaltigkeits-marketing in theorie und praxis. Deutscher Universitäts-Verlag, Wiesbaden, S 242–254

Berger IE, Cunningham PH, Kozinets RV (1999) Consumer persuasion through cause-related advertising. Adv Consum Res 26:491–497.

Brown, T.J, Dacin, P.A.(1997). The Company and the Product: Corporate Associations and Consumer Product Responses. Journal of Marketing. 61(1):68–84

Burmann C, Meffert H (2005a) Managementkonzept der identitätsorientierten Markenführung. In: Burmann C, Meffert H, Koers M (Hrsg) Markenmanagement. Identitätsorientierte markenführung und praktische Umsetzung, 2. vollständig überarbeitete und erweiterte Auflage. Gabler Verlag, Wiesbaden, S 73–115

Burmann C, Meffert H (2005b) Theoretisches grundkonzept der identitätsorientierten markenführung. In: Burmann C, Meffert H, Koers M (Hrsg) Markenmanagement. Identitätsorientierte Markenführung und praktische Umsetzung, 2. vollständig überarbeitete und erweiterte Auflage. Gabler Verlag, Wiesbaden, S 37–73

Burmann C, Halaszovich T, Hemmann F (2012) Identitätsbasierte markenführung. Grundlagen – strategie – umsetzung – controlling. Gabler Verlag, Wiesbaden

Commerz Finanz GmbH (2013) Europa konsumbarometer 2013. Europas Verbraucher setzen auf alternativen Konsum. Persönliche Übersendung 08. April 2014.

Esch F-R, Geus P, Langner T (2002) Brand performance measurement zur wirksamen markennavigation. Control Z Erfolgsorientierte Unternehmenssteuerung 14(8/9):473–481.

Faigle P, Pauly M (2014, 22. April) Die Schande von Rana Plaza. unter http://www.zeit.de/wirtschaft/2014-04/rana-plaza-jahrestag-hilfsfonds/komplettansicht. Zugegriffen: 8. Mai 2014

Foscht T, Swoboda B (2011) Käuferverhalten. Grundlagen – Perspektiven – Anwendungen, 4 Aufl. Gabler Verlag, Wiesbaden

Heckhausen H (1977) Motiv und motivation. In: Herrmann T (Hrsg), Handbuch psychologischer Grundbegriffe. Kösel Verlag, München, S 296–313

Hermes V (2010) Nachhaltigkeit. Wie marken die zukunft gestalten. Absatzwirtschaft. Sonderausgabe zum Markenaward, S 34–41

Karstens B (2005) Vom Öko- zum Nachhaltigkeits-Marketing. Eine kritische Literaturanalyse. Diskussionsbeitrag Nr. 2. Technische Universität, München

Knolle M (2006) Implementierung von Sozialstandards in die Wertschöpfungskette von Beklei-
dungsunternehmen durch die Bildung von Kooperationen. unter http://www2.leuphana.de/um-
anagement/csm/content/nama/downloads/download_publikationen/56–6downloadversion.pdf.
Zugegriifen: 11. Mai 2014

Komission der Europäischen Gemeinschaften. (2002). Mitteilung der Kommission betreffend die
soziale Verantwortung der Unternehmen: ein Unternehmensbeitrag zur nachhaltigen Entwicklung. unter http://www.cocrunder-tisch.de/inhalte/texte_grundlagen/csr2002_de.pdf. Zugegriffen: 23. Mai 2014

Koppelmann U (2001). Produktmarketing. Entscheidungsgrundlagen für produkt manager, 6. über-
abeitete und erweiterte Auf. Springer Verlag, Berlin

Kroeber-Riel W, Weinberg P (2003) Konsumentenverhalten, 8 Aufl. Verlag Vahlen, München

Marchand, A, Walker, S. (2007). Product Development and Responsible Consumption : Designing
Alternatives for Sustainable Lifestyles. Journal of Cleaner Production. 16 (8):1163–31169

Meffert H, Burmann C, Kirchgeorg M (2008) Marketing. Grundlagen marktorientierter Unternehmensführung. Konzepte – Instrumente – Praxisbeispiele, 10 vollständig überarbeitete und erweiterte Auflage. Gabler Verlag, Wiesbaden

Meffert H, Rauch D-K C, Lepp HL (2010) Sustainable branding – mehr als ein neues Schlagwort?!.
Marketing Rev St. Gallen 27(5):28–35

Morschett D (2003) Formen von Kooperationen, Allianzen und Netzwerken. In: Zentes J, Swoboda
B, Morschettv D (Hrsg) Kooperationen, allianzen und netzwerke. Grundlagen – Ansätze – Perspektiven. Gabler Verlag, Wiesbaden, S 387–415

One Sustainability (2010, 5. Nov.) Nachhaltigkeit ist DER nächste Megatrend. http://www.onesusta-
inability.com/2010/11/15/nachhaltigkeit-ist-ein-megatrend/. Zugegriffen: 17. April 2014

Peyer M, Balderjahn I (2007) Zahlungsbereitschaft für sozialverträgliche Produkte. Jahrb Absatz
Verbrauchsforschung 53(3):267–288

Prox C (2013, 12. März) Nachhaltige nachhaltigkeit. Absatzwirtschaft – Zeitschrift für marketing.
Sonderausgabe zum Marken-Award 2010, S 96–99

PWC (2011) Unternehmerische verantwortung im zeitalter der transparenz. unter http://www.pwc.
de/de_de/de/nachhaltigkeit/assets/pwc-unternehmerische-verantwortung-transparenz-2011.pdf.
Zugegriffen: 18. Mai 2014

Rühle A, Völckner F (2011) Stellenwert von Marken als Werttreiber für Unternehmen. In: Völckner F, Willers C, Weber T (Hrsg) Markendifferenzierung. Innovative konzepte zur erfolgreichen
markenprofilierung, 1 Aufl. Gabler Verlag, Wiesbaden, S 15–37

Rauch C (2012) Corporate sustainable branding. Gabler Verlag, Wiesbaden

Sammer K, Wustenhagen R (2006) Der einfluss von Öko-Labelling auf das Konsumentenverhalten
– ein discrete choice experiment zum Kauf von Glühbirnen. In: Pfriem R, Antes R, Fichter K
et al (Hrsg) Innovation für nachhaltige Entwicklung. Deutscher Universitäts-Verlag, Wiesbaden,
S 469–487

Schuckel M (2002) Formen, Gründe und perspektiven der vertikalisierung – theoretische Überlegungen und empirische Ergebnisse einer Untersuchung im Bekleidungsmarkt. Handel im Fokus
- Mitteilungen des IfH, 54(3):202–215

Stuart HJ (2011) An identity-based approach to the sustainable corporate brand. Corp Commun An
Int J 16(2):139–149

W & V (2011) Wie Nachhaltigkeit der Marke nützt. http://www.wuv.de/marketing/w_v_studie_
wie_nachhaltigkeit_der_marke_nuetzt. Zugegriffen: 17. April 2014

Waßmann J (2013) Corporate Social Responsibility und Konsumentenverhalten. Springer Gabler,
Wiesbaden

Weber T (2011). Ecological Branding – Hintergründe und Gestaltungsmöglichkeiten. In: Völckner
F, Willers C, Weber T (Hrsg) Markendifferenzierung. Innovative konzepte zur erfolgreichen
markenprofilierung, 1 Aufl. Gabler Verlag, Wiesbaden, S 15–37

Weber T (2008) Sozial-inhärente Produkte – Zur Implementierung sozialer Produktattribute im Produktmarketing. In Koppelmann U (Hrsg) Fördergesellschaft Produkt-Marketing e. V., Köln
Wilkens S (2007). Effizientes Nachhaltigkeitsmanagement. Deutscher Universitäts-Verlag, Wiesbaden
Zentes J, Lonnes V, Whitaker D (2014). Nachhaltige Markenführung. Neugestaltung der Wertschöpfungskette. http://www.uni-saarland.de/fileadmin/user_upload/Professoren/fr13_ProfZentes/sonstiges/HIMA-Studie-Nachhaltige-Markenfuehrung.pdf. Zugegriffen: 08. April 2014
Zerlauth S (2010) Erfolgsfaktoren des Nachhaltigkeits-Marketings in der Textil- und Bekleidungsindustrie. Branchenspezifische Handlungsempfehlungen zur Umsetzung des Leitbildes der Nachhaltigen Entwicklung mit Hilfe des Nachhaltigkeits-Marketings. http://de.scribd.com/doc/53718036/Erfolgsfaktoren-des-Nachhaltigkeits-Marketings. Zugegriffen: 08. Mai 2014

Interviewpartner

Schnura C (2014) Kampagne für saubere Kleidung. Telefonisches Interview, geführt vom Verfasser. 07. Mai 2014

Dinah Spitzley studiert im Masterprogramm der Zeppelin Universität in Friedrichshafen Corporate Management und Economics. Ihren Bachelor in General Management machte sie an der Cologne Business School mit den Schwerpunkten Unternehmensführung und Marketing. Bisher konnte Dinah Spitzley schon einige Erfahrungen im Bereich Marketing, Corporate Communications und in der strategischen Markenberatung sammeln. So absolvierte sie ein Praktikum bei HRS - Hotel Reservation Service und bei Interbrand, einer international führenden Markenberatung.

Prof. Dr. Andreas Fries war nach seiner Promotion zunächst knapp 4 Jahre in diversen Rollen im Einkauf bei der Henkel AG tätig. In seiner letzten Stelle agierte er als Einkaufsleiter für den Bereich Traded Goods/Contract Manufacturing für Klebstoffe in Deutschland (Einkaufsvolumen ca. 80 Mio. Euro). Im Anschluss ging es im gleichen Hause für knapp 2 Jahre in den Bereich des CEO-Offices. Hier arbeitete er in einem kleinen Team unter Leitung des Strategiechefs an zwei großen Projekten. Zum einen war dies die Entwicklung der Henkel Gruppen-Strategie bis 2016, zum anderen ein großes Shared Services Projekt zur Steigerung der Effizienz aller Geschäftseinheiten Henkels. Zuletzt war er von 2012 bis September 2013 als Transition Manager für die Verlagerung von Aktivitäten aus dem Bereich Finanzen und Personal in ein neu eröffnetes Shared Services Center in Bangalore, Indien verantwortlich. Seit Oktober 2013 ist Herr Fries als Professor für Allgemeine BWL, insb. Supply Chain Management an der Rheinischen Fachholschule in Köln tätig, wo er den Bereich Shared Services ebenfalls durch Forschung in der Praxis stärken möchte.

Nachhaltige Produktgestaltung

Gerald Oerkermann

1 Der Trend zur Nachhaltigkeit

Die Ansprüche der Verbraucher unterliegen einem steten Wandel. Dominierten in den 70er, 80er und 90er Jahren die Sättigungs-, Überfluss- und „Überdrussgesellschaft" den Konsum, der v. a. auf die eigene Bedürfnisbefriedigung ausgerichtet war, so etablieren sich seit einigen Jahren in zunehmenden Maße Erwartungen der Verbraucher an Unternehmen, eine stärkere gesellschaftliche Verantwortung zu übernehmen (Grünewald 2004). Einen bedeutsamen Faktor stellt dabei die Nachhaltigkeit von Produktion und Konsum dar. Unter „Nachhaltigkeit" kann ein Lebensziel verstanden werden, das sowohl die Bedürfnisse der heutigen Generation berücksichtigt, ohne hierdurch Bedürfnisse und Belange künftiger Generationen zu gefährden (Lendle 2012, S. 1). Nachhaltiges Wirtschaften und Konsumieren ist somit auf das Ziel ausgerichtet, nachfolgenden Generationen ein intaktes soziales, ökonomisches und ökologisches System zu hinterlassen.

Der Trend zu nachhaltigem Wirtschaften und Konsumieren erstreckt sich auf nahezu alle Branchen. So spielt bspw. für die Lebensmittelindustrie zunehmend der „kritische Verbraucher" eine Rolle, der seine Kauf- und Konsumentscheidung in immer stärkerem Maße an ökologischen oder sozial-relevanten Aspekten orientiert. Aus Sicht der herstellenden Unternehmen stellen sich hierdurch zunehmend bspw. die folgenden Fragen:

- Wie kann der Energieverbrauch des Unternehmens gesenkt werden?
- Wo können Rohstoffe bezogen werden, deren Beschaffung zu fairen Arbeitsbedingungen und ohne den Einsatz von Kinderarbeit erfolgt?

G. Oerkermann (✉)
VWA Köln, Hahnenstraße 16, 50667 Köln
E-Mail: Oerkermann@web.de

© Springer-Verlag Berlin Heidelberg 2015
T. Weber (Hrsg.), *CSR und Produktmanagement,* Management-Reihe Corporate
Social Responsibility, DOI 10.1007/978-3-662-45573-9_9

- Werden dabei faire Preise an die Produzenten gezahlt – z. B. im Rahmen von Fair Trade?
- Wie kann ich die Umweltbelastung der Beschaffung reduzieren, z. B. durch Rohstoffbeschaffung in der heimischen Region?
- Werden etwaige höhere Kosten dieser Beschaffung durch den Verbraucher und meine Handelspartner honoriert?
- usw.

Entsprechend obiger Fragestellungen lassen sich Beiträge zur Nachhaltigkeit anhand der folgenden drei Dimensionen beschreiben (Lendle 2012, S. 4; Willers 2012, S. 28):

- Soziale Beiträge – z. B. die Unterstützung der Vereinbarkeit von Familie und Beruf durch Einrichtung firmeneigener Kindertagesstätten
- Ökologische Beiträge – z. B. die Reduktion von CO_2-Emissionen oder die Einführung biologisch abbaubarer Einwegverpackungen
- Ökonomische Beiträge – z. B. die Schaffung und Sicherung von Arbeitsplätzen

Die Selbstverpflichtung zur Nachhaltigkeit beschreibt ein langfristiges Engagement der Unternehmen, das über gesetzliche Standards – z. B. Umweltauflagen – hinausgeht. Hierdurch kommt ein besonderes Commitment zur Bereitstellung von Leistungen für die Gesellschaft zum Ausdruck.

Zur Umsetzung des Postulats der Nachhaltigkeit kommen aus Unternehmenssicht grundsätzlich alle Parameter des Marketing in Betracht. So können bspw. in der Distribution kurze Lieferwege zur Reduktion der Umweltbelastung (→ ökologische Nachhaltigkeitsdimension) beitragen. In der Preispolitik steht oftmals der Aspekt fairer Preisgestaltung im Vordergrund. Beispiele sind hier Fair Trade-Produkte sowie Regionalprodukte, die durch eine faire Preisgestaltung zur Sicherung der Arbeitsplätze in der Region beizutragen versprechen (→ soziale Nachhaltigkeitsdimension). Dem Motto „Tu Gutes und sprich darüber" folgend, eröffnet insbesondere die Kommunikationspolitik die Möglichkeit, die eigenen Bemühungen um nachhaltiges Wirtschaften zu verbreiten. So nimmt neben der Internetkommunikation zum Thema Nachhaltigkeit gerade für große Unternehmen die Veröffentlichung eigener Nachhaltigkeitsreports eine zunehmende Bedeutung ein.

Einen der wichtigsten Gestaltungsparameter zur Umsetzung der Nachhaltigkeit stellt aus Unternehmenssicht die Produktgestaltung dar. Da für produzierende Industrieunternehmen die Fertigung und der Verkauf ihrer Produkte im Mittelpunkt des unternehmerischen Handelns stehen, hat deren Gestaltung einen maßgeblichen Einfluss auf das Thema Nachhaltigkeit. Auf diesen zentralen Parameter zur Nachhaltigkeitsumsetzung soll nachfolgend fokussiert werden.

2   Zielgruppen nachhaltiger Produktgestaltung

2.1   Empfänglichkeit der eigenen Zielgruppe

Als zentraler Erfolgsfaktor einer Nachhaltigkeitskampagne kann die Empfänglichkeit der eigenen Zielgruppe für das Thema Nachhaltigkeit betrachtet werden (Fries und Müller 2010, S. 186). Insbesondere dann, wenn der Nachhaltigkeitsaspekt höhere Kosten für ein Produkt impliziert – z. B. weil erst hierdurch faire Löhne für die Produktion gezahlt werden können –, stellt sich die Frage welchen Zielgruppen dieser Aspekt so wichtig ist, dass sie bereit sind hierfür einen höheren Preis zu zahlen.

Dabei sind insbesondere die demographischen und psychografischen Merkmale der Zielgruppe entscheidend dafür,

- ob die angesprochenen Verbraucher bereit sind, sich intensiv mit den nachhaltigkeits-orientierten Konzepten auseinanderzusetzen und
- mit welchen Mitteln und Gestaltungselementen die Ausgestaltung der Strategie idealer Weise verfolgt werden sollte, um die anvisierte Verbrauchergruppe anzusprechen.

Das Thema Nachhaltigkeit erzielt nicht bei jedem Verbraucher die gleiche positive Resonanz. Daher empfiehlt es sich festzustellen, ob die eigene Zielgruppe für dieses Thema grundsätzlich empfänglich ist. Hierzu kann bspw. der ganzheitliche Ansatz der Sinus-Milieus Verwendung finden (Flaig et al. 1993, S. 23). Dieser segmentiert insbesondere nach den Dimensionen „Soziale Lage" und „Wertorientierung" potenzielle Verbraucher in zehn unterschiedlichen Milieus, die sich im Hinblick auf ihre Übernahme gesellschaftlicher Verantwortung signifikant voneinander unterscheiden (Abb. 1).

Die Auseinandersetzung mit dem Thema Nachhaltigkeit findet primär in den gesellschaftlichen Leitmilieus statt. Bestimmend hierfür sind insbesondere ein hohes Bildungsniveau, hohe Problemwahrnehmung sowie eine Affinität zu prosozialen Themen und Handlungen (Fischer 2006, S. 26; Weber 2008, S. 201). Hier sind es in erster Linie die Leitmilieus der Postmateriellen und Etablierten, die sich besonders empfänglich für das Thema Nachhaltigkeit zeigen.

2.2   Anspruchsanalyse

Um sich den Möglichkeiten nachhaltigkeitsorientierter Produktgestaltung weiter anzunähern, empfiehlt es sich für die oben skizzierten Zielgruppen diejenigen Ansprüche zu analysieren, die im Zusammenhang mit den Themen Nachhaltigkeit besonders virulent werden. Einige besonders wichtige Ansprüche zeigt die folgende Übersicht (Koppelmann 2001, S. 158 ff., Abb. 2).

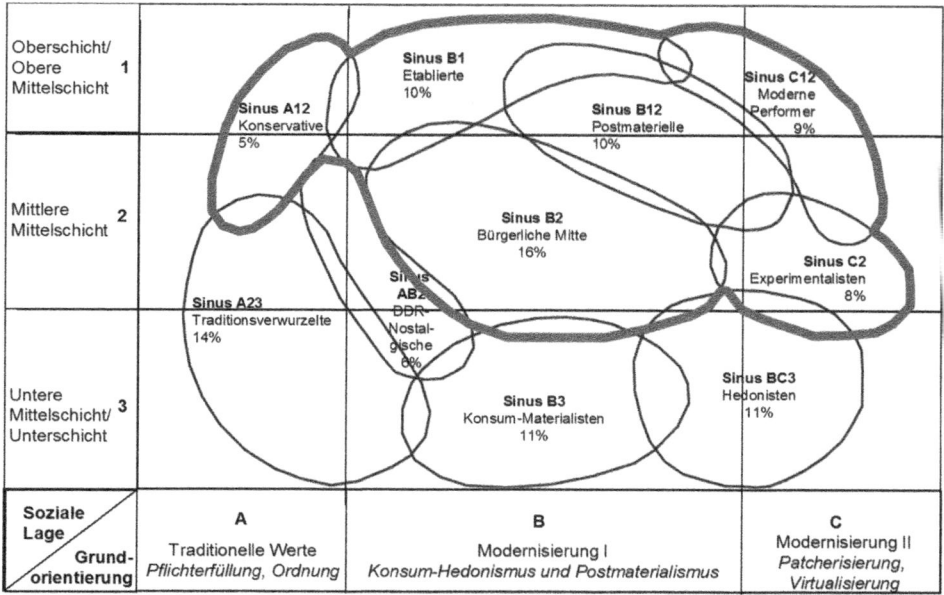

Abb. 1 Für das Thema ‚Nachhaltigkeit' empfängliche Zielgruppen. (Quelle: Eigene Darstellung, in Anlehnung an Sinus-Sociovision 2006)

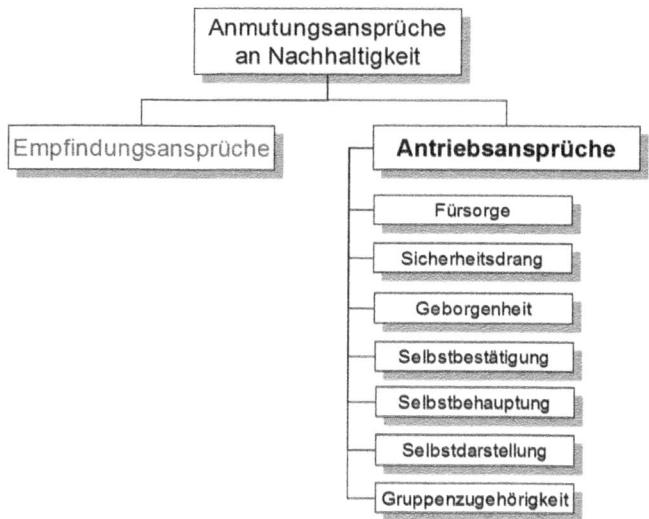

Abb. 2 Verbraucheransprüche an Nachhaltigkeit. (Quelle: Eigene Darstellung, in Anlehnung an Koppelmann 2001)

Die Motivation zur Auseinandersetzung mit dem Thema Nachhaltigkeit kann altruistisch oder egoistisch geprägt sein. So stellt der Verbraucher bei der Verfolgung des Fürsorge-Anspruchs das soziale Umfeld in Mittelpunkt seines Interesses. Für andere etwas tun und sich dafür ggf. auch selbst zu beschränken, wird von ihm in diesem Zusammenhang als belohnend empfunden.

In eine ähnliche Richtung geht der Sicherheitsanspruch, der insbesondere auf den Schutz vor Ungewissem – z. B. einer geringen Transparenz über die Herkunft bestimmter Produkte – abzielt. Diesen Aspekt nutzen z. B. zahlreiche Regionalmarketing-Konzepte, indem sie durch ihre Nähe zum Verbraucher ebenfalls Transparenz über die Herkunft der Produkte, eine geringere CO_2-Belastung des Transports sowie Vertrauen in die Sicherung von Arbeitsplätzen in der eigenen Region suggerieren.

Neben den offensichtlich altruistisch geprägten Motiven kann die Auseinandersetzung mit dem Thema Nachhaltigkeit jedoch auch egoistisch geprägt sein. So kann das Bewusstsein etwas Gutes zu tun, einen positiven Beitrag zum eigenen Selbstwert leisten. Hiermit kann auch der Aspekt verbunden sein, dass ein Individuum durch prosoziale Handlungen das eigene Gewissen zu beruhigen sucht. Die Ansprüche an Selbstbestätigung, Selbstbehauptung und Selbstdarstellung zielen genau in diese Richtung.

3 Nachhaltige Produktgestaltung

3.1 Grundlegende Aspekte der Produktgestaltung

Studien zeigen, dass der Erfolg von Nachhaltigkeits- und CSR-Strategien umso höher ist, je mehr der Konsum des betreffenden Produktes sichtbar für andere getätigt wird (Bennet und Chakravarti 2010). Zu diesen Produkten sind z. B. Lebensmittel zu zählen, ebenso wie Textilien, da deren Gebrauch und Verbrauch zumeist sozial beobachtbar abläuft. Hierdurch können Verbraucher ihre Unterstützung einer „guten Sache" wirksamer nach außen kommunizieren und zugleich ihren Selbstwert steigern (Fries und Müller 2010; Kapferer und Laurent 1985, S. 290 f.). Entscheidend sind somit auch hier die Ansprüche, die der Verbraucher an ein Produkt und die Produktkategorie stellt.

Den zentralen Parameter zur Befriedigung der Ansprüche der Verbraucher durch Produkte stellt die Produktgestaltung dar. Man kann von folgendem Zusammenhang ausgehen (Koppelmann 2001, S. 314, Abb. 3).

So kann z. B. der genannte Anspruch an Sicherheit durch eine lückenlose Rückverfolgbarkeit für den Verbraucher umgesetzt werden. Die Marke ‚followfish' wirbt so bspw. mit einem Trackingcode für jedes einzelne gekaufte Produkt, anhand dessen die Herkunft und Nachhaltigkeit für den Verbraucher lückenlos nachverfolgbar gemacht werden soll.

Zur Umsetzung nachhaltiger Produktgestaltung können verschiedene Gestaltungsprinzipien resp. -strategien formuliert werden. Zu deren Verfolgung kommen unterschiedliche Gestaltungsmittel zum Einsatz (Koppelmann 2001, S. 340, Abb. 4).

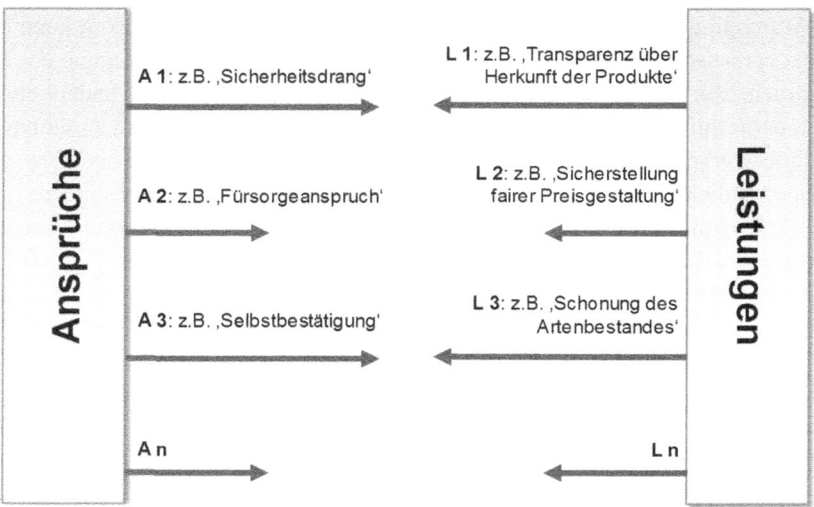

Abb. 3 Anspruchsbefriedigung durch Nachhaltigkeitsleistungen. (Quelle: Eigene Darstellung, in Anlehnung an Koppelmann 2001)

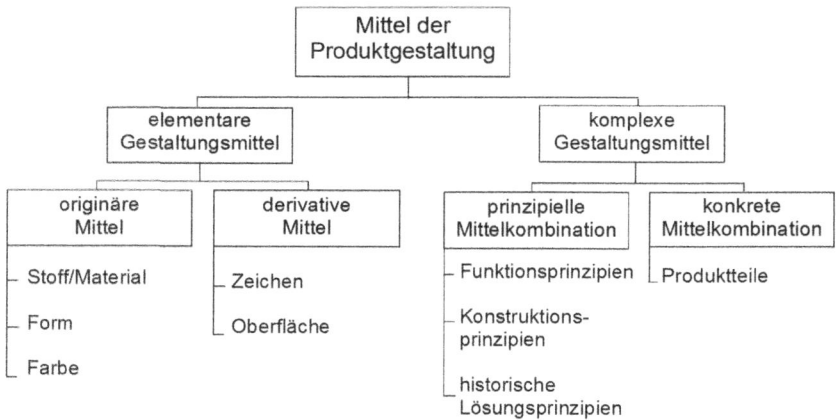

Abb. 4 Das System der Gestaltungsmittel. (Quelle: Koppelmann 2001)

3.2 Nachhaltigkeit und Produktgestaltung

Die aufgeführten Gestaltungsmittel können zur Umsetzung des Nachhaltigkeitsgedanken eingesetzt werden. Ihr Einsatz reflektiert in unterschiedlicher Intensität einen achtsamen Umgang mit der sozialen, ökologischen sowie ökonomischen Umwelt. Einige prägnante Beispiele seien nachfolgend genannt.

- **Soziale Beiträge der Produktgestaltung:**
  - Beziehen sich auf einen achtsamen Umgang mit der sozialen Umwelt, z. B. den Arbeitnehmern, die ein Produkt fertigen
  - Können z. B. durch die Sicherstellung fairer Arbeitsbedingungen und/oder fairer Preise umgesetzt werden
  - Konkrete Beispiele sind Fair Trade Produkte, Fairphone oder Kleidung mit Nachhaltigkeitssiegel
- **Ökologische Beiträge der Produktgestaltung:**
  - Im Fokus steht hier der schonende und achtsame Umgang mit der Umwelt
  - Beiträge der Produktgestaltung können hier bspw. durch eine geringere Umweltbelastung aufgrund umweltverträglichen und ungiftigen Materialeinsatzes realisiert werden
- **Ökonomische Beiträge der Produktgestaltung:**
  - Reflektiert zumeist einen schonenden und achtsamen Umgang mit Ressourcen
  - Dieser Aspekt kann im Rahmen der Produktgestaltung z. B. durch eine Erhöhung der Lebensdauer der Produkte – bspw. ebenfalls durch den Einsatz langlebiger Materialien – erreicht werden.

Ein Beispiel zur Umsetzung aller drei Nachhaltigkeitsdimensionen in der Produktgestaltung stellt das ‚Fairphone' dar, das im Mai 2013 erstmals vorgestellt wurde. Es handelt sich dabei um ein Mobiltelefon, das unter möglichst fairen und transparenten Bedingungen hergestellt werden soll. „Fair" bedeutet bei diesem Produkt,

- dass konfliktfreie Rohstoffe zum Einsatz kommen, durch den Kauf von Tantal und Zinn aus geprüften Minen in armen Gebieten
- dass es mit möglichst geringem Schaden für die Umwelt produziert wird (Green IT)
- dass es zur Müllvermeidung durch Haltbarkeit, lange Wartung sowie günstige Reparaturmöglichkeit beiträgt
- dass faire Produktionsbedingungen durchgesetzt werden.

Zumeist dominiert im Kontext der Produktgestaltung der ökologische Aspekt, wie er auch im Zuge des eigenständigen „Eco-Design" zum Ausdruck kommt (Tischner 2000). So sind z. B. Verpackungs reduktion oder die umweltverträgliche Abbaubarkeit eingesetzter Materialien insbesondere Ziele ökologischer Nachhaltigkeit. Die gewählte Gestaltungsstrategie kann jedoch zugleich auch anderen Nachhaltigkeitsdimensionen dienen, indem z. B. die durchgesetzte Verpackungsreduktion aufgrund des geringeren Materialeinsatzes zugleich die Kosten für das produzierende Unternehmen senkt.

3.3   Nachhaltigkeitsorientierte Gestaltungsprinzipien und -strategien

Die genannten Gestaltungsmittel können auf Basis nachhaltigkeitsorientierter Gestaltungsprinzipien kombiniert werden. Im Folgenden sollen prägnante Beispiele für die Auswahl nachhaltigkeitsorientierter Gestaltungsprinzipien gegeben werden sowie Hinweise auf Handlungskonsequenzen für die Wahl und den Einsatz der Gestaltungsmittel – z. B. Material oder Form. Die Nachhaltigkeitsdimensionen, die durch die folgenden Gestaltungsprinzipien angesprochen werden, sind u.a. die ökologische sowie die ökonomische Dimension.

- **Langlebiges Design**: Dieses Gestaltungsprinzip kann bspw. durch den Einsatz haltbarer und verschleißarmer Gestaltungsmittel umgesetzt werden, z. B. korrosionsbeständige Materialien und Oberflächen, robuste Oberflächen sowie ein Design, das Kratzer verträgt. Durch Langlebigkeit kommt der Nachhaltigkeitsgedanke unmittelbar zum Ausdruck, indem dieses Gestaltungsprinzip dem in der Industrie oftmals anzutreffenden Prinzip der geplanten Obsoleszenz – z. B. im Bereich technischer Geräte – widerspricht. Auch Konstruktionsprinzipien können als Gestaltungsmittel dem Ziel der Langlebigkeit dienen: Während für die ersten Handys und Smartphones i. d. R. fest verbaute Akkus verwendet wurden, ist die Austauschbarkeit dieses Bauteils heute ein Standard. Hierdurch wird die Verwendungsdauer der Geräte deutlich erhöht.
- **Recycling- und entsorgungsgerechtes Design**: Auch bei der Diskussion um umweltgerechte Produkte ist die Materialwahl von besonderer Bedeutung. So spielt für die Verpackungsgestaltung bereits seit langem der Einsatz recycelter resp. wieder verwendeter Materialien wie Glas oder Papier eine zentrale Rolle. Neben der Wiederverwendung steht jedoch auch der Einsatz biologisch abbaubarer Materialien im Fokus. Hier hat sich in den vergangenen Jahren auch zunehmend das Segment der Biokunststoffe etabliert. Chancen für Biokunststoffe erwachsen neben der Eigenschaft der Biobasis und teilweisen Kompostierbarkeit insbesondere aus der geringeren Abhängigkeit ihrer Preisentwicklung vom Rohölpreis. Und auch der vollständige Verzicht auf physische Gestaltungsmittel folgt diesem Prinzip: So hat das Unternehmen Telekom bereits frühzeitig das Papieraufkommen für Telefonrechnungen im Zuge der Umstellung auf Online-Rechnungen reduziert.
- **Energieeffizientes Design**: Hier kann z. B. das Funktionsprinzip des Betriebs durch Solar energie genannt werden, das bspw. für Uhren, Lampen oder Taschenrechner bereits frühzeitig zum Einsatz kommt.
- **Logistikgerechtes Design**: Dieses Gestaltungsprinzip wird insbesondere durch die Reduktion von Produkt- und Verpackungsvolumina und -gewicht sowie durch logistikgerechte Formgebung umgesetzt. Entsprechend kann das Prinzip insbesondere über die Gestaltungsmittel ‚Material' – z. B. Substitution schwerer Werkstoffe durch leichte – und ‚Form' umgesetzt werden.

3.4 Erfolgsfaktoren nachhaltiger Produktgestaltung

Einen zentralen Erfolgsfaktor für die Entwicklung nachhaltiger Produktgestaltung stellt die wahrgenommene Konsistenz dar, der sog. ,Fit' zwischen dem Nachhaltigkeitsplan – z. B. Reduktion der Umweltbelastung – und dem hiermit assoziierten Produkt bzw. der Marke (Weber 2008; Fries und Müller 2010). So ist für die verbraucherseitige Wahrnehmung einer Nachhaltigkeitsmaßnahme von zentraler Bedeutung, ob ein Zusammenhang zwischen dem Produkt/der Marke und der Nachhaltigkeitswirkung nachvollzogen werden kann. Die wahrgenommene Konsistenz erhöht die Akzeptanz beim Verbraucher (Oerkermann 2012).

- **Beispiel Volvic**: Aktion Brunnenbau in Afrika – die hohe semantische Nähe zwischen dem Produkt „Wasser" und dem Projekt „Brunnenbau" ist für diese Aktion entscheidend.
- **Beispiel Telekom**: Reduktion des Papieraufkommens für Telefonrechnungen im Zuge der Umstellung auf Online-Rechnung. In diesem Fall ist von einer hohen semantischen Nähe zwischen den Konzepten „Kommunikation" und „Kommunikationsmittel" (Online versus Papier) auszugehen.
- **Beispiel Henkel**: Für das Unternehmen Henkel stellen insbesondere der Ressourcenverbrauch beim Einsatz von Wasch- und Reinigungsmitteln sowie deren biologische Abbaubarkeit ein zentrales Thema dar. Entsprechend wurden in der Nachhaltigkeitsstrategie die Themen „Energie und Klima", „Wasser und Abwasser" sowie „Materialien und Abfall" fixiert, die ihrerseits verbraucherseitig als konsistent zu den Hauptproduktgruppen des Konzerns wahrgenommen werden dürften.
- **Beispiel Unilever**: Einen besonderen Fokus der Aktivitäten des Konzerns Unilever zur Verfolgung des Themas Nachhaltigkeit stellt die Förderung nachhaltiger Landwirtschaft und gesünderer Ernährung dar. Diese Aktivitäten können als konsistent zu einem der Kerngeschäftsfelder des Konzerns wahrgenommen werden, der Produktion von Nahrungsmitteln.

Je höher die semantische Nähe zwischen zwei Konzepten ist, umso konsistenter werden sie zueinander wahrgenommen (Grunert 1990; Kroeber-Riel und Esch 2000). Dieser Zusammenhang kann als semantisches Netzwerk visualisiert werden, das die Wissensstrukturen in den Köpfen der Verbraucher darstellt. Knoten innerhalb dieses Netzwerkes symbolisieren einzelne im Langzeitgedächtnis gespeicherte Vorstellungen, die durch Assoziationen miteinander verbunden sind. Auch die kognitiven und emotionalen Inhalte eines Produktes können als ein Ausschnitt dieses Netzwerkes und damit als ein Teil der relevanten Assoziationen aufgefasst werden (Oerkermann 2012, S. 43, Abb. 5).

Je näher zwei Konzepte innerhalb eines semantischen Netzwerkes miteinander verbunden sind, umso leichter ist es für einen Verbraucher, gedanklich von dem einen auf das andere Konzept zu schließen. Entsprechend gelingen in diesem Fall umso leichter

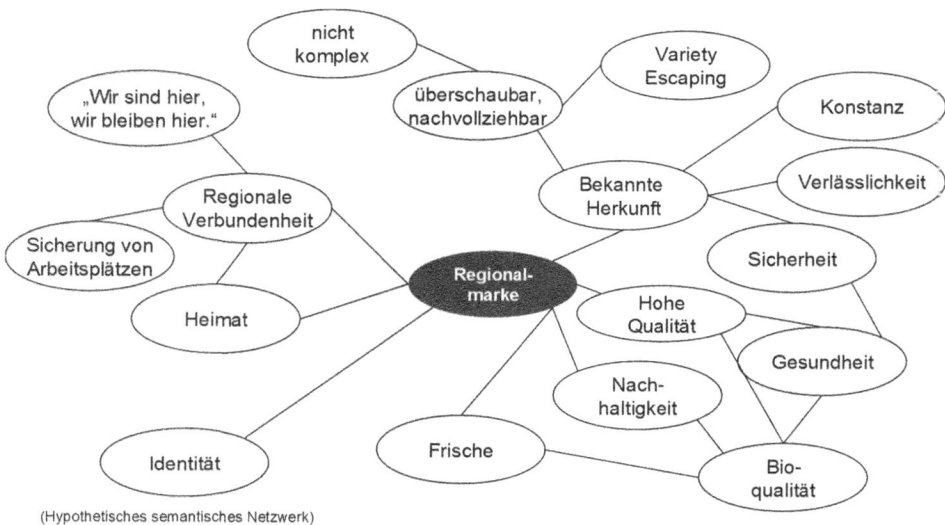

(Hypothetisches semantisches Netzwerk)

Abb. 5 Struktur eines semantischen Netzwerks, dargestellt am Beispiel Regionalmarketing

Assoziation und der Rückschluss von einem auf das andere Konzept und erhöhen so die wahrgenommene Konsistenz zwischen den Konzepten (Grunert 1990).

4   Schlussbetrachtung

Im Rahmen des bereits seit einigen Jahren anhaltenden Nachhaltigkeitstrends steht das Thema nachhaltiger Produktgestaltung im besonderen Fokus der Industrieunternehmen. Zur Umsetzung von Nachhaltigkeitsprinzipien in der Produktgestaltung können u. a. die folgenden Erfolgsfaktoren identifiziert werden:

- Ein Unternehmen sollte prüfen, ob die Kernzielgruppe zu den Leitmilieus gehört, die sich für das Thema Nachhaltigkeit besonders empfänglich zeigen.
- Das Unternehmen sollte einen Nachhaltigkeitsfokus wählen, der zu dem Kernprodukt resp. den wesentlichen Unternehmenszielen passt. Nur bei hinreichender Konsistenz ist die gewählte Nachhaltigkeitsstrategie Erfolg versprechend.
- Hierauf basierend sollte das Unternehmen thematisch geeignete Gestaltungsprinzipien fixieren und hierauf abgestimmte Gestaltungsmittel auswählen. Dabei ist zu beachten, dass die Wahl der Gestaltungsprinzipien und -mittel in unterschiedlicher Intensität die verschiedenen Ansprüche an Nachhaltigkeit – z. B. ökologische Aspekte vs. soziale Aspekte – befriedigen.

Die Beachtung der genannten Erfolgsfaktoren hilft den Unternehmen, zu einer Erfolg versprechenden Lösung nachhaltiger Produktgestaltung zu gelangen und die Chancen des Themas Nachhaltigkeit besser nutzen zu können.

Literatur

Bennet A, Chakravarti A (2010) Self and social signaling explanations for consumption of CSR-oriented products, Working Paper, New York Universitsy

Fischer R (2006) Postmaterielle – Immer auf der Suche nach Informationen. In: Kalka J, Allgayer F (Hrsg) Zielgruppen – Wie sie leben, was sie kaufen, woran sie glauben. Landsberg am Lech, S 26–32

Flaig B, Meyer T, Ueltzhöffer J (1993) Alltagsästhetik und politische Kultur. Bonn

Fries A, Müller S (2010) Konsumentenbezogene Wirkungen von Cause-Related Brands. In: Völckner F, Willers C, Weber T (Hrsg) Markendifferenzierung. Wiesbaden

Grünewald M (2004) Corporate Social Responsibility – Konsumenten als Treiber für mehr gesellschaftliche Verantwortungsübernahme in Unternehmen. In: Freimann F (Hrsg) Akteure einer nachhaltigen Unternehmensentwicklung. München, S 39–55

Grunert KG (1990) Kognitive Strukturen in der Konsumforschung. Entwicklung und Erprobung eines Verfahrens zur offenen Erhebung assoziativer Netzwerke. Heidelberg

Kapferer JN, Laurent G (1985) Consumers' involvement profile: new empirical results. In: Hirshman EC, Holbrook MB (Hrsg) Advances in consumer research 12, Provo, S 290–295

Koppelmann U (2001) Produktmarketing – Entscheidungsgrundlagen für Produktmanager. 6. Aufl., Berlin

Kroeber-Riel W, Esch F-R (2000) Strategie und Technik der Werbung – Verhaltenswissenschaftliche Ansätze. 5. Aufl., Stuttgart

Lendle M (2012) Einführung. In: Lendle M (Hrsg) Nachhaltigkeit in der Ernährungsbranche – Strategien sicher planen und umsetzen. Hamburg, S 1–6

Oerkermann G (2012) Ideenfindung von CSR-Strategien und –Maßnahmen. In: Lendle M (Hrsg) Nachhaltigkeit in der Ernährungsbranche – Strategien sicher planen und umsetzen. Hamburg, S 39–54

Tischner U (2000) Was ist EcoDesign. Ein Handbuch für ökologische und ökonomische Gestaltung. Frankfurt a. M.

Weber T (2008) Sozial-inhärente Produkte. Köln

Willers C (2012) Der Nachhaltigkeitsplanungsprozess nach Best Practice, In: Lendle M (Hrsg) Nachhaltigkeit in der Ernährungsbranche – Strategien sicher planen und umsetzen. Hamburg, S 27–38

Dr. Gerald Oerkermann studierte nach seiner Ausbildung zum Mediengestalter (Westdeutscher Rundfunk, Köln) Betriebswirtschaftslehre an der Universität zu Köln. Nach seiner Promotion am Seminar für Allgemeine BWL, Beschaffung und Produktpolitik der Universität zu Köln arbeitete er ab 2007 als Unternehmensberater und Projektmanager bei der AFC Management Consulting AG. Seit 2011 arbeitet Herr Dr. Oerkermann als Projektmanager in der Organisationsentwicklung der NRW.BANK in Düsseldorf. Er ist Autor zahlreicher Beiträge zu Marketing- und Organisationsthemen und nimmt seit 2003 regelmäßig Lehraufträge im Marketing wahr, u.a. an der VWA Köln, der Westdeutschen Akademie für Kommunikation sowie dem mibeg Institut in Köln.

CSR-Politik in der Pflegeproduktebranche – Ein Erfolgsbeispiel

Mara Brinkmann

1 Pflegeprodukte als Botschafter sozialer Verantwortung

Kleidergröße 34 an der Hüfte, 32 an der Taille und 40 im Brustbereich: Dies sind die Maße, die Frauen angeben, wenn sie das perfekte Schönheitsideal beschreiben sollen (Gröppel-Klein und Spilski 2006, S. 283). Ein Ideal, welches schimärisch und unerreichbar ist und häufig als Ursache für die steigende Zahl der an Essstörungen leidenden Frauen angesehen wird (Etcoff et al. 2004, S. 2; Knop und Petsch 2010, S. 119–120). Aufgrund des innerhalb von Marketingaktivitäten eingesetzten Schönheitsideals wird den Medien hier häufig eine Mitschuld unterstellt, da sie „durchgehend zierliche Körpermaße als Norm" (Gröppel-Klein und Spilski 2006, S. 282) zeigen. Das Bundesministerium für Gesundheit und die Ministerien für Familie, Senioren, Frauen und Jugend sowie Bildung und Forschung fordern deswegen in einer Kampagne unter dem Titel „Leben hat Gewicht – gemeinsam gegen den Schlankheitswahn" die Darstellung realer Körpermaße in den Medien (Knop und Petsch 2010, S. 119–120).

Dieser Forderung nach Übernahme gesellschaftlicher Verantwortung wird die CSR-Politik der Pflegemarke Dove gerecht, weswegen die Produktpolitik der Marke im Folgenden als Beispiel erfolgreicher Integration von CSR-Elementen in die Vermarktung von Pflegeprodukten analysiert wird. Dove suggeriert, sich dem zu Beginn beschriebenen Schönheitswahn widersetzen zu wollen. 2004 wurden im Spot „Keine Models – aber straffe Kurven" erstmalig imperfekte Real-Testimonials eingesetzt. 2007 launchte Dove die Produktserie pro-age, die speziell auf die Bedürfnisse älterer Konsumentinnen ausgerichtet ist. Entgegen der Norm wurde bei der Vermarktung der Produktserie mit älteren

M. Brinkmann (✉)
Hüfferstr. 40, 48149 Münster, Deutschland
E-Mail: mara.brinkmann@hotmail.de

© Springer-Verlag Berlin Heidelberg 2015
T. Weber (Hrsg.), *CSR und Produktmanagement,* Management-Reihe Corporate
Social Responsibility, DOI 10.1007/978-3-662-45573-9_10

Werbefiguren gearbeitet. 2012 startete die Kampagne „Ich sehe was, was du nicht siehst – und das ist schön", deren Ziel es war, Frauen die Schönheit in sich selber aufzuzeigen. 2013 erregte das Video „Real Beauty Sketches" im Internet Aufsehen, welches die Differenz zwischen Selbst- und Fremdwahrnehmung von Frauen aufweist (Unilever 2014). Diese Kampagnen wurden durch weitere Aktivitäten und Projekte Doves unterstützt, die einen allumfassenden auf die Übernahme sozialer Verantwortung ausgerichteten Marken-Relaunch belegen. Die 2005 realisierte „Initiative für wahre Schönheit" umfasste die Einrichtung eines Online-Forums und das Angebot verschiedener Workshops an Schulen zur Vermittlung neuer Schönheitswerte. Das aktuellste „Projekt für mehr Selbstwertgefühl" von Dove zielt darauf ab, Mädchen zu helfen, Ängste und Unsicherheiten in Zusammenhang mit ihrem Erscheinungsbild zu überwinden und gleichzeitig deren Selbstbewusstsein zu stärken. Dafür stellt Dove auf einer extra für die Aktion angelegten Website Informationsmaterial für Eltern und Lehrmaterial für Schulen zur Verfügung (Dove 2014).

Dove nutzt somit verschiedenste Kanäle der Kommunikationspolitik zur Schaffung einer ethisch-moralisch korrekten Marke, die wiederum auch auf Produktebene dazu dient, dem Verbraucher die Übernahme sozialer Verantwortung zu kommunizieren. Dabei nutzt Dove in einer Branche, in der die Differenzierung über Leistungsmerkmale sehr schwierig ist, ein umfassendes CSR-Konzept zur Kreation eines Alleinstellungsmerkmals. Der Fokus liegt dabei auf Sozialaspekten, durch gesellschaftsverantwortliches Handeln der Marke. Das selbst definierte Ziel von Dove lautet, Frauen auf dem Weg zu mehr Selbstbewusstsein zu begleiten, sodass sie sich in ihrer eigenen Haut wohlfühlen und Produkte zu entwickeln, die ihnen bei diesem Schritt helfen (Unilever 2014). Im Folgenden wird deswegen analysiert, wie der beschriebene Marken-Relaunch und der damit einhergehende Imagewechsel auf die Einstellung gegenüber Produkten der Marke Dove übertragen werden konnte und entsprechende Absatz- und Umsatzerfolge realisiert wurden. Dove steht dabei im Mittelpunkt der Betrachtungen, da die durch die Marke realisierten Kampagnen als „bisher größte mediale Gegenreaktion auf den Schlankheitskult" (Nikolic 2008, S. 32) gelten und somit beispielhaft für die erfolgreiche Integration einer CSR-Politik in der Pflegeproduktebranche sind.

2 Mediale Grundlage

Für das Verständnis der Diskrepanz zwischen den von Dove gewählten Frauenbildern und Darstellungen vergleichbarer Pflegeproduktemarken wird zunächst ein kurzer Überblick über das weibliche Werbebild geschaffen.

2.1 Das weibliche Schönheitsideal in der Werbung

Im Marketing wird das weibliche Erscheinungsbild in der Regel vervollkommnet und dem jeweils gesellschaftlich geltenden Schönheitsideal entsprechend dargestellt. Dies bedeutet

Abb. 1 Beispielhafte Darstellung eines idealtypischen Testimonials. (Quelle: Nivea 2014)

in unserem aktuellen westlichen Verständnis, dass eine Frau groß, schlank und gleichzeitig kurvig sein sollte. Konkrete Attribute, die zur Erfüllung dieses Standards dienen, sind ein schlanker bis sportlicher Körper von einer Größe ab 1,70 m, der die Idealmaße 90-60-90 erfüllt. Darüber hinaus zeichnen sich die Testimonials durch kleine Konfektionsgrößen, häufig langes, glänzendes Haar und faltenlose Haut mit einem rosigen und frischen Teint aus. Neben den Körpereigenschaften schmale Taille, straffer Bauch, knackiger Po, hoch sitzender Busen und lange Beine mit schmächtigen Oberschenkeln spielen auch die Eigenschaften des Gesichtes für die idealisierte Abbildung eine entscheidende Rolle. Die Gesichter idealtypischer Testimonials weisen in der Regel kleine Ohren, symmetrische Gesichtszüge, volle Lippen, weiße, gerade stehende Zähne und eine feingliedrige Nase auf (Kohlweiß 2007, S. 2–34).

Das durchschnittliche Medienbild einer Frau kann somit als perfektioniert und unrealistisch beschrieben werden. Vor allem das Thema Schlankheit wird hierbei häufig thematisiert und kritisiert, da die in der Werbung eingesetzten Testimonials häufig so dünn sind, dass ihre Erscheinung nicht nur als irreal, sondern auch als ungesund eingestuft wird (Knop und Petsch 2010, S. 121–122, Abb. 1).

2.2 Darstellungen von Frauen in den Dove-Kampagnen seit 2004

Bei der Wahl authentischer Testimonials wird statt des idealisierten Schönheitsbildes eine realistische Werbefigur abgebildet, deren Gewicht, Körpermaße, Größe und Gesicht dem durchschnittlichen Erscheinungsbild einer Frau gleichen (Bower und Landreth 2001, S. 1–2).

Für diese Strategie entschied sich Dove bei der Einführung einer hautstraffenden Pflegeserie 2004. In der dazugehörigen Kampagne arbeitete Dove erstmalig nicht mit professionellen Models, sondern bildete durchschnittliche Frauen mit natürlichen Körperformen, Rundungen und Makeln ab. Mit der Einführung der pro-age-Produktserie, die speziell für ältere Frauen entwickelt wurde, setzte Dove außerdem unter dem Slogan „Schönheit kennt kein Alter" erstmalig auf ältere weibliche Testimonials, die in sonstigen Werbeabbildungen ebenfalls fehlen (Nikolic 2008, S. 35–38; Mushahwar 2008, S. 117–121; Unilever 2014).

Abb. 2 Illustration einer Dove-Kampagne. (Quelle: Wer ist schön 2014)

Die Dove-Werbefiguren unterscheiden sich somit wie in der folgenden Abbildung ersichtlich von den üblichen Beauty-Models dadurch, dass sie imperfekt, fülliger, kleiner
und somit weniger idealtypisch und perfektioniert sind. (Unilever 2014, Abb. 2).

3 Themenspezifische Typologisierung

Typologien dienen der Klassifizierung von Individuen in voneinander möglichst heterogene und in sich möglichst homogene Personengruppen. Typen werden dabei als „durch
festgestellte Übereinstimmungen in bestimmten einzelnen Befunden definierte Mengen
von Personen" (Opfer et al. 1975, S. 11) verstanden. Die Klassifizierung erfolgt dementsprechend zielgerichtet anhand vorab definierter Variablen (Opfer et al. 1975, S. 9–14).
Im Folgenden wird in Anlehnung an die Dove-Studie „The Real Truth About Beauty"
eine Typologisierung zu Frauen in Deutschland im Alter von 18 bis 64 Jahren aufgestellt,
um eine differenzierte Betrachtung der Wirkungsweise von Werbekampagnen für Pflegeprodukte zu ermöglichen. Die entstehenden Typen dienen dazu, eine Pauschalisierung der
Werbewirkung zu verhindern und im Anschluss an die Analyse zielgruppenspezifische
Handlungsempfehlungen ableiten zu können (Fricke 2007; Berdi 2006, S. 102).

3.1 Typenbildende Dimensionen

Im Folgenden werden vier Käufertypologien hinsichtlich der Produktkategorie Pflegeprodukte auf dem Plausibilitätsniveau abgeleitet. Ausgangspunkt hierfür sollen zwei produktspezifische Variablen sein, die als Einflussfaktoren auf das Konsumentenverhalten interpretiert werden können. Als Grundlage der Ableitung der zur Typologisierung genutzten Dimensionen dient die Dove-Studie „The Real Truth About Beauty", auf deren Basis der Marken-Relaunch von Dove durchgeführt wurde. Kernziel der Studie war es, die Einstellung von Frauen gegenüber Schönheit, ihre Interpretation des Begriffes und den Einfluss dessen auf ihr Selbstbild sowie ihr Selbstbewusstsein und ihr Glücksempfinden zu untersuchen (Etcoff et al. 2004, S. 2). Ausgangspunkt der Studie war die Frage, in welchem Ausmaß Frauen sich selber als schön empfinden und warum dies so ist. Ergebnisse wurden unter anderem durch die Fragen, ob Frauen sich selber als schön bezeichnen würden, welchen Einfluss das Maß ihrer Schönheit darauf hat, ob sie sich wohlfühlen, wie wichtig Schönheit für sie ist und welche Maßnahmen sie treffen, um sich selber schöner zu fühlen, ermittelt (Etcoff et al. 2004, S. 9–46). An diesem Fokus der Studie orientiert werden die Konsumententypen anhand der Dimensionen „Selbsteinschätzung" und „Relevanz" in Bezug auf die Thematik Schönheit unterschieden.

Die Achse der Selbsteinschätzung beschreibt, inwiefern eine Frau sich selber als schön bezeichnen würde und orientiert sich am Einstieg der Dove-Studie, welcher eine Selbstbeschreibung der teilnehmenden Frauen forderte. Hierbei sollten die Probandinnen sich selber mit Hilfe folgender zur Auswahl stehenden Attribute beschreiben: natürlich, durchschnittlich, attraktiv, weiblich, gutaussehend, süß, hübsch, schön, elegant, sexy, atemberaubend und traumhaft (Etcoff et al. 2004, S. 10). Auf Basis der hierdurch erfassten Ergebnisse wird innerhalb der aufgestellten Typologie zwischen Frauen unterschieden, die sich entsprechend der vorgegebenen Attribute als attraktiv, weiblich, gutaussehend, süß, hübsch, schön, elegant, sexy, atemberaubend und/oder traumhaft beschreiben würden und solchen, die sich als (weit) entfernt vom gesellschaftlich vorgegebenen Schönheitsideal „schlank, hübsch und jung" (Kohlweiß 2007, S. 2) sehen und die aufgeführten Attribute entsprechend nicht zur Selbstbeschreibung nutzen würden. Hierzu zählen dementsprechend jene Frauen, welche sich als Probandinnen innerhalb der Dove-Studie mit den Attributen natürlich und durchschnittlich beschrieben, da diese Eigenschaften im Widerspruch zum surrealen, idealisierten Schönheitsideal stehen. Entlang dieser Dimension werden die Konsumenten in die beiden Ausprägungen „eigenes Erscheinungsbild nahe dem Schönheitsideal" und „eigenes Erscheinungsbild abseits des Schönheitsideals" differenziert. Es soll an dieser Stelle betont werden, dass sich diese Dimension nicht auf durch das Individuum objektiv erfüllte bzw. nicht erfüllte Schönheitskriterien, wie Gewicht, Größe oder Gesichtssymmetrie bezieht, sondern auf die subjektive Wahrnehmung des Individuums, d. h. auf die möglicherweise von der objektiven Realität abweichende persönliche Interpretation des Individuums (Weinberg et al. 2003, S. 236). Entsprechend des Bezuges zum gesellschaftlich geltenden Ideal wird Schönheit hierbei mit dem äußeren Erscheinungsbild einer Frau gleichgesetzt. Persönlichkeitseigenschaften werden bei der Einstufung „nahe dem Schönheitsideal" bzw. „abseits des Schönheitsideals" vernachlässigt, können jedoch für die Interpretation von Schönheit durch den jeweiligen Rezipienten durchaus von Bedeutung sein. Entscheidend für eine Einordnung in die Dimension „eigenes Erscheinungsbild nahe dem Schönheitsideal" ist deswegen, dass eine Frau sich, ihren Körper, dessen Form, ihr Gesicht und Gewicht als schön bzw. nahe dem Ideal empfindet.

Die Dimension der Relevanz steht in Relation zur Selbsteinschätzung und beschreibt, wie bedeutsam die Wahrnehmung der eigenen Schönheit für das alltägliche Denken und Handeln der jeweiligen Frau ist. Diese Dimension wird in die Kategorien „geringe Relevanz" und „hohe Relevanz" klassifiziert. Auch dieser Aspekt wurde innerhalb der Studie erfasst, indem die Probandinnen unter anderem gefragt wurden, inwiefern Unzufriedenheit mit der eigenen Schönheit ihr generelles Glücksempfinden im Alltag beeinflusst, welche Produkte sie nutzen, um sich attraktiver zu fühlen und ob sie bereit wären, sich einer Schönheitsoperation zu unterziehen (Etcoff et al. 2004, S. 31–34). Innerhalb der Relevanz werden somit sowohl die Stärke der kognitiven und emotionalen Auseinandersetzung mit der Thematik Schönheit, als auch daraus folgende Handlungen wie der Kauf bzw. Konsum von Pflegeprodukten, die Bereitschaft zu operationalen Eingriffen und Aktivitäten wie Sport und Diätverhalten berücksichtigt.

Beide Dimensionen sind entscheidend für die Analyse der Wirkungsweise von Kampagnen für Pflegeprodukte, da sie Grundlage für die Einstellung und Meinung gegenüber und die Intensität die Auseinandersetzung mit den Marketingaktivitäten sind. Die Einteilung der vier Typen ergibt sich wie folgt (Abb. 3):

Relevanz \ Selbsteinschätzung	eigenes Erscheinungsbild nahe dem Schönheitsideal	eigenes Erscheinungsbild abseits des Schönheitsideals
geringe Relevanz	**Typ A** Die Desinteressierte 	**Typ B** Die Selbstzufriedene 
hohe Relevanz	**Typ C** Die Schönheitsbewusste 	**Typ D** Die Kritische 

Abb. 3 Konsumententypologie. (Quelle: 123rf 2014; DPA = Deutsche Presse-Agentur 2014b; Offenes Presseportal 2014; Women's Health 2014 eigene Abbildung. eventuell streichen, da Bildquellen nun angegeben sind)

3.2 Konsumententypologie

Wie in der obigen Abbildung ersichtlich, entstehen entlang der im vorangegangenen Teil-kapitel definierten Dimensionen vier verschiedene Typen von Konsumenten: die Desinte-ressierte, die Selbstzufriedene, die Schönheitsbewusste und die Kritische.

Typ A, die Desinteressierte, zeichnet sich durch die Einschätzung des eigenen Erschei-nungsbildes nahe dem Ideal und eine gleichzeitig geringe Relevanz dieser Bewertung aus. Schlussfolgernd setzt sich dieser Typ wenig mit der Thematik Schönheit auseinander, unternimmt wenige oder keine Anstrengungen, das gesellschaftlich geltende Schönheits-ideal zu erfüllen, ist jedoch trotzdem mit seiner körperlichen und fazialen Erscheinung zufrieden. Auf schönheitsspezifische Botschaftsinhalte in der Werbung reagiert dieser Typ eher gelangweilt und desinteressiert.

Typ B, die Selbstzufriedene, zeichnet sich durch die Einschätzung des eigenen Erschei-nungsbildes abseits des Schönheitsideales aus. Gleichzeitig hat diese Erkenntnis jedoch nur geringe Auswirkungen auf das Verhalten des Individuums, wodurch geschlussfolgert werden kann, dass diese Frauen trotzdem mit sich zufrieden sind. Diesen Typus wollte Dove in der Kampagne „Keine Models – aber straffe Kurven" verstärkt darstellen: „Frau-en […], wie sie wirklich sind: keineswegs perfekt, aber trotzdem selbstbewusst [und] fröhlich" (Unilever 2014). Bezüglich des Konsumverhaltens ist anzunehmen, dass diese Frauen in durchschnittlichem Maße Pflegeprodukte konsumieren, jedoch darüber hinaus keine besonderen Anstrengungen vornehmen, Einfluss auf ihr äußeres Erscheinungsbild zu nehmen. Diese Frauen sehen Schönheit oft vielschichtiger als die anderen Typen. Für sie hat jede Frau etwas Schönes an sich. Anmut ist dabei nicht nur vom äußeren Erschei-nungsbild einer Frau abhängig, sondern davon, ob sie glücklich und selbstbewusst auftritt, Humor und Würde hat und intelligent ist. Der Anteil dieser Frauen ist laut den Ergebnis-sen der Dove-Studie vergleichsweise gering, da die meisten Rezipienten innere und äuße-re Schönheit als untrennbar ansehen und deswegen auch nach innerlicher und äußerlicher Schönheit streben (Etcoff et al. 2004, S. 9–47).

Typ C, die Schönheitsbewusste, ist durch eine Einschätzung des eigenen Erscheinungs-bildes nahe dem Schönheitsideal und eine starke Relevanz der Thematik für das Denken und Handeln gekennzeichnet. Dieser Typ ist zufrieden mit seiner körperlichen und fazia-len Erscheinung, der eigenen Figur und dem Gewicht und würde sich dementsprechend selber als attraktiv, weiblich, gutaussehend, süß, hübsch, schön, elegant, sexy, atembe-raubend und/oder traumhaft beschreiben. Typ C nimmt zur Aufrechterhaltung dieser Attri-bute jedoch auch Anstrengungen wie beispielsweise eine überdurchschnittliche Körper-pflege, Sport und eine bewusste Ernährung in Kauf. Die Schönheitsbewusste konsumiert Beauty- und Pflegeprodukte wie Make-up und Kosmetika, um die eigene Schönheit zu steigern bzw. zu betonen. Die Ergebnisse der von Dove durchgeführten Studie lassen an-nehmen, dass dieser Typus vor allem in der Altersklasse von 18 bis 29 Jahren angesiedelt ist, da hier die Thematik Schönheit eine besonders große Rolle spielt und gleichzeitig der Anteil jener Frauen, die sich selber als schön bezeichnen würden höher ist, als bei den über 29-Jährigen. Im Gesamtvergleich macht Typ C jedoch einen relativ geringen Anteil aus, da die meisten Frauen ihr eigenes Erscheinungsbild kritischer betrachten (Etcoff et al. 2004, S. 9–47).

Typ D zeichnet sich durch die Einschätzung des eigenen Erscheinungsbildes abseits des Schönheitsideals aus, was starke Konsequenzen für das Denken und Handeln dieser Frauen hat, da die Thematik für sie eine hohe Relevanz besitzt. Laut den Ergebnissen der Dove-Studie ist davon auszugehen, dass ein Großteil der Rezipienten in diese Kategorie fällt, da die Mehrheit der Frauen sich selber eher als natürlich und durchschnittlich beschreibt und sich unwohl dabei fühlt, sich selber als schön zu bezeichnen. Trotzdem sagen diese Frauen, dass äußere Schönheit für sie eine entscheidende Rolle spielt. Die Relevanz der Thematik wird dadurch deutlich, dass diese Frauen davon überzeugt sind, dass sie glücklicher sein könnten, wenn sie schöner wären. Dieser Typus unterscheidet Schönheit kaum nach innerlichen und äußerlichen Faktoren, sondern assoziiert vor allem körperliche Schönheit und ein makelloses Gesicht mit dem Begriff. Die Konsumenten nutzen Beauty-Produkte, um ihre Eigenwahrnehmung zu verbessern. Hierbei handelt es sich um den mit Abstand größten Teil weiblicher Rezipienten, da die Dove-Studie ergab, dass nur fünf Prozent der Frauen sich selber als schön bezeichnen würden, es für mehr als die Hälfte der Frauen jedoch gleichzeitig wichtig ist, ihr äußere Erscheinung zu mögen, was die Relevanz der Thematik widerspiegelt (Etcoff et al. 2004, S. 9–47).

4   Einstellungsänderung gegenüber Marke und Produkt

Im folgenden Kapitel wird die Wirkungsweise schlanker Testimonials mit der Wirkung authentischer Werbefiguren auf die Einstellung der Zielgruppe gegenüber den entsprechenden Pflegeprodukten vor dem Hintergrund des Elaboration Likelihood Modells (ELM) verglichen. Hierdurch wird der Zusammenhang zwischen Kommunikations- und Produktpolitik deutlich. Das ELM unterscheidet die periphere und zentrale Art der Informationsverarbeitung, wobei lediglich die zentrale Verarbeitung zu gefestigten Einstellungen führt. Die periphere Route hingegen beschreibt die Verarbeitung von Informationen auf Basis einfacher Hinweisreize (Fischer und Wiswede 2009, S. 362–366; Klimmt 2011, S. 15).

4.1   Einstellungsänderungen bei Werbung mit idealisierten Testimonials

Beim Einsatz idealtypischer Testimonials ist davon auszugehen, dass die Rezipienten vornehmend den peripheren Weg der Elaboration einschlagen. Bei der Beeinflussung der Einstellung von Individuen zielen Marken mit der Kommunikation über Massenmedien häufig bewusst auf das Begehen dieser Verarbeitungsform ab (Klimmt 2011, S. 29). Entlang des Weges von der Wahrnehmung einer Botschaft bis zur abschließenden Einstellungsänderung wirken die Motivation, die Fähigkeit, die Art der Verarbeitung der Botschaft und die Änderung der kognitiven Strukturen auf die Art des Verarbeitungsprozesses und entscheiden dementsprechend, ob die Einstellungsänderung peripher oder zentral verläuft

(Klimmt 2011, S. 58–60). Das Einschlagen der peripheren Route führt dazu, dass der Rezipient seine Einstellung aufgrund offensichtlicher Hinweisreize ändert. Solche Reize sind „Bestandteile von Persuasionsversuchen, die nicht als Argumente gelten, aber von der Zielperson oder -gruppe wahrgenommen und verarbeitet werden können" (Klimmt 2011, S. 28). Paradebeispiele hierfür sind die Attraktivität bzw. das Aussehen und die Sympathie des Kommunikators (Klimmt 2011, S. 28 und 60 und 287; Kroebel-Riel und Gröppel-Klein 2013, S. 287). Bezogen auf den Einsatz idealtypischer Testimonials in der Werbung für Pflegeprodukte ist deren äußere Attraktivität und die damit einhergehende Förderung der sympathischen Wirkung somit als peripherer Hinweisreiz zu interpretieren, der zur oberflächlichen Auseinandersetzung mit den gegebenen Informationen führt. Neben der Attraktivität der Werbefigur unterstützen die ihr hinsichtlich der Thematik Pflegeprodukte zugeschriebene Expertise die periphere Verarbeitung. Analog zur erhöhten Glaubwürdigkeit eines Arztes, der für Schmerztabletten wirbt, wirkt eine äußerlich attraktive Frau für die Bewerbung von Pflegeprodukten besonders glaubwürdig, was dazu führt, dass von ihr angeführte Argumente weniger hinterfragt werden (Klimmt 2011, S. 42). Für den hier untersuchten Kontext könnte ein solches Argument beispielsweise „Straffere Haut in nur 10 Tagen" lauten. Der Aspekt der mangelnden Hinterfragung greift auch bei der Erhöhung der Glaubwürdigkeit durch Wiederholung. Hawkins et al. (2001, S. 1–10) konnten diese These in einem Experiment, welches zeigte, dass allein die Zahl der Wiederholungen die Glaubwürdigkeit einer Werbebotschaft steigert, belegen. Allein die Mehrfachvermittlung des Stereotypes „was schön ist, ist gut" (Solomon 2013, S. 194) führt somit dazu, dass die Glaubwürdigkeit der durch das Testimonial vermittelten Wirkung des Produktes steigt (Kroeber-Riel und Gröppel-Klein 2013, S. 287–288).

Ein weiterer fördernder Aspekt der peripheren Verarbeitung ist die Überflutung von Individuen mit idealtypischen Testimonials in den Massenmedien. Diese führt zu einer oberflächlichen Verarbeitung der Werbebotschaft durch den Rezipienten, da dieser die Masse der auf ihn eintreffenden Botschaften filtert, um sich selber zu entlasten. Entspricht die erhaltene Information einem altbekannten Schema, ist eine Filterung wahrscheinlich, da der Rezipient dazu neigt, Informationen in das bei ihm gegenwärtige Vorwissen und die darauf basierende Einstellung einzuordnen und keine Einstellungsänderung vorzunehmen (Klimmt 2011, S. 44–49).

Die aus dem Einsatz idealtypischer Testimonials resultierende Einstellung ist entsprechend der oberflächlichen Auseinandersetzung mit der Werbebotschaft instabil, unsolide und wenig verhaltenswirksam. Das bedeutet, dass diese Einstellung das Kaufverhalten nur wenig bis gar nicht beeinflusst und außerdem leicht veränderbar ist (Klimmt 2011, S. 60). Der beschriebene Verarbeitungsprozess wird in der folgenden Abbildung visualisiert (Abb. 4):

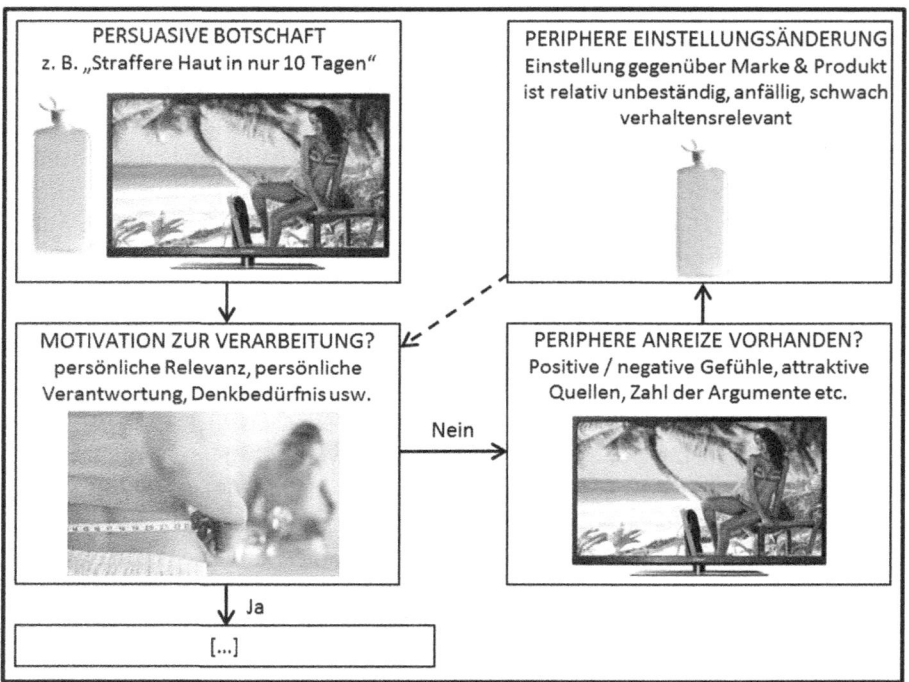

Abb. 4 Einstellungsänderung bei Werbung mit idealisierten Testimonials. (Quelle: Baur (2014); Laviva (2014); Amazon (2014); eigene Abbildung in Anlehnung an Petty und Cacioppo 1986, S. 4; Klimmt 2011, S. 58. Bildquellen: siehe Anhang)

4.2 Veränderung der Einstellung gegenüber der Marke Dove

Wie im vorangegangen Kapitel beschrieben, kann davon ausgegangen werden, dass der Einsatz „idealtypischer Darstellungen [...] keine umfassenden kognitiven Leistungen" (Gröppel-Klein und Spilski 2006, S. 285) hervorruft. Authentische Testimonials hingegen stellen einen schemainkonsistenten Reiz dar. Diese Divergenz gegenüber dem vorhandenen Wissen des Konsumenten führt dazu, dass die gegebenen Informationen in kein Schema eingeordnet werden können, wodurch die Informationsverarbeitung erschwert wird und somit tiefgründigere Verarbeitungsprozesse provoziert werden können (Gröppel-Klein und Spilski 2006, S. 286; Schwarz 1985, S. 278). Die Verarbeitungstiefe und die Gedächtnisleistung werden größer, da abwägende Verarbeitungsprozesse ausgelöst werden, die abschließend zu bewertenden Gedanken führen (Kroeber-Riel und Weinberg 2003, S. 344; DiMaggio 1997, S. 263–287; Jain und Maheswaran 2000, S. 358–371). Eine für Dove optimale Verarbeitung der gesendeten Botschaft sähe entlang der Stufen des Elaboration Likelihood Models entsprechend wie folgt aus: Im ersten Schritt ist die Intensität der Auseinandersetzung mit dem Spot von der Motivation zur Verarbeitung abhängig. Diese Motivation wird durch individuelle und situationsspezifische Faktoren beeinflusst.

Hierzu zählen unter anderem die persönliche Relevanz und Verantwortung, sowie das Bedürfnis zur Verarbeitung der Botschaft. Bei einer hohen Relevanz der Thematik für den Rezipienten ist die Motivation zur Verarbeitung einer Botschaft entsprechend hoch. Wie im Laufe dieser Arbeit bereits mehrfach dargestellt, spielt das Thema der Schönheit eine entscheidende Rolle für die Zielgruppe Frau und die Motivation hinsichtlich dieser Einflussvariable kann als entsprechend hoch eingeschätzt werden. Dies gilt vor allem für Konsumenten der Typen C und D (Stahlberg und Frey 2001, S. 330–331; Petty und Cacioppo 1986, S. 4).

Die vorliegende Analyse des Verarbeitungsvorgangs konzentriert sich dementsprechend auf diese beiden Typen, wohingegen der Verarbeitungsvorgang von Typ A und B vernachlässigt wird, da hier aufgrund der geringer Themenrelevanz von einer peripheren Verarbeitung ähnlich des in Kap. 4.1 beschriebenen Ablaufes auszugehen ist. Neben der persönlichen Relevanz, der Verantwortung und dem Bedürfnis zur Botschaftsverarbeitung hat auch der Kommunikationskontext einen Einfluss auf die Höhe der Verarbeitungsmotivation (Stahlberg und Frey 2001, S. 330–331). Die Erstausstrahlung des Spots „Keine Models – aber straffe Kurven" fand 2004 in der Werbepause der Talentshow „Germany's Next Topmodel" statt und stellte somit ein stark kontrastives Gegenkonzept dar. Diese konträre Platzierung ermöglichte eine Erhöhung der Aufmerksamkeit und Verarbeitungsmotivation auf der Seite der Rezipienten (Berdi 2006, S. 103; Knop und Petsch 2010, S. 120–127). Die im zweiten Schritt entscheidende Fähigkeit zur Verarbeitung wird von Variablen wie der Wiederholung und der Verständlichkeit der Nachricht sowie diesbezüglichen Vorwissens und der Ablenkung bei Aufnahme der Botschaft geprägt. Neben der mehrfachen Sendung des Spots im Umfeld von „Germany's Next Topmodel" veröffentlichte Dove entsprechende Anzeigen und Werbeplakate, wodurch die Chance eines wiederholten Kontakts der Rezipienten mit der Botschaft erhöht wurde (Berdi 2006, S. 104). Durch den prägnanten Slogan und die Kontextplatzierung ist außerdem davon auszugehen, dass die Botschaft von den meisten Frauen deutlich und leicht verstanden wurde (Stahlberg und Frey 2001, S. 330–331; Petty und Cacioppo 1986, S. 4). Die Annahme der Mehrheit der Frauen, Medien suggerieren ein unrealistisches Schönheitsideal, sowie die Kritik im Umfeld der Talentshow stellen entsprechendes Vorwissen über die mangelnde Authentizität hinsichtlich des Frauenbildes in den Medien dar, welches die Fähigkeit zur Verarbeitung ebenfalls unterstützt, da es die implizierte Botschaft Doves verdeutlicht und somit vereinfacht (Etcoff et al. 2004, S. 27; Knop und Petsch 2010, S. 120–127).

Kritisch zu sehen ist der Aspekt der Ablenkung bei der Verarbeitung der Werbebotschaft. Die Überflutung von Rezipienten mit Werbebotschaften führt zu sinkendem Interesse und Zapping. Folglich sinkt die auf die Werbebotschaft gerichtete Aufmerksamkeit bzw. steigt die Ablenkung, welches als Störfaktor einer tiefen Verarbeitung der Dove-Botschaft anerkannt werden muss (Klimmt 2011, S. 75–76; Rossmann 2000, S. 12–13). Aufgrund der bereits beschriebenen Wiederholung der Botschaft und des offensichtlichen Erfolges der Kampagne hinsichtlich des Umsatzes und Images von Dove ist jedoch davon auszugehen, dass der Spot trotzdem eine Vielzahl von Rezipienten erreicht hat (Fricke 2007; Berdi 2006, S. 102).

Ist die Fähigkeit zur Verarbeitung der Mitteilung gegeben, entscheidet die Art der Verarbeitung über die Änderung der kognitiven Strukturen. Um eine zentrale Verarbeitung zu erzielen, ist es wichtig, dass die vermittelten Informationen vom Rezipienten als Argumente und nicht als periphere Hinweisreize interpretiert werden. Beispielsweise werden Tennisfans, die eine Werbung mit einem Star der Szene sehen, seinen Einsatz eher als Argument für die Qualität des Schuhes interpretieren als Zuschauer, denen der Tennisstar nicht bekannt ist. Diese werden seine Attraktivität als peripheren Hinweisreiz verarbeiten (Stahlberg und Frey 2001, S. 331). Aufgrund der Platzierung des Spots im Umfeld von „Germany's Next Topmodel" kann davon ausgegangen werden, dass jene Rezipienten, welche die Kampagne in diesem Umfeld erstmalig sahen, eine hohe Affinität gegenüber der Thematik aufweisen, ähnlich des Tennisfans gegenüber dem Tennisstar. Außerdem wird angenommen, dass realistische Testimonials in einem Umfeld, in dem sonst idealtypische Darstellungen der Regelfall sind, generell als informativer und origineller beurteilt werden (Gröppel-Klein und Spilski 2006, S. 286). Bei intensiver Auseinandersetzung mit den Argumenten durch den Rezipienten stellte Dove außerdem eine hohe Glaubwürdigkeit sicher, indem neben den eigentlichen Werbemaßnahmen weitere Projekte zur Übernahme gesellschaftlicher Verantwortung gestartet wurden. Dove führte einen allumfassenden Marken-Relaunch durch, in dessen Rahmen eine Vielzahl von CSR-Projekten umgesetzt wurden. Diskussionsrunden, die „Dove Aktion für mehr Selbstwertgefühl" und von Dove unterstütze Präventionsprogramme gegen Essstörungen sind nur drei Beispiele der von Dove initiierten Programme, welche auch bei genauer Prüfung der Werbeaussagen eine Argumentationsinterpretation fördern, welche die Positionierung der Marke als glaubwürdig und authentisch ansieht (Berdi 2006, S. 103; Unilever 2014).

Die Art der Informationsverarbeitung ist außerdem von der ursprünglichen Einstellung der Zielperson abhängig. Die „The Real Truth About Beauty"-Studie von Dove zeigte, dass Frauen das von den Medien suggerierte Schönheitsideal mehrheitlich als unrealistisch ansehen und sich eine vielfältigere Darstellung von Frauen in der Werbung wünschen (Etcoff et al. 2004, S. 27–43). Die Grundeinstellung kann somit als offen und erwartungsvoll gegenüber des Einsatzes authentischer Testimonials angenommen werden, weswegen geschlussfolgert wird, dass die meisten Rezipienten anfälliger für Botschaften sind, die dieser Erwartungshaltung entsprechen und eine Änderung der kognitiven Strukturen auf Basis positiver Gedanken stattfindet (Stahlberg und Frey 2001, S. 330–331; Petty und Cacioppo 1986, S. 4; Etcoff et al. 2004, S. 27–43). Dies wird durch den Wandel des Markenimages von Dove belegt. Vor dem Start der Kampagne bezeichneten Verbraucherinnen Dove als introvertiert und altmodisch. Nachdem die Kampagne angelaufen war, wurde Dove hingegen als aktiv, offen und selbstbewusst beschrieben (Berdi 2006, S. 104). Sahen Konsumenten Dove vor der Kampagne als eine Pflegemarke für „Frauen von gestern" (Berdi 2006, S. 104), konnten sie sich nach dem Relaunch mit Dove identifizieren. Es kann somit eine zentrale, positive Einstellungsänderung von Rezipienten gegenüber der Marke Dove geschlussfolgert werden, welche entsprechend dauerhaft, resistent und verhaltensprägend ist. Dieser verhaltensprägende Faktor spiegelt sich in den Umsatzzahlen von Dove wider. Dove ist seit der Umsetzung des Marken-Relaunchs eine der erfolg-

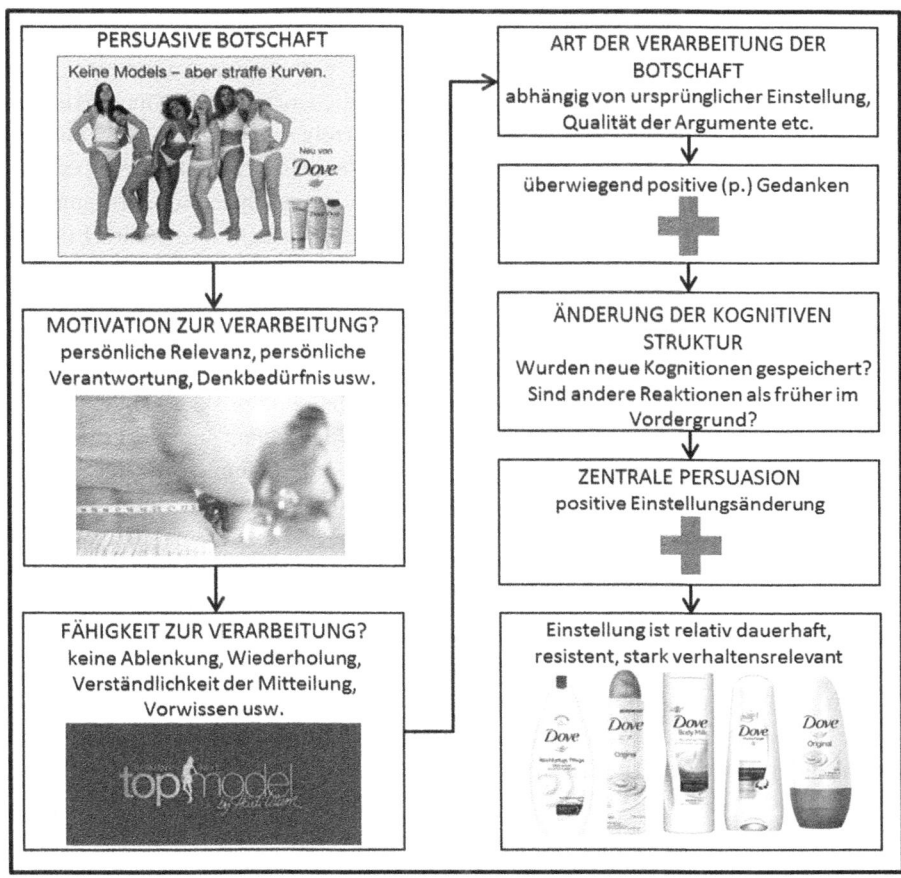

Abb. 5 Veränderung der Einstellung gegenüber der Marke Dove. (Quelle: Baur (2014); Wer ist schön (2014); Fashiontips (2014); Unilever (2014); eigene Abbildung in Anlehnung an Petty und Cacioppo 1986, S. 4 und Klimmt 2011, S. 58. Bildquellen: siehe Anhang)

reichsten Pflegemarken mit einem „Wachstum im zweistelligen Prozentbereich" (Berdi 2006, S. 103–104). Allein im ersten Jahr nach Start der Kampagne verdoppelte sich der Umsatz im Bereich der Körperpflegeprodukte (Sucher 2005). Der Prozess der zentralen Informationsverarbeitung, vor allem durch die Typen C und D, wird in Abbildung fünf oder "[...] in der vorangehenden Abbildung" dargestellt (Abb. 5):

5 Handlungsempfehlungen bezüglich vergleichbarer Pflegeprodukte

Durch den im vorliegenden Beitrag dargestellten Erfolg der Marke ergibt sich die Fragestellung, warum Dove auch heute noch eine Ausnahme beim Einsatz authentischer Testimonials darstellt und der Ansatz nicht weitläufig adaptiert wurde. Der Einsatz realistischer

Werbefiguren stellte zu Beginn des Relaunchs eine Differenzierungsstrategie gegenüber Konkurrenzprodukten dar. Alltägliche Frauen waren vorher eine Ausnahme, dadurch wirkten sie in der Dove-Werbung trotz ihrer Normalität originell (Gröppel-Klein und Spilski 2006, S. 295). In diesem Paradoxon liegt der Erfolg von Dove und der Misserfolg möglicher Nachahmer begründet. Der schemainkonsistente Reiz authentischer Testimonials löst einen Überraschungseffekt aus, der wiederum zur erhöhten Aufmerksamkeit bei den Rezipienten und zur intensiven Auseinandersetzung mit den Spots führt. Eine Wiederholung dieses Überraschungseffektes bei Nachahmung würde den Effekt entsprechend abschwächen. Durch die Abnahme der Originalität des Einsatzes realtypischer Frauen in der Werbung näherte sich die Wirkungsweise authentischer Testimonials der in der vorliegenden Arbeit beschriebenen aktuellen Wirkungsweise idealtypischer Werbefiguren an (Kroeber-Riel und Weinberg 2003, S. 344; Gröppel-Klein und Spilski 2006, S. 286–299).

Der Einsatz authentischer Testimonials als informative Werbung unterliegt somit einem hohen Abnutzungsrisiko, welches schon bei wenigen Wiederholungen zu sinkender Aufmerksamkeit führt. Dieser Effekt kann umgangen werden, indem die Botschaft neu gestaltet wird (Mushahwar 2008, S. 41–45). Auch dieser Aspekt wurde von Dove beachtet, in dem in Folge der anfänglichen Kampagne weitere Maßnahmen konzipiert wurden, die jeweils unterschiedliche Zielgruppen ansprachen. Die 2007 eingeführte pro-age-Pflegeserie, wurde durch eine Kampagne vermarktet, die in Anlehnung an die ursprüngliche Botschaft, Schönheit sei nicht von perfekten Äußerlichkeiten abhängig, suggerierte, dass Schönheit ebenfalls keine Frage des Alters sei. Wichtig für einen Erfolg anderer Pflegeprodukte wäre somit, dass sie einen selbst definierten Leitfaden entwickeln, der nicht zu sehr an den von Dove vermittelten Botschaften anlehnt.

Der Erfolg der Kampagne wird außerdem dadurch begründet, dass ein grundlegender Marken-Relaunch stattfand, der die Glaubwürdigkeit der Marketingmaßnahmen förderte. Durch die Integration einer Vielzahl und Vielfalt von über die Werbung hinausgehenden CSR-Projekten gelang es Dove, die Neupositionierung authentisch zu vermitteln. Die Zeitschrift Brigitte versuchte beispielsweise 2010 ebenfalls durch den Einsatz realer Frauen im Magazin zu punkten. Hierbei entstand jedoch die Problematik, dass die von Brigitte gewählten Frauen wie in der nachfolgenden Abbildung ersichtlich immer noch überdurchschnittlich schlank und schön waren und die Leser den Unterschied zwischen Berufs- und Hobbymodel kaum realisierten. Dies wiederrum führte bei den Konsumenten zu Kritik, da sie sich durch das Suggerieren außergewöhnlicher Schönheit als Alltäglichkeit noch stärker unter Druck gesetzt fühlten. 2012 stellte Brigitte das Projekt „ohne Models" ein und arbeitet seitdem wieder mit Berufsmodellen in der Zeitschrift (Landgrebe und Rudelt 2010; DPA = Deutsche Presse-Agentur 2014, Abb. 6).

Dieses Beispiel eines Nachahmungsversuches zeigt: Der Einsatz authentischer Testimonials verlangt von den Werbetreibenden Authentizität bei der Umsetzung und Verkörperung des neuen Schönheitsbildes und somit eine allumfassende Integration der Positionierung entgegen des Schönheitswahns in die Markenpolitik.

Da für Typ A und Typ B die Thematik Schönheit keine entscheidende Rolle für das Treffen von Kaufentscheidungen spielt, kann hieraus auf Plausibilitätsniveau geschluss-

Abb. 6 Brigitte-Cover „ohne Models". (Quelle: Brigitte 2014)

folgert werden, dass diese Typen auch bei der Vermarktung von Pflegeprodukten über hiervon verschiedene Themenkomplexe adressiert werden sollten. Ein Beispiel hierfür wäre die 2013 lancierte Nivea-Kampagne „Danke Mama", welche die Position von Nivea als Familienmarke, die für Vertrauen und Nähe steht, verdeutlichte. Fokussiert wird bei der Vermarktung des Produktes NIVEA Creme nicht der Aspekt der Schönheit, sondern der Faktor der Pflege, welcher sich auf die Beziehungspflege – in der Kampagne zwischen Mutter und Kind – bzw. im Markenimage zwischen Nivea und der Zielgruppe transformieren lässt, wodurch das Gefühl von Vertrauen gestärkt wird (Beiersdorf 2014; Youtube 2014b, Abb. 7).

Aufgrund der hohen Affinität gegenüber dem gesellschaftlich geltenden Schönheitsideal kann der Einsatz authentischer Testimonials bei der Adressierung des Konsumententypus C zu Negativemotionen führen, weswegen bei der Ansprache dieser Zielgruppe weiterhin auf den Einsatz idealtypischer Testimonials gesetzt werden sollte. Ein Erfolgs-

Abb. 7 Nivea-Kampagne „Danke Mama". (Quelle: Youtube 2014b)

Abb. 8 bebe Young Care Werbung 2013. (Quelle: Youtube 2014a)

beispiel hierfür ist die Strategie der Marke bebe Young Care von Johnson & Johnson, welche vor allem Pflegeprodukte für Mädchen und junge Frauen produziert. Die Marke setzt in ihren Kampagnen auf idealtypische Testimonials und fokussiert den Aspekt der Schönheit, in dem die Produkte versprechen, die Haut der Konsumenten schön pflegen zu können. Der Fokus auf die junge Zielgruppe und auch der Einsatz von Testimonials aus dem jüngeren Segment fördert die Ansprache des Typus C, da auch hierunter vornehmlich Frauen unter 30 Jahren fallen (Johnson und Johnson 2014; Youtube 2014a, Abb. 8).

Marketingstrategien ähnlich der Dove-Kampagne können demnach vor allem zur Ansprache des Konsumententypus D genutzt werden, welcher jedoch, wie dargestellt und auch durch die Umsatzerfolge von Dove widergespiegelt, die Mehrheit der Frauen repräsentiert. Wichtig ist hierbei ein glaubwürdiger Einsatz authentischer Testimonials, um Misserfolge wie im Beispiel der Frauenzeitschrift Brigitte zu vermeiden und eine Differenzierung von Dove, um den Abnutzungseffekt zu umgehen.

6 Fazit

Die Analyse zeigte, dass die Relevanz der Thematik für eine Vielzahl von Frauen dazu führt, dass Dove eine langfristig bestehende positive Einstellung gegenüber der eigenen Marke und den damit einhergehenden Produkten erzeugen konnte. Idealtypische Testimonials entsprechen dem altbekannten Schema der Beauty-Branche, weswegen ihr Einsatz in der Werbung zur Provokation einer peripheren Botschaftsverarbeitung führt. Authentische Testimonials können hingegen vor allem bei an der Thematik interessierten und selbstkritischen Frauen eine intensive Auseinandersetzung mit der Botschaft hervorrufen, wodurch eine langfristig stabile, positive Einstellung entsteht. Diese Erfolgsfaktoren lassen sich mit den konkreten Image- und Umsatzerfolgen belegen, welche Dove im Anschluss an den Marken-Relaunch realisieren konnte. Die Aufnahme sozialer Verantwortung in die Markenpersönlichkeit hat somit für Dove einen Imagewechsel ermöglicht, der dazu führte, dass die Produkte der Marke von Frauen nicht mehr als introvertiert und altmodisch, sondern als aktiv, offen und selbstbewusst wahrgenommen werden.

Literatur

123rf (2014) Stockfoto – Porträt einer Frau in voller Länge mit Maßstab. unsicher, ob sie sich wiegen oder nicht. http://de.123rf.com/photo_13303000_portrat-einer-frau-in-voller-lange-mit-massstab-unsicher-ob-sie-sich-wiegen-oder-nicht.html. Zugegriffen: 31. Mai 2014

Amazon (2014) 12 × 500 ml Lotionsflasche eckig weiss aus PE inkl. Klappscharnierverschluss weiss *** Lotionsflaschen, Cremeflasche, Plastikflasche, Kunststoffflasche, Plastikflaschen, Kunststoffflaschen, Cremeflaschen ***. http://www.amazon.de/Klappscharnierverschluss-Lotionsflaschen-Kunststoffflasche-Plastikflaschen-Kunststoffflaschen/dp/B00K7Z8EUQ/ref=sr_1_14?ie=UTF8&qid=1401721349&sr=8-14&keywords=lotionsflasche. Zugegriffen: 02. Juni 2014

Baur (2014) Blaupunkt B32A122TC, 81 cm (32 Zoll), HD-ready 720p LED Fernseher. http://bilder.baur.de/pool/formatz/7749449.jpg. Zugegriffen: 31. Mai 2014

Beiersdorf (2014) „Danke Mama" – NIVEA lanciert digitale Dachmarkenkampagne zum Muttertag. http://www.beiersdorf.de/presse/news/local/de/all-news/2013/05/2013-05-03-pm-nivea-lanciert-digitale-dachmarkenkampagne. Zugegriffen: 24. Mai 2014

Berdi C (2006) Dove und die wahre Schönheit. Absatzwirtschaft. 102–106. http://www.absatzwirtschaft.de/Content/k=UGu6CVw%252beU45VqR13ToqVxFAZFmJtU-ZE%252bI8%252bQ7b%252bqVR4o%252bJ9uhezeCDN86JgNVnig2nyhhs-MrlU%253d;showblobms. Zugegriffen: 11. Mai 2014

Brigitte (2014) Wählen Sie das schönste „Ohne Models"-Cover. http://www.brigitte.de/mode/ohne-models/cover-voting-1078422/15.html. Zugegriffen: 04. Juni 2014

Bower BA, Landreth S (2001) Is beauty best? Highly versus normally attractive models in advertising. J Advert 30(1):1–12. http://web.b.ebscohost.com/ehost/pdfviewer/pdfviewer?vid=4&sid=fca02cb3-d3c5-48a5-909f-d9c9e285e23e%40sessionmgr115&hid=126. Zugegriffen: 11. Mai 2014

DiMaggio P (1997) Culture and cognition. Annu Rev Sociol 23:263–287. http://www.ssc.wisc.edu/~jmuniz/culture_annureview_dimaggio_1997.pdf. Zugegriffen: 11. Mai 2014

Dove (2014) Unsere mission. http://selbstwertgefuehl.dove.de/Articles/Written/Our_Mission.aspx. Zugegriffen: 07. Sept. 2014

DPA = Deutsche Presse-Agentur (2014a) „Brigitte" begründet Rückkehr der Profi-Models. http://www.zeit.de/lebensart/mode/2012-09/brigitte-professionelle-models. Zugegriffen: 11. Mai 2014

DPA = Deutsche Presse-Agentur (2014b) Kräftige Models – Starke Frauen auf dem Laufsteg. http://www.sueddeutsche.de/leben/kraeftige-models-starke-frauen-auf-dem-laufsteg-1.254673-9. Zugegriffen: 31. Mai 2014

Etcoff N, Orbach S, Scott J, D'Agostino H (2004) The real truth about beauty: a global report. Findings of the global study on women, beauty and well-being. http://www.clubofamsterdam.com/contentarticles/52%20Beauty/dove_white_paper_final.pdf. Zugegriffen: 15. Feb. 2014

Fashiontips (2014) GNTM – Erste Fotoshootings und Catwalk-Erfahrungen in Dubai. http://www.fashiontips.de/germanys-next-topmodel/7467/gntm-erste-fotoshootings-und-catwalk-erfahrungen-in-dubai/#sthash.pDUYNmz8.dpuf. Zugegriffen: 07. Sept. 2014

Fischer L, Wiswede G (2009) Grundlagen der Sozialpsychologie, 3. Aufl. Oldenbourg, München

Fricke D (2007) Wahre Schönheit. Handelsblatt. http://www.handelsblatt.com/unternehmen/management/koepfe/dove-produktmanagerin-nicole-ehlen-wahre-schoenheit/2864420.html. Zugegriffen: 11. Mai 2014

Gröppel-Klein A, Spilski A (2006) Ist normal originell? Die Wirkung authentischer Werbemodels. In: Bartel H, Strebinger A, Schweiger G (Hrsg) Werbe- und Markenforschung. Gabler, Wiesbaden, S 277–306

Hawkins SA, Hoch SJ, Meyers-Levy J (2001) Low-involvement learning: repetition and coherence in familiarity and belief. J Consum Psychol 11(1):1–11. http://web.b.ebscohost.com/ehost/pdfviewer/pdfviewer?vid=4&sid=572f7b71-8fa0-47b8-ab91-db904b90caa7%40sessionmgr113&hid=122. Zugegriffen: 11. Mai 2014

Jain SP, Maheswaran D (2000) Motivated reasoning: a depth-of-processing perspective. J Consum Res 26(4):358–371. http://web.a.ebscohost.com/ehost/pdfviewer/pdfviewer?vid=4&sid=e264476d-ba67-4cbd-a893-71e9e48f9460%40sessionmgr4004&hid=4212. Zugegriffen: 11. Mai 2014

Johnson & Johnson (2014) bebe Young Care. http://www.jnjgermany.de/marken/pflege-fuer-die-haut/bebe-young-care.html. Zugegriffen: 24. Mai 2014

Klimmt C (2011) Das Elaboration-Likelihood-Modell. Nomos, Baden-Baden

Knop K, Petsch T (2010) „Initiative für wahre Schönheit" – Die Rückkehr des Alltagskörpers in die idealisierte Körperwelt der Werbung. In: Röser J, Thomas T, Peil C (Hrsg) Alltag in den Medien – Medien im Alltag. VS Verlag für Sozialwissenschaften, Wiesbaden, S 119–137

Kohlweiß U (2007) Frauen in der Werbung: Realismus vs. Idealismus. Wie sieht sich die Zielgruppe lieber. VDM Verlag Dr. Müller, Saarbrücken

Kroeber-Riel W, Gröppel-Klein A (2013) Konsumentenverhalten, 10. Aufl. Verlag Franz Vahlen, München

Kroeber-Riel W, Weinberg P (2003) Konsumentenverhalten, 8. Aufl. Verlag Franz Vahlen, München

Landgrebe R, Rudelt C (2010) Die neue „Brigitte" – zu dünn für eine Revolution. Die Welt. http://www.welt.de/lifestyle/article5690483/Die-neue-Brigitte-zu-duenn-fuer-eine-Revolution.html. Zugegriffen: 11. Mai 2014

Laviva (2014) Selbst Topmodels finden sich zu fett. http://www.laviva.com/koerper-und-seele/selbst-topmodels-finden-sich-zu-fett/. Zugegriffen: 31. Mai 2014

Mushahwar A (2008) Thematisierung als Polarisierung? Die Akzeptanz des neuen Frauenbildes in der Werbung am Fallbeispiel DOVE. http://othes.univie.ac.at/2694/1/2008-10-14_0103211.pdf. Zugegriffen: 15. Feb. 2014

Nikolic D (2008) Schlankheit und Medien Dünn, Dünner, am Dünnsten: Werbekampagnen – Anleitung zum Kranksein?. Eine qualitative Untersuchung zur Rezeption von Werbekampagnen von Frauen mit Essstörungen. http://othes.univie.ac.at/2997/1/2008-10-15_0606509.pdf. Zugegriffen: 15. Feb. 2014

Nivea (2014) Die neue Generation von Nivea Q10. Verbesserte Formel mit Energiekomplex. http://www.nivea.de/Produkte/ campaigns/ body-care/q10-firming?cid=DE-INT-NBO-Q10B2014-NIV-3000-C. Zugegriffen: 04. Juni 2014

Offenes Presseportal (2014) Aktuelle Du darfst-Umfrage: Für jede zweite Frau ist die Lieblingsjeans der optimale Sommer-Figur-Check. http://www.offenes-presseportal.de/bilder/media/72532_bild.jpg. Zugegriffen: 31. Mai 2014

Opfer G, Landgrebe KP, Koeppler K, Braunschweig E (1975) „Typologien" und ihre Aspekte. Heinrich-Bauer-Stiftung, Hamburg

Petty RE, Cacioppo JT (1986) Communication and persuasion. Central and peripheral routes to attitude change. Springer Verlag, New York

Rossmann R (2000) Werbeflucht per Knopfdruck: Ausmaß und Ursachen der Fernsehwerbung. Verlag Reinhard Fischer, München

Schwarz N (1985) Theorien konzeptgesteuerter Informationsverarbeitung. In: Frey D, Irle M (Hrsg) Theorien der Sozialpsychologie, (Band 3: Motivations- und Informationsverarbeitungstheorien). Verlag Hans Huber, Bern, S 269–291

Solomon MR (2013) Konsumentenverhalten. Pearson Deutschland GmbH, München

Stahlberg D, Frey D (2001) Das Elaboration-Likelihood-Modell von Petty und Cacioppo. In: Frey D, Irle M (Hrsg) Theorien der Sozialpsychologie, (Band 1: Kognitive Theorien) 3. Aufl. Verlag Hans Huber, Bern, S 327–359

Sucher J (2005) Schönheitswahn ade: Werben mit Bauch, Beinen, Po. Spiegel Online. http://www.spiegel.de/wirtschaft/schoenheitswahn-ade-werben-mit-bauch-beinen-po-a-372097.html. Zugegriffen: 11. Mai 2014

Unilever (2014) Dove. http://www.unilever.de/brands-in-action/detail/Dove/312458/. Zugegriffen: 15. Feb. 2014

Weinberg P, Diehl S, Terlutter R (2003) Konsumentenverhalten – angewandt. Verlag Franz Vahlen, München

Wer ist schön (2014) Schönheitsideale – Werbung. http://wer-ist-schoen.de.tl/Werbung.htm. Zugegriffen: 31. Mai 2014

Women's Health (2014) Essstörungen. Magersucht entsteht im Kopf. http://images.womenshealth.de/fm/1/thumbnails/sh_Frau_Spiegel_800×462.jpg.102376. jpg. Zugegriffen: 31. Mai 2014

Youtube (2014a) bebe Young Care soft body milk: TV Spot aus der bebe WG. https://www.youtube.com/watch?v=pjaWXuwxFOU. Zugegriffen: 24. Mai 2014

Youtube (2014b) NIVEA – „Danke Mama". https://www.youtube.com/watch?v=AIMgU5wsps0. Zugegriffen: 24. Mai 2014

Mara Brinkmann hat General Management mit den Spezialisierungen Marketingmanagement und Wirtschaftspsychologie in Köln studiert. Ihre Abschlussarbeit schrieb sie im Bereich Marketing über die Wirkung authentischer Testimonials in der Werbung. Aufgewachsen in der Nähe von Berlin mit Stationen in Brüssel und Kapstadt sammelte sie Praxiserfahrung in verschiedenen Marketingagenturen und als Wissenschaftliche Hilfskraft am Dekanat für General Management ihrer Hochschule. Seit 2012 arbeitet sie als Redakteurin und Social Media Managerin in einer Online-Marketing-Agentur in Köln. Aktuell absolviert Mara Brinkmann den Masterstudiengang International Marketing and Sales an der Fachhochschule Münster.

Soziale Produktattribute in der Produktpolitik

Mario Mirkovic und Torsten Weber

1 Einleitung

Bei Kaufentscheidungen von Konsumenten kann zunehmend das soziale Engagement von Unternehmen eine wichtige Rolle spielen. Vor dem Hintergrund der steigenden Anzahl von Substitutionsgütern in gesättigten Konsumgütermärkten erhalten in diesem Zusammenhang insbesondere Marketingmaßnahmen gekoppelt mit sozialen Aktivitäten eine immer größere Bedeutung. Auch Röttger konstatiert, dass Profilierung und Imagebildung in dieser Konkurrenzsituation nach einem erkennbaren Mehrwert der Produkte und Dienstleistungen verlangen, der u. a. über eine moralische Aufladung erreicht werden kann (Röttger 2006, S. 12). Linxweiler stellt fest: „Mit ethischen Markenpositionierungen können sich Unternehmen dauerhaft und glaubwürdig positionieren und halten einen starken USP (Unique Selling Proposition)." (Linxweiler 2004, S. 245). Beschriebene Aktionen werden in der Wissenschaft unter dem strategischen Begriff des Cause Related Marketing (CRM) geclustert. CRM kann allgemein verstanden werden als Nutzung von Marketingtechniken und -strategien zur finanziellen Unterstützung eines bestimmten (wohltätigen) Zwecks unter gleichzeitiger Berücksichtigung der eigenen Geschäftsinteressen (Fabisch 2004, S. 91). Dabei kann konkret zwischen unterschiedlichen Formen und Typen des Cause Related Marketing unterschieden werden. Eine Ausprägung stellt sich bspw. so dar, dass bei jeder Transaktion, d. h. bei jedem Kauf des Produktes bzw. der Dienstleistung,

M. Mirkovic (✉)
Heinz-Kluncker Str. 5, 42285 Wuppertal, Deutschland
E-Mail: Mario.Mirkovic@gmx.de

T. Weber
Cologne Business School, Hardefuststraße 1, 50677 Köln, Deutschland
E-Mail: t.weber@cbs.de

© Springer-Verlag Berlin Heidelberg 2015
T. Weber (Hrsg.), *CSR und Produktmanagement,* Management-Reihe Corporate
Social Responsibility, DOI 10.1007/978-3-662-45573-9_11

eine Spende getätigt wird (Caesar 1987, S. 21). Der Konsum stellt quasi die Bedingung für diese Spende dar (Cornwell und Coote 2005, S. 268). Produkte, die im Rahmen von CRM verkauft werden, beinhalten dabei ein soziales (oder ökologisches) Produktattribut. Der Fokus des vorliegenden Beitrages liegt auf der Untersuchung sozialer Aspekte:

▶   Unter einem sozialen Produktattribut kann eine dem Produkt mittels Informationen bzw. Hinweisen hinzugefügte Produkt- oder Markeneigenschaft in Form eines (psychologischen) sozialen Leistungsmerkmals verstanden werden, welches sich in der Bereitschaft eines Unternehmens konkretisiert, ausgewählte unternehmensexterne soziale Zwecke zu unterstützen bzw. zu fördern. Dabei erfährt ein proaktives, unternehmerisches soziales Engagement eine Transferierung auf die Produktebene, wobei jene Unterstützung im Regelfall im Rahmen einer Kooperation mit einer Non-Profit Organisation erfolgt.

Im Folgenden sollen zunächst im Rahmen einer Typologisierung verschiedene Typen von sozialen Produktattributen gebildet werden. Anschließend stehen Aspekte der konkreten Verpackungsinformationsgestaltung, der Markierung, des Produktprogramms etc. in Bezug auf die Belegung eines Produktes mit einem sozialen Attribut im Fokus der Betrachtung. Dabei gilt, dass jene Attribute hier im Mittelpunkt stehen sollen, die langfristig mit dem Produkt verknüpft sind.

2   Zur Entwicklung einer typologischen Ordnung von sozialen Produktattributen

In der Praxis lassen sich in einigen Produktkategorien bereits zahlreiche sozial-belegte Produkte antreffen. Für viele Unternehmen eröffnen sich dabei weit reichende Möglichkeiten zur Implementierung im Produktmarketing, spezieller in der Produktpolitik, die allerdings durch eine hohe Komplexität und vielerlei Entscheidungsalternativen gekennzeichnet sind. Diese Tatsache erfordert an dieser Stelle die Generierung von Sozialattributstypen, um differenzierte Handlungsempfehlungen in den einzelnen Instrumentalbereichen erarbeiten zu können. Aus diesem Grund erfolgt die Betrachtung der Typen als Entscheidungsgrundlage, bildet im weiteren Kontext aber auch bereits eine Handlungsempfehlung, indem interessierten Unternehmen mit der Typologie ein Alternativenraum für die Wahl eines sozialen Attributstyps aufgezeigt wird. Dabei folgt die erarbeitete Typologisierung dem Anspruch der Praxisnähe, dem der gesamte vorliegende Beitrag genügen will.

2.1   Die typologische Methode

Innerhalb eines typologischen Vorgehens gilt, „dass mehrere Merkmale gleichzeitig zur Kennzeichnung der Untersuchungsobjekte herangezogen werden, und dass durch die sinnvolle Auswahl und Kombination dieser Merkmale ein wesenhafter Gesamteindruck, eben das Typische der untersuchten Gegenstände vermittelt wird." (Knoblich 1972, S. 142 f.). Der Typ spiegelt das bei einer bestimmten Frage- oder Problemstellung Wesentliche und Charakteristische mehrerer Untersuchungsobjekte (hier: sozial-belegte Produkte bzw. Attribute) wider. Im Folgenden sollen Dimension und deren Merkmale herausgearbeitet und ausgewählt werden, mit deren Hilfe sich soziale Produktattribute und in einem nächsten Schritt sozial-inhärente Produkte hinreichend voneinander unterscheiden lassen, um eine differenzierte Vorgehensweise in den folgenden Kapiteln zu gewährleisten. In diesem Kontext werden die generierten Typen als Entscheidungsgrundlage für einzelne Schritte der Marketing-Instrumentalwahl eines Unternehmens dienen können.

Dabei kann es sich als problematisch erweisen, dass die typologische Methode einen hohen Grad subjektiv wertender Beurteilung im Hinblick auf die Auswahl der typenbildenden Merkmale bzw. Dimensionen beinhalten kann.

2.2 Typenbildende Dimensionen

In den nachfolgenden Kapiteln werden die ausgewählten typenbildenden Dimensionen „Wahrnehmbarkeit des sozialen Attributes" und „Integration des Produktattributes in die Produktidentität" erläutert.

Wahrnehmbarkeit des sozialen Produktattributes

Wahrnehmung kann als durch Subjektivität, Selektivität und Aktivität gekennzeichnete Verknüpfung von Empfindung und Bedeutung psychischer Prozesse beschrieben werden, wobei die konkrete Wahrnehmbarkeit eine Grundvoraussetzung der Wahrnehmung repräsentiert (Koppelmann 2001, S. 29; Wöllenstein 2004, S. 38). Produktwahrnehmung speziell kann verstanden werden als die Begegnung von Rezipient bzw. potenziellem Konsument und Produkt, wobei der Betrachter nur das sieht, was seine Rezeptionsstruktur zulässt (Mayer und Illmann 2000, S. 82). Die Sinnesorgane eines Menschen (Wahrnehmungsorgane) stellen dabei die Verbindung zur Umwelt dar, wobei ca. 80–90 % der Eindrücke über das visuelle Sinnessystem aufgenommen werden (Guski 2000, S. 7), welches auch im folgenden Zusammenhang im Mittelpunkt stehen soll. Die Tatsache, dass ein soziales Produktattribut über das visuelle Sinnessystem wahrgenommen wird, bildet die grundsätzliche Voraussetzung der angesprochenen Informationsverarbeitung in diesem Kontext. Diese Informationsverarbeitung bringt gegebenenfalls ein Erkennen des sozialen Attributes mit sich, wobei dies wiederum abhängig von der Wahrnehmbarkeit des Attributes ist. Das „Erkennen" kommt somit aufgrund einer wechselseitigen Beziehung zwischen Reizgrundlage (z. B. Zeichen, Abbildungen oder Siegel bzgl. der sozialen Aktivität auf dem Produkt) und Gedächtnisinformationen (z. B. Kenntnis der Sozialaktion oder einer beteiligten Non Profit Organisation) auf kognitiver Ebene zustande. Jenes „Erkennen" ist für den Konsumenten nur möglich, sofern das soziale Attribut eindeutig und evident auf dem Produkt verankert ist oder er ein Vorwissen bzgl. der Aktion hat und somit bestimmte relevante Zeichen, Abbildungen oder sonstige prägnante Mittel der Produktgestaltung (z. B. rote Farbe des *Ipod-red*) wieder erkennt. Demnach werden Informationshinweise benötigt, die im Rahmen einer latenten oder evidenten Gestaltung des sozialen Produktattributes verankert werden.

Die erste Ausprägung, welche der Typologie als Dimension dient, stellt die latente Wahrnehmbarkeit des sozialen Produktattributes dar. Ist der Empfang und das Erkennen einer Produktinformation, im konkreten Fall die Information bzgl. der sozialen Tätigkeit eines Unternehmens, vorübergehend oder dauerhaft für einen Rezipienten nicht möglich, so wird dieser Umstand mit dem Begriff Latenz belegt. Das Gegenteil, wenn also bei einem Empfänger ohne Vorwissen eine konkrete Empfangs- und Verarbeitungsmöglichkeit der Informationen bzgl. des sozialen Engagements besteht, trägt die Bezeichnung Evidenz (Ellinger 1966, S. 265 ff.). Der Begriff „evident" kann dabei verstanden werden als „augenscheinlich, offenkundig, klar", „latent" als „verborgen, unter der Oberfläche, (noch) nicht in Erscheinung tretend." Witschke (1989, S. 31) stellt in einem allgemeinen Zusammenhang fest, dass eine dispositionsbedingte Latenz bzw. Evidenz von Produktinformationen vorliegt, „wenn der Hersteller frei von jeglichen technischen Zwängen die Wahrnehmbarkeit bestimmen kann." Dabei wird der Hersteller je nach Typ des Verwenders (Zielgruppe) und Art des Produktes (Produktziel) bestimmte Informationen bzgl. der Aktivitäten hervorheben oder verbergen, wobei die Herausstellung v. a. solcher Informationen anzutreffen ist, die dem Geltungsstreben des Verwenders entsprechen.

Der dargestellte Zusammenhang kann weiterhin vertieft und theoretisch untermauert werden. Produkte erhalten durch die soziale Belegung einen Symbolcharakter, wobei ihre demonstrative Funktion wichtig ist. Die Tatsache, dass sich das Produkt im Alltagsgebrauch bzw. der Verwendung und Betrachtung im Alltag befindet und kein Vorwissen (im Regelfall) bzgl. des sozialen Attributes bspw. durch eine vorher betrachtete Werbung existiert, erscheint dabei bedeutsam. Durch die Verwendung bzw. den Konsum symbolträchtiger Produkte kann der Konsument sich gegenüber seiner Umwelt mitteilen, wie er bspw. hinsichtlich seiner gesellschaftlichen Stellung und seines sozialen Denkens gesehen werden möchte. Sozial-inhärente Produkte fungieren in diesem Kontext quasi als Ideologieträger. Diverse Marken und Produkte werden durch die Belegung mit sozialen Attributen mit sozialem Verhalten und bestimmten Wertvorstellungen assoziiert, wobei es für viele Individuen gilt, die Wertschätzung Dritter durch die implizite, immaterielle Leistung eines sozial-inhärenten Produktes zu erreichen. Schneider (1996, S. 91 f.) spricht in einem ähnlichen Zusammenhang bspw. vom Kauf eines Sozialprestiges, wobei Selbstdarstellungsbemühungen im Mittelpunkt stehen dürften.

Die Wahrnehmbarkeit bzw. weitergehend Erkennbarkeit des sozialen Attributes auf einem Produkt und dessen anschließende Nutzung verstärkt in diesem Kontext die äußerliche Sichtbarkeit des Lebensstils, der Einstellungen und der Präferenzen eines Individuums. Dies kann über die Reaktionen der sozialen Umgebung zu einer Selbstvergewisserung führen, die ein Element der Selbstkonstitution darstellt und die eigene Identität stützt (Fischer und Wiswede 2002, S. 259). Demnach erfährt sich die Person über die Reaktion der anderen auf die zum Ausdruck gebrachten Einstellungen selbst. Als theoretischer Hintergrund dient in diesem Zusammenhang die Theorie der symbolischen Selbstergänzung. Ein Individuum bedient sich dabei ganz bestimmter, gesellschaftlich definierter Symbole, wie z. B. Produkten, um eine Vollkommenheit bzgl. einer angestrebten Selbstdefinition zu erreichen. Die Theorie geht von einem Verhalten (bspw. Kauf des sozial gefärbten Produktes, Zurschaustellung etc.) mit gezielter Außenwirkung aus. Individuen möchten „anderen Menschen zeigen, was sie sind, wie sie gesehen werden wollen" – im vorliegenden Fall (pro)sozial bzw. in einer unterstützenden Funktion. „Der Besitz bestimmter Güter prägt die Identität von Individuen nachhaltig, da der symbolische Gehalt der Produkte auf ihren Besitzer übertragen und somit das erweiterte Selbstbild beeinflusst wird." (Belk 1988, S. 140 ff.). Demzufolge bilden Produkte und deren Konsum ein Mittel zur Definition der eigenen Identität, ein Vorgang der symbolischen Selbstergänzung tritt ein. Der Prozess der symbolischen Bedeutungsübertragung der sozialen Attribute des Produktes erfolgt im Rahmen der Motive der Selbstdefinition und -darstellung. Diese Erkenntnisse sind in erster Linie relevant für die mit einem sozialen Attribut belegten Gebrauchsprodukte, aber auch für die Verbrauchsprodukte, die bspw. durch die Verpackungsgestaltung das Attribut nach außen zeigen und in der Nutzungsphase verwendet werden. Dies ergibt sich aus der Tatsache, dass auch Verbrauchsprodukte oftmals in der Öffentlichkeit oder innerhalb der Bezugsgruppe konsumiert werden und demnach auch einen Symbolcharakter tragen.

Weiterhin können jene Überlegungen in Zusammenhang mit Konsummotivationsprozessen gebracht und so theoretisch stärker fundiert werden. Auch in diesem Kontext liegt die Rechtfertigung der unternehmerischen Wahl der Dimensionen latente oder evidente Wahrnehmbarkeit für die Bildung der Attributstypen in der späteren Produktverwendung und baut auf den angesprochenen Überlegungen auf. Es kann zwischen intrinsischer und extrinsischer Kaufmotivation potenzieller Konsumenten unterschieden werden, welche jeweils einen engen Zusammenhang zum potenziellen Käuferkreis (Zielgruppen) der jeweiligen Attributstypen (evident oder latent) herstellen. Bei intrinsischer Motivation liegt die Belohnung für ein Verhalten im Verhalten selbst (Fischer und Wiswede 2002, S. 64). Es existiert im Gegensatz zur extrinsischen Motivation keine externe Belohnungsquelle. Demnach impliziert das Verhalten als solches von innen aus wirkende Reize, so dass die Verfolgung einer bestimmten Sache um ihrer selbst willen attraktiv erscheint.

Es kann festgestellt werden, dass intrinsisch motivierte Personen ihre Motivation aus der Erwartung an die eigene Befriedigung durch eine Problemlösung oder aus dem Handeln selbst beziehen. Sie brauchen demnach keine äußeren Verstärkungen wie bspw. Belohnungen. „Extrinsisch motivierte Personen hingegen handeln primär aufgrund solcher Verstärkungen durch ihr Umfeld." (Satzinger 2001, S. 54). Im Falle der evidenten Wahrnehmbarkeit, bei dem jene extrinsische Komponente der Konsummotivation signifikant erscheint, dürfte für eine außenstehende Person erkennbar sein, dass mit dem Konsum des Produktes ein soziales Verhalten sowohl des Unternehmens als auch des Konsumenten gezeigt wurde. Die Motive für den Kauf lassen sich u. a. durch die Achtung oder Anerkennung anderer Menschen begründen. Es kann also in diesem Fall von einer hohen Bedeutsamkeit bzgl. der evidenten Wahrnehmbarkeit der sozialen Aktion in Form des sozialen Attributes für den Konsumenten ausgegangen werden, da sonst keine externe Belohnung durch andere Individuen entstehen dürfte.

Im Fall der latenten Wahrnehmbarkeit des sozialen Attributes ist tendenziell eher zu erwarten, dass für den Kauf keine externe Belohnungsquelle in der möglichen Produktnutzungsphase einbezogen wird. Die Belohnung erfolgt alleine durch das Verhalten selbst und bspw. durch die innere Freude, Bestätigung, Zufriedenheit, Dissonanzreduktion etc., welche in diesem Zusammenhang entstehen kann. Das soziale Engagement bzw. das damit verknüpfte Konsumverhalten wird von vielen Personen als persönliche Bereicherung, Beglückung oder Identitätsstiftung erlebt (Haibach 2000, S. 66). Demnach werden bestimmte Aspekte des ausgeübten Verhaltens (Konsum) als selbstbelohnend empfunden, bspw. das Gefühl, seine Pflicht zu tun oder Mitleid zu zeigen, indem ein bestimmtes soziales unternehmerisches Engagement durch den Kauf des Produktes unterstützt wird. Sieht ein Individuum bzw. eine potenzielle Zielgruppe sich demnach als prosozial eingestellt an und ist es in erster Linie motiviert durch die Möglichkeit der Steigerung der Selbstachtung und der inneren Konsistenz, bietet sich eine latente Wahrnehmbarkeit des Attributes im Rahmen der Produktgestaltung an.

Als weitere Differenzierungseinheit dient die Betrachtung der einzelnen Milieus, da davon ausgegangen werden kann, dass einzelne Milieus tendenziell eher eine evidente (klare), andere eine latente (nicht-klare) Wahrnehmbarkeit des sozialen Produktattributes bevorzugen. Demnach stellt sich bei der Wahl eines Unternehmens für einen evidenten oder latenten Typen die angestrebte Zielgruppe sowie die damit zusammenhängende extrinsische und intrinsische Kaufmotivation dieser potenziellen Konsumenten als Entscheidungsgrundlage dar.

Integration des sozialen Produktattributes in die Produktidentität

Die zweite in diesem Beitrag gewählte Dimension bezieht sich auf die Integration des sozialen Produktattributes in die Produktidentität. Der Begriff Produktidentität beschreibt die Summe aller Merkmale eines Produktes, die dieses dauerhaft gegenüber anderen Produkten abgrenzt. Jene Dauerhaftigkeit soll im Folgenden auch auf die Produkterhältlichkeit für einen potenziellen Konsumenten bezogen werden, was bedeutet, dass ein Produkt über den Zeitraum seiner Lebensdauer (Produktlebenszyklus) ausschließlich mit einem sozialen Produktattribut erwerbbar ist. Dies hebt das soziale Produktattribut als essentielle Produkteigenschaft hervor.

Essentielle Produktattribute bestimmen das Wesen eines Objektes bzw. Gegenstandes, sie können als identitätsstiftend betrachtet werden. Im Fall eines Produktes mit einem essentiellen sozialen Produktattribut kann davon ausgegangen werden, dass jenes Produkt dauerhaft und ausschließlich über den gesamten Produktlebenszyklus mit einem sozialen Produktattribut erhältlich ist, wobei demnach die soziale Leistung des Unternehmens als äußerst bedeutende Eigenschaft und Leistungskern angesehen werden kann. Eine Verankerung des sozialen Attributes kann als tief gedeutet werden. Das Produkt *Katjes Rock'n Gums* bspw. wird dauerhaft und ohne eine zeitliche Begrenzung mit einem sozialen Produktattribut angeboten, die Unterstützung der *Nordoff-Robbins-Stiftung* (Stiftung für lernbehinderte Kinder) stellt sich als konstante und langfristige Produktleistung dar. Hermanns und Marwitz (2008, S. 106) halten fest, dass das öffentliche, unternehmerische

Bekenntnis der Übernahme sozialer Verantwortung im Hinblick auf eine zu erzielende hohe Glaubwürdigkeit keine kurze Aktion sein sollte, sondern eine langfristige Orientierung angestrebt werden muss. Dieser Aspekt wird im Rahmen der Verankerung sozialer Attribute als essentielle Produkteigenschaft berücksichtigt. Das Produkt wurde dahingehend konzipiert und es stellt sich als schwierig (bis unmöglich) dar, das soziale Attribut wieder von dem Produkt zu trennen. Diese Tatsache kann einen Hinweis auf die Ernsthaftigkeit einer Kampagne geben, da durch eine langfristige Einbindung eines sozialen Attributes das Unternehmen signalisiert, eine gewisse Konstanz der sozialen Aktivitäten zu gewährleisten.

Akzidentielle Produktattribute können dagegen modifiziert werden, man spricht auch von unbedeutsameren Eigenschaften, die nicht identitätsverleihend zu sein scheinen. Jene sozialen Leistungen sind nicht dauerhafter Bestandteil des Produktes innerhalb seines Produktlebenszyklus und können gegebenenfalls sogar als Aktionen oder Aktionsattribute bezeichnet werden. Demnach stellt es sich einfacher dar, das sozial-belegte Produkt wieder zu verändern und das soziale Attribut im Rahmen der Produktgestaltung zu entfernen. Das Kriterium der akzidentiellen Integration soll anhand des Produktbeispiels *Schwarzkopf Shampoo* verdeutlicht werden. Die Marke *Schwarzkopf* unterstützt zwar mit dem Verkauf des Produktes eine Initiative in Afrika über einen längeren Zeitraum, dies wird allerdings nur in kurzen, so genannten Aktionszeiträumen über wenige Monate auf dem Produkt mit Hilfe von Aufklebern kommuniziert.

Abschließend kann festgehalten werden, dass sich die essentielle Integration in erster Linie für die Erreichung von langfristigen Imagezielen eignen dürfte, während bei den akzidentiellen Typen Aufmerksamkeitssteigerungen sowie eine kurzfristige Generierung höherer Absatzzahlen im Vordergrund stehen dürften.

Zur Definition von sozialen Produktattributstypen

Die Kombination der aufgezeigten Dimensionen bzw. Merkmale führt zu insgesamt vier Typen von sozialen Produktattributen, die im Folgenden näher betrachtet werden. Dabei sollen Produktbeispiele hinzugezogen werden, um die Praxisnähe zu demonstrieren und die Ausführungen anschaulicher zu machen. Es können sowohl Ge- als auch Verbrauchsprodukte in der Typologie miteinander verglichen werden, da auch bei Verbrauchsprodukten und den damit zusammenhängenden Verpackungen eine informative sowie eine expressive Funktion existiert. Mit Hilfe der Typologie können die einzelnen Attributstypen hinreichend voneinander unterschieden werden. Auf diese Weise lassen sich differenzierte Handlungs- und Gestaltungsempfehlungen für eine erfolgreiche Implementierung sozialinhärenter Produkte erarbeiten.

Attributstyp A: Evident-essentieller Typ Wie aus Abb. 1 entnommen werden kann, ist der Attributstyp A durch eine evidente Wahrnehmbarkeit und eine essentielle Integration in die Produktidentität gekennzeichnet. Dabei kann jedoch festgestellt werden, dass das Ausmaß der Wahrnehmbarkeit (Evidenzintensität) zwischen einzelnen Produkten und in Abhängigkeit von den Rezipienten bzw. Konsumenten schwanken kann. Das bedeutet,

Wahrnehmbarkeit des soz. Attributes / Integration des Attributes in die Produktidentität	evident	latent
essentiell	**Typ A** evident-essentieller Produktattributstyp	**Typ B** latent-essentieller Produktattributstyp
akzidentiell	**Typ C** evident-akzidentieller Produktattributstyp	**Typ D** latent-akzidentieller Produktattributstyp

Abb. 1 Typologie sozialer Produktattribute

dass es für einzelne Individuen einfacher ist, ein soziales Attribut auch als solches auf dem Produkt wahrzunehmen bzw. zu erkennen. Dies resultiert aus der angesprochenen Subjektivität der Wahrnehmung. Dennoch sind die mit dem sozialen Attribut belegten Produkte hier eindeutig als solche wahrzunehmen und die Information bzgl. des unternehmerischen sozialen Engagements auch ohne Vorwissen des Produktbetrachters klar zu erkennen. Weiterhin werden speziell jene Produkte ausschließlich mit einem sozialen Attribut angeboten bzw. dauerhaft auf dem Produkt kommuniziert (essentielle Integration). Die Hilfeleistung, über die auf dem Produkt informiert bzw. die mit dem Produkt assoziiert wird, erfolgt über einen langen Zeitraum. Beispiele für diesen Typen stellen die Produkte *Katjes Rock`n Gums*, der *Frontera Fair Trade Kaffee* oder das T-Shirt *Charity* des *Otto-Versandes* dar.

Attributstyp B: Latent-essentieller Typ Kennzeichnend für den Attributstypen B sind eine latente Wahrnehmbarkeit und eine essentielle Integration des sozialen Produktattributes in die Produktidentität. Im Gegensatz zu Attributstyp A kann hier von einer besonderen Schwierigkeit bei der Wahrnehmbarkeit des Attributes gesprochen werden. Das Produkt erfährt eine Gestaltung, die nicht deutlich macht, dass mit dem Produktkauf ein sozialer Zweck unterstützt wird. Beispiele in diesem Kontext sind das *Motorola Razr Red Mobiltelefon*, die *Tom Tailor Jacke Begegnungen* und das *Notizbuch Pink* von *Filofax*. Zwar werden teilweise durch eine besondere Wahl der Gestaltungsmittel Andeutungen bzgl. der Unterstützung eines sozialen Zweckes geleistet, allerdings ist das soziale Attribut bei Betrachtung des Produktes oder der Nutzung im Alltag ohne Vorwissen nicht direkt wahrnehmbar bzw. zu erkennen. Dies setzt eine gewisse Kennerschaft voraus. So kann durch die Gestaltung des *Filofax Pink Notizbuches* eine Assoziation durch die Wahl der Farbe Pink zu der unterstützten Organisation *Komen e. V.* erreicht werden. Das Corporate Design dieser Non-Profit-Organisation lässt einen Farbschwerpunkt auf der Farbe Pink erkennen. Diese Assoziation kann allerdings nur bei einem speziellen Vorwissen des potenziellen Konsumenten hergestellt werden. Andernfalls kann weder diese Verknüpfung hergestellt werden noch erscheint das Notizbuch als sozial belegt. Weiterhin kann in Bezug auf die Integration des Attributes in die Produktidentität festgestellt werden, dass diese Produkte in diesem Design (Farbe, Form etc.) ausschließlich und dauerhaft mit einem sozialen Attribut angeboten werden. Diese Attribute gelten also als essentiell in die Produktidentität integriert.

Attributstyp C: Evident-akzidentieller Typ Der häufigste Fall eines sozial-inhärenten Produktes in der Praxis ist im Rahmen der Belegung mit Attributstyp C zu beobachten. So gelten das oft hinzugezogene Produkt *Volvic Mineralwasser*, die *Ritter Sport Schokolade* oder das *Zweckform Kopierpapier* in diesem Kontext als Attributsträger. Jener Typ ist gekennzeichnet durch eine evidente Wahrnehmbarkeit, was bedeutet, dass das soziale Attribut klar auf dem Produkt zu erkennen ist. Weiterhin kann eine akzidentielle Integration in die Produktidentität festgestellt werden, was bedeutet, dass jene Produkte lediglich für einen relativ kurzen, absehbaren Zeitraum (Aktionszeitraum) sozial belegt werden. Welche Auswirkungen dies auf die Konsummotivation und das tatsächliche Konsumverhalten der einzelnen Sinus-Milieus mit sich bringt, muss dabei berücksichtigt werden.

Attributstyp D: Latent-akzidentieller Typ Der letzte Attributstyp stellt sich in latent-akzidentieller Form dar. Demnach ist das soziale Produktattribut nicht oder nur schwierig auf dem Produkt wahrzunehmen bzw. zu erkennen. Weiterhin ist das Produkt nur für einen begrenzten Zeitraum sozial belegt. Typ D stellt insofern einen Sonderfall dar, als dass man in diesem Zusammenhang nochmals innerhalb der Typenbildung differenzieren kann (Typ D I+II).

Zum einen kann, wie im Fall des *Body Shop Eau de Toilette Rougeberry* und des Haushaltstuchs der Marke *Quilted Northern* beobachtet werden, dass Hinweise auf eine soziale Aktion zwar auf dem Produkt gegeben werden, diese allerdings ohne Vorwissen nicht als soziales Attribut zu identifizieren sind (Typ D I, Abb. 1). Im Fall des Haushaltstuches wurde die Verpackung lediglich mit einem kleinen Siegel der *Brustkrebshilfsorganisation Komen*, im Fall des *Rougeberry Eau de Toilette* der Flakon nur mit einem kleinen Hinweis auf die Hilfsorganisation *MTV Staying Alive Foundation* bedruckt. Diese sind allerdings ohne Vorwissen nicht als soziales Attribut einzuordnen. Im Rahmen des Produktverkaufs wird allerdings jeweils eine Spende ausgelöst.

Zum anderen kann das soziale Attribut des Typs D auch nur im Rahmen kommunikationspolitischer Maßnahmen hinzugefügt werden. Beispiele stellen der *Chronograph Timewalker* der Firma *Montblanc* oder das *Eau de Toilette RSVP* von *Kenneth Cole* dar. In diesem Fall, sofern die eigentliche soziale Aktion auf dem Produkt in keiner Weise ersichtlich ist und bspw. nur im Rahmen von Werbung oder Verkaufsförderung mit dem Produkt in Verbindung gebracht wird, kann diese Eigenschaft als ausschließlich psychologische Assoziation angetroffen werden (Typ D II).

Ein sehr bekanntes Beispiel für ein sozial-inhärentes Produkt des Typs D I stellt das Produkt *Nivea Creme* dar, die zeitweise in einer Variante mit einer speziellen Dose/Verpackung angeboten wurde. Auf der Dose waren, neben den üblichen Produktinformationen, gezeichnete Motive von Kindern zu erkennen, wobei allerdings die grundsätzliche Gestaltung des Produktes sonst nicht verändert wurde. Im Rahmen der Aktion „*Nivea Glücksmomente*" flossen die gesammelten Spendengelder in den Bau und Unterhalt von sechs neuen *SOS-Kinderdörfern*. Es sollen etwa 800 Kinder in Brasilien, Mexiko, Nigeria, Südafrika, der Ukraine und Vietnam ein neues Zuhause bekommen (Glücksmomente 2008). Dennoch war ohne Vorwissen für den Konsumenten bei Betrachtung des Produktes – bspw. im Handelsregal – schwierig zu erkennen, dass dem Produkt ein soziales Attribut hinzugefügt, geschweige denn mit dem Verkauf des Produktes die *SOS-Kinderdorf-Stiftung* unterstützt wurde. Erst bei der Öffnung des Deckels, welche der Konsument im Regelfall in der Nutzungsphase, nach dem Kauf, durchführt, wurde im Inneren der Dose auf einer Folie auf die Aktion hingewiesen. Neben diesen sozial-belegten Dosen wurde das Produkt sowohl im gleichen Zeitraum als auch nach dem Aktionszeitraum in den herkömmlichen Dosen angeboten, was auf eine akzidentielle Verankerung hinweist.

2.3 Umsetzung essentiell-integrierter Produktattribute in der Produktpolitik

Wie bereits angedeutet, dürfte nicht jede Zielgruppe die gleiche Kaufmotivation besitzen, und es lassen sich Milieus identifizieren, für die sozial-inhärente Produkte eher als Symbolträger gelten als für andere. Demnach sollte eine differenziertere Betrachtung erfolgen. Weiterhin ist die Informationsfunktion des Produktes bzgl. des sozialen Engagements für einzelne Milieus wichtiger als für andere Milieus, da sie tiefergehende Informationen diesbezüglich verlangen. Aus diesem Grund werden die einzelnen Attributstypen an den potenziellen Zielgruppen gespiegelt, um so eine bessere Ansprache zu gewährleisten. Dabei dienen die für die soziale Thematik empfänglichen *Sinus-Milieus* als Filtergrößen.

Des Weiteren kann festgestellt werden, dass nicht jedes Produkt aufgrund seiner Eigenschaften sozial belegt werden kann. Auch in diesem Zusammenhang sollen sogenannte Produktziele in einem zweiten Schritt für die Auswahl eines geeigneten Attributstyps als Filter dienen.

Als Grundlage für die folgenden Abschnitte dienen entscheidungstheoretische Bezüge. Die zentralen Merkmale einer Entscheidung im allgemeinen Kontext können durch Ziele und Alternativen umschrieben werden (Laux 1998, S. 3 ff.). Bezogen auf den in dieser Arbeit untersuchten Themenkontext bedeutet dies, dass auch die Auswahl eines Attributstyps diesen Gesetzmäßigkeiten folgt. Für die konkrete Auswahl eines Typs soll im Folgenden ein heuristisches Verfahren zur Anwendung gebracht werden. Im Rahmen dessen sollen

Entscheidungen – wie jene zu treffende Auswahl eines sozialen Attributstyps – anhand der Grundform einer Entscheidungsmatrix, mit einer Wenn- und einer Dann-Komponente dargestellt werden, um schließlich eine plausible bzw. einleuchtende Alternative zu generieren.

Filter I: Spezieller Zielgruppenfilter

Bei der Wahl eines geeigneten Attributstyps müssen zielgruppenspezifische Aspekte berücksichtigt werden. Die ersten Filtergrößen und Entscheidungsgrundlagen stellen daher die potenziellen Zielgruppen, hier die *Sinus-Milieus*, dar. Dabei gelten die einzelnen Milieus als Wenn-, die Attributstypen als Dann-Größe, was sich als Attributstypeignung für die einzelnen Zielgruppen beschreiben lässt. Dabei ist zu beachten, dass die jeweiligen Milieus u. a. durch unterschiedliche Wahrnehmungsmerkmale charakterisiert werden können (differenzierte Wahrnehmung). Die Aufmerksamkeit der einzelnen Milieus erfährt eine unterschiedliche Ausrichtung bzgl. der Imageeigenschaften der zu untersuchenden sozialinhärenten Produkte, Marken und Attribute. Sind diese Eigenschaften weniger vorhanden, dürfte die Wahrscheinlichkeit einer Aufmerksamkeitssteigerung sowie eines Konsums etc. innerhalb des jeweiligen Milieus geringer sein.

Das Milieu der Postmateriellen wird tendenziell für alle Attributstypen empfänglich sein. Über allem steht für dieses Milieu die tatsächliche Hilfeleistung für Hilfebedürftige, dies dürfte auf die generelle Adaption aller Typen hinweisen. Die Verknüpfung der sozial belegten Marke oder des Produktes mit der eigenen Identität des Milieus spiegelt wider, in welchem Maße die Marke zu wichtigen Problemen, Aufgaben oder Themen der eigenen Identität beiträgt und einen bedeutsamen Aspekt der Persönlichkeit ausdrückt. Typ A ist dadurch gekennzeichnet, dass die Informationen evident auf dem Produkt verankert sind, was für jenes Milieu positiv sein dürfte. Sie befinden sich aufgrund des hohen Involvements im sozialen Bereich generell auf der Suche nach Informationen über die Aktionen, was für eine detaillierte und umfangreiche Kommunikation der sozialen Aktivitäten auf dem Produkt spricht sowie die Wahl von Typ A und C untermauert. Weiterhin konsumieren sie das sozial-belegte Produkt aber auch aus idealistischen Gründen mit einer intrinsischen Kaufmotivation, was ebenso für eine latente Wahrnehmbarkeit des sozialen Produktattributes spricht (Typ B und D). Aufgrund ihrer kritischen und reflektierenden Auseinandersetzung mit Kaufentscheidungen lassen sie sich allerdings häufig nicht von emotionalen Reizen leiten und begrüßen ein „ernsthaft wirkendes", langfristiges soziales Engagement, was weniger für die Wahl des Attributstyps C sprechen würde. Eine zu emotionale Ansprache (z. B. große Abbildungen von Hilfsbedürftigen) dürfte bei den Postmateriellen eher negativ beeinflussend wirken. Bei den Attributstypen C und D wird durch eine akzidentielle Integration meist ein kurzer Aktionszeitraum vermittelt, was nicht auf eine tiefe Verankerung des sozialen Aspektes hindeutet und zum Teil innerhalb des Milieus als „Profitmache" angesehen und mit Skepsis betrachtet werden dürfte. Die Typen C und D sind aber generell nicht auszuschließen, da auch mit diesen sozial-belegten Produkten eine soziale Aktivität unterstützt wird, was für den Postmaterialisten oberste Priorität besitzt.

Als Gegensatz zu diesem für alle Typen empfänglichen Milieu wird das Milieu der Etablierten betrachtet, das sich zwar durch eine generelle Empfänglichkeit auszeichnet, allerdings tendenziell – und dies auch mit Einschränkungen – nur Attributstyp B und D bevorzugen dürfte. Diese Typen sind durch eine latente Wahrnehmbarkeit des sozialen Attributes gekennzeichnet, die soziale Aktion ist kaum bis gar nicht wahrzunehmen. Da das Milieu durch ein gewisses Understatement charakterisiert werden kann, wird speziell der Etablierte keine offensichtliche Verankerung auf dem Produkt bevorzugen. Zwar möchte er mit dem Konsum des sozial-inhärenten Produktes helfen, dies soll allerdings nicht nach außen sichtbar sein. Wenn erkennbar, darf dies nur Insidern oder Kennern innerhalb des eigenen Milieus auffallen, bei denen allerdings wiederum eine Verstärkerfunktion anzutreffen sein dürfte (extrinsische Motivation der Etablierten). Demnach sollte die Verantwortungsübernahme durch den Konsum, wenn überhaupt, nur innerhalb der eigenen Schicht deutlich werden, was für die Typen B und D spricht.

Traditionsverwurzelte verfügen tendenziell über kein hohes Bildungsniveau, was eine geringe kognitive Beteiligung bei einem Konsum wahrscheinlich macht und eher gegen eine Auseinandersetzung mit den tief integrierten Attributstypen A und B spricht. Durch den Kauf des sozial-belegten Produktes kann dieses Milieu allerdings „endlich Verantwortung übernehmen", dies war sonst bspw. im Berufsalltag nicht oder nur schwer möglich. Als Vorteil bei dem Konsum des Produktes ergibt sich folglich, dass der Konsument persönlich diese soziale Verantwortung übernehmen kann, ohne sein Kaufverhalten in großem Maße umstellen zu müssen. Dabei ist es aufgrund des vorhandenen Mitleidsanspruches der Traditionsverwurzelten von Vorteil, diesen mit Hilfe von großen, emotionalen Abbildungen, die deutlich auf dem Produkt zu erkennen sind, zu aktivieren. Er sollte demnach über den peripheren Pfad der Informationsverarbeitung angesprochen werden, was die Belegung mit Typ C sinnvoll macht.

Filter II: Spezieller Instrumentalzielfilter

In den folgenden Ausführungen wird versucht, eine Passgenauigkeitsanalyse von Produkt- sowie Kommunikationszielen und sozialen Produktattributstypen durchzuführen, welche sich als unabdingbare Voraussetzung einer effektiven bzw. effizienten Implementierung darstellt. Dabei wird u. a. Rückgriff auf das Produktziel-Konzept von Koppelmann (2001) genommen, in dem Produkte einer bestimmten Gruppierung zugeordnet werden. Die jeweiligen Produktziele werden in diesem Kontext durch bestimmte Schwerpunkte charakterisiert (bspw. designorientiert, funktionsorientiert, kostenorientiert etc.).

Die folgende Überlegung besteht darin zu analysieren, welche sozialen Produktattributstypen zu welchen Produktzielen passen.

Grundsätzlich kann festgestellt werden, dass sich alle vier Attributstypen für die Belegung der Produktziele gängiges Standardprodukt und Me-too Produkt eignen. Der Differenzierungsgedanke steht dabei im Mittelpunkt, die eher durchschnittlichen Produktleistungen werden durch eine weitere, hinzutretende (soziale) Produktleistung innerhalb der Produktattribute ergänzt. Das Produkt dürfte sich anschließend als attraktiver für die möglichen, herausgearbeiteten Zielgruppen darstellen. Dabei erscheint es allerdings ratsam, das soziale Attribut evident zu verankern, um die soziale Leistung eindeutig herauszustellen und sichtbar zu machen, was in erster Linie für die Typen A und C sprechen würde.

Ein weiteres Produktziel, welches mit einem sozialen Produktattribut belegt werden kann, repräsentiert das billige Massenprodukt. Dabei treten Typ C und D hervor. Dies hängt mit den geringen Produktionskosten eines billigen Massenproduktes zusammen. Da bei jenen Typen das Attribut nicht tief verankert ist, sich also als akzidentiell darstellt, kann deren Umsetzung einfacher mit bspw. in der Produktion günstigen Aufklebern oder einem weniger kostenintensiven Aufdruck realisiert werden. Jene Ausdrucks- oder Kommunikationsmöglichkeiten sollten dagegen bei einer tiefen Verankerung (Typ A und B) weniger verwendet werden, um die Ernsthaftigkeit und damit zusammenhängende Glaubwürdigkeit des sozialen Engagements nicht einzuschränken. Speziell bei Typ A und B ist insofern davon auszugehen, dass eine tief integrierte soziale Belegung einschließlich bspw. einer Spende zu einem höher wahrgenommenen Produktpreis führt, was dem Hauptverkaufsargument des billigen Massenproduktes („günstiger Preis") entgegen steht.

Sowohl das exklusive Spitzenprodukt als auch das intelligente Spitzenprodukt dürften sich, wenn überhaupt, tendenziell nur für die Belegung mit Typ D II (ausschließlich kommunikationspolitisch) eignen. Hier stehen eine hochwertige Verarbeitung und hohe Sach- bzw. Anmutungsleistungen im Mittelpunkt, wobei eine Belegung mit einem sozialen Attribut eher ablenkend wirken dürfte. Wenn ein Typ gewählt wird, sollte dieser latent verankert sein, so dass die soziale Leistung nicht direkt im Mittelpunkt steht und von der eigentlichen hohen Produktleistung ablenkt. Dies könnte kommunikationspolitisch (Typ D II) erreicht werden. Generell gilt, dass eine Verankerung eines sozialen Attributes gerade bei diesen hochpreisigen Produkten (auch Pionierprodukt in der Wachstumsphase) zu einer Verringerung kognitiver Dissonanzen eines potenziellen Konsumenten beiträgt.

Das solide Produkt steht für langfristige und vertrauenerweckende Produktleistungen. Aufgrund dessen dürften sich tendenziell die tief verankerten bzw. essentiell integrierten Attributstypen A und B eignen, da auf diesem Weg eher ein glaubwürdiges, solides und nachhaltiges Engagement und gleichzeitig soziale Produktleistung vermittelt wird. Die kurzfristig hinzugefügten Attributstypen C und D können dagegen als zeitweise verankert betrachtet werden und wirken konträr gegenüber den vermittelten Unternehmenseigenschaften „Vertrauen" und „Langfristigkeit". Eine kommunikationspolitische Belegung (Typ D II) ist dagegen nicht komplett auszuschließen.

Das designorientierte Produkt beinhaltet eine hohe ästhetische Leistung, was grundsätzlich aufgrund der ablenkenden Wirkung eines evident (direkt) wahrnehmbaren Attributs, weniger für eine Belegung mit den Typen A und C geeignet erscheint. In diesem Fall würde die soziale Leistung, die hier nicht im Mittelpunkt stehen sollte, die ästhetische Gestaltung überstrahlen, ablenken und die Kernleistung des Produktes negativ beeinträchtigen. Das Produkt sollte in diesem Kontext nicht mit Leistungen überladen werden, sofern es bspw. schon spezielle Alleinstellungsmerkmale (besonderes Design, hoher Neuigkeitsgrad etc.) besitzt. Ähnlich stellt sich dies bei einem Pionierprodukt dar. Dieses Produktziel steht für einen enormen Neuigkeitsgrad. Dabei könnte wiederum die evidente Belegung zu Ablenkungseffekten jener prägnanten Produktleistung führen. Kommunikationspolitische Belegungen im Sinne von Typ D II sind dennoch bei beiden Produktzielen (speziell in der Rücklaufphase des Verkaufs des Pionierproduktes) denkbar.

3   Fazit

Die Erkenntnisse einer zunehmenden Anzahl von Firmen und Konzernen, die aktiv gesellschaftliche Verantwortung übernehmen, spiegeln wider, dass ein Unternehmen nur in einer intakten und prosperierenden Gesellschaft langfristig erfolgreich wirtschaften kann. Dabei gilt jedoch, dass die Entwicklung zur moralisch gefärbten Unternehmensaktion nicht nur eine Reaktion auf veränderte Konsumentenwerte und -erwartungen, sondern auch eine Reaktion auf eine spezifische Wettbewerbssituation darstellt, da Produkte und Dienstleistungen austauschbar geworden sind und eine unverwechselbare Profilierung allein über sie oft nicht mehr möglich erscheint. Dies kann konkret im Rahmen der Implementierung sozialer Produktattribute in die Unternehmensaktivitäten vermieden werden, wobei mit dem vorliegenden Beitrag das Kernziel verfolgt wurde, dem Produktmanager diesbezüglich eine systematische Entscheidungshilfe zu geben. Dabei soll der Planung von sozial-inhärenten Produkten, welche sich durch eine Verknüpfung von sozialen Produktattributen sowie dem eigentlichen Produkt ergeben, ein entscheidungsorientierter Ansatz zugrunde gelegt werden.

Literatur

Belk RW (1988) Possessions and the extended self. J Consum Res 15:139–168

Caesar P (1987) Cause related marketing: the new face of corporate philanthropy. Nonprofit World 5(4):21–26

Cornwell TB, Coote LV (2005) Corporate sponsorship of a cause: the role of identification in purchase intent. J Bus Res 58:268–276

Ellinger T (1966) Die Informationsfunktion des Produktes. In: Moxter A et al (Hrsg) Produktionstheorie und Produktionsplanung, Festschrift für Karl Hax zum 65. Geburtstag, Köln

Fabisch N (2004) Soziales Engagement von Banken. Entwicklung eines adaptiven und innovativen Konzeptansatzes im Sinne des Corporate Citizenship von Banken in Deutschland, Dissertation, Hamburg

Fischer L, Wiswede G (2002) Grundlagen der Sozialpsychologie, 2. Aufl. Wien, München

Glücksmomente (2008) http://www.sos-kinderdoerfer.de/aktuelles/news/nivea-gluecksmomente-starten-wieder. Zugegriffen 19 Nov. 2014

Guski R (2000) Wahrnehmung – Eine Einführung in die Psychologie der menschlichen Informationsaufnahme, 2. Aufl. Kohlhammer, Stuttgart

Haibach M (2000) Fundraising – die Kunst, Spender und Sponsoren zu gewinnen. In: Nährlich S, Zimmer A (Hrsg) Management in Nonprofit-Organisationen. Eine praxisorientierte Einführung, Opladen

Hermanns A, Marwitz C (2008) Sponsoring. Grundlagen, Wirkungen, Management, Markenführung, 3. vollst. überarb. Aufl. Vahlen, München

Knoblich H (1972) Die typologische Methode in der Betriebswirtschaftslehre. Wirtschaftswiss Stud 44:141–147

Koppelmann U (2001) Produktmarketing. Entscheidungsgrundlagen für Produktmanager, 6. überarb. und erw. Aufl. Springer, Berlin

Laux H (1998) Entscheidungstheorie, 4. Aufl. Springer, Berlin

Linxweiler R (2004) Marken-Design – Marken entwickeln, Markenstrategien erfolgreich umsetzen, 2. erw. Aufl. Gabler, Wiesbaden

Mayer H, Illmann T (2000) Markt- und Werbepsychologie, 3. Aufl. Schäffer-Poeschel, Stuttgart

Röttger U (2006) Campaigns for a Better World. PR-Kampagnen. Über die Inszenierung von Öffentlichkeit, 3. überarb. und erw. Aufl. VS Verlag für Sozialwissenschagften, Wiesbaden

Satzinger M (2001) Aktivierung von Normen durch Werbeappelle. Möglichkeiten der Aufwertung von Fast-Moving-Consumergoods durch die Kommunikation sozialer Zusatznutzen, Dissertation, Köln

Schneider W (1996) Die Akquisition von Spenden als eine Herausforderung für das Marketing. Z Mark 41

Witschke HJ (1989) Die Informationsfunktion des Produktes in der Wertanalyse. Ein Ansatz zur Wertsteigerung von Produkten, Dissertation, Köln

Wöllenstein A (2004) Longlife – Zur Umsetzung einer zeitinvarianten Produktstrategie, Dissertation, Köln

Mario Mirkovic ist Manager bei Ebner Stolz Management Consultants GmbH. Er berät Unternehmen u.a bei der Konzeption und der Umsetzung von nachhaltigen Unternehmensstrategien und Organisationsstrukturen sowie bei der Identifizierung und Analyse von Geschäftsfeldstrategien. Sein Studium der Wirtschaftswissenschaften absolvierte Herr Mirkovic an der Bergischen Universität in Wuppertal.

Prof. Dr. Torsten Weber ist Professor für Marketing and Sustainable Communication sowie Dekan für den Bereich General Management an der Cologne Business School in Köln. Während der Promotion an der Universität zu Köln zum Thema „Sozial-inhärente Produkte" arbeitete Torsten Weber als Wissenschaftlicher Mitarbeiter am Seminar für Beschaffung und Produktpolitik bei Prof. Dr. Koppelmann sowie am Seminar für Marketing und Markenmanagement bei Prof. Dr. Franziska Völckner. Im Anschluss war er mehrere Jahre als Unternehmensberater u.a. für die Firma Rölfs RP Management Consultants GmbH in Düsseldorf tätig und hat in diesem Zusammenhang bspw. im Bereich Umweltmanagement gearbeitet. In Forschung und Lehre beschäftigt Torsten Weber sich mit Produktmarketing, Cause-Related Marketing, Sustainability und Corporate Social Responsibility. Neben der Funktion als Vizepräsident der „Fördergesellschaft Produktmarketing e.V." ist er Speaker auf Seminar- und Konferenzveranstaltungen, insbes. zu den Themenfeldern Marketing- und Nachhaltigkeitsmanagement. Torsten Weber ist ein Gesicht der Nachhaltigkeit (http://www.gesichter-der-nachhaltigkeit.de/gesichter-der-nachhaltigkeit/wissenschaft).

CSR und Produkttraceability am Beispiel Spielwaren

Andreas Weber

1 Einleitung: Rückverfolgbarkeit für die Herstellung von Spielwaren

Nahezu jedes Unternehmen verpflichtet sich inzwischen zu einem nachhaltigen und verantwortungsbewussten Umgang mit Rohstoffen und den daraus entstehenden Produkten. Gerade der Spielwarenbereich erfordert einen sehr sensiblen Umgang mit Fragestellungen zu Nachhaltigkeit und CSR. Die Tatsache, dass Kinder Gegenstände im Spiel intensiv erforschen und dadurch über längere Zeit hinweg dem Kontakt mit den verwendeten Materialien ausgesetzt sind, bringt eine enorme gesellschaftliche Verantwortung für die Hersteller und Inverkehrbringer von Spielwaren mit sich.

Auf vermeintlich einfache Fragen wie „Was ist in diesem Spielzeug enthalten?" oder „Entspricht das allen gültigen Sicherheitsvorschriften?" eine ehrliche und nachvollziehbare Antwort zu geben, erscheint zunächst einfach. Wenn man aber die Wertschöpfungsketten von Spielwarenanbietern genauer betrachtet, wird deutlich, dass der größte Teil der Wertschöpfung in der Regel außerhalb der eigenen Firma, z. B. bei einem Netzwerk von Zulieferbetrieben in China erfolgt. Dort laufen Prozesse und entstehen Daten, die jenseits der eigenen Datenhoheit und ERP-Systeme liegen.

Hier eine transparente und lückenlose Rückverfolgbarkeit zu gewährleisten ist ein hoher Anspruch. Die Schleich GmbH – Hersteller von handbemalten Spielfiguren aus

A. Weber (✉)
Schleich GmbH, Am Limes 69, 73527 Schwäbisch Gmünd, Deutschland
E-Mail: Andreas.Weber@schleich-s.de

© Springer-Verlag Berlin Heidelberg 2015
T. Weber (Hrsg.), *CSR und Produktmanagement,* Management-Reihe Corporate
Social Responsibility, DOI 10.1007/978-3-662-45573-9_12

Kunststoff, bekannt u. a. durch die Schlümpfe – hat zu diesem Zweck ein eigenes Konzept entwickelt, das auf der Basis eines semantischen Datennetzes umgesetzt worden ist. Dieses System bietet durchgehende Transparenz bis zum Rohstoffhersteller und hat einige weitere positive Effekte nach sich gezogen, die im folgenden Text beschrieben werden.

2 Nachweis von Spielzeugsicherheit

Es ist eine Binsenweisheit: die „Sicherheit unserer Kinder" genießt höchste Priorität – insbesondere im Kontakt zu Spielwaren. Um diese Sicherheit zu gewährleisten existiert eine enorme Menge an Gesetzen und Vorschriften, die zudem einer hohen Dynamik unterliegen, denn der Kontext „Kinder und Sicherheit" ist ein beliebtes und sehr emotional besetztes Diskussionsthema in Öffentlichkeit und Politik.

Immer wieder angestoßene Harmonisierungsbestrebungen führen – aus Sicht der Spielwarenhersteller – leider nur zum Teil zu einer Standardisierung und eindeutigen Auslegung von Gesetzestexten.

Für jeden Hersteller und Inverkehrbringer von Spielwaren stellt sich somit die Aufgabe einen Prozess zu installieren, mit dessen Hilfe man z. B. die Einhaltung marktspezifischer Grenzwerte für den Gehalt spezieller chemischer Substanzen mit wirtschaftlichem Aufwand nachweisen kann.

Die Schleich GmbH hat deshalb im Rahmen eines PPP-Projekts mit der GIZ (http://consumerprotection-productsafety.org/index.php?option=com_flexicontent&view=item &cid=34:toy-safety&id=294:kick-off-ppp-toy-safety&Itemid=104&lang=de) ein Konzept für den Aufbau eines „Rückverfolgbarkeitssystems" für ihre handbemalten Spielfiguren entwickelt und auf der Basis eines eigens entwickelten semantischen Datenmodells umgesetzt.

Dieses System stellt die Transparenz und somit die Nachvollziehbarkeit eines Herstellungsprozesses für die Spielfiguren in den Vordergrund. Transparenz nicht nur im Hinblick auf die Zusammensetzung der Materialien sondern auch bzgl. der entsprechenden Herstellprozesse. Das Ziel war die Generierung eines lückenlosen Netzes an Herstelldaten, auf dessen Basis die eingangs erwähnten Fragen „Was ist da drin und ist das auch wirklich ungefährlich?" beantworten werden können.

Hierzu genügt nicht nur die Aufschlüsselung der sogenannten Bill Of Material (Stückliste), sondern man muss die verwendeten Materialien entlang der Kette an Prozessschritten bis auf die Ebene der Chargen dokumentieren. Die in Laboruntersuchungen der Chargen ermittelten Messwerte können dann Grenzwerten gegenübergestellt werden, die über den Kontext „Fragesteller-Land-Gesetz" identifiziert worden sind (Abb. 1).

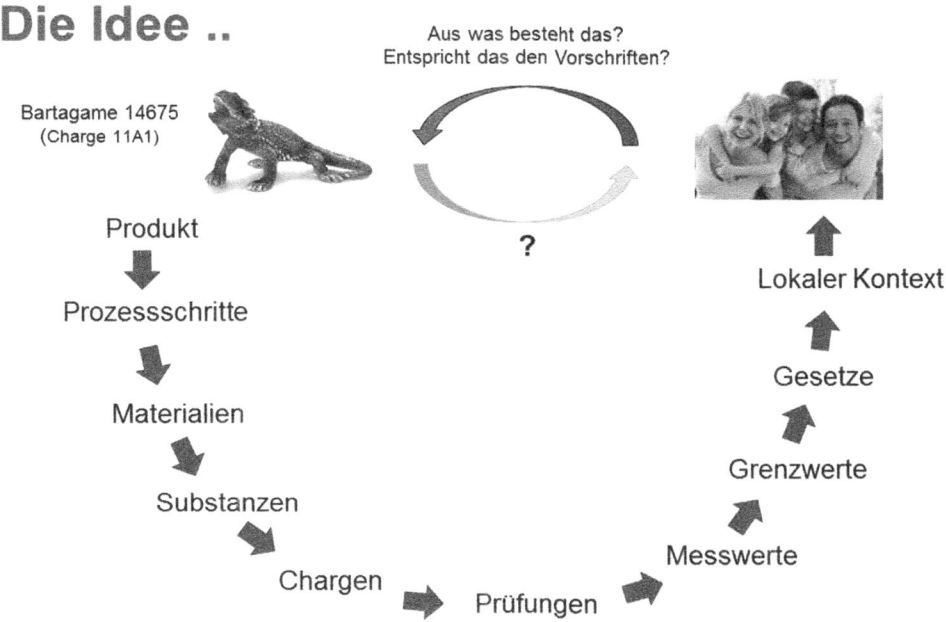

Abb. 1 Hintergrund und grobe Vorgehensweise

3   Die Randbedingungen

Schleich entwickelt Produkte ausnahmslos in Deutschland. Die nachfolgende Produktion erfolgt allerdings – bedingt durch den hohen Grad an Handbemalung – in Ländern wie Tunesien, Portugal und China.

3.1   Unternehmensübergreifender Ansatz – „Wer liefert die Daten?"

Ein wesentliches Ziel war es, das Rückverfolgbarkeitssystem so einfach und stabil zu gestalten, dass auch Lieferanten und Unterlieferanten in Ländern wie China problemlos damit arbeiten können. Dieser unternehmensübergreifende Anspruch sprengt den Rahmen normaler ERP-Systeme, deren Datenintegrität in der Regel an der eigenen Unternehmensgrenze endet. Es wurde ein browserbasierter Ansatz gewählt, in dem dezentral Daten aller Prozessbeteiligten erfasst werden können.

3.2   Das Schleich Prüfkonzept – „Was wollen/müssen wir prüfen?"

Jedes Produkt benötigt ein von einem unabhängigen Prüfinstitut ausgestelltes Zertifikat, das die Einhaltung aller marktspezifisch vorgegebenen Gesetze und Regelungen dokumentiert. Dieses muss jährlich aktualisiert werden und bedeutet für die Schleich GmbH einen jährlichen Kostenaufwand in 7-stelliger Höhe.

Nachdem Schleich Produkte aus relativ wenigen Grundmaterialien hergestellt werden, wurde zusammen mit den Prüfinstituten ein Konzept erarbeitet, das die regelmäßige und lückenlose Prüfung aller Rohstoffe und Grundmaterialien (Kunststoffe, Farben, Verpackungsmaterialien, etc.) in den Vordergrund stellt. Aufbauend auf den dort erarbeiteten Prüfergebnissen kann dann eine vereinfachte Prüfung am Endprodukt erfolgen.

Dies erfordert allerdings, dass für jedes einzelne Produkt jederzeit nachgewiesen werden muss, welche Rohstoffe dafür verwendet wurden – auch auf Chargenebene. Genau hierfür ist das erwähnte semantische Datenmodell notwendig.

3.3   Datengranularität – „Wie tief gehen wir?"

Da „Rückverfolgbarkeit" zunächst einmal als „beliebig tief gehend" verstanden werden kann, muss bzgl. der Datengranularität eine Grenze erarbeitet werden, die das notwendige Prüfniveau definiert. Diese liegt – je nach Konstellation der beteiligten Firmen und deren Wunsch, ihre „intellectual property" zu wahren – auf ganz unterschiedlichen Ebenen.

Ein Beispiel: In den Produktionsstätten existieren mehrere Hundert verschiedene Farben für die Bemalung der Figuren. Dem Standardprozedere folgend müsste nun jede dieser Farben einzeln geprüft werden – der Aufwand und die Kosten hierfür wären enorm. Die Farben werden allerdings beim Farblieferanten aus einigen wenigen Grundfarben zusammengemischt. Schleich konnte in diesem Fall den chinesischen Hersteller der Farben überzeugen, seine Farbrezepturen in Form von Ingredient Listings zur Verfügung zu stellen. So konnte die Prüfung von Farbchargen auf einige wenige Grundfarben reduziert werden, ohne dass die eigentlichen Rezepturen publiziert werden mussten.

Ist ein Lieferant jedoch nicht bereit, chemische Details der von ihm verwendeten Rohmaterialien preiszugeben, müssen alle von ihm bezogenen Materialien den normalen – und leider aufwändigen – Prüfzyklus durchlaufen.

3.4   Eine gemeinsame Ontologie – „Reden wir aneinander vorbei?"

In dem angestrebten Datennetz treffen Daten aus unterschiedlichen „Sprachbereichen" aufeinander. In den Gesetzen wird häufig auf chemische Details Bezug genommen, die wiederum mit den Daten aus den ERP-Systemen in Einklang gebracht werden müssen. Hierzu ist ein redaktionelles Aufarbeiten der Quelldaten unumgänglich (Abb. 2).

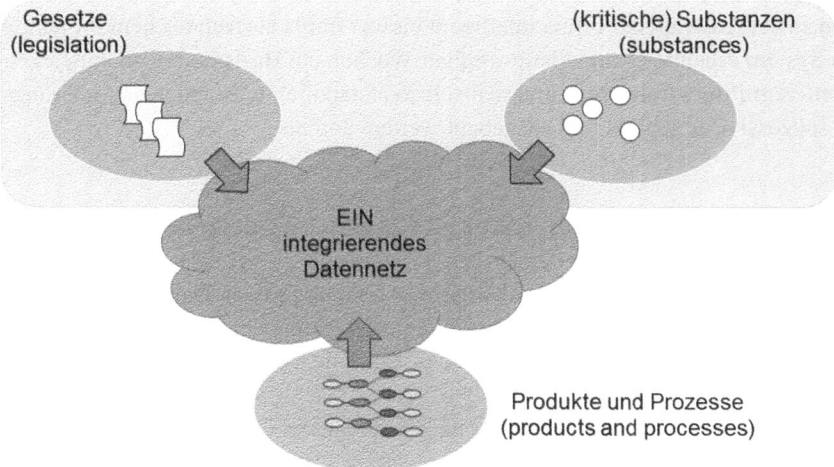

Abb. 2 Ein integrierendes Datennetz

Dieses brachte neben den in der Regel gut strukturierten ERP-Datenbanken eine Vielzahl an Excel-Dateien ans Tageslicht, die durch Mehrfachpflege und vor allem durch ihre sprachliche Unsauberkeit auffielen. Spalten in verschiedenen Excel Dateien hatten z. B. gleiche Bezeichnungen, inhaltlich aber unterschiedliche Daten und umgekehrt.

Die Entwicklung einer gemeinsamen und sauber definierten Begrifflichkeit stellte somit die erste große Aufgabe dar und nahm die meiste Zeit dieser Projektphase in Anspruch.

Ein nachhaltiger Nutzen dieser Vorarbeiten war jedoch, dass viele anschließende Diskussionen deutlich zielgerichteter und schneller vonstattengingen. Insbesondere die Kommunikation mit den Partnern in China wurde durch die gewonnene begriffliche Klarheit und Eindeutigkeit wesentlich effizienter.

3.5 Funktionalität – „Wie arbeiten wir mit den Daten?"

Schließlich musste noch eine gemeinsame Basis für eine einfache Bedienung des Systems und ein Satz an Grundfunktionen festgelegt werden. Die Anforderungen

- Einfache Modellierung eines semantischen Datenmodells
- Skalierbarkeit bei weiterem Ausbau
- Mehrsprachigkeit (deutsch, englisch, chinesisch)
- Schnittstellen für den Import/Export von Daten von und zu ERP-Systemen
- Dezentrale und asynchrone Datenpflege
- Browserbasierte Oberfläche

führten zu der Auswahl der Firma intelligent views GmbH als technischem Projektpartner.
Deren System erlaubte es, innerhalb weniger Wochen ein Basismodell zu entwickeln, das
mit weiterem Projektfortschritt und den selbstverständlich entstandenen Änderungswün-
schen sukzessive angepasst und ausgebaut werden konnte.

3.6   Verteilung der Lasten – „Wer ist für welche Daten verantwortlich?"

Daten entstehen am Prozess. Diesen Grundsatz folgend müssen Datenhoheit und -pflege
auch der Prozesshoheit entsprechen. Erfassung und Aktualisierung von Daten erfolgt bei
international verteilten Wertschöpfungsketten somit dezentral durch alle beteiligten Part-
nerfirmen.

Ziel war es somit, die Verantwortung für die Pflege der Daten dort zu belassen, wo die
Wertschöpfung erfolgt. Das erfordert ein dezentrales und asynchrones Arbeiten an dem
Netz, das sich – basierend auf der gemeinsamen Ontologie – zu einem Gesamtnetz zu-
sammenfügt nachdem der letzte seinen Pflegeanteil geleistet hat.

Diverse Reports und Übersichten erlauben es, den Stand der Pflegearbeiten der Partner
zu verfolgen. Die Definition verschiedener Freigabetypen und der Einsatz dieser Freigaben mit Dokumentation einer lückenlosen Änderungshistorie erlaubt es allen Beteiligten,
die Arbeiten der jeweiligen Partner im richtigen Moment zu vervollständigen.

4   Der Aufbau des Schleich Semantic Net (SSN)

Das Grundprinzip des semantischen Datenmodells für die Rückverfolgbarkeit ist einfach:
ein oder mehrere Materialien werden in einem Vorgang verwendet, aus dem wiederum
ein oder mehrere Materialien entstehen. Alle kritischen Materialien werden dabei auf
Chargenebene verfolgt. Dieses Prinzip ist keineswegs neu und findet sich in jedem ERP-
System wieder. Spätestens beim Überschreiten der Unternehmensgrenze endet jedoch die
Konsistenz der eigenen ERP-Daten. Eine Rückverfolgbarkeit ist dann zwar theoretisch
noch gegeben, praktisch aber bedingt durch sprachliche Barrieren und Medienbrüche nur
mit hohem Aufwand durchführbar (Abb. 3).

Die stringente Koppelung der BOM (Bill Of Material) und der BOO (Bill Of Operations) bildet eine Art Rückgrat der Dokumentation der Herstellungsprozesse. An die einzelnen „Knoten" können dann notwendige weitere Details angehängt werden. So entsteht
Schritt für Schritt ein konsistentes Datennetz, auf dessen Basis für konkrete Fragestellungen der notwendige Kontext zwischen den einzelnen Datenknoten hergestellt werden kann.

Das zugrunde liegende Datenmodell ähnelt denen von sozialen Netzwerken („gerichtete Graphen"). Eine dort typische Fragestellung „Was gefällt den Freunden meiner Freun-
de?" entspricht einem Navigieren von einem Knoten über die sogenannten „Kanten" zu
dem jeweils benachbarten Knoten und iterativ beliebig tief „ins Netz hinein".

Für nahezu alle Fragen gilt der Grundsatz: „Die Antwort ist immer ein Pfad" (Abb. 4).

Materialmodell (BOM)   Prozessmodell (BOO)

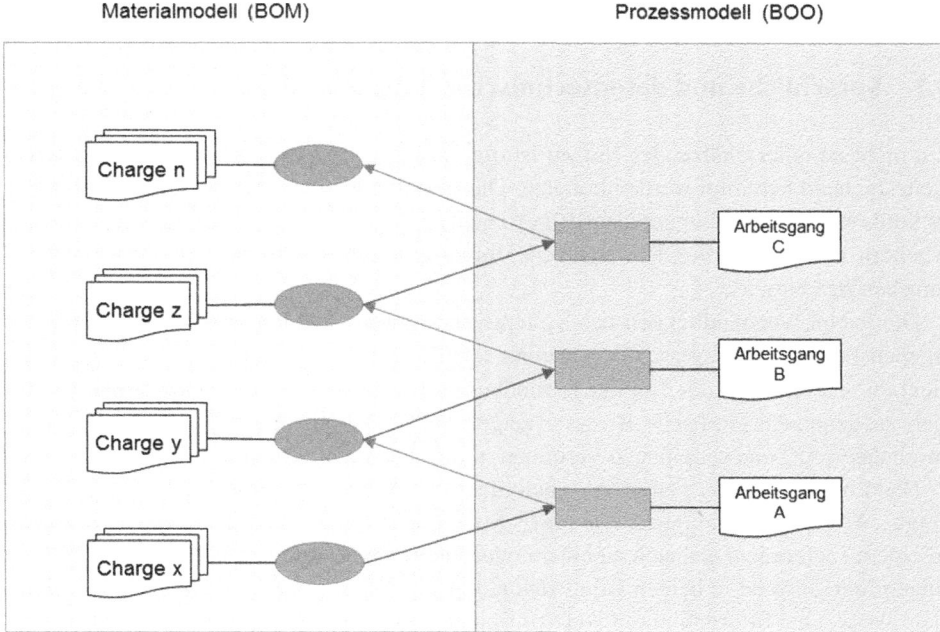

Abb. 3 Chargen und Arbeitsgänge

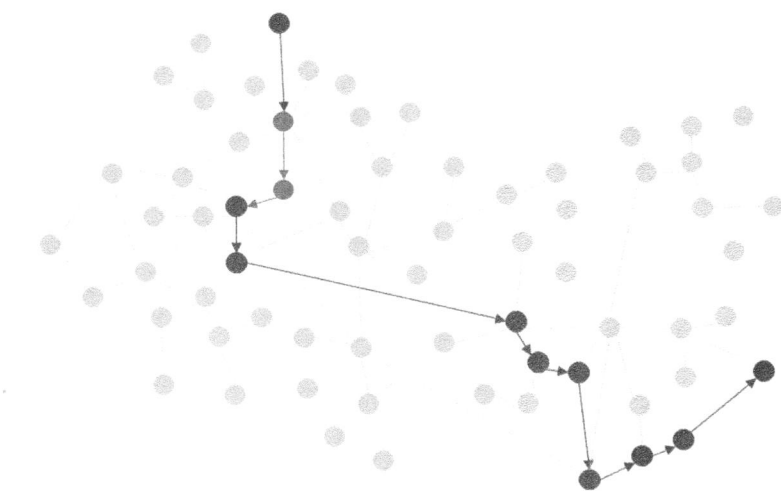

Abb. 4 Pfad im Netzwerk

5   Nutzen und Ausblick

5.1   Sprachliche und datentechnische „Aufgeräumtheit"

Ein nicht zu unterschätzender Nutzen ist die Tatsache, dass begriffliche Unsauberkeiten weitestgehend bereinigt werden konnten. Das gestaltet Diskussionen und Korrespondenz zu konkreten Fragestellungen deutlich effizienter als früher. Zudem hat sich bei den Mitarbeitern eine Kultur des Hinterfragens entwickelt, die wohltuend auf die Problemlösungsansätze einwirkt.

Die leichte Verständlichkeit des Systems und dessen Nutzung geben Vertrauen in die eigenen Daten und Prozesse. Transparenz schafft (Selbst-)Vertrauen und ist deshalb ein nicht zu unterschätzender Teil der Firmenkultur. Die browserbasierte Oberfläche ist einfach zu benutzen. Grafische Browser zeigen bei konkreten Fragestellungen den „Pfad durch das Netz" und schaffen so Vertrauen in die Datenqualität (Abb. 5).

Das Einbinden neuer Daten, die noch nicht im Modell abgebildet sind, folgt stets der Frage „Wo gehört es sinnigerweise hin?". So wurden Dokumente, die sowohl eine Bezug zu einem Lieferanten als auch zu einem oder mehreren Materialien haben, so ins Modell eingepflegt, dass sie in beiden Kontextsituationen direkt angezeigt werden. Es gibt somit viele Wege, eine Information im Netz zu finden.

5.2   Das Notwendigste auf einen Blick – „Beispiel Freigaben"

Im Rahmen einer Produktentwicklung besteht die Notwendigkeit, neue Komponenten, Materialien, Werkzeuge, Verpackungen, Printproofs, Etiketten zu verwenden, die alle ex-

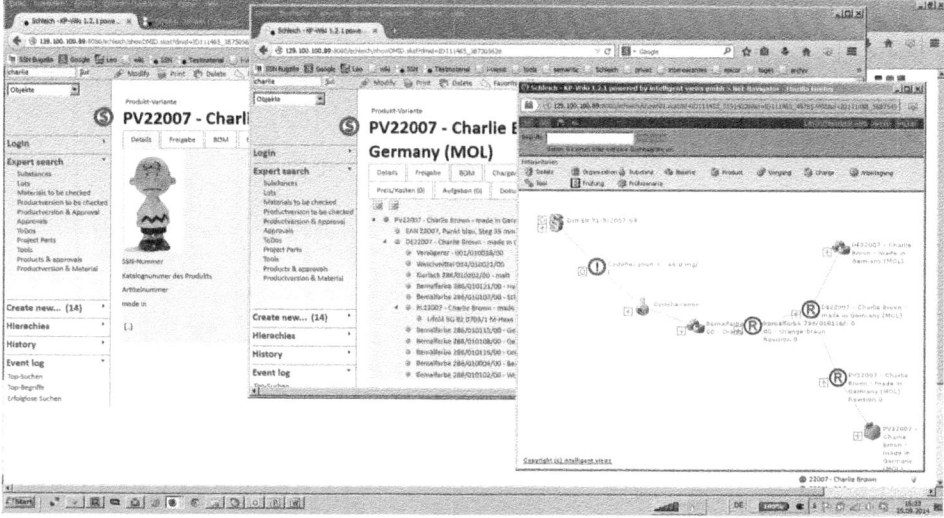

Abb. 5   Beispiel Umsetzung Dateien 1

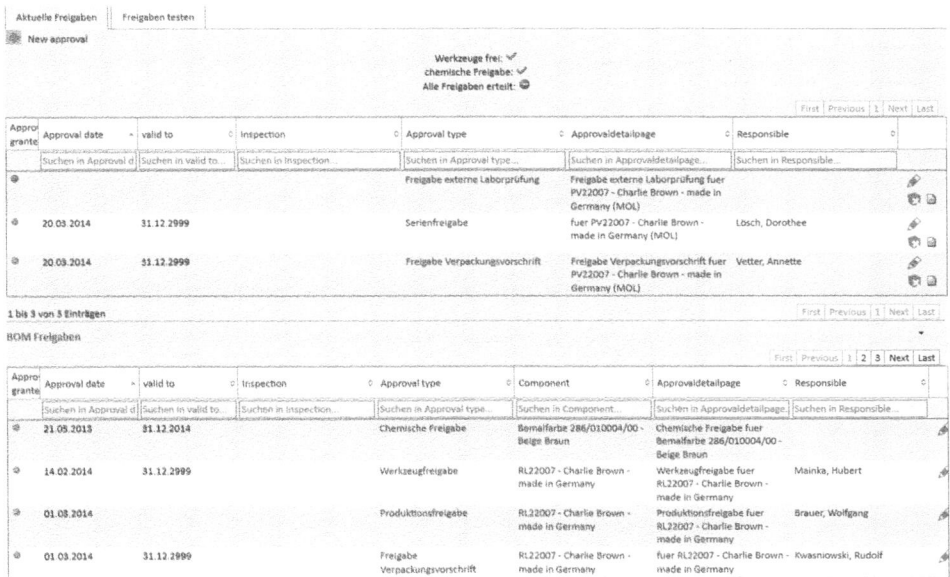

Abb. 6 Beispiel Umsetzung Dateien 2

plizit eine oder mehrere Freigaben benötigen. Die Dokumentation dieser Freigaben (z. B. die chemische Freigabe eines neuen Farbpigments) ist Bestandteil jedes Audittrails und ist Voraussetzung für die Nutzung dieser Komponente in der späteren Serienproduktion.

Die nachfolgende Grafik zeigt eine Liste mit Freigaben für die Figur „Charlie Brown". Sowohl die Freigaben, die an dem Produkt selbst dokumentiert sind, als auch solche, die über die semantische Struktur an allen „damit verbundenen" Datenknoten hängen, werden in einer übersichtlichen Liste dargestellt. Der jeweilige Status ist durch einen grünen oder roten Kreis gekennzeichnet (Abb. 6).

5.3 „Expertensuchen" für das Generieren von Listen

Durch die Definition von parametrierbaren Expertensuchen werden alle ursprünglich für die Datenpflege notwendigen Excel-Listen sukzessive eliminiert. Es entstehen somit „Arbeitslisten" von denen aus man per Link auf die zu bearbeitenden Datenknoten springen kann (Abb. 7).

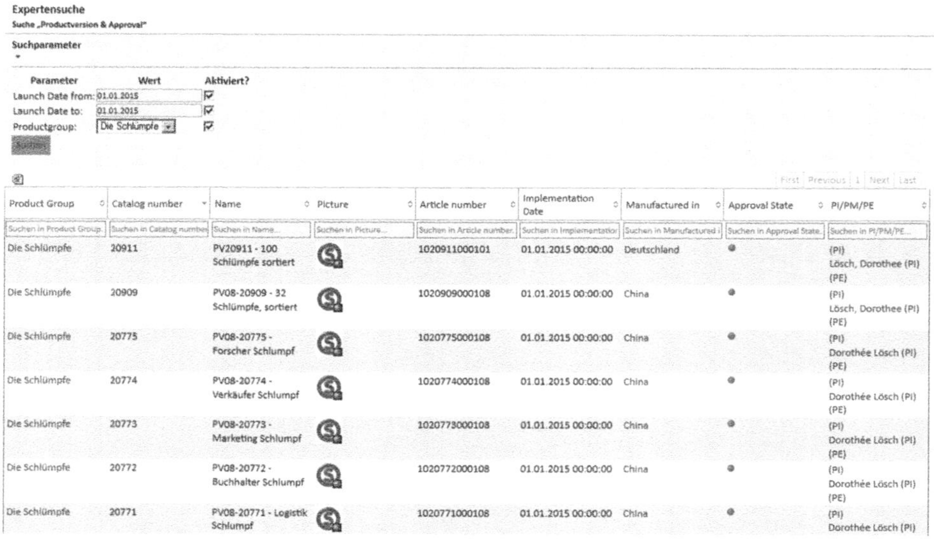

Abb. 7 Beispiel Umsetzung Dateien 3

5.4 Rückverfolgung des Herstellprozesses

Wie weiter oben beschrieben, kann durch Navigieren durch das Datennetz der Herstellprozess nachvollzogen werden. Bei entsprechender Datengenauigkeit kann auf jede einzelne Materialcharge und deren zugehörigen Laborprüfbericht verzweigt werden (Abb. 8).

Die geschaffene Transparenz erlaubt es, Knoten im Netz leicht zu identifizieren, bei denen sich eine Optimierung lohnt – sei es nun die Suche nach einem alternativen Rohstoff oder die intelligente Gestaltung von Prozessschritten.

5.5 Langfristiges Ziel: ein Endverbraucherportal

Im Rahmen des PPP Projekts zwischen der Schleich GmbH und dem GIZ wurde ein Endverbraucherportal konzipiert, über das diese Daten langfristig auch für Endverbraucher zur Verfügung gestellt werden können. Hierzu erforderlich ist allerdings eine „sprachliche Aufbereitung" der Daten. Eine Frage eines Endverbrauchers beinhaltet beispielsweise den Begriff „PAK" (polyaromatisierte Kohlenwasserstoffe), der häufig in der Presse zitiert wird. Aktuell ist im SSN jedoch lediglich die Substanz „Benzo(a)pyrene" abgebildet, für die in Labors die Messwerte ermittelt werden. Die Tatsache, dass Benzo(a)pyrene zur Gruppe der poyaromatisierten Kohlenwasserstoffe PAK gehört, muss jedoch noch in die Semantik eingepflegt, also berücksichtigt werden.

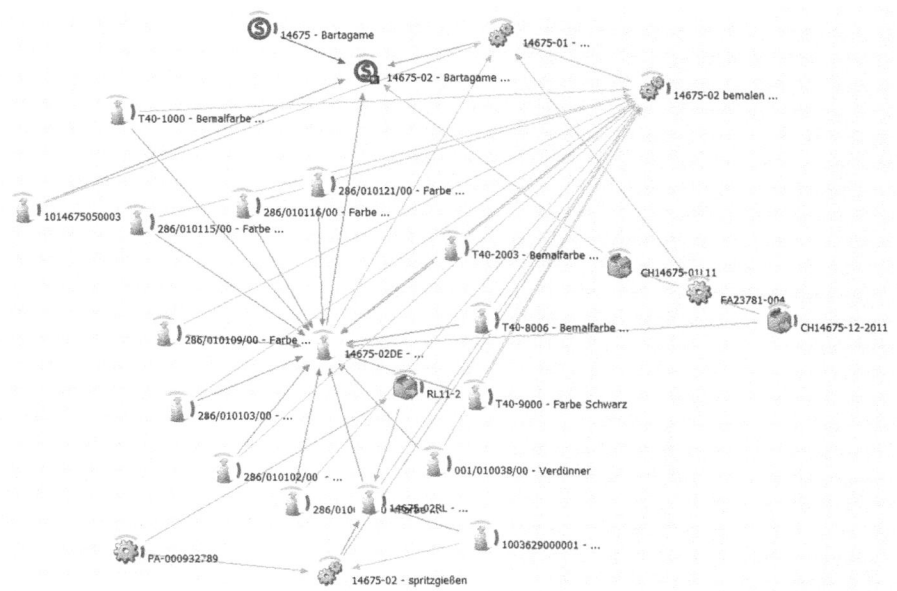

Abb. 8 Netzwerk Materialchargen

5.6 Ausbau zum semantischen Produkt Daten Management System

Die ersten Monate nach der Systemeinführung haben gezeigt, dass bei den Nutzern jeweils nur eine kurze Einarbeitungsphase notwendig war. Zudem hat die Möglichkeit, sehr schnell und einfach einen – je nach der aktuellen Fragestellung – notwendigen Kontext herstellen zu können, den Nutzen des SSN bereits im jetzigen Ausbauzustand einen hohen Nutzen verliehen.

Die Tatsache, dass eine gesuchte Information in der Regel nur „wenige Klicks entfernt" zu finden ist, führte dazu, dass das ursprünglich nur zum Zwecke der Rückverfolgbarkeit entwickelte System nun Schritt für Schritt zu einem semantischen Produktdaten Management System ausgebaut wird.

Dr. Andreas Weber ist seit 2009 bei der Schleich GmbH für alle operativen Abläufe verantwortlich. Der Schwerpunkt seiner Tätigkeit liegt in dem prozessorientierten Zusammenführen verschiedener Funktionsbereiche und der Integration der Bedarfe von extern, sowohl von Lieferanten- als auch von Kundenseite.

Zuvor war er über 15 Jahre bei der Schwan STABILO Cosmetics GmbH & Co KG und verantwortete u. a. die Bereiche Logistik, IT und die technische Produktentwicklung. Während der Projektphase für ein „virtuelles Unternehmen" leitete er als Geschäftsführer die Firma all4cosmetics. Dr. Andreas Weber studierte Fertigungstechnik mit den Schwerpunkten Konstruktionsmethodik und Produktionsautomatisierung an der Friedrich Alexander Universität Erlangen-Nürnberg. Anschließend promovierte er am dortigen Lehrstuhl für Konstruktionstechnik.

Corporate Social Responsibility in Energieversorgungsunternehmen: Chancen und Herausforderungen zwischen sozialer Verantwortung, Unternehmenskommunikation und ökonomischer Betrachtungsweise

Daniela Wallikewitz und David Schymczyk

1 Einführung

Die Liberalisierung des Energiemarktes im Jahre 1998 – im nationalen Recht durch das Energiewirtschaftsgesetz (EnWG) verankert – versetzte das bestehende natürliche Monopol der Versorgungsunternehmen in den freien Wettbewerb. Energieversorgungsunternehmen (EVU) wurden verpflichtet, die verschiedenen Geschäftsfelder und Wertschöpfungen zu entflechten (Unbundling) (EnWG 2005). Die Erzeugung, der Netzbetrieb, der Vertrieb und die Verteilung von Strom und Erdgas wurden abhängig von der Unternehmensgröße zu unabhängigen Einzelgesellschaften umfirmiert. Dem Endkunden ermöglicht die Liberalisierung die freie Wahl des Energielieferanten, für EVU gewinnt seither die Kundenbindung zunehmend an Bedeutung (Landgrebe 2014).

Der Energiemarkt wurde in den vergangenen Jahren zusätzlich durch die Energie- und umweltpolitischen Ziele zur Begrenzung des Klimawandels durch den Ausbau der Erneuerbaren Energien, der Energieeffizienz und der Reduktion treibhausschädlicher Emissionen geprägt. Die Nuklearkatastrophe von Fukushima und der damit einhergehende Atomausstieg im Jahre 2011 (Die Zeit 2014) sensibilisierte die Öffentlichkeit zusätzlich für eine nachhaltige Energieversorgung und steigerte die Erwartungen des Endkunden gegenüber den Versorgern.

Die Liberalisierung, der Atomausstieg und die klima- und energiepolitischen Ziele, die sukzessive verschärft werden, bietet EVU neue Chancen, stellt die Unternehmen aber auch vor neue Herausforderungen. Damit sich EVU auch zukünftig erfolgreich am Markt positionieren, werden verschiedene Produkte und innovative Service- sowie Dienstleis-

D. Wallikewitz (✉) · D. Schymczyk
ASEW, Eupener Straße 74, 50933 Köln, Deutschland
E-Mail: wallikewitz@ASEW.de

© Springer-Verlag Berlin Heidelberg 2015
T. Weber (Hrsg.), *CSR und Produktmanagement,* Management-Reihe Corporate
Social Responsibility, DOI 10.1007/978-3-662-45573-9_13

tungen entwickelt. Die Angebote überschreiten dabei in der Regel die rechtlichen Anforderungen, um soziale Verantwortung zu übernehmen und die Kundenbindung zu erhöhen.

Die Arbeitsgemeinschaft für sparsame Energie- und Wasserverwendung im Verband Kommunaler Unternehmen (ASEW) unterstützt bundesweit Energieversorgungsunternehmen mit innovativen Produkten, Service- und Energiedienstleistung sowie bei der Erschließung neuer Geschäftsfelder. Die ASEW stellt ein Stadtwerke-Effizienznetzwerk dar, das EVU verbindet und zu aktuellen Themen und energiewirtschaftlichen Rahmenbedingungen informiert, berät und qualifiziert. Innerhalb der Arbeitskreise werden Erfahrungen der Mitgliedsunternehmen zu Themen wie Unternehmensstrategie, Kundenbeziehungsmanagement und Energiemanagementsysteme ausgetauscht. Die ASEW besteht seit 1989 mit dem Hauptstandort in Köln und verbindet über 270 Mitgliedsunternehmen.

Der nachstehende Beitrag stellt die Chancen und Herausforderungen von Corporate Social Responsibility (CSR) durch die Einführung innovativer Produkte oder Dienstleistungen vor dem Hintergrund der sozialen Verantwortung, der Unternehmenskommunikation und der ökonomischen Betrachtungsweise dar. Energieeinsparungen und die aktive Vermeidung treibhausgasschädlicher Emissionen sind besonders nachhaltig und ökologisch. Daher werden Produkte und Dienstleistungen vorgestellt, die diese Ziele verfolgen. Konkret werden zuerst die Einführung von Energiemanagementsystemen bei EVU und Gewerbekunden sowie die Energieberatung von Privatkunden erörtert. Darüber hinaus besteht für EVU und Gewerbekunden die Möglichkeit, sich mit Ökoenergie-Produkten über das Maß der Bundesregierung hinaus an der regionalen Energiewende zu beteiligen. Diese werden an Hand verschiedener Ökostrom-Produkte verglichen. Neben der Investition in regionale Projekte besteht für EVU und Gewerbekunden auch die Option, sich auf globaler Ebene (bilanziell) für den Klimaschutz und den Ausbau der erneuerbaren Energien einzusetzen. Daher werden die Möglichkeit der Klimabilanzierung und Klimaneutralstellung betrachtet.

Abschließend wird aus den betrachteten Dienstleistungen und Produkten ein Fazit zusammengefasst und Empfehlungen abgeleitet, die sich auch auf Unternehmen außerhalb der Energieversorgung übertragen lassen.

2   Einsatz von Energiemanagementsystemen

Ein geeignetes Instrument zur nachhaltigen Ausrichtung von Unternehmen stellt die Implementierung von Energiemanagementsystemen (EnMS) dar. Diese dienen dem Aufbau und der Organisation von Systemen und Prozessen zur kontinuierlichen Überwachung und Verbesserung der Energieeffizienz und somit auch der aktiven Reduktion von CO_2-Emissionen. Dabei legen die einführenden Unternehmen innerhalb des gegebenen Rahmens selbst ihre Ziele zur Optimierung des Managementsystems fest. Energiemanagement wird nach (Pauli 2014) folgendermaßen definiert:

„**Energiemanagement** umfasst die Summe aller Maßnahmen, die geplant und durchgeführt werden, um bei geforderter Leistung einen minimalen Energieeinsatz sicherzustellen.

Energiemanagement nimmt Einfluss auf organisatorische und technische Abläufe sowie Verhaltensweisen, um unter wirtschaftlichen Gesichtspunkten den betrieblichen Gesamtverbrauch und den Verbrauch von Grund- und Zusatzstoffen zu senken und kontinuierlich die Energieeffizienz im Unternehmen zu verbessern."

Energiemanagementsysteme werden nach (Wirtschaftslexikon Gabler 2014) folgendermaßen definiert:

„**Energiemanagementsysteme** dienen der systematischen Erfassung und Kommunikation der Energieströme und der automatischen Steuerung von Einrichtungen und Apparaten zur allgemeinen Optimierung und zur Verbesserung der Energieeffizienz. Zweck der Energiemanagementsysteme: Mithilfe prozessualer und technischer Maßnahmen den privaten oder betrieblichen Energieverbrauch und den Verbrauch von Roh-, Hilfs- und Zusatzstoffen zu senken."

Durch die Einführung eines Energiemanagementsystems ergibt sich für Unternehmen eine Reihe von Vorteilen: In erster Linie führen Unternehmen EnMS ein, um steuerliche Vorteile zu erhalten und von der EEG-Umlage befreit zu werden (Pauli 2014). Neben diesen steuerlichen Vorteilen und Umlagen-Entlastungen spielt auch das Thema Transparenz über den eigenen Energieverbrauch und die Reduktion der Energiekosten eine Rolle bei der Entscheidung für die Einführung eines EnMS, wenn auch derzeit eine deutlich untergeordnete. Darüber hinaus profitieren die Unternehmen von der nachhaltigen Ausrichtung auch in der Unternehmenskommunikation (Pauli 2014).

Sicherung des Spitzenlastausgleichs und Befreiung von der EEG-Umlage

Zum 01. Januar 2013 wurde die sogenannte Ökosteuer (Strom- und Energiesteuer) novelliert. Seit dem gelten die neuen Regelungen für Unternehmen, die den Erhalt des „Spitzenausgleichs", also die Steuerentlastung nach § 55 des Energiesteuergesetzes und § 10 des Stromsteuergesetzes anstreben (Stromsteuergesetz (StromStG) 2014). Die Entlastung setzt ein EnMS nach DIN EN ISO 50001 oder oder ein Umweltmanagementsystem (UMS) nach dem „Eco-Management and Audit Scheme" (EMAS) voraus. Außerdem muss die Bundesregierung feststellen können, ob der für das jeweilige Antragsjahr vorgegebene Zielwert für eine Reduzierung des Energieverbrauchs erreicht wurde (Energiesteuergesetz (EnergieStG) 2014). Kleine und Mittlere Unternehmen können anstelle eines EnMS nach DIN EN ISO 50001 für den Spitzenausgleich ein Alternatives System nach DIN EN 16247-1 oder nach Anlage 2 der Spitzenausgleich-Effizienzsystem-Verordnung (SpaEfV) einführen (TÜV Rheinland 2014). Diese vereinfachten Systeme stellen eine Momentaufnahme dar und kein Managementsystem im engeren Sinne. Bei allen Systemen ähnlich ist hingegen die energetische Bewertung.

Bei der Erfüllung verschiedener Voraussetzungen können Unternehmen zusätzlich von der Ausgleichsregelung, also der Befreiung der EEG-Umlage, profitieren. Nach §§ 40 ff des Erneuerbaren-Energien-Gesetzes (EEG) besteht für stromintensive Unternehmen des produzierenden Gewerbes die Möglichkeit der Entlastung, wenn im letzten Geschäftsjahr mindestens eine Gigawattstunde (GWh) Strom von einem EVU bezogen wurde. Der

Quotient aus Stromkosten und Bruttowertschöpfung des Unternehmens muss mehr als 14 % betragen. Der Nachweis einer Zertifizierung nach DIN EN ISO 50001 oder EMAS ist dazu Voraussetzung (Erneuerbare-Energien-Gesetz (EEG) 2014). Bei Unternehmen, die mehr als zehn Gigawattstunden Strom verbrauchen, ist ein EnMS Voraussetzung für einen erfolgreichen Reduzierungsantrag (Dr. Wacker; Qualitäts- und Umweltmanagement GbR 2013).

Kosten reduzieren

Mit der Einführung eines EnMS wird die Wettbewerbsfähig durch reduzierte Betriebs- und Energiekosten erhöht. Vor dem Hintergrund steigender Energiekosten begünstigen die Einsparungen der Energieverbräuche das Geschäftsergebnis. Laut (Bundesministerium für Wirtschaft und Energie (BMWi) und Umweltbundesamt für Mensch und Natur (UBA) 2012) können Unternehmen in den ersten Jahren nach der Einführung bis zu zehn Prozent der Energiekosten vermeiden. Die systematische Analyse der individuellen Verbraucher macht besonders ineffiziente Abläufe, Betriebsführungen und Anlagen transparent. Der Austausch bestehender ineffizienter Aggregate wie zum Beispiel elektrische Antriebe, Druckluftkompressoren oder Kälteanlagen gegen besonders effiziente Anlagen, amortisiert sich häufig in weniger als zwei Jahren bei einer Reduktion des Stromverbrauchs um fünf bis 50 % (Austrian Energy Agency 2014). Fest steht, dass in nahezu jedem Unternehmen Einsparpotentiale vorhanden sind.

Transparenz des Energieverbrauchs

Ein wesentlicher Vorteil von Energiemanagementsystemen ist die gewonnene Energietransparenz. Ohne EnMS können viele Unternehmen die tatsächlichen Verbräuche einzelner Verbraucher oder Prozessketten nicht differenzieren. Geeignete Sensorik wird dazu an unterschiedlichen Punkten im Verteilsystem installiert, die den Echtzeitverbrauch misst und durch eine geeignete Software oder per Onlineanwendung in Echtzeit visualisiert. Oft besteht die Möglichkeit einer umfassenden Datenaufbereitung, die eine detaillierte Analyse der Energieverbräuche ermöglicht und auf diese Weise Einsparpotentiale transparent macht. Dies unterstützt die Ableitung geeigneter Effizienzmaßnahmen.

Wettbewerbsfähigkeit durch Unternehmenskommunikation stärken

Zusätzlich wird die Wettbewerbsfähigkeit durch eine gelungene Unternehmenskommunikation und Außendarstellung erreicht. Mit der unabhängigen Zertifizierung des EnMS nach DIN EN ISO 50001, können Unternehmen glaubhaft ihre nachhaltige Positionierung darstellen und dem EnMS eine höhere Bedeutung verleihen. Unternehmen können damit eine positive Außenwirkung erzielen und sich einen Vorteil am Markt verschaffen (TÜV Süd 2014).

Umwelt schützen und nachhaltig wirtschaften

Mit der Einführung von EnMS können Unternehmen gesellschaftliche Verantwortung gegenüber der Umwelt, dem Klimawandel und dem Ressourcenschutz übernehmen (Dr.

Wacker; Qualitäts- und Umweltmanagement GbR 2013). Laut Intergovernmental Panel on Climate Change (IPCC) ist der Klimawandel zu 95-prozentiger Sicherheit vom Menschen verursacht und findet schneller als erwartet statt (Bund für Umwelt und Naturschutz Deutschland e. V. (BUND) 2014). Während sich der Klimawandel durch das emittieren von Treibhausgasen weltweit vollzieht, muss der Schutz der globalen Atmosphäre regional in den privaten Haushalten und den einzelnen Unternehmen stattfinden (Bundesministerium für Wirtschaft und Energie (BMWi) und Umweltbundesamt für Mensch und Natur (UBA) 2012). In der heutigen Zeit kommt der Ressourcenschonung eine gleichermaßen hohe Bedeutung zu. Fossile Brennstoffe sind endlich und erschöpflich, so dass die Ressourcenschonung einen wesentlichen Teil zur Sicherung zukünftiger Generationen beiträgt (Bundesministerium für Wirtschaft und Energie (BMWi) und Umweltbundesamt für Mensch und Natur (UBA) 2012). Durch die erfolgreiche Einführung eines EnMS leisten Unternehmen mit den nachweisbaren Energie- und CO_2-Einsparungen einen aktiven Beitrag zum Klima- und Ressourcenschutz.

Anhand der Betrachtung der verschiedenen Vorteile lassen sich unterschiedliche Herangehensweisen und Ausrichtungen eines EnMS ableiten. Die individuellen Bedürfnisse der Unternehmen können zwischen ökonomischer Optimierung und ökologischer Positionierung variieren (siehe Abb. 1). Wie die Abbildung verdeutlicht, leisten EnMS nur einen geringen sozialen Mehrwert. Daher empfiehlt es sich, das EnMS mit Umweltmanagementsystemen (UMS) oder Qualitätsmanagementsysteme (QMS) zu kombinieren.

Um die Ziele des EnMS zu erreichen, besteht eine Vielzahl von verschiedenen Möglichkeiten: Auf der einen Seite können Effizienzpotentiale durch das technische Energiemanagement erschlossen werden. Durch die Investition in Energieeffizienzmaßnahmen, der Modernisierung der Produktionstechnik und -planung, sowie das Nutzerverhalten. Auf der anderen Seite stehen das betriebswirtschaftliche Energiemanagement, das die aktive Steuerung von Beschaffungspreisen fokussiert sowie die Reduzierung von Steuern und Abgaben (PricewaterhouseCoopers (pwc) AG; Ulrich Sorhagen 2013). Bei dem

Abb. 1 Individuelle Ausrichtung von Energiemanagementsystemen zwischen Ökologie und Ökonomie. (PricewaterhouseCoopers (pwc) AG; Ulrich Sorhagen 2013)

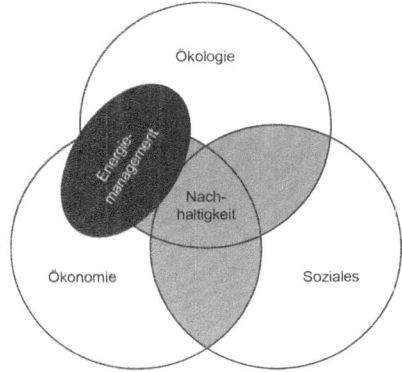

betriebswirtschaftlichen Energiemanagement stellen aber auch die Faktoren Standortentscheidung, Produktportfolio, Unternehmensstrategie, Emissionen, Risikoprofil und die Versorgungssicherheit unter Umständen eine entscheidende Rolle. Um ein ganzheitliches EnMS zu implementieren, müssen alle Potentiale zur Senkung der Energieverbräuche und -kosten mit Hilfe von Controlling- und Benchmarking-Prozessen unter Berücksichtigung der sich verändernden Anforderungen des Unternehmens genutzt werden (PricewaterhouseCoopers (pwc) AG; Ulrich Sorhagen 2013).

Der Aufwand einer Zertifizierung ist bei jedem Unternehmen individuell zu bewerten und ist abhängig von der Anzahl der Standorte, der Anzahl der vorhandenen Zähl- und Unterzählpunkte, der Verbrauchsdatenerfassung, der vorhandenen Dokumentation und Verbrauchswerten, den zu zertifizierenden Brennstoffen (Strom, Gas, Wärme, etc.) und ob bereits ein Managementsystem implementiert wurde (PricewaterhouseCoopers (pwc) AG; Ulrich Sorhagen 2013). Die DIN EN ISO 50001 wurde bewusst so konzipiert, dass sie sich mit anderen Managementsystemen aus den Bereichen Qualitätsmanagement und Umweltmanagement verbinden lässt (Bundesministerium für Wirtschaft und Energie (BMWi) und Umweltbundesamt für Mensch und Natur (UBA) 2012). Allen Management-Normen ist der „Plan-Do-Check-Act"-Kreislauf gemeinsam.

Abbildung 2 verdeutlicht den Kreislauf eines Energiemanagementsystems. Unter dem Punkt „Plan" (aufbauen) wird die Strategie der Energiepolitik innerhalb des Unternehmens festgelegt und die Einsparziele sowie weitere Abläufe definiert und Verantwortlichkeiten bestimmt (Pauli 2014). Zusätzlich wird die energetische Ausgangsbasis ermittelt und bewertet sowie Energiekennzahlen festgestellt. Daraus lassen sich Aktionspläne definieren.

Abb. 2 „Plan-Do-Check-Act"-Kreislauf. (Würzburger Umwelt- und Qualitätsmanagement Consulting (WUQM) 2014)

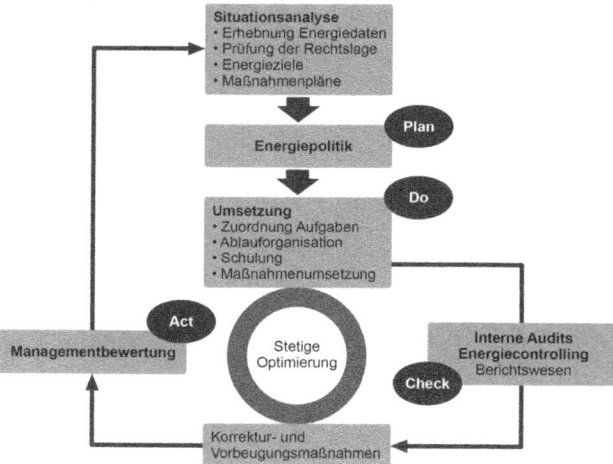

Unter „Do" (einführen) geht es um die Ausführung und Lenkung der geplanten Abläufe und die Einführung von Managementstrukturen zur Errichtung eines kontinuierlichen Prozesses. Unter diesem Punkt fallen auch die Maßnahmen zur Verbesserung der Effizienz durch den Einsatz effizienter Technologie und Auslegung von Anlagen sowie Betriebsführungen, aber auch durch Verhaltensänderungen, Sensibilisierung und gezieltes Training der Mitarbeiter in den Unternehmen.

Die Erfolgskontrolle und die Überprüfung des Zielerreichungsgrades finden unter dem Stichpunkt „Check" (betreiben) statt. Hierunter wird die Überwachung und Messung verstanden, sowie die Einhaltung von Rechtsvorschriften (Pauli 2014). Im Rahmen von internen Energieaudits werden Nichtkonformität und Vorbeugemaßnahmen zur Verbesserung des Prozesses erstellt. Neue Ideen und Anregungen können in Form von internen Audits erstellt werden oder mit Hilfe von externen Beratern.

Unter dem Punkt „Act" (optimieren) geht es um die strategische Optimierung, der Auswertung der Auditergebnisse und der Bewertung des Systems. An Hand der Ergebnisse können weitere Ziele abgeleitet werden (Bundesministerium für Wirtschaft und Energie (BMWi) und Umweltbundesamt für Mensch und Natur (UBA) 2012). Falls für die Zertifizierung erforderlich, wird das EnMS unter „Act" korrigiert und Verbesserungsmaßnahmen beschlossen (GfBU Zert 2013).

Der Kreislaus wird abgekürzt PDCA-Zyklus genannt. Wesentlicher Bestandteil des Energiemanagementsystems ist die kontinuierliche (jährliche) Verbesserung der Energieeffizienz. Dadurch wird die Nachhaltigkeit sukzessive gesteigert. Dabei können die verschiedenen Aktivitäten der einzelnen Punkte parallel erfolgen. Auch die Entscheidung welches Handlungsfeld zuerst bearbeitet wird, kann von jedem Unternehmen individuell getroffen werden (Bundesministerium für Wirtschaft und Energie (BMWi) und Umweltbundesamt für Mensch und Natur (UBA) 2012).

3 Energiemanagementsysteme als Geschäftsfeld für Energieversorgungsunternehmen

Die Änderungen im Energie- und Stromsteuergesetz stellten EVU vor neue Herausforderungen zwischen den bestehenden und neuen Anforderungen. Gemäß der im August 2013 veröffentlichten Spitzenausgleich-Effizienzsystemverordnung (SpaEfV) mussten EVU 2013 beginnen, ein Energiemanagementsystem nach DIN EN ISO 50001 einzuführen und mussten die notwendigen Nachweise zu den Mindestanforderungen zum 31.12.2013 bei einem Zertifizierer einreichen, sofern sie weiterhin vom Spitzenausgleich profitieren wollten (Arbeitsgemeinschaft für sparsame Energie- und Wasserverwendung (ASEW) 2014a). Um auch im Jahr 2014 den Spitzenausgleich zu erhalten, sind zusätzliche Anforderungen zu erfüllen, die aus der Übergangsregelung hervorgehen (Verordnung über Systeme zur Verbesserung der Energieeffizienz im Zusammenhang mit der Entlastung von der Energie- und der Stromsteuer in Sonderfällen (Spitzenausgleich-Effizienzsystemverordnung – SpaEfV) 2014).

Die Erfüllung der neuen Anforderungen gilt für alle Unternehmen, die die steuerlichen Vergünstigungen erhalten möchten. Da EVU je nach regionaler Prägung eine Vielzahl an Geschäfts- und Gewerbekunden versorgen, die an den steuerlichen Entlastungen interessiert sind, bieten diese häufig ein umfassendes Beratungsangebot und unterstützen Kunden bei der Einführung von EnMS. Damit EVU als authentischer Multiplikator fungieren können und ebenfalls von der Ausgleichsregelung und dem Erhalt des Spitzenausgleichs profitieren, übernehmen EVU mit der Implementierung eines EnMS häufig eine Vorreiterrolle.

Bei Geschäfts- und Gewerbekunden sowie bei Kleinen und Mittleren Unternehmen besteht häufig die Situation, dass der Fokus der Tätigkeit auf der Produktion und dem Tagesgeschäft liegt. Es fehlt innerhalb des Unternehmens an entsprechender zeitlicher Ressource und Expertise zum Aufbau eines EnMS oder zur Durchführung eines Energieaudits. Es fehlt an personellen Ressourcen zur Erarbeitung und Einführung geeigneter Prozesse und Abläufe sowie an finanziellen Mittel zur Umsetzung (Arbeitsgemeinschaft für sparsame Energie- und Wasserverwendung (ASEW) Februar 2014b). Energieversorger publizieren auch die Erfahrung, dass die Energiekosten für eine Vielzahl von Unternehmen noch keinen maßgebenden Zugzwang bewirken (Arbeitsgemeinschaft für sparsame Energie- und Wasserverwendung (ASEW) 2014c). Im Gegensatz dazu steht die Erfahrung, dass energieintensive Betriebe mit hohen steuerlichen Entlastungen bereits umfassend informiert und aktiv sind (Arbeitsgemeinschaft für sparsame Energie- und Wasserverwendung (ASEW) 2014d).

Energieversorger bieten Geschäfts- und Gewerbekunden ein umfassendes Dienstleistungsangebot zur Implementierung von EnMS an. EVU können dabei die vollständige Organisation und Einführung der EnMS übernehmen: Von der Bestandsaufnahme mit der Analyse der ersten Schritte zur Erstzertifizierung nach DIN EN ISO 50001, der Definition der Datenaufnahme und Verbrauchsstruktur über die Erarbeitung der unternehmensspezifischen Energiepolitik, der Dokumentation und Erstellung des ISO-Handbuchs bis zum Abschluss durch die unabhängige Zertifizierung (ENTEGA GmbH & Co. KG 2014).

EVU unterstützen die Unternehmen bei allen maßgebenden Schritten zur Einführung eines EnMS. Durch die Begleitung des Prozesses können EVU ihr Kerngeschäft um weitere Dienstleistungen im Sinne des EnMS erweitern. Dies können zum Beispiel optionale Wirtschaftlichkeitsberechnungen für Effizienzmaßnahmen sein oder Contracting-Angebote. Anlagencontracting bedeutet, dass das EVU beispielsweise eine Heizungsanlage in den Räumlichkeiten des Gewerbebetriebs zur Verfügung stellt und die Investitionskosten übernimmt. Der Kunde zahlt die Anlage über eine Grundgebühr und den Preis für die gelieferte Energie über einen langen Vertragszeitraum ab. Das EVU hat dabei den Vorteil der langjährigen Kundenbindung. Darüber hinaus können EVU weitere Beratungs- und Energiedienstleistungen anbieten, wie zum Beispiel die Klimaneutralstellung von Unternehmen, die bei der Bilanzierung innerhalb des EnMS einen marginalen Mehraufwand bedeutet (Arbeitsgemeinschaft für sparsame Energie- und Wasserverwendung (ASEW) 2014b).

4 Energieberatung als Geschäftsfeld für Energieversorgungsunternehmen

Ein weiterer Baustein, um Emissionen nicht nur zu reduzieren, sondern direkt zu vermeiden stellt für EVU die Energieberatung von privaten sowie gewerblichen Endkunden dar. In der Beratung werden Endkunden über energieeffizientes und sparsames Verhalten sowie über ökonomisch sinnvolle Investitionen informiert.

Lange ließen sich keine repräsentativen Aussagen zu den positiven Auswirkungen der Energieberatung formulieren. Daher hat die ASEW in Kooperation mit mehreren EVU des Effizienznetzwerks und dem Institut für Umweltforschung Heidelberg GmbH (IFEU) eine wissenschaftliche Studie zu den Auswirkungen der Energieberatungen von EVU durchgeführt.

Im Rahmen der Studie wurden 660 Interviews geführt und die eingesparten Energiemengen durch tatsächlich umgesetzte Maßnahmen im Bereich Strom und Wärme untersucht. Es wurde aber auch nach der Zufriedenheit mit der Beratung gefragt. Maßnahmen, die auch ohne die Beratung erfolgt wären, wurden nicht mit einbezogen. Bei den befragten Eigentümern wurden im Bereich durch umgesetzte Effizienzmaßnahmen jährlich (durchschnittlich) 900 kWh eingespart und bei der Befragung bezüglich der Stromberatung konnte eine jährlich (durchschnittliche) Einsparung von 210 kWh festgestellt werden (Institut für Energie- und Umweltforschung Heidelberg GmbH (IFEU) in Kooperation mit der ASEW 2013). Die Energieberatung von EVU leistet damit einen nachweisbaren Beitrag für die Umwelt und dem Ressourcenschutz über die Anforderungen der Bundesregierungen hinaus.

Dies können EVU neben den Beratungsleistungen auch mit nachhaltigen Tarifprodukten wie zum Beispiel Ökostrom anbieten. Das gilt sowohl für private als auch für gewerbliche und Geschäftskunden. Im Folgenden werden daher die Entwicklungen bundesweit etablierter CSR-Produkte der ASEW (Ökostromprodukte) und deren Einflüsse vorgestellt.

5 Ökostromprodukte als Geschäftsfeld für Energieversorgungsunternehmen

EVU können von der ASEW verschiedene Ökoenergieprodukte nutzen, um ihren Endkunden Ökostromprodukte, klimaneutrales Erdgas, klimaneutrales Trinkwasser oder ein Biogasbeimischprodukt anzubieten. Die Ökoenergieprodukte sind von unterschiedlichen unabhängigen Organisationen (TÜV, Energievision e. V.) zertifiziert. Im Folgenden konzentriert sich der Beitrag auf die Ökostromprodukte.

Als eines der ersten Ökostromprodukte deutschlandweit, entwickelte die ASEW im Jahr 1999 das Produkt „*energreen*". Das Produkt stellt eine Kombination aus Fonds- und Händlermodell mit dem Ziel des Ausbaus neuer, regenerativer Erzeugungsanlagen dar.

Der Endkunde zahlt dafür einen Aufpreis von je vier Cent je bezogener Kilowattstunde auf den bestehenden Strompreis (Arbeitsgemeinschaft für sparsame Energie- und Wasserverwendung (ASEW) 2014e). Die eingenommenen finanziellen Mittel werden in einem Fonds aller teilnehmenden EVU gesammelt und in bundesweiten Projekten zum Ausbau regenerativer Erzeugungsanlagen investiert. Ziel der Investitionen ist es, einen Beitrag zur CO_2-Reduktion – über den staatlich festgelegten Rahmen hinaus – zu leisten und den Ausbau der Erneuerbaren Energien zu beschleunigen.

EVU, die *energreen* anbieten, verpflichten sich dazu, mindestens 80 % (3,2 Cent/kWh) zweckgebunden in die Förderung regenerativer Erzeugungsanlagen zu investieren. Höchstens 20 % (0,8 Cent/kWh) des Aufschlags werden für den jährlichen Zertifizierungsprozess verwendet (Arbeitsgemeinschaft für sparsame Energie- und Wasserverwendung (ASEW) 2014f). Neben der Förderung des Ausbaus neuer Anlagen wird der gelieferte Strom aus bestehenden erneuerbaren Erzeugungsanlagen gewonnen. Der gelieferte Strom kann an physikalischen Lieferverträgen mit regionalen Betreibern erneuerbarer Erzeugungsanlagen gebunden werden. Damit keine doppelte Vermarktung entsteht, dürfen die Anlagen keine Einspeisevergütung und Marktprämie nach dem Erneuerbaren-Energien-Gesetz (EEG) erhalten. Erzeugungsanlagen, die an der Direktvermarktung teilnehmen oder bereits eine Einspeisevergütung erhalten haben (Herkunftsnachweise alter Bestandsanlagen), dürfen in Anspruch genommen werden (Arbeitsgemeinschaft für sparsame Energie- und Wasserverwendung (ASEW) 2014f). Den Nutzern (EVU und Geschäfts- und Gewerbekunden von EVU) steht es frei, zu welchen Anteilen *energreen* genutzt wird. Der Strombedarf kann zu 100 %, 75 %, 50 % oder 25 % über das *energreen* Produkt bezogen werden, der Aufschlag behält dabei seinen konstanten Preis von vier Cent je Kilowattstunde. Damit die Abwicklung der Herkunftsnachweise (HKN), Mengen und Nutzer korrekt bezogen und entwertet werden, hat das Umweltbundesamt ein verpflichtendes Herkunftsnachweisregister (HKNR) eingeführt Arbeitsgemeinschaft für sparsame Energie- und Wasserverwendung (ASEW) 2014f). Mit den *energreen*-Fördermitteln wurden überwiegend Projekte im Bereich der Biogasanalagenprojektierung und Photovoltaik-Anlagen unterstützt (zirka 80 %). Einen geringerer Anteil (zirka 20 %) wurde in Windkraftanlagen, Wasserkraftanlagen und sonstige Projekte investiert. In der Summe wurden mit den Geldern zirka 20 MW Leistung Erneuerbarer Energien installiert (vorbehaltlich Zertifizierungsergebnis 2013) (Arbeitsgemeinschaft für sparsame Energie- und Wasserverwendung (ASEW) 2013a).

Abbildung 3 verdeutlicht die Entwicklung und Nachfrage des Produkts in den Jahren 2007–2012 mit der Differenzierung der Privat- und Gewerbekunden sowie des gesamten Absatzes. Bei der Betrachtung der Privatkunden zeigt sich, dass die Nachfrage und der Kundenstamm nahezu konstant bleiben unter einer geringen Reduzierung der Absatzmengen im Jahr 2012. Die Gesamtmengen und die der Geschäfts- und Gewerbekunden verdeutlichen eine erhöhte Nachfrage im Jahr 2007 und einen leichten abnehmenden Trend, der spekulativ mit der steigenden EEG-Umlage in Verbindung gebracht werden kann. Die Bestellmengen unterliegen aber auch der schwankenden Kundenanzahl und dessen Lieferumfang.

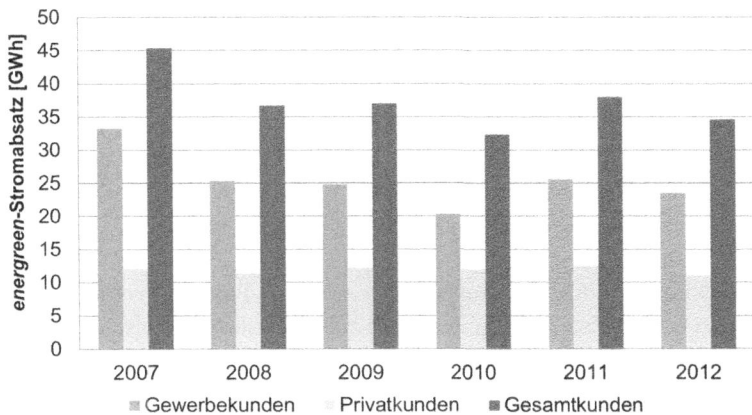

Abb. 3 Gesamt energreen-Stromabsatz der ASEW von 2006 bis Ende 2012. (Arbeitsgemeinschaft für sparsame Energie- und Wasserverwendung (ASEW) 2013a)

Die EEG-Umlage resultiert aus den festen Einspeisevergütungen des Erneuerbaren-Energien-Gesetz, die Anlagenbetreiber über einem Zeitraum von 20 Jahren garantiert werden. Die Einspeisevergütung zahlt der Netzbetreiber dem Anlagenbetreiber. Dem Netzbetreiber entstehen dadurch Fehlmargen, die auf alle Endkunden im Rahmen der EEG-Umlage verteilt werden (mit Ausnahmeregelungen, siehe Energiemanagementsysteme). Die zunehmende Integration erneuerbarer Erzeugungseinheiten führt zu höheren Fehlmargen bei dem Netzbetreiber und damit zu einer steigenden EEG-Umlage (Dietmar 2014).

Im Jahr 2007 betrug die EEG-Umlage 0,96 Cent/kWh und im Jahr 2001 bereits 3,53 Cent/kWh (Statista GmbH 2014). Im Jahr 2014 beträgt die Umlage nun 6,24 Cent/kWh, darüber hinaus wurden weitere Umlagen eingeführt: Die Offshore-Haftungsumlage mit zirka 0,3 Cent/kWh und die Umlage für abschaltbare Lasten mit zirka 0,01 Cent/kWh.

Mit *energreen* können sich EVU und Gewerbekunden über die rechtlichen Anforderungen hinaus nachhaltig positionieren. Vor dem Hintergrund der steigenden Umlagen wird der Nachhaltigkeitscharakter des Produkts zusätzlich gestärkt. In der Summe zahlt der Endkunde unter den bestehenden energiewirtschaftlichen Rahmenbedingungen in Kombination mit dem *energreen*-Ökostromprodukt 10,24 Cent/kWh für den Ausbau der Energiewende, dies entspricht zirka einem Drittel des Strompreises. Teilweise stellt dieser finanzielle Umfang für Endkunden eine kritische Größe dar, so dass die Akzeptanz und die Zahlungsbereitschaft bei Neukunden sinkt (Arbeitsgemeinschaft für sparsame Energie- und Wasserverwendung (ASEW) 2014g).

Ein anderes Ökostromprodukt der ASEW stellt eine für den Kunden deutlich günstigere Alternative dar. Das Produkt heißt „*watergreen*" und besteht aus einem Händlermodell, basiert auf gehandelten Herkunftsnachweisen oder regionaler physikalischer Lieferung. Die aktuellen Preise der Herkunftsnachweise liegen je nach Marktschwankung zwischen 8–12 Cent/MWh. Bei einem durchschnittlichen Zwei-Personen-Haushalt mit einem Jahresverbrauch von 2000 kWh, entstehen dem EVU für die Herkunftsnachweise jährliche Kosten in Höhe von 1,60€ und 2,40€. Die Zertifikate stammen überwiegend aus norwegischen Wasserkraftanlagen. Der Preis der Herkunftsnachweise ist volatil und steht in Abhängigkeit der Qualität (Arbeitsgemeinschaft für sparsame Energie- und Wasserverwendung (ASEW) 2014h). Das *watergreen*-Ökostromprodukt ermöglicht EVU und Geschäftskunden unter geringem Kostenaufwand die Außenwirkung des Unternehmens zu stärken. Der dabei entstehende soziale oder ökologische Mehrwert durch den Bezug von Herkunftsnachweise lässt sich kontrovers diskutieren (Hamburg Institut – Sustainable strategy consultants 2013).

Die Entwicklung der Absatzmengen des *watergreen*-Produkts verdeutlicht in Abbildung 4 einen zunehmenden Trend innerhalb der Gesamtsumme zwischen 2007 bis Ende 2012. Die Entwicklung lässt sich auf die einzelnen Nutzer der Privat- und Gewerbekunden übertragen. Dabei fällt auf, dass die bestellten Mengen der Gewerbekunden in dem Jahr 2012 etwas geringer als in dem Vorjahr waren. Dies ist durch die Variation der jährlichen Nutzer und deren Bestellumfang zu erklären. Insgesamt lässt sich jedoch feststellen, dass das Produkt seit 2007 eine steigende Nachfrage verzeichnet. Auch dieser Trend bestätigt, dass EVU und Gewerbetreibende unter den aktuellen Rahmenbedingungen eine kostengünstige Lösung nutzen, um in der Unternehmenskommunikation eine ökologische Außenwirkung zu erzielen.

Seit 2012 bietet die ASEW das Ökostromprodukt „*watergreen+*", das mit dem OK Power Label (EnergieVision e. V.) zertifiziert wird. Das OK Power Label stellt höhere Anforderungen an die Kriterien der Herkunftsnachweise: Die Herkunftsnachweise müssen zu einem Drittel aus regenerativen Anlagen stammen, die nicht älter als 6 Jahre und zu einem Drittel nicht älter sind als 12 Jahre (Arbeitsgemeinschaft für sparsame Energie- und Wasserverwendung (ASEW) 2014i). Das dritte Drittel darf aus älteren Bestandsanlagen stammen. Das Label begünstigt damit eine erhöhte Nachfrage der Herkunftsnachweise junger Erzeugungsanlagen. Das Neuanlagenkriterium schafft für Projektierer und Inves-

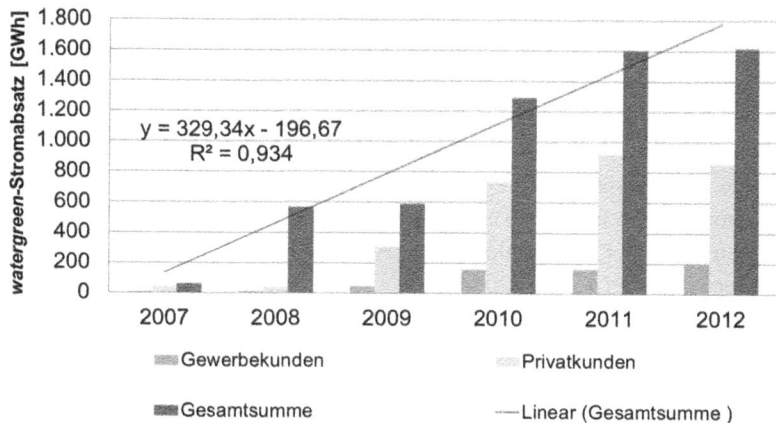

Abb. 4 Gesamt watergreen-Stromabsatz der ASEW von 2007 bis Ende 2012. (Arbeitsgemeinschaft für sparsame Energie- und Wasserverwendung (ASEW) 2013b)

toren finanzielle Sicherheit durch den Verkauf der Herkunftsnachweise. Das Neuanlagenkriterium – und die Stromlieferung von *watergreen*[+] – begünstigt damit den Zubau neuer regenerativer Erzeugungsanlagen. Über die Wirksamkeit des Neuanlagenkriteriums wird ebenfalls kontrovers diskutiert (Hamburg Institut – Sustainable strategy consultants 2013). Die Nachfrage des *watergreen*[+]-Produktes steigt seit der Einführung im Jahr 2012.

6   Klimaneutralität als Geschäftsfeld für Energieversorgungsunternehmen

Neben den Ökoenergieprodukten bieten EVU ihren Geschäfts- und Gewerbekunden auch Klimabilanzierungen und Klimaneutralstellungen an. Dazu werden Bilanzierungsgrenzen im Unternehmen festgelegt und alle wesentlichen Energieverbräuche analysiert. Anhand der Verbräuche und Emissionen können die CO_2-Emissionen ermittelt werden. Die entstandenen Emissionen werden bilanziell durch die Investition in anerkannte Klimaschutzprojekte weltweit ausgeglichen. Die gehandelten Zertifikate haben wie in der Ökostrombranche unterschiedliche Qualitäten und können innerhalb einer Klimaneutralstellung zu unterschiedlichen Teilen variiert werden. Im Folgenden eine Übersicht der wesentlichen Qualitätsstandards:

Verified Carbon Standard (VCS):

Ist der gängigste Qualitätsstandard und fördert ausschließlich Projekte im Bereich erneuerbarer Energien, Energieeffizienz und Aufforstung. Die Emissionsminderung muss dabei real, messbar, permanent, zusätzlich, einzigartig, transparent, konservativ berechnet und unabhängig geprüft sein (VCS Association 2014). Die Kosten betragen zurzeit zirka 0,7 €/t CO_2 (Arbeitsgemeinschaft für sparsame Energie- und Wasserverwendung (ASEW) 2014j).

Silber Carbon Standard (SCS):

Ähnelt dem Verified Carbon Standard (VSC), jedoch muss nachgewiesen werden, dass die lokale Bevölkerung von Beginn des Projekts bis zum Schluss an allen Prozessen beteiligt und eingebunden wird. Der Schwerpunkt liegt auf dem sozialen und ökologischen Mehrwert.

Die Kosten betragen zurzeit zirka 2 €/t CO_2 (Arbeitsgemeinschaft für sparsame Energie- und Wasserverwendung (ASEW) 2014j).

Gold Standard (GS):

Ist unter der Mitwirkung der Umweltstiftung WWF Deutschland entstanden. Der Standard orientiert sich am Clean Development Mechanism (CDM) und an der Joint Implementation (JI), die Teil Kyoto Protokolls sind. Die Investitionen fließen ebenfalls ausschließlich in Projekte aus den Bereichen der erneuerbaren Energien, Energieeffizienz und Aufforstung. Die Kosten betragen zirka 4 €/t CO_2 (Arbeitsgemeinschaft für sparsame Energie- und Wasserverwendung (ASEW) 2014j).

Unternehmen können mittels Klimabilanzierung und -neutralstellung in Abhängigkeit der verwendeten Standards einen unterschiedlich großen sozialen und ökologischen Beitrag auf globaler Ebene leisten und dadurch Verantwortung übernehmen. Häufig stören sich Kunden von EVU daran, dass auf regionaler Ebene nur eine geringe Anzahl und überwiegend kostenintensive Investitionsprojekte bestehen (Arbeitsgemeinschaft für sparsame Energie- und Wasserverwendung (ASEW) 2014k).

7 Fazit und Empfehlungen

Die vorgestellten Produkte und Geschäftsfelder führen Chancen und Herausforderungen möglicher Aktivitäten für EVU und deren Geschäfts- und Gewerbekunden in dem Bereich der Corporate Social Responsibility auf.

Die Sicherung des Spitzenausgleichs und die Befreiung der EEG-Umlage stellen für Unternehmen den entscheidenden Grund zur Einführung eines Energiemanagementsystems dar. Zusätzlich ergeben sich aus der Einführung weitere Vorteile durch reduzierte Betriebskosten, effizientere Prozesse und Energietransparenz. Der Wettbewerbsvorteil der aus der Außendarstellung hervorgeht sowie der Klima- und Ressourcenschutz, stellen für Unternehmen zusätzliche Mehrwerte dar, die jedoch nicht ausschlaggebend für die Entscheidung für ein EnMS sind. Für Unternehmen die sich besonders nachhaltig positionieren möchten, wird die Kombination von Umwelt-, Energie-, und Qualitätsmanagementsystemen empfohlen.

Einen wesentlichen Beitrag zur Energieeffizienz leisten die Beratungsstellen der EVU. Die nachweisbaren Einsparungen leisten einen aktiven Beitrag zum Klima- und Ressourcenschutz und ermöglichen Kunden zu binden und weitere Dienstleistungen über das Versorgungsgeschäft hinaus anzubieten.

Aus der Darstellung der verschiedenen Ökoenergieprodukte ergeben sich unter der Betrachtung der Entwicklung von *energeen, watergreen* und *watergreen* + wesentliche Aspekte:

1. Die Akzeptanz des Endkunden nimmt einen entscheidenden Einfluss auf den Erfolg von CSR-Aktivitäten.
2. EVU und Gewerbetreibende nutzen unter den aktuellen Rahmenbedingungen eine kostengünstige Lösung, um in der Unternehmenskommunikation eine ökologische Außenwirkung zu erzielen.

Unter den bestehenden energiewirtschaftlichen Rahmenbedingungen beteiligen sich die privaten Haushalte im Rahmen der EEG-Umlage mit 6,24 Cent/kWh. Mit den steigenden Stromkosten durch die staatlichen Umlagen, begünstigen Ökostromprodukte basierend auf dem Fondsmodell zusätzlich einen beschleunigten Ausbau regenerativer Erzeugungsanlagen. Damit wird über das geforderte Maß der Bundesregierung ein ökologischer Mehrwert geschaffen. Bei einigen Kunden sinkt jedoch die Akzeptanz mit den steigenden Preisen und Umlagen, so dass Unternehmen, die überwiegend die Außenwirkung stärken möchten, eine kostengünstige Produktalternative empfohlen wird. Dies gilt auch für das Geschäftsfeld der Klimabilanzierung und Klimaneutralität.

Dabei sollte auch berücksichtigt werden, dass Unternehmen mit CSR-Produkten jeweils eine Vorreiterrolle innerhalb einer Branche einnehmen und sich auf diese Weise einen Wettbewerbsvorteil verschaffen können. Es bleibt abzuwarten, inwiefern sich die staatlichen Regulierungen des angestrebten novellierten Erneuerbaren-Energien-Gesetz auf die betrachteten CSR-Produkte auswirken.

Literatur

Arbeitsgemeinschaft für sparsame Energie- und Wasserverwendung (2013) Ergebnisse der Jahresabrechnung – Produkt energreen. Präsentation für den Leitausschuss, S 3. Dirk Käding (Controlling). Köln, 12/2013

Arbeitsgemeinschaft für sparsame Energie- und Wasserverwendung (2013) Ergebnisse der Jahresabrechnung – Produkt watergreen. Präsentation für den Leitausschuss, S 4. Dirk Käding (Controlling). Köln, 12/2013

Arbeitsgemeinschaft für sparsame Energie- und Wasserverwendung (ASEW) Evaluation der Stadtwerke-Beratung – Abschlussbericht; in Kooperation mit dem Institut für Energie- und Umweltforschung Heidelberg GmbH (IFEU); August 2013 Heidelberg

Arbeitsgemeinschaft für sparsame Energie- und Wasserverwendung (ASEW) (2014a, Juni) http://asew.de/enms. Zugegriffen: Juni 2014

Arbeitsgemeinschaft für sparsame Energie- und Wasserverwendung (2014) Interview mit Samy Gasmi (Leiter Stadtwerke Beratung); Interview vom 21. Februar 2014, Köln

Arbeitsgemeinschaft für sparsame Energie- und Wasserverwendung (2014) Internes Kundenbesuchsprotokoll eines Stadtwerks aus Baden-Würtemberg, Interview vom 12. März 2014, Köln

Arbeitsgemeinschaft für sparsame Energie- und Wasserverwendung (2014) Interview mit Ralf Schürmann (Geschäftsführer Stadtwerke Peine GmbH); Interview vom 07. Mai 2014, Peine

Arbeitsgemeinschaft für sparsame Energie- und Wasserverwendung (2014) energreen Produktpräsentation für Mitgliedsunternehmen, S 9. René Dittrich (Kunden- und Produktmanager). Köln, 06/2014

Arbeitsgemeinschaft für sparsame Energie- und Wasserverwendung (2014) FAQ Liste energreen. http://www.asew.de/cms/Oeko-Energie/watergreen_watergreen/watergreen_watergreen/FAQ-energreen-TUEV-Nord-Label.pdf. Zugegriffen: Juni 2014

Arbeitsgemeinschaft für sparsame Energie- und Wasserverwendung (2014) Sitzungsprotokoll Vertrieb und Marketing, Torsten Brose (Leiter Themen und Produkte), Arbeitskreissitzung vom 27. März 2014, Köln

Arbeitsgemeinschaft für sparsame Energie- und Wasserverwendung (2014) Interview mit René Dittrich (Kunden- und Produktmanager); Interview vom 12. Juni 2014, Köln

Arbeitsgemeinschaft für sparsame Energie- und Wasserverwendung (2014) waqtergreen+ Produktpräsentation für Mitgliedsunternehmen, S 8 René Dittrich (Kunden- und Produktmanager). Köln, 06/2014

Arbeitsgemeinschaft für sparsame Energie- und Wasserverwendung (2014) ASEW Blue Produktpräsentation für Mitgliedsunternehmen, S 13 Carina Peters (Kunden- und Produktmanager). Köln, 06/2014

Arbeitsgemeinschaft für sparsame Energie- und Wasserverwendung (2014) Internes Kundenbesuchsprotokoll eines Stadtwerks aus Baden-Würtemberg, Interview vom 05. Juni 2014, Köln

Austrian Energy Agency (2014) http://www.energyagency.at/. Zugegriffen: Juni 2014

Bundesministerium für Wirtschaft und Energie (BMWi), Umweltbundesamt für Mensch und Natur (UBA) (2012, Juni) Energiemanagementsysteme in der Praxis – ISO 50001: Leitfaden für Unternehmen und Organisationen. Berlin. https://www.umweltbundesamt.de/sites/default/files/medien/publikation/long/3959.pdf. Zugegriffen: Mai 2014

Bund für Umwelt und Naturschutz Deutschland e. V. (BUND) (2014) http://www.bund.net/themen_und_projekte/klima_und_energie/internationale_klimapolitik/ipcc_bericht/ Zugegriffen: Juni 2014

Dietmar Bernhardi; Manusskript (Vorlesungsbegleiter) im Rahmen der IHK Köln-Weiterbildung zum European Energy Manager. Opladen 09. Mai 2014

Die Zeit (2014) Online-Artikel vom 30.06.2011. http://www.zeit.de/news-062011/30/HAUPTSTORY-ATOMAUSSTIEG-DONNERSTAG31168402xml. Zugegriffen: Juni 2014

Dr. Wacker; Qualitäts- und Umweltmanagement GbR (15. Mai 2013) Energiemanagement nach ISO 50001 oder EMAS: Neue Gesetzeslage, was ist zu tun?. http://www.qumsult.de/download/130515_EnMS_50001.pdf. Zugegriffen: Juni 2014

Energiesteuergesetz (EnergieStG) (2014) § 55 Abs 4; Zuletzt geändert am 05. Dezember 2012. http://www.gesetze-im-internet.de/bundesrecht/energiestg/gesamt.pdf. Zugegriffen: Juni 2014

Energiewirtschaftsgesetz (EnWG) (2005) Zuletzt geändert am 04. Oktober 2013; §§ 30 ff. http://www.gesetze-im-internet.de/enwg_2005/index.html. Zugegriffen: Juni 2014

ENTEGA GmbH & Co. KG (2014) http://www.entega.de/weitere-produkte/energieeffizienz-gk/energiemanagement/. Zugegriffen: Juni 2014

Erneuerbare-Energien-Gesetz (EEG) (2014) §§ 40 ff, speziell § 41 Abs 1 und 2; Zuletzt geändert am 20. Dezember 2012. http://www.gesetze-im-internet.de/bundesrecht/eeg_2009/gesamt.pdf. Zugegriffen: Juni 2014

GfBU Zert (2013, 04. Juni) Energiemanagementsysteme, Auditierung und Zertifizierung; Zukunftsagentur Brandenburg/ IHK Ostbrandenburg; Gerhard Gensincke. http://www.zab-brandenburg.de/. Zugegriffen: Mai 2014

Hamburg Institut – Sustainable strategy consultants (2013, 11. Nov.) Weiterentwicklung des freiwilligen Ökostrommarktes –Endbericht. (Ein Projekt im Auftrag des EnergieVision e. V.). http://www.okpower.de/uploads/media/Projektbericht_Zukunft_fOEM_final_v2.pdf. Zugegriffen: Mai 2014

Landgrebe J (2014) Liberalisierung und Regulierungsmanagement im Telekommunikationsmarkt (Herausgeber: Arnold Picot, Ralf Reichwald und Egon Frank). https://www.google.de/search?hl=de&tbo=p&tbm=bks&q=isbn:3835003569&gws_rd=ssl. Zugegriffen: Juni 2014

Pauli M (2014) Manusskript (Vorlesungsbegleiter) im Rahmen der IHK Köln-Weiterbildung European Energy Manager. Opladen 13. Juni 2014

PricewaterhouseCoopers (pwc) AG; Ulrich Sorhagen (Februar 2013) Grundlagen und rechtlicher Rahmen von Energiemanagementsystemen nach DIN EN ISO 50001. http://www.energieeffizienz-ihk.de/wp-content/uploads/2013/02/130206_Vortrag-Ulrich-Sorhagen_PwC.pdf. Zugegriffen: Juni 2014

Statista GmbH http://de.statista.com/statistik/daten/studie/152973/umfrage/eeg-umlage-entwicklung-der-strompreise-in-deutschland-seit-2000/. Zugegriffen: Juni 2014

Stromsteuergesetz (StromStG) (2014) Zuletzt geändert am 05. Dezember 2012; § 10. http://www.gesetze-im-internet.de/bundesrecht/stromstg/gesamt.pdf. Zugegriffen: Juni 2014

TÜV Rheinland (2014) http://www.tuv.com/de/deutschland/aktuelles/energie_2/din_en_16247/DIN_EN_16247.html. Zugegriffen: Juni 2014

TÜV Süd (2014) http://www.tuev-sued.de/management-systeme/energiemanagementsysteme/iso-50001. Zugegriffen: Juni 2014

VCS Association (2014) http://www.v-c-s.org/how-it-works/vcs-program. Zugegriffen: Juni 2014

Verordnung über Systeme zur Verbesserung der Energieeffizienz im Zusammenhang mit der Entlastung von der Energie- und der Stromsteuer in Sonderfällen (Spitzenausgleich-Effizienzsystemverordnung – SpaEfV) (2014) (§ 5 ff; Ausfertigungsdatum 31.07.2013) http://www.gesetze-im-internet.de/bundesrecht/spaefv/gesamt.pdf. Zugegriffen: Juni 2014

Wirtschaftslexikon Gabler (2014) http://wirtschaftslexikon.gabler.de/Definition/energiemanagementsystem.html. Zugegriffen: Juni 2014

Würzburger Umwelt- und Qualitätsmanagement Consulting (WUQM) (2014) http://www.wuqm.de/leistungen/energie-und-materialeffizienz/. Zugegriffen: Juni 2014

Daniela Wallikewitz ist Geschäftsführerin der ASEW. Die ASEW mit Sitz in Köln ist das größte Stadtwerke-Netzwerk für Energieeffizienz und erneuerbare Energien in Deutschland. Sie vereinigt über 270 Stadtwerke, die sich im Bereich innovative Techniken, Ausbau der erneuerbaren Energien und Verbesserung der Energieeffizienz engagieren. Die ASEW organisiert einen permanenten Austausch zwischen Fach- und Führungskräften und stellt ihren Mitgliedern Beratung, Produkte und Dienstleistungen für die Bereiche Energieeffizienz und erneuerbare Energien zur Verfügung. Daniela Wallikewitz stieg 2003 erfolgreich in die Energiewirtschaft ein, zunächst als Projektleiterin bei der Thyssengas GmbH und anschließend bei der RWE AG. Ab 2006 sammelte sie umfassende Erfahrung im Bereich „Lokale Energieversorgung" bei der Beratungsgesellschaft PricewaterhouseCoopers, wo sie als Prokuristin Stadtwerke bei der strategischen Ausrichtung beriet. Darüber hinaus hat sie mehrere Stadtwerke-Arbeitsgemeinschaften geleitet, unter anderem zu den Themen Smart Metering, Smart Home und Elektromobilität. Sie ist Diplom-Kauffrau mit Studium in Köln und Stockholm sowie weiteren Auslandsaufenthalten in New York und Manchester.

David Schymczyk ist Kunden- und Produktmanager bei der ASEW. Die ASEW mit Sitz in Köln ist das größte Stadtwerke-Netzwerk für Energieeffizienz und erneuerbare Energien in Deutschland. Sie vereinigt über 270 Stadtwerke, die sich im Bereich innovative Techniken, Ausbau der erneuerbaren Energien und Verbesserung der Energieeffizienz engagieren. Die ASEW organisiert einen permanenten Austausch zwischen Fach- und Führungskräften und stellt ihren Mitgliedern Beratung, Produkte und Dienstleistungen für die Bereiche Energieeffizienz und erneuerbare Energien zur Verfügung. David Schymczyk stieg 2009 erfolgreich in der Energiewirtschaft bei einer Projektierungsgesellschaft von Onshore-Windenergieanlagen ein. Ab 2011 sammelte er umfassende Erfahrung im Bereich „Energieeffizienz und Kraft-Wärme-Kopplung. Bei der EWE AG evaluierte er 2012 ein Forschungsprojekt im Bereich „Smart Home, Smart Market und Lastmanagement" und unterstützte im Projektmanagement.

Er ist Ingenieur für Zukunftsfähige Energiesysteme und Bauingenieur mit Studium in Münster und Bremen.

Verbraucherorientierte Corporate Responsibility in der Pharmaindustrie: Utopie oder erfolgreiche Strategie?

Frank Schönrock

1 Einführung

In der Pharmaindustrie herrscht ein Umdenken. Selbst Unternehmen, die verschreibungspflichtige Medikamente produzieren und vermarkten, stellen zunehmend fest, dass am Ende der Patient der eigentliche Kunde ist. Zwar ist insbesondere in den europäischen Gesundheitssystemen der Arzt der wichtigste Entscheider, denn ein Patient hat bei verschreibungspflichtigen Medikamenten kaum eine Wahl für ein spezielles Produkt oder einen spezifischen Hersteller. Häufig genug kennt der Patient noch nicht einmal die Namen der Produkte. Das Umwerben eines Verbrauchers im klassischen Sinne, wie es beispielsweise die Konsumgüterindustrie praktiziert, kann also kaum funktionieren. Oder doch?

Pharmaunternehmen sehen sich einem geänderten Patiententypus konfrontiert: Aufgeklärter, selbstbestimmter und damit auch zunehmend selbstbestimmender, organisierter und letztlich auch Empfehler für seine „Peers". Viele Unternehmen haben darauf reagiert. Sie stellen den Patienten in den Mittelpunkt ihres unternehmensstragischen Denken und Handelns. Freilich ist der Arzt immer noch die wichtigste Zielgruppe, wenn es um die Information an den Patienten über neue Produkte und Wirkweisen geht. Aber der Verbraucher wird mehr und mehr von Pharmaunternehmen direkt angesprochen. Zwar sieht in Deutschland die hohe Regulierung über das Heilmittelwerbegesetz kaum eine direkte Kommunikation mit dem Patienten vor, jedoch lockern sich die Hürden zunehmend. Werbung für verschreibungspflichtige Produkte ist nach wie vor untersagt, aber Informationen zu Wirkweisen, Anwendungen und Therapieformen, die bisher nur einer sehr eingeschränkten Fachzielgruppe (Ärzten und andere Teilnehmern aus dem Gesundheitsweisen)

F. Schönrock (✉)
Frankfurter Straße 3, 61476 Kronberg im Taunus, Deutschland
E-Mail: schoenrock@frankschoenrock.com

© Springer-Verlag Berlin Heidelberg 2015
T. Weber (Hrsg.), *CSR und Produktmanagement,* Management-Reihe Corporate
Social Responsibility, DOI 10.1007/978-3-662-45573-9_14

vorenthalten waren, können zunehmend – unter strengen Auflagen – auch Zugang in die direkte Patientenkommunikation finden: Online über Webseiten, oder Soziale Netzwerke oder direkt durch Informationsangebote.

Wenn also nun der Patient in den Mittelpunkt der unternehmensstrategischen Fragestellungen rückt, stellt sich auch die Frage, wie denn nun eine Corporate Responsibility eines Pharmaunternehmens, das nahezu ausschließlich für verschreibungspflichtige Medikamente forscht, diese produziert und vermarket, aussehen kann. Oder ist der Ansatz, dass Pharmaunternehmen intrinsisch „Gutes" tun, weil sie Sterblichkeit senken sowie Krankheiten für Patienten erträglicher machen oder ganz heilen helfen, ausreichendes „gesellschaftliches Engagement".

2   Der Patient im Mittelpunkt: Wie sich das internationale Pharmaunternehmen Grünenthal für seine Patienten engagiert

Die Grünenthal Gruppe ist ein mittelgroßes, forschendes Pharmaunternehmen mit Hauptsitz in Deutschland mit einem Fokus auf der Entwicklung neuer Medikamente und Therapieformen in der Schmerzbehandlung. Patienten aus mehr als 150 Ländern verwenden Medikamente mit Wirkstoffen aus dem Hause Grünenthal – die Schmerzmedikamente in Europa und den USA sind verschreibungspflichtig. Das Unternehmen trägt dem geänderten *Verbraucher*verhalten Rechnung. Zwar stellt der Arzt auch für Grünenthal die zentrale Anlaufstelle für Patienten dar, wenn es um Informationen und Fragen rund um die Medikamente geht, aber das Unternehmen weiß um die Bedeutung des Patienten. In seiner Vision formuliert Grünenthal:

> Es ist unser Bestreben, das patientenzentrierteste Unternehmen zu werden. Daher sind unsere tägliche Arbeit sowie alle strategischen Maßnahmen und Entscheidungen stets an dieser Vision auszurichten.Dies bedeutet, dass wir die Interessen und die Gesundheit der Patienten zu unserem wichtigsten Unternehmensziel machen, ein besseres Verständnis für die Bedürfnisse von Patienten entwickeln und unsere geschäftliche Entwicklung an diesen Belangen orientieren.[1]

Damit formuliert der Schmerzspezialist aus Deutschland eine anspruchsvolle Unternehmensverantwortung. Wie aber löst Grünenthal diesen Anspruch seiner Corporate Responsiblity (CR) ein?

---

[1] www.grunenthal.com/company/vision.

3   360°-orientierte Corporate Responsibility Umsetzung

Grünenthal verfolgt im Rahmen seiner CR-Maßnahmen – ganz im Sinne seines Fokus auf Schmerzbehandlung – einen 360°-Ansatz, der die wichtigsten Stakeholder-Gruppen des Unternehmens integriert abbildet: Ärzte, Patienten, Politik, Wissenschaftler und Mitarbeiter.

Interne und externe emotionale Begegnungen mit Grünenthal Patientenbotschaftern Um die Unternehmensvision einzulösen geht Grünenthal einen konsequenten, mitunter auch ungewöhnlichen Weg. Der Schmerzspezialist baute ein internationales Netz von so genannten Patientenbotschaftern auf, denn der intensive persönliche Austausch mit diesen Patienten – nicht notwendigerweise Verwendern eines Grünenthal Schmerzproduktes – ermöglicht es Mitarbeitern von Grünenthal die Bedürfnisse *ihrer* Patienten besser kennenzulernen und ein persönliches Gespür für die persönliche Notlage der Patienten zu erhalten. Daher verfolgt das Unternehmen zwei Ziele: Erstens möglichst viele Mitarbeiter des Unternehmens mit den ungefähr zwölf Patientenbotschaftern aus vier Ländern zusammenbringen und zweitens die Patientenbotschafter wiederum in Unternehmensaktivitäten zu integrieren.

Rainer, Esperanza oder Jose sind nur drei der Patientenbotschafter, die bei internen Grünenthal-Veranstaltungen regelmäßig über ihr Leben mit Schmerzen berichten. So wurden die drei bereits zu Führungskräftetagungen, zu internen Veranstaltungen in der unternehmenseigene Kantine für alle Mitarbeiter eines Grünenthal-Standortes oder zu Team-Events von unterschiedlichen Abteilungen Grünenthals eingeladen. Durch den Austausch fördert das Unternehmen emotionale Begegnungen zwischen Patienten und Mitarbeitern. Dabei geht es nicht ausschließlich um die Schilderung der persönlichen, schwierigen Lebenssituation der Schmerzpatienten über das Leben mit Schmerz, sondern auch um die Forderung der Botschafter an den internationalen Schmerzspezialisten, sich intensiv für die Forschung und Entwicklung von neuen Schmerztherapien einzusetzen. Schmerzbotschafter Rainer aus Deutschland bringt es auf den Punkt:

To make it short and simple: We all wait for new innovative medicine – every day.[2]

Auch bei externen Veranstaltungen von Grünenthal sind Patientenbotschafter mehr und mehr zu Gast. So wurden sie bei einem Empfang für Gäste des Unternehmens anlässlich der JP Morgan Healthcare Conference 2012 in San Francisco integriert oder standen bei Messen oder Symposien im In- und Ausland für Gespräche mit externen Stakeholdern Grünenthals zur Verfügung. Und auch bei der Einweihung eines neuen Managementgebäudes am weltweiten Hauptsitz in Aachen im Februar 2013 waren Patientenbotschafter eingeladen und sprachen die Eröffnungsworte der Veranstaltung. Anlässlich dieser Eröffnung kreierten Mitarbeiter des Unternehmens eine eigene Skulptur, bestehend aus neun

---

[2] Grünenthal Annual Report 2012, Seite 30 f.

beleuchteten, drehbaren Würfeln, auf denen Bilder der Patientenbotschafter zu sehen sind. Außerdem ist dort zu lesen, was ihnen die Zusammenarbeit mit Grünenthal bedeutet. Die Tageszeitung Aachener Nachrichten schrieb dazu:

> Auch für die Patienten ist das neue Projekt ein zukunftsweisendes Signal. Im Eingangsbereich erinnert die bunte Statue „Faces of Vision" alle, Mitarbeiter, chronisch Kranke und Externe stets daran, dass bei Grünenthal der Patient im Mittelpunkt stehen soll. „Schmerz darf kein Tabuthema mehr sein. Das Gebäude ist ein Symbol nach außen aber gleichzeitig ist es nur ein Anfang, weitere Projekte müssen folgen", fordert Klaus Appel, Schmerzbotschafter der Grünenthaler Patienten.[3]

Grünenthals Engagement für eine Veränderung der Schmerzbehandlung Der Schwerpunkt der Patienteninformation liegt immer noch in einer guten Arzt-Patientenkommunikation. Grünenthal stellt den Patienten in den Mittelpunkt und rückt mit der vor vier Jahren gestarteten Initiative *Change Pain* die Bedürfnisse von Schmerzpatienten in den Fokus aller an der Schmerztherapie Beteiligten wie beispielsweise Ärzte oder Physiotherapeuten. Dabei kooperiert der Schmerzspezialist mit europäischen Organisationen zum Thema Schmerz. Das Unternehmen formuliert als Zielsetzung:

> Die von Grünenthal zusammen mit der European Pain Federation EFIC® und der deutschen Gesellschaft für Schmerztherapie (DGS) ins Leben gerufene internationale Initiative „CHANGE PAIN" möchte dazu beitragen, die Therapie von chronischen Schmerzen kontinuierlich zu verbessern.
> Im Dialog mit allen Beteiligten – Patienten und deren Angehörigen, Ärzten, Arzthelfern und Pflegern – möchte die Initiative den Blick für die individuellen Bedürfnisse von Schmerzpatienten schärfen und wichtige Hilfestellungen leisten, die die Rahmenbedingungen für eine erfolgreiche Therapie verbessern und die Lebensqualität der Betroffenen erhöhen. Dabei erhält die Initiative breite Unterstützung und wissenschaftliche Förderung durch international angesehene Schmerzexperten.[4]

Instrumente zur Verbesserung der Arzt-Patientenkommunikation Schmerz ist stets eine subjektive Empfindung der jeweiligen Patienten; jede Patientin, jeder Patient empfindet Schmerzen unterschiedlich. Ebenso differenziert wird die Therapie des behandelnden Arztes sein. Der Erfolg einer Schmerztherapie ist demnach wesentlich davon abhängig, inwieweit sich die beiden Beteiligten verständlich über beide Aspekte austauschen können. Grünenthal stellt Arzt und Patient unterschiedliche Instrumente dafür zur Verfügung.

Patientenatlas Schmerz und Schmerz-Werkzeugkoffer Für Grünenthal stellt die Aufklärung von Patienten eine Basis für den Therapieerfolg dar. Dazu stellte das internationale Pharmaunternehmen Mitte 2013 der Fachöffentlichkeit den so genannten Patientenatlas Schmerz vor. Dieses umfassende Kompendium soll eine *Unterstützung der gemeinsamen*

---

[3] „Grünenthal weiht zwölf Millionen Euro teures Bürogebäude ein", aus den Aachener Nachrichten, 28. Februar 2013.
[4] www.change-pain.com/home/Patienten-Angehörige.

Analyse der Schmerzsituation im Arzt-Patientengespräch und die Erleichterung des Verständnisses der Patienten für ihre chronischen Beschwerden[5] darstellen. Nach Auffassung von Grünenthal stelle erst das Wissen des Patienten über seine individuelle Schmerzerkrankung die Grundlage für eine gemeinsame systematische Planung der Behandlung möglich und leiste somit einen wesentlichen Beitrag zum Therapieerfolg. Flankierend dazu bietet das Unternehmen mit dem so genannten Schmerz-Werkzeugkoffer einen kompakten Ratgeber, mit dem das Unternehmen Schmerzpatienten nach eigenen Angaben Tipps an die Hand geben möchte, die ihnen auf ihrem Weg zu einem besseren Umgang mit ihren Schmerzen helfen können. Dieser spezielle Werkzeugkoffer sei ein praktischer Leitfaden zur Begleitung der ersten Schritte der Patienten in ein Schmerz-Selbstmanagement. [Pressemitteilung]

Informationsveranstaltungen und Kommunikation von Patient zu Patient Schmerz hat viele Gesichter. Er kann pulsierend, ziehend, stechend, dumpf oder sogar bohrend sein. Die Unterscheidung dieser verschiedenen Formen des Schmerzes und seine Schwere ist für die Behandlung entscheidend, da sie Hinweise über Ursache und Entstehungsort des Schmerzes liefert. Auf der eigens entwickelten internationalen Website www.mypainfeelslike.comkönnen Schmerzpatienten lesen, wie andere Patienten ihre Schmerzen empfinden und sich über mögliche Therapieverfahren informieren.

Doch nicht nur „virtuell" können sich Patienten informieren. Grünenthal führte im Rahmen der Initiative *Change Pain* im Jahr 2012 unter dem Motto „Mit allen Sinnen gegen den Schmerz" erstmalig eine Tour durch Deutschland durch. Unterstützt von einem Kooperationspartner aus dem Bereich der Krankenkassen tourte das Pharmaunternehmen durch sieben deutsche Städte und diskutierte mit Bürgern und Fachleuten auf öffentlichen Plätzen wie beispielsweise Einkaufszentren über Herausforderungen und Neuigkeiten in der Schmerztherapie. Dabei wurden alle Beteiligten zusammengeführt, um den Austausch zwischen Patienten, Verbänden, Ärzten und Versicherungen zu fördern. Mit der *Change Pain*-Tour sollten insbesondere Patienten mobilisiert werden, sich mit ihren Schmerzen aktiv auseinanderzusetzen, um eine mit dem Arzt ausgearbeitete Therapie bestmöglich zu unterstützen. Kai Martens, Geschäftsleiter der Grünenthal GmbH Deutschland, fasst die Ziele der Maßnahme zusammen:

> CHANGE PAIN möchte alle Betroffenen und Beteiligten zusammenführen und gemeinsam mit ihnen Defizite ermitteln und Lösungen in der Schmerztherapie anbieten. Um besonders die Patienten zu unterstützen und Informationen zum Thema chronische Schmerzen zu geben, wurde diese deutschlandweite Tour ins Leben gerufen.[6]

---

[5] „*Patientenatlas Schmerz* – Aufklärung von Patienten als Basis für den Therapieerfolg", Pressemitteilung der Grünenthal GmbH. Aachen, 5. Juli 2013.

[6] „Mit allen Sinnen gegen den Schmerz – Deutschlandweite Tour der Initiative CHANGE PAIN", Pressemitteilung der Grünenthal GmbH. Köln, 9. Februar 2012.

Politisches Engagement Grünenthal unterstützt im Rahmen seines weltweiten Engagements für eine bessere Schmerzversorgung von Patienten eine weitere Kampagne, die verschiedenste Beteiligte zusammenführt. Dieses Mal jedoch auf politischer Ebene in Europa. Gemeinsam mit der European Pain Federation EFIC® initiierte der Schmerzspezialist aus Aachen im Jahr 2010 erstmalig eine internationale Plattform, um die gesellschaftlichen Auswirkungen von Schmerzen als Krankheit auf Gesundheits- und Wirtschaftssysteme zu diskutieren und Hilfestellungen zu liefern: Die SIP-Kongresse (Societal Impact of Pain).

Es geht der SIP-Plattform darum, den Informationsaustausch und den Austausch von „Best Practice-Beispielen" zwischen den Mitgliedsstaaten innerhalb der Europäischen Union zu fördern, um eine Europa-weite Politik und Aktionen zu einer Verbesserung in der Schmerzbehandlung anzustreben. Dazu diskutieren in jeweiligen Arbeitsgruppen Verantwortliche der Gesundheitssysteme wie Politiker, Vertreter von Regulatoren, Versicherungen und Gesundheitsbehörden sowie Wissenschaftler. Diese Diskussionen führten schließlich im Jahr 2011 zum so genannten Aktionsplan. Gegenstand dieser SIP-Roadmap waren sieben Politikfelder, in denen die EU-Institutionen und die einzelnen Mitgliedstaaten die gesellschaftliche Relevanz chronischer Schmerzen auf EU-Ebene effektiv ansprechen können. Im vergangenen Jahr konzentrierte sich der SIP-Kongress auf zwei Fokusgruppen, die die Unterstützung der irischen Ratspräsidentschaft im EU-Ministerrat von mehr als 185 internationalen und nationalen Patienteninteressengruppen, wissenschaftlichen Organisationen, Gesundheitsbehörden sowie der italienischen Präsidentschaft des Ministerrates fand. Dabei verständigten sich die verschiedenen Interessensgruppen Mitte Mai 2013 auf zwei Positionspapiere mit zukünftigen konkreten, politischen Maßnahmen: Fokusgruppe 1 erarbeitete die SIP-Handlungsempfehlung für einen europäischen Qualitätskatalog zur Behandlung von Patienten mit chronischen, nicht-malignen Schmerzen. Fokusgruppe 2 erarbeitete einen SIP-Maßnahmenvorschlag, der auf in Europa bewährte Methoden zur Reintegration chronischer Schmerzpatienten an ihren Arbeitsplatz zurückgreift.[7]

Förderung der Wissenschaft Grünenthal ist laut eigener Aussage eines von nur noch fünf großen forschenden Pharmaunternehmen mit Hauptsitz Deutschland. Dazu investiert der Schmerzspezialist rund 26 % seiner Umsätze in Forschung und Entwicklung.[8] Im Rahmen seiner Corporate Responsibility den Patienten in den Fokus aller Geschäftsaktivitäten zu rücken und sich insgesamt für eine Veränderung und Verbesserung der Schmerzbehandlung einzusetzen, unterstützt das forschende Unternehmen auch *junge Wissenschaftlerinnen und Wissenschaftler bei der Realisierung, im frühen Stadium befindlicher, innovativer*

---

[7] Vgl. „Erfolgreicher Start für SIP Fokus-Gruppen 2013: Ein Schritt auf dem Weg zu konkreten politischen Maßnahmen", Pressemitteilung der Societal Impact of Pain (SIP) Plattform. Brüssel/ Aachen, 10.06.2013.

[8] Vgl. www.grunenthal.com.

klinischer wie experimenteller Schmerzforschungsprojekte.[9] Unter dem Namen „EFIC-Grünenthal Grant" zeichnet Grünenthal Forschungsprojekte mit einer Gesamtsumme von € 200.000 aus, wovon auf individuelle Forschungspreise maximal 40.000 € entfallen können. Für Grünenthal ist es wichtig, einen fruchtbaren Austausch von Informationen und Erfahrungen engagierter junger Wissenschaftler zu fördern. Auf diese Weise sollen Diskrepanzen und Probleme bei der Behandlung aufgehoben sowie mögliche Lösungen für neue Medikationen bestimmt werden. Grünenthal demonstriert auf diese Weise seine Bereitschaft zu einer nachhaltigen Förderung von Wissenschaft jenseits der Verfolgung kurzzeitiger kommerzieller Interessen. Andreas Siegenthaler, einer der Preisträger, dessen Preisträgerprojekt sich mit der Ermittlung von Prädiktoren für erfolgreiche und effektive Arzneimittelregimes befasst, verdeutlicht die Wichtigkeit dieses Preises:

> Besonders für junge Wissenschaftler, die auf ihrem Forschungsgebiet noch nicht so bekannt sind, ist es oft extrem schwierig, Forschungsgelder zu erhalten. Der EFIC-Grünenthal-Grant bildet hierbei eine Ausnahme und bietet besonders wichtigen und fundierten Projekten eine faire Chance, selbst wenn die betreffenden Wissenschaftler noch nicht viele Studien veröffentlichen konnten.[10]

Verbraucherorientierte Corporate Responsibility als Investition in die Zukunft Den Patient im Mittelpunkt sämtlichen unternehmerischen Denken und Handelns stellen, konsequent das gesellschaftliche Engagement auf eine Verbesserung der Behandlung von Schmerzpatienten fokussieren, dabei sämtliche Stakeholdergruppen integrieren – das mittelständisch aufgestellte Pharmaunternehmen Grünenthal demonstriert wie sich Unternehmensverantwortung am Verbraucher (hier Patienten) ausrichten lässt. Und dies in einer hochregulierten Industrie mit sehr beschränkten Handlungsoptionen im direkten Kontakt mit Verbrauchern. Bemerkenswert in diesem Zusammenhang ist sicherlich das Patienten-botschafter-Modell, mit dem sich Grünenthal exakt dieser Handlungsoptionen bedient und Patienten an die Unternehmensmarke heranführt. Wenn man bedenkt, dass eine Lockerung der Regularien der direkten Kommunikation von Pharmaunternehmen und Patienten – wie es in teilweise in anderen Regionen (beispielsweise in Lateinamerika) schon heute der Fall ist – auf Dauer in Europa unvermeidbar sein wird, ist dies für Grünenthal eine wertvolle Investition in die Zukunft. Das Unternehmen beweist damit, dass Unternehmensverantwortung nicht ausschließlich auf gesellschaftliches Engagement fokussiert sein muss, sondern auch zu einer wirtschaftlichen Nachhaltigkeit beitragen kann.

---

[9] „EFIC-Grünenthal Grant: Förderpreis für Nachwuchs-Forscher im Bereich Schmerz", Pressemitteilung der Grünenthal Gruppe. Aachen/Brüssel, 23.09.2014.

[10] Ebenda.

Frank Schönrock ist selbständiger PR-Berater mit den Schwerpunkten Krisen- und Issues Management sowie Litigation PR mit Sitz in Kronberg i. Ts/bei Frankfurt am Main. Zuvor war er knapp drei Jahre Vice President Corporate Communications bei der Grünenthal Gruppe, einem internationalen forschenden Pharmaunternehmen mit Schwerpunkt auf der Entwicklung neuer Medikamente und Therapien für die Behandlung mittlerer und starker Schmerzen. In dieser Funktion verantworte Frank Schönrock die gesamte interne und externe Kommunikation auf internationaler Ebene. Zuletzt fokussierte er sich als Vice President Public Engagement komplett auf die externe Kommunikation des internationalen Konzerns.

Soziale Verantwortung gegenüber dem Verbraucher bei Produkten aus China

Gerrit Heidemann und Torsten Weber

1 Einleitung

Die Bedeutung von Konsumentenvertrauen in Produkte lässt sich fast in keinem Land der Welt besser erfassen und nachvollziehen als in der Volksrepublik China. Wer in China lebt, dem wird dieser Sachverhalt bei der Betrachtung des Themas Lebensmittelsicherheit schnell bewusst. Eine Reihe von Skandalen wie der „Gutter-Oil-Skandal"[1] oder der „Melamin-Skandal"[2] haben das Vertrauen in die eigenen heimischen Lebensmittel zutiefst und breitflächig erschüttert. Quantitativ lässt sich dies daran ablesen, dass sich die Anzahl chinesischer Konsumenten, die Lebensmittelsicherheit als ein „sehr großes Problem" betrachten, laut einer Erhebung des PEW Research Center zwischen 2008 und 2012 von 12 % auf 41 % mehr als verdreifacht hat (PEW Research Center 2012, S. 3). Das Misstrauen der chinesischen Konsumenten geht teilweise so weit, dass wohlhabende Chinesen in den Städten grundsätzlich nur noch Lebensmittel aus Importgeschäften beziehen oder verein-

---

[1] Im September 2012 drang eine Meldung an die chinesische Öffentlichkeit, dass kriminelle Geschäftsleute Speiseöle aus Altöl, welches sie zuvor aus Quellen wie Abwasserkanälen, Fettabscheidern, Fritteusen oder Schlachtabfällen gewonnen hatten, hergestellt und verkauft haben.

[2] Im Jahr 2008 erkrankten circa 300.000 chinesische Säuglinge, nachdem sie Milchpulver zu sich genommen hatten, das mit dem stickstoffhaltigen Kunstharzgrundstoff Melamin vermengt worden war; mindestens 6 Säuglinge starben.

G. Heidemann (✉)
Schweizer Str. 1, 60594 Frankfurt am Main, Deutschland
E-Mail: gheidemann@rsbk.de

T. Weber
Hardefuststraße 1, 50677 Köln, Deutschland
E-Mail: t.weber@cbs.de

© Springer-Verlag Berlin Heidelberg 2015
T. Weber (Hrsg.), *CSR und Produktmanagement,* Management-Reihe Corporate
Social Responsibility, DOI 10.1007/978-3-662-45573-9_15

zelt sogar damit beginnen, außerhalb der großen Städte Boden zu pachten, um dort eigene Lebensmittel anzubauen. Nicht grundlos sieht man in diesen Monaten, dass in deutschen Einzelhandel-Geschäften, Discountern oder Supermärkten häufig die Milchpulver-Regale komplett leergekauft wurden. Die zum Danone-Konzern gehörende Milupa GmbH vermutet, dass das Milchpulver von Kleinunternehmern aufgekauft wird, die wiederum diese für den deutschen Markt bestimmten Produkte nach China exportieren (Steinheuer 2013, S. 53). Doch das Misstrauen der chinesischen Konsumenten begrenzt sich nicht nur auf den Lebensmittelbereich. Auch im Non-Food-Sektor vertrauen chinesische Konsumenten häufig auf die Qualitätskontrollmechanismen ausländischer Marken, welche sie als einzigen „Fels" in der intransparenten Brandung des chinesischen Marktes sehen.

Doch was in erster Linie als ein „rein chinesisches Problem" zwischen chinesischen Marktakteuren erscheint, ist auch für deutsche Unternehmen und vor allem für deutsche Konsumenten von großer Bedeutung. Denn seit dem WTO-Beitritt Chinas im Jahre 2001 nehmen deutsche Unternehmen die Volksrepublik China als Beschaffungsmarktoption und möglichen Produktionsstandort zunehmend ins Visier. Die jüngsten Wirtschaftszahlen unterstreichen dies eindrucksvoll: So wurden im Jahr 2013 Waren und Güter im Wert von 73,4 Mrd. Euro aus China nach Deutschland importiert (Botschaft der Bundesrepublik Deutschland Peking 2014, S. 3). Dabei ist jedoch festzustellen, dass der internationale Warenaustausch in der Vergangenheit bereits mehrfach zu Qualitäts- oder gar Gesundheitsproblemen (im Lebensmittelbereich) bei deutschen Verbrauchern geführt hat; Produkte aus dem Reich der Mitte – Deutschlands wichtigstem Wirtschaftspartner in Asien – standen diesbezüglich häufiger im Fokus der deutschen Medienberichterstattung, was eine genauere Betrachtung der Problematik notwendig erscheinen lässt.

1.1 Beschaffungs- und Produktionsland China – Chancen und Risiken

Die strategischen Entscheidungen, auf dem chinesischen Markt aktiv zu werden, werden durch die vielfältigen Chancen und Vorteile motiviert, die der chinesische Markt mit sich bringt. Das sind auf der einen Seite die direkten wirtschaftlichen Vorteile wie niedrigere Produktions- und Beschaffungskosten, steuerliche Vorteile, Subventionen oder Fördermaßnahmen. Auf der anderen Seite lassen sich strategische Vorteile wie Streuung von Beschaffungsrisiken (durch geographische Diversifizierung), Reduzierung der Lieferantenabhängigkeit und damit Stärkung der eigenen Verhandlungsmacht, höhere Beschaffungsflexibilität, Nutzung von Beschaffung als vorbereitendes Absatzmarketing, Zugriff auf hochentwickelte Cluster von komplementären Zulieferern u.v.m. realisieren.

Doch diesen Vorteilen stehen auch diverse Herausforderungen und Risiken gegenüber. Einige dieser Herausforderungen richten sich an die interne Organisation bzw. den Aufbau von Managementkapazitäten der sich für ein „China Sourcing" entscheidenden deutschen Unternehmen selbst. Denn oftmals sind interne Widerstände innerhalb der Unternehmen die größte Hürde für ein Beschaffungsengagement auf dem chinesischen Markt. Diese Widerstände in der Organisation umfassend abzubauen, ist eine Grundvoraussetzung für die reibungslose Aufnahme aller Beschaffungsaktivitäten in China. An zweiter Stelle steht die personalorganisatorische Herausforderung, ein schlagkräftiges Beschaffungsteam aufzubauen, welches sich in dem kulturellen Umfeld Chinas mit den notwendigen sprachlichen und kulturellen Kompetenzen verhandlungssicher bewegen kann. Um diese Herausforderung erfolgreich zu überwinden, bedarf es einer klaren Beschaffungsstrategie mit konkreten Plänen und Zielen, nach denen die chinesische Beschaffungsorganisation ausgerichtet und in die globalen Beschaffungsaktivitäten eingebunden werden kann.

Gleichzeitig sollte insbesondere für die Beschaffungslogistik von Anfang an ein klares Kostenmanagement installiert werden. Eine im Jahr 2007 gemeinsam mit dem Bundesverband Materialwirtschaft, Einkauf und Logistik e. V. (BME) durchgeführte Studie kam zu dem Ergebnis, dass eine Mehrheit der auf dem chinesischen Markt tätigen Unternehmen die zahlreichen Möglichkeiten, die Logistikkosten substanziell zu senken – etwa durch spezielle Zollverfahren oder eine geschicktere Organisation ihrer Logistikstrukturen – weitgehend ungenutzt lässt (PriceWaterhouseCoopers 2008, S. 3.). Durch den stetig steigenden Anteil der Logistikkosten an den Gesamtbeschaffungskosten hat diese Herausforderung in den letzten Jahren weiter sukzessive an Bedeutung gewonnen.

Neben internen Herausforderungen an die eigene Beschaffungsorganisation lässt sich auch eine Reihe von externen operativen Herausforderungen identifizieren, die für den chinesischen Beschaffungsmarkt charakteristisch sind (Figlhuber 2013):

- Schwierige Unterscheidung von Händlern und Produzenten
- Nichteinhaltung von Vertragsvereinbarungen oder Versuch von Neuverhandlungen
- Plötzliche starke Lohnsteigerungen
- Unvorhersehbare Schließungen von Produktionsstätten
- Plötzliche Abwanderung von Lieferanten oder Personal (Personalfluktuation von 25 % nicht ungewöhnlich)
- Auftragsvergabe an Sublieferanten ohne vorherige Absprache
- Probleme mit Gebrauchsmustern und Marken bei Mustern oder neuen Produkten (vorläufige Beschlagnahme von Importen am Zollamt)
- Probleme mit Rechtssicherheit und Produkthaftung
- Qualität nicht wie vereinbart und nicht dem Muster entsprechend bzw. stark schwankend

Insbesondere die mit Produktsicherheit und Produktqualität in Verbindung stehenden existierenden operativen Herausforderungen auf dem chinesischen Beschaffungsmarkt führen dazu, dass sich die deutschen Unternehmen vor der Beschaffung auf dem chinesischen Markt eine Reihe von grundsätzlichen Fragen stellen müssen: Welche strategischen Risiken geht das deutsche Unternehmen durch die Bearbeitung des chinesischen Beschaffungsmarktes ein? Welche potentiellen Rückkoppelungseffekte haben diese Risiken für die heimischen Absatzmärkte? Wiegen die Kostenvorteile die potentiellen Risiken auf? Oder: Welche Maßnahmen können ergriffen werden, um eine adäquate Produktqualität/-sicherheit zukünftig anzustreben?

1.2   China und soziale Verantwortung gegenüber deutschen Verbrauchern

Fast jedes zweite in Deutschland wegen Sicherheitsmängeln oder Gesundheitsgefahren beanstandete Produkt stammt aus China. Dies ist kein exklusives Problem der Lebensmittelbranche, auch bspw. Elektrogeräte und Spielzeug hat die Bundesanstalt für Arbeitsschutz und Arbeitsmedizin in ihrem Jahresbericht „Gefährliche Produkte 2011" aufgelistet. Bei vielen der elektronischen Geräte bestand die Gefahr eines Stromschlags, Spielzeuge kamen wegen verschluckbarer Kleinteile auf die schwarze Liste (Stern 2011). Speziell der US-Spielzeugriese Mattel musste im Rahmen einer schweren Produkt- und Beschaffungskrise bspw. Autos und Puppen zurückrufen, da die chinesischen Hersteller offenbar „geschlampt" haben. Mattel hatte in den Jahren 2007 sowie 2010 weltweit knapp 20 Mio. Spielzeuge wegen Sicherheitsbedenken zurückgerufen, rund eine Million davon auch in Deutschland. Ausgelöst wurde die größte derartige Aktion in der Firmengeschichte durch bleihaltige Farben und Magnetteile, bei denen die Gefahr des Verschluckens bestand. Dem Konzern zufolge waren nahezu alle betroffenen Spielzeuge in China hergestellt worden.

Grundsätzlich können Unternehmen bei der Beschaffung sowie Produktion in Ländern wie China zahlreiche Chancen realisieren, müssen jedoch bei Nichtberücksichtigung der Produktsicherheitsrisiken elementare Folgen „in Kauf nehmen". Diese potentiellen negativen Rückkoppelungseffekte dürften sich bei Skandalen, wie Mattel sie erlebt hat, nicht nur in enormen Imageschäden und Verlusten des Verbrauchervertrauens darstellen. Auch rechtliche Konsequenzen sowie hohe Kosten im Rahmen der Produktrückrufe bringen mehr als unangenehme Folgen einer unzureichenden Qualitätssicherung bei der Beschaffung aus China mit sich. Über allem sollte demnach im Rahmen eines integrierten CSR-Systems die soziale Verantwortung gegenüber dem Verbraucher und seiner Gesundheit stehen, der immer noch den wichtigsten Stakeholder im Rahmen der unternehmerischen Tätigkeit darstellt.

1.3   Aktuelle Trends und Handlungsansätze

Längst haben der deutsche Gesetzgeber und die Europäische Union auf oben beschriebene Szenarien reagiert und greifen seit Jahren auf Informationssysteme in Zusammenarbeit mit den einzelnen Mitgliedsstaaten zurück. Für die schnelle Weitergabe von Informationen innerhalb der Europäischen Union sorgen dabei konkret zwei Schnellwarnsysteme: Das RAPEX (Rapid Exchange of Information System) für Verbraucherprodukte (u. a. Spielwaren, Kleidung) sowie das RASFF (Rapid Alert System Food and Feed) für Lebensmittel, Lebensmittelbedarfsgegenstände und Futtermittel. Das EU-Informationssystem RASFF bspw. ermöglicht EU-weit schnelles Handeln, wenn Lebens- oder Futtermittel die menschliche Gesundheit mittelbar oder unmittelbar gefährden können. Im Rahmen dieses Informationssystems tauschen die Europäischen Staaten über die EU-Kommission Informationen zur Lebensmittelsicherheit aus. Im Zusammenhang mit einer möglichen

Imageschädigung des Gefahren verursachenden Unternehmens ist jedoch anzumerken, dass es sich nicht um eine „schwarze Liste" handelt, da die Firmennamen in der Auflistung ungenannt bleiben.

Abbildung 1 zeigt vor dem Hintergrund der RASFF-Erhebung die Entwicklung im Bereich Lebensmittel zwischen den Jahren 2011 bis 2013 im Hinblick auf beanstandete Produkte aus einzelnen Ländern. Hier wird jedoch bereits deutlich, dass aufgrund einer höheren Qualitätssicherung sowie immer besser greifender Maßnahmen der chinesischen Regierung die Zahlen in den letzten Jahren deutlich sinken.

Hauptverantwortlich dafür, dass die europäischen Verbraucher letztlich sichere Produkte erhalten, sind dennoch weiterhin die Wirtschaftsteilnehmer (d. h. die Hersteller, die Importeure und die Einzelhändler). Dies wird zukünftig auch so bleiben, was bedeutet, dass jedes Unternehmen eigene Sicherungsmaßnahmen im Hinblick auf importierte Produkte aus China einrichten sollte. Zwar gibt es durch politische Maßnahmenpakete – bspw. seitens der chinesischen Regierung – bereits erste Fortschritte[3], dennoch bleibt

Abb. 1 RASFF (Lebensmittel): Entwicklung der Beanstandungen nach Ländern zwischen 2011 bis 2013 (Top 10), (http://ec.europa.eu/food/safety/rasff/docs/rasff_annual_report_2013.pdf)

Country of origin	2011	2012	2013
China	562	536	433
India	336	340	257
Turkey	319	309	226
Brazil	95	109	187
Spain	129	126	187
Poland	98	118	163
France	122	90	120
Italy	116	112	105
Netherlands	74	98	103
United States	113	127	101

---

[3] So führen die chinesischen Behörden seit dem Jahr 2007 in verstärktem Maße Kontrollen durch, ergänzt durch bspw. Audits bei chinesischen Herstellern, Videoüberwachungen in Produktionsstätten sowie angeordnete Trainingsmaßnahmen (http://ec.europa.eu/consumers/archive/safety/projects/docs/safety_measures_toy_supply_chain.pdf. Zugegriffen: 21. Sept 2014). Auch die Ausweitung des Meldesystems „RAPEX-China" auf die Entwicklung eines Meldesystems „RASFF-China" für Lebens- und Futtermittel ist ein guter Ausgangspunkt für den Ausbau des bestehenden Kooperationsrahmens mit China und wird es den chinesischen Behörden erleichtern, auf Warnungen vor chinesischen Importen in die EU zu reagieren. Die Kommission wird soweit möglich die chinesischen Behörden in technischer Hinsicht dabei unterstützen, ein nationales Meldesystem einzurichten, da ein gut funktionierendes System für das Vorgehen gegen unsichere Produkte in China den europäischen Verbrauchern direkt zugutekommt (http://ec.europa.eu/consumers/archive/safety/news/stocktaking_%20execsum_de.pdf, 2014).

die Fürsorge und soziale Verantwortung in erster Linie bei den Unternehmen. In diesem Zusammenhang haben Unternehmen diverse Möglichkeiten alleine oder im Verbund mit anderen Unternehmen Sicherungsmaßnahmen einzuführen, die eine weitere, fehleroptimierte Beschaffung und Produktion in China garantieren und dennoch die soziale Verantwortung gegenüber dem deutschen Konsumenten adäquat berücksichtigen.

Im Folgenden werden Handlungs- und Lösungsansätze insbesondere für Produkthersteller skizziert, an denen sich detaillierte, firmenspezifische Maßnahmenpakete anschließen sollten. Grundsätzlich besteht vor diesem Hintergrund oftmals das Problem einer unterschiedlichen Wahrnehmung und Berücksichtigung von Qualitätskriterien „zwischen den Welten". Die Schaffung eines höheren Qualitätsbewusstseins durch konkrete **Trainingsmaßnahmen** bei bzw. in Kooperation mit dem chinesischen Lieferanten könnte an dieser Herausforderung ansetzen. Dabei gilt es, ggf. (interne oder externe) Trainer direkt in der Produktionsstätte einzubinden. Die Information und Aufklärung über die Anforderungen der europäischen Warnsysteme sollte eine grundlegende Basis der in China tätigen Arbeiter sein. In diesem Zusammenhang können vorherrschende europäische Standards in die Beschaffungs- und Produktionsprozesse integriert werden sowie individuelle und möglichst material- und produktspezifische Kriterien zur Sicherung eines Qualitätsniveaus erarbeitet werden.

Risikomanagement-Checks und -Audits, die aufgrund des schwierigen Zugriffs vor Ort bspw. auch gemeinsam mit anderen in China „aktiven" Unternehmen organisiert werden können, sollten zumindest stichpunktartig durchgeführt werden. Sogenannte Quality-Scouts, die häufig für unabhängige Prüf- und Testinstitute („3rd party labs") arbeiten, könnten vor Ort im Zusammenhang mit der Bewertung der Produktqualität genutzt werden. Dabei gilt es, Qualitätsmanagementsysteme zu überprüfen, Supplier Management-Systeme zu installieren, eingehende Materialien zu begutachten oder Prozesskontrollen durchzuführen. Alleine die regelmäßige Präsenz eines Quality-Scouts vor Ort kann häufig eine Sensibilisierung bzgl. des Themas „Produktsicherheit und -qualität" hervorrufen. Auch die Suche bzw. der Rückgriff auf neue, zertifizierte Lieferanten dürfte eine Aufgabe eines Quality-Scouts sein. Dabei muss jedoch eine dezidierte Prüfung der kommunizierten „Zertifizierung" stattfinden.

Die Erzielung einer notwendigen, höheren Transparenz hinsichtlich der Rückverfolgbarkeit der Produkte dürfte das Resultat einer **Implementierung** von spezifischen **Monitoring-Systemen** sein. Diese Systeme existieren in der Praxis, wenn überhaupt, häufig nur auf einem sehr allgemeinen Level, so dass die Implementierung eines eigenen, firmenindividuellen Systems als Maßnahme für einen schnelleren Zugriff auf relevante Informationen elementar sein dürfte (vgl. das „Semantische Datenmodell" der Firma Schleich GmbH[4]). Als Ergebnisse stellen sich bspw. Zeitvorsprünge bei Rückrufaktionen oder Erkenntnisse für die zukünftige Lieferantenwahl dar.

---

[4] Schleich GmbH. In: consumerprotectionproductsafety.org/index.php?option=com_flexicontent&view=item&cid=34:toy-safety&id=294:kick-off-ppp-toy-safety&Itemid=104&lang=de. Zugegriffen: 21. Sept 2014.

Eine grundsätzliche Stärkung bzw. **Vertiefung der Beziehungen** zu chinesischen als auch europäischen **Behörden** ist über alle Einzelmaßnahmen hinweg anzustreben. Auch eine proaktive Verbandsarbeit bspw. in Arbeitsgruppen zu Themen wie „Produktsicherheit und China" wirkt sich positiv auf die Sensibilisierung bei diesem Thema aus, welche den Nährboden für eine zukünftige, sichere(re) Entwicklung repräsentiert.

Literatur

Botschaft der Bundesrepublik Deutschland; Wirtschaftsdaten kompakt (2014) heruntergeladen von: http://www.gcber.org/library/wirtschaftsdaten-kompakt-china. Zugegriffen: 29. Sept 2014

Figlhuber K Sourcing China – Der Einkauf in China im Wandel; März 2013; In: http://www.ein-kauf-und-management.at/index.php/einkauf/more/sourcing_china_der_einkauf_in_china_im_wandel . Zugegriffen: 29. Sept 2014

http://ec.europa.eu/consumers/archive/safety/news/stocktaking_%20execsum_de.pdf, 2014

http://ec.europa.eu/consumers/archive/safety/projects/docs/safety_measures_toy_supply_chain. pdf. Zugegriffen: 21. Sept 2014

http://ec.europa.eu/food/safety/rasff/docs/rasff_annual_report_2013.pdf

PewResearch Center – Global Attitudes Project (2012) Growing Concerns in China about Inequality, Corruption – Ratings for the US Decline ; Oktober 2012; in: http://www.pewglobal.org/2012/10/16/chapter-2-china-and-the-world/. Zugegriffen: 29. Sept 2014

PricewaterhouseCoopers/Bundesverband Materialwirtschaft, Einkauf und Logistik e. V.; Beschaf-fungslogistik im China-Geschäft – Kosten, Prozesse und Strategien; März 2008; heruntergela-den von: http://www.pwc.de/de_DE/de/transport-und-logistik/assets/Beschaffungslogistik-im-China-Geschaeft.pdf. Zugegriffen: 29. Sept 2014

Schleich GmbH. In: consumerprotectionproductsafety.org/index.php?option=com_flexicontent&view=item&cid=34:toy-safety&id=294:kick-off-ppp-toy-safety&Itemid=104&lang=En-US. Zu-gegriffen: 21. Sept. 2014

Steinheuer C (2013) Chinesen kaufen Baby-Milchpulver auf, In: Lebensmittel Praxis 09/13

Stern (2011) In: http://www.stern.de/wissen/technik/liste-gefaehrlicher-produkte-vorsicht-vor-ma-de-in-china-1680592.html. Zugegriffen: 02. Aug. 2014

Gerrit Heidemann ist diplomierter Regionalwissenschaftler Ostasien und arbeitet seit Mai 2012 als Strategieberater in der Rudolf Scharping Strategie Beratung und Kommunikation GmbH (RSBK GmbH) in Peking. Das 2003 gegründete Unternehmen RSBK bietet neben Beratungsleistungen im Bereich „Public Management" insbesondere chinafokussierte Beratungsleistungen an, so z.B. die Entwicklung und begleitende Umsetzung von Business-Development-Strategien auf dem chi-nesischen Markt. Als Projektmanager Greater China arbeitet Gerrit Heidemann im Pekinger Büro der Firma und berät chinaweit deutsche Unternehmen in den Bereichen Markteintritt, Geschäftsent-wicklung sowie dem Aufbau strategischer Netzwerke.

Prof. Dr. Torsten Weber ist Professor für Marketing and Sustainable Communication sowie Dekan für den Bereich General Management an der Cologne Business School in Köln. Während der Promotion an der Universität zu Köln zum Thema „Sozial-inhärente Produkte" arbeitete Torsten Weber als Wissenschaftlicher Mitarbeiter am Seminar für Beschaffung und Produktpolitik bei Prof. Dr. Koppelmann sowie am Seminar für Marketing und Markenmanagement bei Prof. Dr. Franziska

Völckner. Im Anschluss war er mehrere Jahre als Unternehmensberater u.a. für die Firma Rölfs RP Management Consultants GmbH in Düsseldorf tätig und hat in diesem Zusammenhang bspw. im Bereich Umweltmanagement gearbeitet. In Forschung und Lehre beschäftigt Torsten Weber sich mit Produktmarketing, Cause-Related Marketing, Sustainability und Corporate Social Responsibility. Neben der Funktion als Vizepräsident der „Fördergesellschaft Produktmarketing e.V." ist er Speaker auf Seminar- und Konferenzveranstaltungen, insbes. zu den Themenfeldern Marketing- und Nachhaltigkeitsmanagement. Torsten Weber ist ein Gesicht der Nachhaltigkeit (http://www.gesichter-der-nachhaltigkeit.de/gesichter-der-nachhaltigkeit/wissenschaft).

Sachverzeichnis

© Springer-Verlag Berlin Heidelberg 2015

T. Weber (Hrsg.), *CSR und Produktmanagement*, Management-Reihe Corporate
Social Responsibility, DOI 10.1007/978-3-662-45573-9

Lizenz zum Wissen.

Sichern Sie sich umfassendes Wirtschaftswissen mit Sofortzugriff auf tausende Fachbücher und Fachzeitschriften aus den Bereichen: Management, Finance & Controlling, Business IT, Marketing, Public Relations, Vertrieb und Banking.

Exklusiv für Leser von Springer-Fachbüchern: Testen Sie Springer für Professionals 30 Tage unverbindlich. Nutzen Sie dazu im Bestellverlauf Ihren persönlichen Aktionscode C0005407 auf *www.springerprofessional.de/buchkunden/*

Jetzt 30 Tage testen!

Springer für Professionals.
Digitale Fachbibliothek. Themen-Scout. Knowledge-Manager.

- Zugriff auf tausende von Fachbüchern und Fachzeitschriften
- Selektion, Komprimierung und Verknüpfung relevanter Themen durch Fachredaktionen
- Tools zur persönlichen Wissensorganisation und Vernetzung

www.entschieden-intelligenter.de

Springer für Professionals

The manufacturer's authorised representative in the EU is Springer
Nature Customer Service Centre GmbH, Europaplatz 3, 69115 Heidelberg,
Germany. If you have any concerns regarding our products, please
contact ProductSafety@springernature.com

Printed and bound by CPI Group (UK) Ltd, Croydon, CR0 4YY
23/04/2026
02095635-0010